新编21世纪公共管理系列教材
—— 公共组织与人力资源管理系列 ——

公共组织理论

陆明远　冯　楠　著

Public Organization Theory

中国人民大学出版社
·北京·

新编21世纪公共管理系列教材

—— 公共组织与人力资源管理系列 ——

内容简介

《公共组织理论》一书采用系统论的研究方法，从环境、结构、行为三个方面对公共组织进行分析，向读者展示了一个全面完整的公共组织理论体系。全书首先阐述了公共组织的概念、分类、特征，以及研究途径、研究内容和研究方法，梳理了公共组织的理论发展史，并从公共组织的环境、结构、决策、战略、文化、变革等方面进行重点论述，明确了公共组织研究的基本范围，梳理了公共组织研究的基本思路，并强调公共组织在发展中应做好稳定与变革之间的平衡。

本书融理论教学与案例教学为一体，每章均以一个引导案例开头，并在理论阐述中穿插了大量精心编写的案例素材，以帮助读者加深对公共组织相关概念和理论知识的理解与掌握，更好地用相关理论去分析现实中的公共组织问题。

作者简介

陆明远　天津大学管理与经济学部副教授、MPA项目主任，中国行政管理学会理事、天津市行政管理学会副秘书长，天津市宣传文化“五个一批”人才，美国加州大学洛杉矶分校、印第安纳大学伯明顿分校访问学者。著有《培育与规制——中国政府的社会组织管理模式研究》等专著3部，发表论文40余篇；主持国家社科基金项目等国家级和省部级科研项目5个。

冯　楠　天津大学教授、博士生导师，管理与经济学部副主任。主要研究方向为应急管理、信息安全管理、智慧社会与智慧城市等。代表性成果发表在《管理科学学报》及*MIS Quarterly*等国内外高水平学术期刊上。曾获得第十六届天津市社会科学优秀成果奖一等奖等科研奖励。

出版说明

现代意义上的公共行政与公共管理研究和教育始于20世纪初。时至今日，随着公共管理职业化的发展，公共行政与公共管理的研究和教育事业在主要发达国家方兴未艾。自20世纪80年代起，为了适应政府改革与公共管理人才培养的需要，我国的公共行政与公共管理研究和教育在经历了发展的挫折之后，开始了恢复和重建的工作。经过多年的发展，特别是公共管理一级学科的设置和我国公共管理硕士（MPA）教育的启动以及高校公共管理类本科专业的大量开设，公共管理已成为当代中国社会科学和管理科学领域的一个充满生机活力、具有远大发展前景的学科。

为了满足广大高校公共管理类专业的教学需要，在历届教育部高等学校公共管理类学科专业教学指导委员会的指导和支持下，中国人民大学出版社自1999年起，陆续出版了“21世纪公共行政系列教材”“21世纪公共管理系列教材”“21世纪公共事业管理系列教材”“公共管理系列教材”“公共管理核心课程系列教材”“21世纪劳动与社会保障系列教材”“21世纪土地资源管理系列教材”“21世纪城市规划与管理系列教材”等多个本科系列教材。这些教材被国内高校公共管理类专业广泛选用，并得到了公共管理学界的支持和认可，数十种教材被评为“十五”“十一五”“十二五”国家级规划教材，普通高等教育精品教材，以及各省市精品教材，为我国公共管理学科发展和人才培养做出了积极的贡献。

我国高等教育改革的进一步深化，以及新技术和新媒体的不断发展，对高校教材提出了更高的要求。为了回应这种要求，我们在广泛调研的基础上，拟对上述系列教材进行整合和提升，推出“新编21世纪公共管理系列教材”，以满足国内高校公共管理一级学科下设的行政管理、公共事业管理、劳动与社会保障、土地资源管理、城市管理、海关管理、交通管理、海事管理、公共关系学等本科专业的教学需要。

“新编21世纪公共管理系列教材”将秉承中国人民大学出版社“出教材学术精品，育人文社科英才”的宗旨，从本科教育的特点出发，从公共管理教育的特点出发，为广大高校公共管理类专业师生提供一套高质量的本科教材。在教材编写和内容安排上，“新编 21 世纪公共管理系列教材”强调基础知识、基本理论和基本技能，同时，也尽可能地体现创新性和前沿性，反映相关领域理论与实践的最新发展情况。

“新编 21 世纪公共管理系列教材”由中国人民大学、中山大学、北京大学、清华大学、复旦大学、厦门大学、武汉大学、浙江大学、吉林大学、东北大学、北京师范大学、山东大学、四川大学、西北大学等数十所国内著名大学的知名学者领衔著述，我们期望通过这种强强联合、优势互补、资源共享的方式，为国内公共管理学界奉上一套体现系统性、权威性、通用性，并兼具创新性、前沿性、启发性的精品教材。

公共管理的实践是不断发展和变化的。随着公共管理实践的不断发展，公共管理学科研究的范围、主题和内容也在不断地发展和变化。我们将紧跟公共管理学科的发展，与所有作者一起，不断对本套教材进行修订和完善。望广大读者给我们反馈信息，对本套教材提出批评和建议，以使我们能够在所有读者和作者的帮助下，与中国公共管理学科共同成长。

中国人民大学出版社

总序

2018 年是改革开放 40 周年。改革开放前，在计划经济时期我国对人的管理是按照身份划分的，对工人的管理称为劳动管理，而对干部的管理称为人事管理。劳动管理更多地被纳入企业管理，是企业“人财物”管理中的一部分，关注的核心是劳动定额和劳动报酬；人事管理则不被认为是一门科学，用人单位按照有关政策和规定，照章办事罢了。

我国城市经济体制改革的重要突破口首先是分配制度改革，而这一改革必然传导到用人制度的改革。改革遇到的一系列挑战需要理论的回应和指导，为此，1983 年 5 月我国第一个该领域的学院——劳动人事学院——在中国人民大学成立，该院是中国人民大学与原劳动人事部合办，所以，其名称就有了鲜明的特点。我是 1982 年初到人民大学攻读硕士研究生的，所以，学院成立时只有我一名学生，1983 年 9 月我才迎来了两位师弟。学院成立后按计划招收劳动经济和人事管理两个专业的学生，劳动经济专业为劳动局培养干部，人事管理专业则为人事局培养干部。

20 世纪 90 年代初，由于各种原因，人事管理专业面临转型。由于看到发达国家已经从传统的人事管理转向人力资源管理，于是，在 1993 年，中国人民大学将人事管理专业改为人力资源管理专业，主要为企业培养从事人力资源管理的专业人才。1997 年教育部研究生学科目录调整时增设了管理学门类，该门类下设了多个一级学科，其中，最重要的是工商管理和公共管理。在讨论二级学科设置时，对于人力资源管理的位置没有达成一致意见，因此，没有将人力资源管理列入当年的研究生学科目录。而 1998 年在修订本科专业目录时，将人力资源管理放在了工商管理一级学科目录之下，公共管理一级学科下则没有设立人力资源管理专业。

2000 年前后，公共管理问题在国内受到越来越多的关注，为了回应社会需求，国内各大学纷纷成立公共管理学院。2001 年 6 月，中国人民大学公共管理学院成立，成立之初确定的奋斗目标是建成“国内一流、世界知名”的公共管理学院。为此，学科建设就成为学院的工作重点。学科建设的首要任务是“补缺”，为此，在学校的支持下，2003年，学院率先在公共管理硕士（MPA）项目中设立了公共组织与人力资源方向，为公共组织培养人力资源管理人才。在此基础上，2006年，学院进一步在公共管理一级学科下自设了“公共组织与人力资源”二级学科，开始培养博士和学术型硕士研究生。

我国公共部门人力资源以党政机关干部和国有企事业单位管理人员为主，我国公共部门人力资源的素质和能力决定着我国公共管理的水平和质量。其中，我国干部队伍作为党政工作人员，是国家行政管理人才，是党的路线、方针、政策和国家法律、法规的具体执行者，担负着社会主义现代化建设的规划、组织和指挥的重要责任，是重要的人才资源。干部队伍能否正确行使权力、执政为民，直接关系到党和政府的形象和威望；干部队伍能否秉公执法、依法行政，直接关系到法律的尊严和社会的公正；干部队伍素质的高低、能力的强弱，直接关系到政府的工作效率和为公众服务的水平。提高干部队伍的人力资源开发和管理水平，加强干部队伍能力建设，已经成为建设强有力政府的关键和增强国家竞争力的重要途径。

中国人民大学在这一领域的一系列创新举措得到了兄弟院校的积极响应，不少高校设立了相同的专业方向。为此，在全国公共管理专业学位研究生教育指导委员会的支持下，首届全国公共部门人力资源管理研讨会于2012年召开，进一步推进了该学科的建设与发展。该研讨会每年按期召开，探讨公共部门人力资源管理的理论与实践问题。特别值得一提的是2016年7月7日至8日由全国公共管理专业学位研究生教育指导委员会主办、天津大学管理与经济学部承办的第五届全国公共部门人力资源管理研讨会。会议发表了《天津宣言》，做出了要在未来一段时间内出版一系列公共组织与人力资源管理教材的决定。会后成立了“新编21世纪公共管理系列教材·公共组织与人力资源管理系列”编写指导委员会与编写委员会，经过委员会商议，确定了要陆续推出《公共部门人力资源管理概论》《公共组织理论》《领导学》《国家公务员制度》《公共部门人员测评与甄选》《公共部门绩效管理》《公共部门薪酬管理》等教材，从而不断完善我国公共部门人力资源管理的学科建设，促进公共部门人力资源管理的组织创新和人才培养。这一决定促成了本系列教材的出版。

本系列教材力求体现以下特色：第一，体系科学全面。本系列教材涵盖了公共部门人力资源管理的主要知识领域，既包括管理学原理、组织行为学、公共组织理论等学科基础知识，也包括公共部门人力资源的招募、测评、甄选、绩效考核、薪酬管理等专业内容。第二，内容特色鲜明。本系列教材在编写过程中注重公共组织的基本特点与价值取向，无论是教材体系的设置还是具体内容的撰写都关注公共组织的实际问题。第三，实践导向明显。为了帮助读者更好地理解理论知识，将理论与实践联系起来，各教材都提供了丰富的公共组织具体案例实践，同时我们还将特别出版一本《公共部门人力资源管理案例》。第四，经典前沿并重。本系列教材的编写，既注重基础知识、基本理论和基本技能，同时又关注学科前沿，通过呈现公共部门人力资源管理的前沿视点，帮助读者把握学科的最新发展动态。

参与本系列教材编写的专家学者队伍理论功底都很深厚，他们来自中国人民大学、北京师范大学、天津大学、南开大学、中南财经政法大学、西北师范大学、广西大学等十余所高校。他们身处中华民族走向伟大复兴的历史洪流，扎根中国公共管理的具体实践，深谙中国公共组织人力资源管理的机会、问题与挑战。这种打破空间地域限制的强强联合，有利于将全国各地专注公共部门人力资源管理理论与实践的专家学者联合起来，促进各高校之间的学术交流与合作，助推公共部门人力资源管理的学科发展。

本系列教材不仅适合公共管理类专业的本科生使用，也可作为公共管理学科的研究生以及各级行政管理人员的参考用书。

实践总是不断发展与演进的，公共组织人力资源管理也会面临新的问题与挑战。虽然各位编写者在编写过程中精益求精，付出了很多心血，但难免存在不足之处。希望广大读者在使用本系列教材的过程中积极地提出修改意见，帮助我们不断地修订和完善。

董克用

前言

“组织”一词意义丰富，在生物学、医学、管理学、政治学中都是基础性的概念，在各学科的教学中，往往都会出现在整个理论体系的前端向同学们介绍。这主要有两个原因：一是从方法论来说，概念是一种认识和分析事物的方法。因为概念描述了研究对象的基本特征、活动边界、现实标的等内容，为分析这类事物指明了基本的线索和方向，可以说，掌握了概念就掌握了基本的研究方法。二是从知识体系来说，组织是各学科研究的基本内容，公共管理学尤其如此。公共管理作为一类管理行为，其行为主客体，行为的内容、方式等，都是发生在公共组织当中的，可以说，不依托于公共组织的公共管理行为几乎是不存在的。基于上述两点，对于公共组织的研究将在公共管理学科理论体系中扮演重要的角色。

在上述背景下，本教材旨在从以下三个方面为公共管理及相关学科专业的教学、研究提供支持：

1. 明确公共组织研究的基本范围

长久以来，政府一直是传统行政学研究的主要对象，主要关注的是政治-行政二分背景下，政府内部的层级关系、职能分工、公务人员的专业能力等内容，这与当时各类组织管理者及学者普遍关注组织效率有直接的关系，如泰勒、威尔逊等。随着行政国家的空前强盛，对政府的关注度日益提升，推动了公共行政学的迅速发展。特别是进入 20 世纪 90 年代，主要发达国家纷纷采用企业管理的方法来进行政府管理方式的变革，这一时期，顾客导向、质量管理等观念、方法纷纷被引入政府管理，加速了政府管理思路的更新和管理模式的调整。时至今日，中外各国对于公共管理理论和实践的理解早已远远超出传统行政学的范畴，非营利组织等其他组织也纷纷在公共管理、公共服务中扮演着重要的角色。在这种情况下，讨论公共管理行为的主体、载体等问题时，仍然采用传统行政学提出的“政府”概念就显得难以适应当前的实际情况，需要一个更为全面的概念来明确公共管理行为的主体和载体，“公共组织”概念正是在这种背景下逐渐进入人们的视野的。“公共组织”这一概念的明确，为当前公共管理的理论研究和实践分析设定了基本的范围。正是基于这一观点，教材将首先明确公共组织的基本概念、特点、分类，并在此基础上，根据中国目前的具体情况，将公共组织的具体标的一一列举，为读者尽可能完整清晰地展现中国公共组织的全貌，这也正是本教材的主要内容和特点之一。

2. 理顺公共组织研究的基本思路

明确公共组织的概念之后，需要理顺公共组织的研究思路，才能更为具体地分析公共组织。研究思路是认识和分析事物的基本路线，表现为对事物不同方面逐渐认识的逻辑顺序。对于公共组织，本书的研究思路遵循从一般到特殊的过程，着重从系统论的观点出发，从环境、结构、行为等视角对公共组织进行分析，并在此基础上，从公共组织与外部环境互动关系的维度，探讨公共组织的发展与变革。

首先，从组织理论到公共组织理论。管理学的发展与实践正在展现出明显的公私组织相互借鉴、取长补短的过程，这一点在主要发达国家于 20 世纪末开始的新公共管理运动中尤为明显，我国近年来也在政府购买社会服务等方面取得了丰硕的成果。因此，作为公共组织理论的教材，应当遵循从组织研究的一般到特殊的基本研究思路，对公共组织每一项内容所进行的讲解都要和组织理论的一般研究相结合，这样既能体现公共组织作为组织的共性，又通过与其他类型组织的比较，更加彰显公共组织的特殊性，加深读者对公共组织理论的理解。

其次，以系统论的观点来构建公共组织理论的整个体系。系统指的是由相互联系、相互作用的要素（或部分）组成的具有一定结构和功能的有机整体，准确来说，要素＋结构＋环境＝系统。系统观指导下的研究主要关注系统的要素（或元素）、结构和系统的行为（性质）。公共组织作为一个系统，需要在特定环境下，通过自身的资源整合、结构优化和行为选择实现特定目的。为此，本书在明确公共组织的概念特征后，从环境、结构、行为三个方面对公共组织进行分析，力图向读者展示一个全面完整的公共组织理论体系。

最后，强调公共组织发展中稳定与变革之间的平衡。系统论的观点要求公共组织不断通过变革来适应外部环境。实践中，各国公共组织都通过多方面的创新举措来驱动自身变革，目的在于为社会提供更为有效的管理与服务。同时，公共组织由于其在整个国家甚至世界政治、经济格局中都发挥着举足轻重的作用，其每一项行为都可能产生复杂而深远的影响，因此，公共组织的发展又必须是理性、审慎的。如何兼顾发展中的稳定与变革是摆在各国公共组织面前共同的课题。作为回应，大家普遍将科学化、民主化的组织分析作为基本方向来指导公共组织的发展。基于此，本书在解释公共组织各个方面内容中，也力求不走极端，在科学化、民主化的原则下理性分析不同国家公共组织的具体做法，为读者描述较为客观、全面的公共组织发展情况。

3. 丰富公共组织教学的案例素材

案例教学法（case method，也可称为个案教学法）是一种最早应用在法律实务研讨中的教学方法，后引入管理学科的教学当中，收效显著，克服了传统课堂教学偏重于理论讲授的局限性，将公共管理中的诸多论点与现实中的公共组织实务相结合，不仅活跃了课堂气氛，更提高了读者理解和应用理论的能力。因此，近年来，案例教学以及相应的案例库建设等工作受到了国内外各高校的普遍重视。为此，本教材结合内容特点，选取了近 60 个公共组织各方面案例。这些案例均取材于古今中外的公共组织真实事件，为公共组织理论的教学提供了丰富的素材。另外，在实际案例教学实践中，案例教学法一般有以下三种运用方式：个别问题提问法、解题分析法和战略规划法。考虑到本教材主要应用于国内各高校公共管理等相关专业本科教学，书中多采用个别问题提问法，尽量选用中短篇案例，并辅之以结合案例所在章节内容的针对性问题加深读者对特定知识点的理解，力求实现教材的理论深度与阅读兴趣的有效融合。

本教材作为“公共组织与人力资源管理系列”中的一部，能够顺利完成，首先要感谢本系列教材主编、中国人民大学公共管理学院组织与人力资源研究所所长方振邦教授。方教授对本书给予了专业、细致的指导，其严谨治学、虚怀若谷的学人风范令人心生敬佩。本教材在写作过程中，还得到了天津大学公共管理学院院长傅利平教授的大力支持。每一次与傅院长就教材问题进行交流，其高屋建瓴的理论视野、知性优雅的学者形象都令人印象深刻。另外，还要感谢天津大学研究生院的“研究生创新人才培养”项目的支持。教材的完成，还要感谢印第安纳大学公共环境与事务学院院长卡尔·贝塞尔（Karl Besel）教授、加州大学洛杉矶分校卢斯金公共事务学院迈克尔·F. 洛夫奇（Michael F. Lofchie）教授，两位教授从各自专业角度对本教材的部分章节给予了细致的建议，在此一并致谢。另外，还要特别感谢中国人民大学出版社的朱海燕老师，在教材撰写的很多细节上，朱老师都给予我专业、周到、细致的解答，使得教材能够顺利完成。最后，特别感谢为教材撰写提供帮助的我的学生们，夏文婷、王晓菡、殷嘉柠、于莹、黎晓月、李亚楠、杨宇琦、黄晓彤、提长青等同学都为教材编写贡献了力量。

最后，虽然著者力求对公共组织理论的内容进行科学、准确、全面的表述，但由于专业水平有限，若有相关不足之处，还请各位学界同人不吝赐教。

陆明远

目录

第 3 章　公共组织的环境

第 4 章　公共组织的结构

第 5 章　公共组织的决策

第1章

绪　论

现代社会正逐渐成为一个高度组织化的社会，各式各样的组织为了实现特定目标，活跃在社会生活的各个领域。公共组织是社会组织中一种最常见的形态，其目的、结构是否科学，组织运行方式是否合理等，都会对公共事务的管理产生影响。因此，学习公共组织理论，掌握公共组织管理的原理、原则和方法等，对于把握其发展运行规律、系统全面地研究公共管理行为具有重要作用。本章首先介绍了公共组织的概念、构成要素、特征、研究途径等基本内涵，进而从公共管理学科体系的视角介绍了公共组织理论的学科定位、研究内容及方法，最后总结了公共组织学的研究意义并对其未来发展进行了展望。

重点问题

- 公共组织的含义、构成要素、分类、特征
- 公共组织的研究途径
- 公共组织理论的学科定位
- 公共组织理论的研究内容和方法
- 公共组织理论的未来发展

引导案例

广东“政府治理能力现代化”优秀案例推介活动开展

2016年4月26日上午，第三届“粤治——治理现代化”广东探索经验交流会在广州南方报业传媒集团举行，会上公布了2015—2016年度广东治理现代化优秀案例名单。

党的十八届三中全会提出“推进国家治理体系和治理能力现代化”，对全面深化改革

做出了系统的部署。按照习近平总书记的要求，广东把“三个定位、两个率先”作为今后工作的前进方向、行动指南和总目标，全省围绕“推进国家治理体系和治理能力现代化”进行了积极探索。在这样的大背景之下，2014 年南方报业传媒集团就启动了 2013—2014 年度广东“政府治理能力现代化”优秀案例推介活动，得到了社会各界的热烈响应，各地各部门纷纷积极推介。

为做好优秀案例的推介、评审工作，南方报业特邀了一批权威机构和知名人士推介优秀案例，组成了“1＋13＋X”的联合体。其中，“1”为南方舆情数据研究院，“13”为院校、社会机构，“X”为知名专家、网友等。

政府治理创新优秀案例推介标准为：创新性强，在广东乃至全国范围内有首创性；美誉度高，得到社会各界的较高评价；实效性强，较好地推动了某个公共问题的解决。2013—2014 年度广东“政府治理能力现代化”优秀案例共分为三类：政府治理创新优秀案例、舆情引导优秀案例、网络问政优秀案例；第三届“粤治——治理现代化”广东探索经验交流会起还引入了大数据与公共服务优秀案例。

应当说，这种以主流媒体、学术机构、社会组织组成联合体，围绕“政府治理能力现代化”理念来评介政府工作的活动不仅在广东是第一次，在全国也有开创性意义。

（资料来源：26 个优秀案例展示“粤治”现代化最新成果. 南方日报，2016-04-27.）

1.1 组织和公共组织概述

1.1.1 组织和公共组织的含义

1. 组织的含义

“组织”最早出现在生物学研究当中。在生物学意义上，除病毒以外，所有生物都是由细胞构成的。细胞分化产生不同的细胞群，每个细胞群都是由许多形态相同，结构、功能相似的细胞和细胞间质联合在一起构成的，这样的细胞群就被称为组织。与之相似，在社会学、人类学和管理学意义上，人就相当于一个个的细胞，当这些个体中具有共同目标的一部分人按照一定的形式和结构结合起来，就形成了人类社会中的组织。

“组织”一词很早就已经出现，但是在不同国家和不同时期的理解有所不同，词汇所应用的领域也不一样。在中国，“组织”最先应用在编织、纺织领域，而在国外则最先源于医学。“组织”开始应用到社会科学领域是在 1873 年，英国哲学家斯宾塞将其延伸至社会科学研究中，并赋予其社会学含义，即“人为组织”。

20 世纪初，组织理论兴起，学者们纷纷从各个角度对组织进行定义和研究，“组织”有了更加丰富的含义。管理学家卡斯特和罗森茨韦克从四个方面对组织进行了定义：(1) 有目标的，即怀有某种目标的人群；(2) 心理系统，即群体中有相互作用的人群；(3) 技术系统，即运用知识和技能的人群；(4) 与外部环境相联系。巴纳德认为，组织是一个有意识地协调两人或两人以上活动和力量的系统。赫伯特・西蒙认为，组织的实质是指一个人类群体当中的信息沟通和相互关系的复杂模式。

虽然这些定义各不相同，但是通过研究，仍然可以总结出组织所具有的一些基本共性：(1) 组织是人们在相互交往中形成的一定行为关系的集合；(2) 组织是为了实现某种目标有意识地建立起来的；(3) 组织是人们相互协作的表现，这种协作建立在分工基础之上；(4) 组织有一定的结构和行为方式；(5) 组织有其内在的精神意识，这种精神不是自发形成的，而是有意识地培养起来的，最终将组织文化系统化；(6) 组织是一个开放系统，随着环境的变化而有机发展。

根据上述特征，我们可以将组织定义为：组织是人们按照一定的目的、任务和形式组建起来的相互协作的社会群体。也可以理解为：在一定环境中，为实现某种共同的目标，确保人们社会活动正常协调运行、顺利达到预期目的、具有特定功能的开放系统。

2. 公共组织的含义

在社会中，组织可以按照不同的标准被划分为多种类型，并呈现出不同的特点。有些组织努力追求经济利益，以实现盈利和自身利益最大化为目标，这是私人组织，最典型的代表就是企业。而公共组织恰与其相对，公共组织的目的是维护公共利益，提供公共服务，努力维护社会公众的权益。

对公共组织的定义有广义和狭义之分。广义的公共组织是以管理社会公共事务和提供公共服务为目的的组织，它不仅指政府及其执行部门，还包括立法机关、司法机关、学校、医院、军队和政党等以实现公共利益为目标的社会组织和社会团体。狭义的公共组织仅指政府及其执行部门，以及具有行政授权的社会组织。

对公共组织的理解，可以从以下几个方面进行：

第一，公共组织以维护和实现公共利益，管理国家和社会公共事务为基本职责。公共利益不是指单个的社会成员或者单个组织的利益，而是所有社会成员的共同利益。在价值层面上，公共利益的构成表现为：公共产品、公共服务、公共安全、公共秩序、公平、正义等。为社会提供所需的公共产品和服务，维护社会的安全、秩序、公平和正义是公共组织合法性的基础，更是其存在和发展的目标和重要依据。

第二，公共组织在组织、生产和提供社会公共产品和服务的过程中，不以营利为目的。公共组织的公共性决定了其要为公共利益服务，而不能像私人组织那样追求利润。当然，虽然公共组织不以营利为目的，但组织的运作和相关管理活动仍需要付出一定的管理成本，该成本费用的来源主要有三个：公共财政开支，有偿服务收入（按产品和劳务的成本收取的费用），通过社会赞助、资助、捐赠等方式筹措的资金。

第三，公共组织通过行使公共权力来管理公共事务。公共组织通常拥有自身具备的法定公共权力或是公共部门授予的公共权力，这种权力具有权威性、强制性、普遍性和排他性等特点，因此也比一般权力有更广泛的约束力、强制力和管辖范围。公共权力在行使中必须遵循程序性和规范性，防止权力的滥用误用、越权使用或独裁专制等。所以，公共组织要受到全社会的监督，要对自身行为负责，承担相应的政治责任、法律责任以及道德责任等公共责任。

第四，公共组织具有特定的地域性。这是受到公共利益地域性的影响，公共利益在不同的地域范围内有所不同，既有全体国民的公共利益，也有某个省域范围内的公共利益，还有某个市域甚至县域范围内人民的利益，呈现出一定的层次性。同理，公共组织也有代表全国人民公共利益的、代表省域范围内人民利益的、代表市域甚至县域人民利益的公共组织，表现出特定的地域性。

1.1.2 公共组织的构成要素

公共组织是一个由多种要素组成的有机整体，这些要素可以从不同角度进行分类。

（1）实体性要素和非实体性要素。实体性要素也就是我们常说的硬件设施，包括公共组织的机构、人员、资金等。非实体性要素即软件，一般包括组织中的职能目标、职权划分、职位分类、运行程序、管理方法、法律规范等内容。

（2）物质要素、结构要素和运营要素。物质要素包括人员、经费、物资等，结构要素包括职务、部门、权力等，运营要素包含领导、决策、控制等。

（3）有形要素和无形要素。有形要素是组织构成的物质条件，包括实现预定的目标所需要实施的工作、实施工作的人员、必备的物质条件、权责结构等；无形要素是组织构成的精神条件，包括组织中共同的目标、工作的积极性和主动性、畅通的沟通网络、和谐融洽的人际关系等。

通常来讲，公共组织的构成要素包括以下几个方面：

（1）职能目标。

目标职能是公共组织存在的基础，决定着组织的行为方式和发展方向。为履行组织职责、实现组织功能，公共组织需要把使命、愿景等内容具体化为明确的职能目标。目标是一个组织的灵魂，对组织发展起着至关重要的作用。如果组织的目标不明确，在外会产生消极或者不作为的行为倾向，在内会引起纠纷和冲突，造成组织内部关系混乱。对于公共组织来说，组织职能目标的设置应该以维护和实现公共利益为基本价值取向。

（2）机构设置。

机构设置是实现公共组织职能目标的载体，是承载组织权力的一系列机构设定，是组织内部各要素相互关系的结构化表现。对于公共组织来说，它通常是由一些分工不同，但相互联系、相互作用的单位和部门构成的。这些构成公共组织的单位、部门等被称为公共机构。机构的设置在很大程度上决定了组织的效率，因此要遵循科学的原则，按照法定的程序进行。

（3）职位设置。

职位设置是指一定机构内职位（职级、职数、职责）的确定。职位是公共组织运行的基本要素之一，是组织权力流动和资源整合分配的保证。现代组织要求职位要因事而设，而非因人而设。组织中的成员一旦占据了某个职位，就应该受到职位规范的约束。

（4）权责划分。

公共组织是一个纵横分工协作的体系，为了使其顺利运转，组织赋予纵向的层级部门和横向的职能部门相应的权力和责任，由此形成纵横交错的权责体系。权责结构配置是否科学、层级部门和职能部门的分权和分工是否合理、各部门与组织之间权责关系是否明确，是公共组织能否高效运转的关键。通常，权力和责任成正比关系，即权力越大责任也越大，反之亦然。

（5）组织人员。

人是组织最重要的资源。组织目标的完成、组织正常的协调运转等都离不开人，组织成员的特征、素质、组成结构等也会直接影响到公共组织的功能。因此组织人员是公共组织的一个重要构成要素。

（6）物质要素。

物质要素是指公共组织存在所需依赖的一些物质载体，比如场地、房屋、办公设备、用品、经费等。其中，经费是物质要素的核心。物质要素的配备对公共组织的运转和发展具有重要影响。如果配备不当，过多会造成浪费，影响国家对其他组织的投入，过少则会给正常工作带来不便。同时，物质要素在不同的国家、地区、层次之间也会存在差距。

（7）组织制度。

组织的运行需要建立一套完整的制度体系，以书面文件等形式对组织构建、组织行为及运行程序等进行严格的规范，对组织成员形成普遍的约束。完善的规章制度既能够保证公共组织及其工作人员依法办事，也可以保证公共权力的规范和高效使用。制度是公共组织合法地位和依法行使权力的保证，制度体系的完善程度是体现公共组织建设水平的重要标志。

（8）组织文化。

公共组织有别于其他组织最重要的一点在于，它以维护和实现公共利益为使命，践行公共价值观。公共组织的文化在公共价值观的基础上形成，是公共组织成员在长期的公务活动和实践中形成的全体成员共同认可的一套价值理念和行为模式。

（9）团体意识。

组织文化作为价值准则不断影响组织成员的思想和行为，使得特定公共组织成员间形成共识，即团体意识。公共组织中的团体意识是指组织成员在思想、认识、情感、态度等方面对组织形成的共同意识，是形成组织目标的共同心理基础，更是维持公共组织存在、延续和发展的灵魂。具有强大、凝聚的团体意识是衡量公共组织活力和生命力的重要标准之一。

（10）技术和信息。

信息化时代的来临同样对公共组织产生影响，信息化、技术化成为公共组织发展的基本方向。公共组织构成要素中的技术不仅指组织活动过程中需要的科学技术，也包括组织决策原则、方式等在内的“政治技术”。信息是组织活动中不可或缺的因素，信息传递的途径和方式也是组织各部分相互协调的途径和方式，组织过程从某种程度上来说就是一个信息收集、整理、传递和反馈的过程。

1.1.3 公共组织的分类

公共组织可分为不同类型。

依据公共组织的行为方式来划分，公共组织可分为政府组织和非政府组织。狭义的政府组织仅仅指行政组织，广义的政府组织还应该包括立法机关和司法机关，甚至是军事机关。当前在中国，由于政党组织（特别是执政党）与国家权力紧密相关，所以人们也倾向于把政党组织作为准国家权力组织。因此，广义的政府组织还包括政党组织。

非政府组织，是指主要由志愿人员组成、不以营利为目的、主要开展公益性或互益性社会服务活动、处于政府组织和市场组织之外的、地位合法的自治型社会组织。当前对非政府组织的界定，比较常用的是通过剩余法：政府是第一部门，企业是第二部门，剩下的为第三部门即非政府组织。因此，非政府组织中不应该包括政府出资建立的各种政府附属性组织或外延性组织，一般也不包括政党组织和宗教组织。

在公共组织运作中，很多公共事务是依靠公共权力的强制性来完成的。因此，还可以按照公共权力强制性的大小来对公共组织进行分类，将公共组织划分为强制性公共组织、半强制性公共组织和非强制性公共组织。

强制性公共组织主要指的就是政府部门。强制性公共组织的一个重要特点就是根据宪法和法律的授权、依靠公共权力来对公共事务进行强制性管理。因为是强制的，所以它对某一事务做出的管理决定，有关组织和个人必须遵从，一旦违反将要受到法律和相关规章制度的处罚。

半强制性公共组织在管理中主要依靠的不是行政手段而是市场手段。它们的管理行为对当事人具有一定的强制性，但是这种强制性在一定程度上可以对抗，当事人也可以拒绝其裁决。这类公共组织的典型代表是各种形式的仲裁委员会。通常委员会的裁定要求当事人遵守，但如果当事人对裁决结果有异议，也可以不执行并且向法院提起诉讼，由法院做出最后的裁决。

非强制性公共组织在社会生活中十分常见，而且担负着重要的公共管理职能。非强制性公共组织具有非强制性和服务性，并且多为非营利组织，比如各种学校、研究所、基金会、文化团体等。

根据公共组织在管理国家公共事务过程中所处的层次和发挥的作用，结合我国的基本国情，可以将其分为：中国共产党、人民政治协商会议、国家机关、事业单位和非政府组织等。

1. 中国共产党

中国共产党是我国公共管理的领导核心，在国家政治生活中处于领导地位，领导着各级国家机关承担管理国家和社会公共事务的职责。党始终坚持全心全意为人民服务的宗旨，因此中国共产党代表的是全体人民而非某些特定的阶层或者利益集团，它与西方国家的政党有着本质的区别，是一个处于领导地位的公共组织。这种领导主要体现为政治领导、组织领导和思想领导，它对国家和公共事务的管理主要体现在方针政策的制定、重大决策的决定、推荐国家机关干部等方面。

2. 人民政治协商会议

人民政治协商会议，简称政协或人民政协，是中国共产党领导的多党合作制和政治协商制度的主要政治形式和组织形式。政协，即政治协商，是指中国共产党作为执政党，在制定重大的方针政策时，必须与各民主党派、人民团体、爱国人士沟通交流、交换意见，充分听取各方面的意见和呼声。此外，政协的另一个职能是民主监督——通过建议和批评的方式对国家宪法、法律、法规等的实施，重大方针政策的贯彻执行以及国家机关及其工作人员的工作进行监督。

政协是我国发展社会主义民主、人民参政议政的重要形式，它以科学有效管理国家事务和社会公共事务为导向，以实现、维护和发展全国人民的公共利益为最终目的，因此，人民政协组织是我国公共组织中的重要组成部分。

知识库

中国共产党领导的多党合作和政治协商制度

中国共产党领导的多党合作和政治协商制度，是中国的一项基本政治制度。我国是一个多党派的国家，除了执政的中国共产党，还有八个民主党派，即中国国民党革命委员会、中国民主同盟、中国民主建国会、中国民主促进会、中国农工民主党、中国致公党、九三学社、台湾民主自治同盟。中国共产党和各民主党派合作的基本方针是：长期共存、互相监督、肝胆相照、荣辱与共。多党合作和政治协商的形式主要有：

（1）人民政治协商会议。人民政协是各党派、人民团体、各界代表人物参政议政的重要场所。

（2）中共中央和各级地方党委召开的民主党派和无党派人士座谈会。

（3）民主党派成员中的人大代表在各级人大中以人民代表的身份参政议政并进行监督。

（4）选配民主党派成员担任国务院及其有关部委和县以上地方政府及其有关部门的领导职务。

（5）推举符合条件的民主党派成员担任检察、审判机关的领导职务。

中国共产党和民主党派合作的首要前提与根本保证是坚持中国共产党的领导；政治基础是坚持四项基本原则；共同任务是在社会主义初级阶段基本路线指引下，为把我国建设成为富强民主文明和谐美丽的社会主义现代化强国，为祖国统一、振兴中华而努力奋斗。

政治协商制度，是指在中国共产党领导下，各政党、人民团体、少数民族和社会各界的代表，以人民政治协商会议为组织形式，经常就国家大政方针进行民主协商的一种制度。

3. **国家机关**

国家机关是指直接掌握和行使国家公共权力、处理国家公共事务的组织，包括国家权力机关、国家行政机关和国家司法机关。

（1）国家权力机关。

在我国，国家权力机关是指全国人民代表大会及其常务委员会、地方各级人民代表大会及其常务委员会，以及相应的行政部门。全国人民代表大会是最高国家权力机关，其常设机关是全国人民代表大会常务委员会。全国人大及其常委会行使国家的立法权，其主要职权体现为：制定和修改宪法，解释、修改、废止和补充普通法律，监督宪法的实施，组织中央和其他最高国家机关，决定国家的大政方针，监督其他国家机关的工作等。地方各级人民代表大会是地方各级国家权力机关，也是本级行政区域内行使最高权力的国家机关，它们的职权主要体现为：在本行政区域内保证宪法、法律、行政法规的实施；依据法律规定的权限通过并发布决议，审查和决定地方经济建设、文化建设和公共事业建设的计划安排；组织地方国家行政、司法机关等。

知识库

全国人大和各级地方人大的立法权

全国人民代表大会和地方各级人民代表大会都是国家权力机关。地方各级人民代表大会，包括省（自治区、直辖市）、设区的市（自治州）、县（不设区的市、市辖区）的人民代表大会。县级以上的地方各级人大的常设机关是各级人大常委会。

全国人大是国家最高立法机关，可以制定和颁布宪法和法律。有些地方人大也有一定的立法权。地方人大的立法权又可以分为一般地方立法权和特殊地方立法权。

1. 一般地方立法权

省、自治区、直辖市人大及其常委会在不与宪法、法律、行政法规相抵触的情况下，可以制定地方性法规，报全国人大常委会备案。

省、自治区人民政府所在地的市和经国务院批准的较大市的人大及其常委会根据本市的具体情况和实际需要，在不与宪法、法律、行政法规和本省、自治区的地方性法规相抵触的前提下，可以制定地方性法规，报省、自治区人大常委会批准后施行，并由省、自治区人大常委会报全国人大常委会和国务院备案。

2. 特殊地方立法权

民族自治地方。宪法和民族区域自治法规定，民族自治地方的人民代表大会依照当地民族的政治、经济和文化的特点可以制定自治条例和单行条例。

特别行政区。根据“一国两制”方针，香港、澳门特别行政区基本法规定，香港和澳门两个特别行政区的立法会有权制定法律，报全国人大常委会备案。

全国人大特别授予立法权的地方。1981 年，全国人大常委会授权广东省、福建省人大及其常委会，根据有关的法律、法令、政策规定的原则，按照该省经济特区的具体情况和实际需要，制定经济特区的各项单行经济法规，并报全国人大常委会和国务院备案。此后又分别授权海南省、深圳市、厦门市、汕头市、珠海市人大及其常委会相关的立法权。

（2）国家行政机关。

国家行政机关是国家权力机关的执行机关和行政管理机关，即狭义上的政府。按照职权和管理范围的不同，可以将其分为最高国家行政机关和地方行政机关。最高国家行政机关负责领导全国和地方行政机关，也即中央政府；地方行政机关是设置在各级行政区域内负责地方行政工作的机关，即地方政府。地方政府层级分为省级、地市级、县级和乡级。地方各级人民政府对本级人民代表大会和上一级人民政府负责和报告工作。行政机关是国家机构的核心部分。

（3）国家司法机关。

我国的司法机关包括人民法院和人民检察院。在我国，各级司法机关由本级权力机关选举产生，对其负责并受其监督。

宪法规定，人民法院是审判机关，负责审理民事案件、刑事案件和行政诉讼案件。人民法院实行四级两审终审制，设有基层、中级、高级、最高人民法院，另外还有各类专门法院。最高人民法院监督地方各级人民法院和专门法院的审判工作，上级人民法院监督下级人民法院的审判工作。

人民检察院是独立行使国家检察权的国家司法机构，它行使法律监督权，提起公诉，对法院的错误判决和裁定依法提起抗诉。人民检察院分为最高人民检察院和地方各级人民检察院，地方各级人民检察院包括省、自治区、直辖市人民检察院，省、自治区、直辖市人民检察院分院，自治州和省辖市人民检察院，县、市、自治县和市辖区人民检察院。各级人民检察院实行双重领导体制，最高人民检察院是最高检察机关，对全国人大及其常委会负责，地方各级检察院对产生它的国家权力机关和上级检察院负责。另外还有专门人民检察院，包括军事检察院、铁路运输检察院等，负责某领域专门的检察事务。

4. 事业单位

事业单位是指由政府以国有资产设立的，从事教育、科技、文化、卫生等活动的社会服务组织。事业单位接受主管政府的领导，是一种特殊的公共组织。首先，它和国家机关一样，利用公共资源开展活动，不以营利为目的，但是它又不具有国家机关的公共权力；其次，它替政府承担了一些专业性较强的社会公共事务，比如教育、文化、卫生等。因为这些事务的专业性强，政府承办的效率比较低，所以交由事业单位来承办。由此可知，政府和事业单位之间是一种委托和承办关系，而非领导与被领导关系。因此，政府不能干预事业单位的事务，只能通过一些政策、法律的方式来引导和监督。

当前我国的事业单位主要包括：文化事业单位，如电视台、新闻出版社、文物保护单位等；教育事业单位，如大学、职业技术学院、成人教育学校等；卫生事业单位，如医院、卫生防疫站等；科学研究事业单位，如科学院、社科院等；社会福利事业单位，如养老院、福利院等；城市公用事业单位，如园林绿化单位、环卫单位、市政维护管理单位等。此外还有农、林、水利、气象、交通、环保、检验检测等许多领域的事业单位。

5. 非政府组织（非营利组织、社会组织）

联合国对非政府组织给出的官方定义是：凡不是根据政府间协议建立的国际组织都可被看作非政府组织。非政府组织通常是由具有共同公益性目标的人们志愿结合在一起形成的，从事的也多是慈善、信息、社区服务、青年和特殊人群教育、关爱老年人、环境保护等工作。非政府组织之所以是公共组织，是因为它不以营利为目的，且致力于社会公益性事业发展。它可以协助政府承担一定的公共事务管理职能，因此不仅能够方便公众的日常生活，还可以帮助实现政府工作的精简高效。

知识库

NPO

NPO (Non-profit Organizations)，即非营利组织，指那些独立于政府体系之外、具有一定公共职能的社会组织，与之相关的还有非政府组织、第三部门、社会组织等称谓。“非政府组织”一词最早出现在1945年联合国成立时的一份重要文件里，1995年北京举办第四次世界妇女大会，因同期举行的“世界妇女非政府组织论坛”，“非政府组织”这一词汇在中国推广开来。

有学者在综合比较研究的基础上提出，非营利组织具有组织性、民间性、非营利性、自治性和志愿性。与追求专属于本集团的、其利益具有强烈排他性的利益集团不同，非营利组织从事的是社会公益事业，提供的是公共物品。其涉及的领域也相当广泛，包括环境保护、社会救济、医疗卫生、教育、文化等。

当前我国和世界上一些比较有名的非营利组织有：中国科学技术协会、中国少年儿童基金会、中国红十字会、中国残疾人联合会、香港乐施会、美国大自然保护协会、全球环境研究所、世界自然基金会、世界资源研究所、自然之友等。

1.1.4 公共组织的特征

1. 政治性

政府作为主要的公共组织，是国家进行政治统治的主要机关，是实现国家意志的工具。政府必须执行国家的政治意志和政治任务。即使对于非政府组织来说，其组织目标和执行过程也不能脱离政治文化的约束和限制。因此公共组织都受到所处政治环境的影响，体现出明显的政治性。

2. 公共性

公共组织以实现公共利益为目标，其管理、运作及组织活动开展的最终目的就是满足社会的公共利益。具体来说，公共组织为民众提供公共安全、教育、医疗、交通等，提高广大人民群众的生活水平，这些都是公共组织公共性的表现。

3. 法治性

公共组织是合法的正式组织，它具有明确的法律地位，其结构设置、组织目标、运行程序、人员编制、行为规范、管理方式、财政预算等都是由宪法和各项法律规定的，必须依据法律行使职权。同时，公共组织在管理社会公共事务时也必须严格贯彻执行宪法和法律，不得越权和滥用职权。

4. 权威性

权威性是公共组织有效管理的基础。在公共组织中，政府是受人民委托行使公共权力的组织，在社会中有至高的权威和地位。政府凭借行政权力，对国家政治、经济、文化、社会等各方面的公共事务进行管理，其管辖范围内的公民和组织都必须遵守和执行其管理规定。非政府组织具有政府授予的管理公共事务的权力，因此也具有一定的权威性，但是它的权力不具有最终强制性。

5. 社会性

社会性是指公共组织直接从事社会公共事务的管理，以承担社会职能、服务社会为根本宗旨。公共组织的主要职责就是从复杂的社会事务中发现问题，然后组织社会中的人力、物力、财力资源，分析规划、多方协调以有效解决，并做好控制监督。

6. **独占性**

公共组织的独占性主要体现在三个方面。首先，公共组织可以通过公共权力和权威来提供产品和服务，不许私人加入竞争；其次，公共组织以提供公共产品、公共服务等公共物品为己任，这些物品通常具有公共产品的属性，即消费的非排他性和非竞争性，因此很少有私人部门愿意提供这些产品；最后，有一些公共工程由于投资规模大、建设周期长、风险性高，导致私人部门不愿承担或无力承担。在上述几种情况中，只能由公共组织来独家承担建设生产等任务。

案例

7种交通违法行为列入刑事处罚

2015年11月1日起，《刑法修正案（九）》（以下简称《刑（九）》）正式开始实施。今后，从事校车业务或者旅客运输车辆严重超员、严重超速等七种交通违法行为将由原来的行政处罚上升为刑事处罚。其中，伪造、买卖驾照的，最高将面临七年有期徒刑。

这些交通违法要入刑

《刑（九）》将在道路上驾驶机动车从事校车业务或者旅客运输，严重超过额定乘员载客、严重超过规定时速行驶，以及违反危险化学品安全管理规定运输危险化学品、危及公共安全等严重危害交通安全的情形，纳入危险驾驶罪，并规定机动车所有人、管理人对上述行为负有直接责任的，按照危险驾驶罪定罪处罚。

此外，在伪造、变造居民身份证罪中，增加了伪造、变造、买卖驾驶证以及使用伪造、变造或者盗用他人驾驶证行为，进一步完善了依法治理严重交通违法行为的法律规定。

交警将依法严查违法犯罪行为

山西省公安厅交管局相关负责人介绍，《刑（九）》的公布和实施，进一步完善了依法治理严重交通违法行为的法律制度，既为交管部门依法查处违法犯罪行为提供了重要法律依据，也给执法办案提出了更高要求。

下一步，交管部门首先要做的就是依法严查违法犯罪行为。对在道路上驾驶机动车从事校车业务或者旅客运输，严重超员、严重超速以及违反规定运输危险化学品，危及公共安全和伪造、变造、买卖驾驶证等行为依法严格查处，依法立案查处；对机动车所有人、管理人强令、指使、纵容驾驶人实施危险驾驶行为，或者不履行安全管理职责的，坚决依法查办。《刑（九）》中，将在道路上驾驶机动车从事校车业务或者旅客运输，严重超速的行为纳入危险驾驶罪，对办理此类刑事案件证据的科学性、合法性、规范性提出了更高要求。对此，交管部门将会同有关部门对道路交通标志标线和交通技术监控设备开展一次专项排查治理，防止道路限速过低或者不科学，限速标志标线设置不规范、不合理，测速交通技术监控设备及相关警告标志设置不科学、不规范等问题，确保执法取证设备和执法依据依法、合规。

此外，交管部门将严厉查处执法办案中的失职、渎职行为，发现对危险驾驶和伪造、变造、买卖驾驶证等犯罪行为不查处、不立案、不处罚、降格处理以及徇私舞弊、干扰执法办案等违法违纪行为的，依法依规严肃追究责任，严厉打击违法犯罪活动。

新规七大变化

1. 从事校车业务或者旅客运输业务，严重超员的行为

过去，此类违法行为按《道路交通安全法》规定给予最高两千元的行政处罚。现在，上升为“处拘役，并处罚金”的刑事处罚。

2. 从事校车业务或者旅客运输业务，严重超速的行为

过去，此类违法行为按《道路交通安全法》规定给予最高两千元罚款，可以并处吊销机动车驾驶证的行政处罚。现在，上升为“处拘役，并处罚金”的刑事处罚。

3. 运输危险化学品违反危险化学品安全管理规定，危及公共安全的行为

过去，此类违法行为按照《治安管理处罚法》《危险化学品安全管理条例》等法律、法规规定给予行政处罚。现在，上升为“处拘役，并处罚金”的刑事处罚。

4. 从事校车业务或者旅客运输严重超员、严重超速，以及违反危险化学品安全管理规定运输危险化学品，危及公共安全的行为，且机动车所有人、管理人负有直接责任的

过去，此类违法行为按照《治安管理处罚法》《道路交通安全法》《校车安全管理条例》《危险化学品安全管理条例》等法律、法规规定给予行政处罚。现在，按照危险驾驶罪定罪处罚，上升为“处拘役，并处罚金”的刑事处罚。

5. 伪造、变造机动车驾驶证的行为

过去，此类违法行为按《道路交通安全法》规定给予最高两千元罚款。现在，上升为“三年以下有期徒刑、拘役、管制或者剥夺政治权利，并处罚金；情节严重的，处三年以上七年以下有期徒刑，并处罚金”的刑事处罚。

6. 买卖机动车驾驶证的行为

此前的《刑法》对于买卖机动车驾驶证的行为并无明确规定。目前驾驶证与身份证一样，作为居民可以用于证明身份的证件，规定“伪造、变造、买卖居民身份证、护照、社会保障卡、驾驶证等依法可以用于证明身份的证件的，处三年以下有期徒刑、拘役、管制或者剥夺政治权利，并处罚金；情节严重的，处三年以上七年以下有期徒刑，并处罚金”。

7. 使用伪造、变造机动车驾驶证情节严重的行为

此前，此类违法行为按照《道路交通安全法》规定给予最高两千元罚款的行政处罚。现在，上升为“处拘役或者管制，并处或者单处罚金”的刑事处罚。此外，将盗用他人的机动车驾驶证情节严重的行为规定为犯罪，设定了“处拘役或者管制，并处或者单处罚金”的刑事处罚。

（资料来源：7种交通违法行为列入刑事处罚.（2015-11-03）. https://www.sohu.com/a/39363687_124734.）

案例思考题

1. 公民违反交通法规的行为将受到刑事处罚表明我国政府组织属于哪种类型的公共组织？

2. 该处罚反映出我国政府具有公共组织的哪些特征？

1.2 公共组织的研究途径

随着公共组织的日益发展，人们对其关注愈发增多，学界对公共组织的研究也不断丰富。学者们从不同的研究视角出发，形成了对公共组织的多种研究途径。美国的公共行政学者罗森布鲁姆认为，公共组织中主要存在三种研究途径：管理途径、政治途径和法律途径。英国学者莱恩将公共组织的研究途径总结为传统的公共行政学派、管理途径和政策途径。台湾的行政学者吴琼恩认为，对公共组织的研究主要从管理途径、政治途径和文化途径进行。随着网络和信息技术的发展，作为一种新的网络组织的电子政府出现，与公共组织相关的网络问题研究也不断增多，由此，网络途径也成为公共组织研究的重要途径之一。

本书中，我们借鉴并总结学者们开展的研究，将公共组织的研究途径概括为管理途径、政治途径、法律途径、政策途径、文化途径和网络途径。

1. 管理途径

公共组织研究的管理途径根源于泰勒和韦伯的“古典管理理论”的研究途径。19世纪末20世纪初，资本主义工商业不断发展，企业领域的“科学管理”促进了生产效率的提高。借鉴这种方法和原则，政府机构将科学管理原理引入自身管理之中。

管理途径以“3E”，即效率（efficiency）、经济（economy）、效能（effectiveness）作为价值追求和导向，并将其应用于公共组织结构和管理的整个过程之中。管理途径主要包含七个职能：计划（planning）、组织（organizing）、人事（staffing）、指挥（directing）、协调（coordinating）、报告（reporting）和预算（budgeting）。

这种科学管理的管理途径使人们开始发现和探究管理学中的普遍规律，摆脱了凭传统经验和感觉管理的状况，也为后来的管理技术和管理方法提供了基础。20世纪80年代以来，新公共管理运动兴起，管理途径得到复兴。新公共管理强调结果取向、顾客导向、竞争机制、绩效管理等，在这些价值的引导下，很多新公共管理的技术在公共组织中得到应用，比如目标管理、全面质量管理、标杆管理等。

2. 政治途径

在管理途径中，隐含了一个假定：政治与行政是二分的。但是，随着社会的发展，政府职能不断扩张，再加上各国政府管理中的一些实践经验诸如罗斯福新政的提出，传统的政治-行政二分理论受到了严重的质疑。公共组织研究的政治途径出现。

公共组织活动与其他的管理活动的最大区别就在于其政治特性。选举、民意调查等是政治途径的主要方式。政治途径的三个前提是：第一，政府不同于私人组织，必须对公共组织和私人组织进行区分。第二，政治途径强调政治权力的发展、维持和定位。第三，代表性是组织公共机构背后的主要力量。政治途径的主要观点包含多元主义、自主性、和立法机构的联系、分权等方面。

3. 法律途径

法律途径强调法治。这意味着以下几个方面的内涵：首先是“程序性正当法律程序”，这是保护公民个人不受由于政府错误或恶意的违宪行为而导致的被剥夺生命、财产和自由权利等伤害的必要程序；其次是对个人应享有的实质权利和法律的平等保护；最后是公平，表现为授权法官对那些法定权利遭受行政官员侵害的人进行救济。

法律途径有独立性，行使这一裁决的机构必须独立于政府的其他部门。行使这一功能的机构一般通过委员会的形式来领导，且对委员会中的人员构成、数量等都有一定的规定和限制，以保证其有效发挥作用。在公共管理中，替代性争端解决是一种被推崇的办法，比传统的裁决更具有灵活性和有益性。在替代性争端解决问题上，法律途径主张共享权威和回应性。

知识库

替代性争端解决

替代性争端解决（alternative dispute resolution，ADR），意为“解决争议的替代方式”，或是“非诉讼纠纷解决程序”。传统的 ADR 通常是指处理诉讼和仲裁之外的各种解决争议方法的总称，比如协商、谈判、斡旋、调解等方式。

4. 政策途径

政策途径研究的重点是政策或者公共项目。政策途径把项目作为基本的分析单位，公共组织的意义不是由它自身决定，而是由它和公共项目绩效的相关性决定。政策途径从政策周期的分析开始，包括政策制定和政策执行。

5. 文化途径

20 世纪 70 年代之前，行政理论的研究比较重视组织结构和行政控制，随着公共组织研究中文化途径的兴起，行政理论的研究重点逐渐转向重视行政主体的文化研究。在公共组织的文化研究途径中，强调人主观方面的一些改变，例如人的价值、态度、心理倾向等方面的转变，而这些改变都要经过深入的学习和改造，并且这种学习和改造必须放在一种有利于这种学习和改造的组织结构中才能有效实现。

6. 网络途径

随着科学技术的发展和经济全球化的推进，知识的更新、技术的进步和市场的变化速度都不断加快，组织面临的外部环境也日益复杂。组织管理者们开始越来越关注组织外部资源的优化整合，摆脱层级负担沉重而又冗杂的职能式结构，以市场为导向，建立新的组织形态。于是，网络组织开始出现。20 世纪 90 年代起，公共部门中的网络治理开始成为一种新的研究，并且发展的主导趋势越来越强。公共部门中的网络是一种相互依存的结构，是一种为了解决共同的问题建立起伙伴关系的联合，公共部门应该对其给予足够的重视，将网络治理作为公共部门治理中的一种重要途径。

案例

民调：九成以上国内网民支持政府网络治理行动

2015 年，为实现更加健康有序的网络环境，国家网信部门开展了多项网络治理行动。国内网民对政府系列治理行动表现出高度关注。在百度以“网络治理”为关键词的相关搜索结果高达191万条。2016年1月底，零点研究咨询集团对全国50个大城市大专以上学历，共计12 600名网民进行了在线调查。调查结果呈现出“三高”现象，即网民对政府部门各项网络治理行动支持度高、对2015年网络生态环境的积极变化认可度高、对未来网络健康发展信心度高。

九成以上网民支持各项网络治理行动

调查显示，网民对7项网络治理行动的支持率均在九成以上。其中，高达96.9%网民对开展“护苗2015·网上行动”表示支持，支持率最高（见图1-1）。

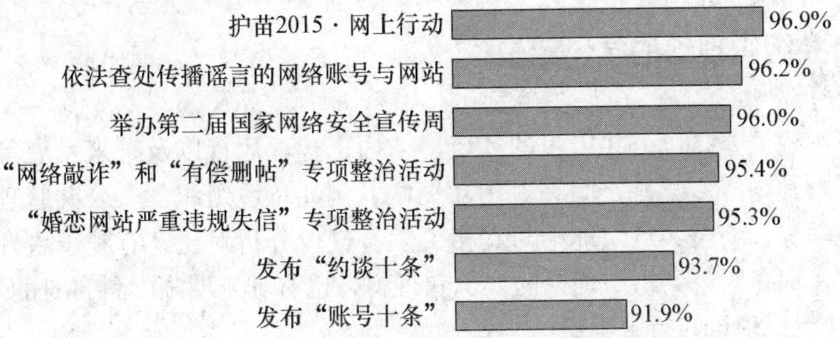

图1-1 网民对各项网络治理行动的支持率

六七成网民对2015年网络生态环境的积极变化点赞

经过2015年一系列网络治理行动，网络环境得到了明显改善，清朗程度进一步提高。调查显示，广大网民对2015年网络生态环境进一步向好发展表示高度认可，其中，80.7%的网民表示网络正能量增加了（见图1-2）。

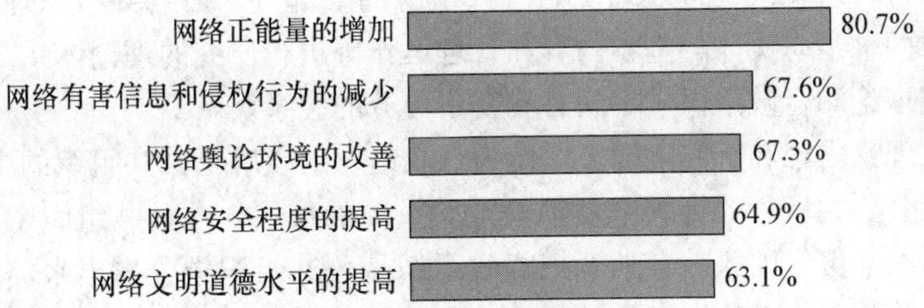

图1-2 网民对网络生态环境变化的评价

94.5%的网民对国内网络健康发展有信心

为获得一个良好的上网环境，网民希望政府部门加大网络治理力度。网民期待政府治理的网络问题主要包括：“诈骗信息”、“虚假、低俗网络广告”、“网络淫秽色情信息”、“网络犯罪”、“网络恶意弹出窗口”、“网络虚假信息/新闻”、“网络‘大V’造谣传谣”、“网络信息泄露”和“利用QQ/微信等网络即时通信工具进行违法活动”。

随着网络生态环境整体不断向好发展，网民对网络的健康发展表现出较强信心。本次调查显示，92.5%的网民对政府依法治理好网络有信心，94.5%的网民对我国网络健康发展有信心。

（资料来源：民调：9成以上国内网民支持政府各项网络治理行动.（2016-03-02）. http://www.china.com.cn/lianghui/news/2016-03/02/content_37918533.htm.）

案例思考题

1. 网民对政府网络治理行为的态度反映了当前政府治理的什么趋势?
2. 对于进一步发挥和提升政府在网络治理中的作用,你有什么意见和建议?

1.3 公共组织理论的研究视域

1.3.1 公共组织理论的学科定位

公共组织理论是指以公共组织的环境、结构、管理运行以及未来发展等为研究内容的理论体系,其与许多学科之间有着相互关联,例如行政组织学、公共管理学、组织行为学、管理学等。将公共组织理论与其相关学科进行分析对比,有利于更好地了解学科的特征特质,深化对公共组织理论的认识和理解,也有利于明晰学科自身的发展定位。

1. 公共组织理论和行政组织学

公共组织是指以维护和实现社会公共利益为目的,拥有法定或授予的公共权力管理社会公共事务、提供公共产品和服务的所有组织实体,包括政党组织、立法组织、行政组织、司法组织、军事组织、非营利组织等。行政组织是与立法、司法机关相对应的国家权力机关之一,是行使国家行政权力、管理国家行政事务和社会公共事务的组织机构。在一般意义的行政学研究中,行政组织主要指国家的行政机关,即政府。因此,公共组织的范围要比行政组织大,行政组织是公共组织的一部分。而公共组织理论和行政组织学则是分别对两种组织实体的基本内容和管理运作等进行研究的理论体系。

公共组织理论和行政组织学之间有着密不可分的关系。

首先,在理论内容和研究范围上,作为行政组织的政府是公共组织的主体构成部分,其在国家和社会公共事务的管理中发挥着至关重要的作用,在公共组织中更占据着规模最大和最核心的地位。因此,有学者把行政组织从公共组织中分离出来,以专门对其进行研究。虽然行政组织有着自身的独特性,但它仍然属于公共组织的一部分,因此行政组织学研究要接受公共组织学的一些基本价值理念、行为规范和管理方式的指导。同时,作为其研究分支,行政组织学研究丰富了公共组织学的研究内容和范围,开阔了学科的研究视野。

其次,在理论发展史上,我国行政组织学的研究要比公共组织理论早。这是因为我国的行政管理学研究从 20 世纪 80 年代开始恢复,而公共管理学是从 20 世纪 90 年代才兴起的。行政组织学研究行政管理中的组织,公共组织学研究公共管理中的组织,因此公共组织学在中国的兴起和发展也要晚于行政组织学。

最后,在课程设置上,公共组织理论的开课范围要广于行政组织学。一般的公共管理相关专业诸如行政管理、公共事业管理、劳动与社会保障、人力资源管理等都要开设公共组织理论课程,而行政组织学则更多地针对行政管理专业。

2. 公共组织理论与公共管理学

公共管理学的研究内容是非常广泛的,它可以被看作运用管理学、政治学、经济学等多学科的理论与方法来研究公共组织，特别是政府组织的管理活动及其规律的一个学科群体系，因此公共组织理论是公共管理学研究中的一个重要理论组成部分。公共组织理论主要研究和关注的是公共组织自身，公共管理学的研究则更加全面广泛，它既包含从组织的视角对公共组织进行分析，同时还包含对公共管理中所涉及的制度、行为等内容进行解释和分析。

3. **公共组织理论与组织行为学**

在研究对象的范围方面，组织行为学是针对所有的组织进行研究的，不仅涉及公共组织，还包括很多营利性组织，而公共组织理论的研究对象仅限于公共组织，范围要小于组织行为学。但是如果仅限于公共组织的范围来考察公共组织学和组织行为学，那么二者存在一定的共性，即都将如何提高组织效能作为核心研究目的。

在研究的侧重点方面，组织行为学是从微观角度入手进行研究，侧重个人和群体的行为，主要研究组织中个体和群体的态度与行为的表现和变化等，公共组织理论关注的则是公共组织的整体架构、环境、文化、战略等宏观层面的内容。

4. **公共组织理论与管理学**

管理学是一门系统研究管理活动的基本规律和一般方法的科学，它研究组织如何通过计划、组织、指挥、协调、控制等方式，来优化组织的资源配置，实现预期目标。在早期，管理学主要研究的是组织中的一些问题和基本规律，后来随着管理领域的扩展，管理学不再仅仅研究组织问题，还开始研究决策、控制、协调等问题。公共组织理论是管理学的重要研究内容之一，将管理学中的相关研究内容应用于公共组织，探索公共组织的演变与发展。

通过上述公共组织学与行政组织学、公共管理学、组织行为学、管理学学科的对比，我们可以发现公共组织学的学科交叉特性，从而更好地对其进行理解和定位。公共组织学和其他相关学科的关系见图1-3。

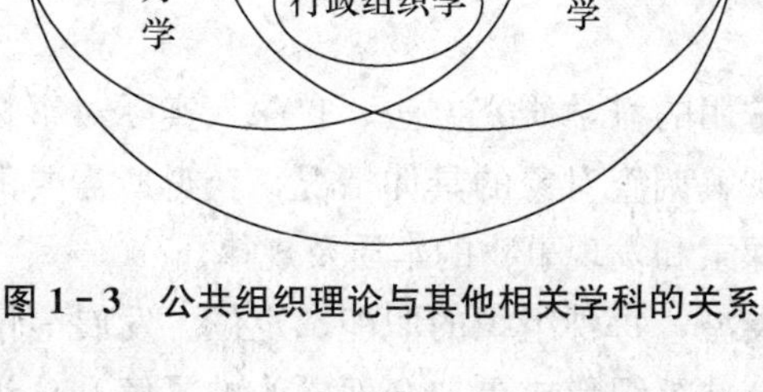

图1-3 公共组织理论与其他相关学科的关系

1.3.2 公共组织理论的研究内容

在上一节中，我们将公共组织理论与其他相关学科进行了比较，通过这些对比分析可以发现，公共组织理论的独特之处在于一方面专门研究组织构成、建立、运行和发展规律等内容，另一方面它的研究主体很特殊，不是普遍范围一般意义上的组织，而是公共组织。

公共组织可以分为多种类型，不同类型的组织在职能、定位、具体任务等方面有所不同，但是作为公共组织，它们在很大程度上都遵循着同样的规律和价值观，都以维护和实现公共利益为基本的活动准则，因此它们又存在着可以概括提炼和共同研究的相通之处。

为了进一步从理论上揭示公共组织的构成、建立、运行和发展规律，本书对公共组织学的研究主要包含了以下几方面内容：

第一，公共组织的总体性研究。包括公共组织的含义、构成要素、特征、类型、研究途径等基本内容的概述，以及以公共组织为研究对象的公共组织学的学科研究视域、研究意义和未来展望等。此外还介绍了公共组织理论的历史发展和演变。

第二，公共组织的静态研究。包括公共组织所处的内外部环境、组织结构、资源和功能等内容的介绍。

第三，公共组织的动态研究。包括公共组织运行中的一些具体运作和宏观管理活动，具体运作包含公共组织的领导、决策、沟通和协调等活动，宏观管理包含公共组织的文化管理、战略管理等内容。

第四，公共组织的变革与发展。主要介绍了公共组织的变革创新与未来发展。

1.3.3 公共组织学的研究方法

研究方法是指在研究中发现新现象、新事物，或提出新理论、新观点，解释事物内在规律的工具和手段。任何一门科学的研究都需要一定的研究方法，当然公共组织学也不例外。公共组织学的研究方法很多，大致可以将其分为基本研究方法和具体研究方法两类。

（一）基本研究方法

公共组织学的研究必须坚持实事求是的原则，一切从实际出发，理论与实践相结合，而不能脱离实际的情况去研究问题。常用的基本研究方法有两种：

1. 调查研究法

调查研究法是一种常用的科学研究方法，它深入实际对事物进行具体的观察，通过问卷调查、访谈等方式了解调查对象的具体情况，获得所需要的信息，然后对这些信息进行处理和分析，从而探索和发现事物的本质及规律。

公共组织包含多种类型，每种组织的职能、定位、发展等情况都存在差异，通过实际的调查分析，可以对公共组织形成更加全面深入的了解和认识，这便于更好地把握公共组织的基本情况，并展开相关调查研究。

2. 科学分析法

科学分析是以探究事物发展的基本规律为目的，把整体分解为部分，将复杂事物分解为各个要素，并对这些要素进行研究和认识的一种思维方法。科学分析法最初源于数学、物理学和天文学领域，后来逐渐被借鉴和应用于社会科学研究。

常见的科学分析方法包括归纳法、演绎法、分析法、综合法、现代“三论”（系统论、信息论、控制论）方法、定量分析方法等。通过科学分析法，我们能够更加清晰深刻地认识和理解公共组织及其发展运作情况。

（二）具体研究方法

这里讲到的具体研究方法包括八种，我们将其划分为四类，分别是：理论研究法和实践研究法、历史研究法和比较研究法、结构研究法和心理研究法、个案研究法和整体研究法。

1. 理论研究法和实践研究法

（1）理论研究法。

理论研究是人们将认识的结果进行系统化、理论化的过程，是人们主观见之于客观，利用个人主观对客观材料进行加工，并从客观中获得主观知识的活动。

理论研究法应用到公共组织学领域，首先要将组织效能作为评价标准对公共组织进行有目的的观察和分析，总结出一套使公共组织保持高效协调的方法和规律，进而将这些方法规律进行演绎推理，以此作为今后设计和管理公共组织的理论依据。

（2）实践研究法。

所谓实践研究，就是通过开展和参与具体的实践活动，总结经验和教训，并由此提出有效可行的管理方法。由于这种方法是直接从实践中得出来的，因此可以较好地解决具体问题，也有利于培养组织中的实用型人才。但是又因为这一方法只关注实践操作和经验概括，对理论的关注和联系较少，因此如果运用不好很容易陷入极端情况。

在公共组织学研究中，既不能仅关注组织的理论研究和发展，也不能只注重实践操作，应该将理论和实践联系起来，理论指导实践，实践发展理论。

2. 历史研究法和比较研究法

历史研究法和比较研究法都是通过对同类事物在不同情况下的状况进行对比，进而展开分析和研究的方法，二者的区别在于对比的导向不同。

（1）历史研究法。

历史研究法是指运用历史资料，按照历史发展的顺序对过去事件进行研究的方法，它主要是从纵向上对事物进行分析和研究。公共组织学中的历史研究法是从公共组织的历史发展中去认识和了解其普遍原理和方法。

（2）比较研究法。

与历史研究法相比，直接的比较研究法主要是从横向上对事物进行研究，比如对不同国家、不同类型、不同性质的公共组织进行比较和分析，发现其各自的特点和规律，从而更好地研究和把握公共组织的总体情况和规律。

3. 结构研究法和心理研究法

（1）结构研究法。

结构研究法是一种静态层面的组织研究法，它侧重于对公共组织的制度、结构、体系、规范等内容的研究，这有助于我们清晰认识公共组织的层级结构，也有利于组织结构、制度等方面的发展完善。但是这种方法在一定程度上忽视了公共组织的环境、组织成员的主观能动性等动态层面的研究，具有一定的片面性。

（2）心理研究法。

心理研究法是针对组织动态层面的研究方法，主要关注的是组织中成员的心理和行为。心理研究法针对和落实到公共组织中具体的人，通过观察分析组织成员的心理动机和行为来研究公共组织。人是公共组织中的核心要素，人在一定心理活动和心理状态的驱使下会采取某些行为，一方面这些行为会对公共组织产生影响，另一方面公共组织中的团体、环境、结构等也会反作用于人的心理和行为。因此，心理研究法既可以从一种更加独特的视角认识公共组织，也能通过对组织成员的心理行为研究来探索总结出组织管理运作的有效方法。

组织中的动态研究法不只包含对成员心理的研究，还有组织环境、组织发展运作等诸多方面的内容，组织的静态研究法也不仅限于结构研究法。这里只是分别列举了每个层面中的一种常见方法。正如哲学中的观点，万事万物都处在运动之中，运动是绝对的，静止是相对的。因此事物既处在静止之中，又处在运动之中。只有将动静有机结合起来，才能更加客观全面地认识和把握事物。

4. 个案研究法和整体研究法

（1）个案研究法。

个案研究法是对某一个体、群体或是组织在较长时间内连续进行调查，研究其行为发展变化的过程，并就研究对象的情况提出一定的建议或解决方案的方法，也被称作案例研究法。个案研究法通常针对和解决具体的问题，而不一定要得出一般通用或普适的规律。

（2）整体研究法。

整体研究法要求从一种宏观的、整体的视角来进行研究，把公共组织看作一个整体的系统，这一系统与整个社会系统存在着物质、信息、能量的交换，且呈现出一种相互依赖、相互制约的关系。

案例

关于政府服务水平的调查报告

近年来，我国各级政府致力于改进工作方式，提高工作效率，提升服务质量。但是，公民对政府的服务和工作是否满意，政府的工作水平是否真正提升，单靠政府一方的反馈是不够全面客观的，需要真正地了解民众意愿，倾听民众心声。由此，有关公众对政府工作满意度调查、政府服务水平调查等一系列调查逐渐出现。

早在 2003 年 10 月就有一项由零点指标数据网发布的有关各级政府工作表现与服务水平的调查，这一调查是由零点指标数据网、零点调查在哈佛大学肯尼迪政府学院亚洲部的指导下合作完成的，名为《中国居民评价政府及政府公共服务研究报告》。调查结果显示：居民在对中央政府、省（自治区、直辖市）政府、区县政府和乡镇政府（或街道办事处）这四级政府的工作表现与服务水平进行评价时，对中央政府的满意度最高，对乡镇政府或街道办事处等基层政府的满意度最低，呈现出非常明显的“政府层级越低，满意度越低”的趋势。

当前中国的大国、强国形象逐渐形成，是人们对中央政府满意度较高的主要原因。在日常生活和工作之中，居民与高层级政府（特别是中央政府）直接接触的机会少之又少，人们主要是根据对高层级政府各项方针政策的认同程度来评价高层级政府的工作表现，而居民对高层级政府各项方针政策的认同程度很大程度上受宏观大环境发展变化的影响。国家经济的发展，国际地位的不断提升，人民生活水平的普遍提高……这些宏观大环境的巨大变化是有目共睹的。另一项由零点指标数据网完成的针对京、沪等7个大中城市的调查结果表明：2003年中国城市居民对国家经济发展、国际地位、科技发展和社会治安等宏观方面的评价较高，且对这几方面的未来发展持更乐观预期。

但是，相当一部分受访者认为，基层政府冷漠，疏于解决群众实际问题。由于在日常生活和工作之中，居民需要与当地政府，特别是最基层的乡镇政府或街道办事处的官员或办事人员频繁接触，官员和办事人员的行政风格和态度将会成为影响居民评价他们工作表现和服务水平的重要依据。此次调查表明：居民不仅对于基层政府官员的行政风格和行政态度缺乏良好的印象，而且对其行政行为也缺乏足够的了解和认同。

调查发现，居民对于当地政府及其下属基层政府官员的行政能力给予了较高肯定，但对于他们的行政风格和行政态度比较不满——超过半数（50.8%）受访居民认为当地政府及其下属基层政府官员“很有知识”，远高于认为他们“愚蠢”者的比例（21.5%）；高达38.9%的受访居民认为他们是冷漠的，另有22.0%的受访居民拒答或表示说不清楚，仅有39.1%的受访居民认为他们是“亲切”的；居民所感知到的当地政府及其下属基层政府的关心民众性仅为27.5%，官僚性却高达49.1%。不恰当的角色定位是基层政府冷漠行政和官僚作风的根源所在。我国的市场经济发展到现阶段，随着“大社会、小政府”模式的逐渐形成，政府需要从“管理者”逐步向“服务者”转变。各级政府在这一转变过程中所起的作用有所不同，高层（级）政府的主要作用是提供能够代表大多数人利益的政策，基层政府的主要作用是依法执行政策，它们的本质都是在为市场经济、为人民群众提供服务。在以前的“管理者”的定位下，政府部门的服务意识欠缺，表现为在工作中高高在上者（48.2%）多于帮老百姓想办法者（30.9%），和领导走得近者（54.0%）多于关心百姓者（24.5%），和有钱人亲近者（50.1%）多于关心困难群众者（28.1%），光喊口号者（51.2%）多于解决实际问题者（26.3%），只关心自己的好处者（49.8%）多于造福一方百姓者（23.7%），乱摊派者（41.3%）多于依法征收税费者（31.7%）。

不少普通居民对基层官员缺乏了解，对于他们的行政行为倾向于做出负面评价。

此次调查同时发现，中国居民对当地政府官员及其行政行为均缺乏足够的了解。当被问及是否知道当地现任市长（县长）是谁时，仅有33.6%的被访者能够正确回答出当地现任市长（县长）的名字。

当被问及是否了解当地市长（县长）的施政计划、实际政绩、个人形象、为政是否清廉、是否关心民众时，分别有49.4%、50.6%、48.2%、60.2%和45.8%的被访者表示不清楚。在缺乏了解的情况下，普通居民对于政府官员的操守及行政行为倾向于做出负面评价。如果让所有受访居民表达他们对于政府官员各项行政行为的认同情况，则当地市长（县长）的施政计划、实际政绩、个人形象、为政清廉、关心民众等方面所获得的民意欣赏度分别为30.1%、28.1%、33.6%、21.8%和34.3%。

如果仅让能正确回答出当地现任市长（县长）姓名的居民来评价，则各项民意欣赏度均有提升，分别为37.5%、32.5%、40.8%、24.1%和38.4%。

（资料来源：史晓芳．对高层更肯定　对基层多保留：关于政府工作表现与服务水平的调查报告．中华工商时报，2004-03-05.）

案例思考题

1. 上述调查采用了公共组织学研究中的哪些方法？
2. 针对调查中反映出基层政府存在的问题和不足，你有哪些建议？

1.4　公共组织学的研究意义与发展前景

1.4.1　公共组织学的研究意义

1. 构建公共组织的理论体系

由于历史和传统等因素的影响，我国的公共组织经历了一个曲折的发展过程。我国是世界上最大的发展中国家，在很多方面都面临着复杂的现实国情。政治上我们正处在社会主义发展的初级阶段，实现共产主义的道路还任重道远；经济上我们实行的是社会主义制度下的市场经济体制；社会方面很多的民生和保障还不完善，同时还有诸多的社会矛盾有待解决。由此可见，构建一个结构合理、精简高效、领导有力、运转协调而又具有高度灵活性和适应性的中国特色公共组织体系具有不可估量的意义和价值。因此，通过对公共组织相关理论及其管理运作等方面具体实践的学习和认识，可以加强对公共组织学的研究，有助于构建中国特色的公共组织理论体系。

2. 促进公共组织的健康发展

公共组织学是对公共组织进行研究的一门科学，加强对公共组织学的研究最直接的影响就是推动公共组织的发展。只有对公共组织进行整体系统化的理论研究，才能更好地把握组织的本质、内涵、结构、发展规律等基本内容，促进组织目标的实现，满足组织的发展需要。公共组织发展的根本要求，就是实现组织的科学化、民主化、法制化和现代化，最终推动社会的和谐发展。同时，由于我国的公共组织发展起步较晚，发展过程中也出现了很多的问题，需要不断改进修正和发展创新，因此加强公共组织学研究也有利于为公共组织的改革实践提供理论指导。

3. 提高公共组织的管理水平及人员素质

公共组织担负着国家管理的重要职责，其管理水平和人员素质不仅直接决定了公共管理行为的效率，更代表着一个国家的整体形象，因此，近年来，提高政府管理水平一直是公共管理领域研究的重点之一。为此，公共组织理论从组织的视角，对组织的环境、结构、行为等内容进行科学分析，能够不断为政府等公共组织提高管理水平提供理论指导，就职于公共组织中的工作人员通过学习公共组织理论，可以提高自身素质和水平，从而更加科学高效合理地对公共组织进行管理和协调。

1.4.2 公共组织理论的发展前景

近年来，公共管理学及其相关研究不断丰富和拓展，作为公共管理学的分支学科，公共组织学也获得了极大的发展。

在所有的组织类型中，政府即行政组织是其中最重要的组成部分，因此早在19世纪末20世纪初就已经有了对行政组织的相关研究。该时期著名的"组织理论之父"韦伯提出了官僚组织体系，美国的行政学者伦纳德·怀特出版了行政管理学著作《行政学导论》。这些都使行政组织理论得到了很大的发展。但是随着社会的发展，公共事务日益增多，传统的管理理念、管理模式和方法也逐渐发生改变，政府不再是社会公共事务的唯一管理者，大量的社会组织特别是非政府组织诞生，并在社会事务管理中发挥着越来越重要的作用。

与之相应，传统的组织学也表现出一定的局限性，因为行政组织学主要研究的是行政管理主体，即政府，而公共管理的主体要远大于这一范围，它既包括政府组织也包括非政府组织，概括为公共组织。为了更好地对公共管理的主体——公共组织进行研究，提高公共组织的管理水平，充分发挥其在社会公共事务治理中的作用，公共组织学研究日渐兴起。

1988年，教育部将公共管理设为一级学科，下设公共事业管理、行政管理等相关专业，并结合公共管理硕士（MPA）教育，组建了公共管理学院。同时，在专业学习中，还设置了公共管理学、公共组织学、行政组织学等相关课程。除此之外，各级党校、行政学院、公共管理在职教育学校等也均开设了公共组织学的相关课程。这些都为公共组织学提供了广阔的发展空间。

知识库

MPA

公共管理硕士是以公共管理学科及其相关学科为基础的研究生教育项目，它的英语名称是"Master of Public Administration"（MPA）、"Master of Public Affairs"或"Master of Public Policy"（MPP）。它专门为政府机构培养公共服务的高级人才，同时兼顾为私人部门培养具有优秀分析和管理才能的高级人才。

MPA专业学位研究生教育是一种通才教育，其目标是培养在公共组织特别是政府机构从事公共事务管理或公共服务的管理者、领导者和政策分析人才以及（高级）职员。其研究生教育项目就是要为学生提供这项职业所需的知识和技能。在国外一些发达国家，公共管理硕士学位、工商管理硕士学位、法律硕士学位已经成为文科高层次职业研究生教育的三大支柱。

作为一种专业学位教育，MPA最早是在美国被明确提出并付诸实施的。1924年，

MPA 教育在美国的锡拉丘兹大学起步。迄今为止，美国很多顶尖学府如哈佛大学、普林斯顿大学、哥伦比亚大学等都开设了 MPA 专业项目。

中国的 MPA 教育兴起较晚，产生于中国公共管理发展转型的重要时期。改革开放以后，中国的经济迅速发展，传统模式下的公共管理方式暴露出诸多弊端，已经不适应时代的发展要求，这严重阻碍了社会发展和经济体制改革推进。为了化解这些日益复杂的社会问题和矛盾，需要对公共管理发展进行转型。此时，对人才的需求便凸显出来，也即十分需要一批专门的公共管理人才为改革和转型提供知识、技术和经验支持。在这种背景下，1999 年国务院在批转教育部制定的《面向 21 世纪教育振兴行动计划》中指出，要积极稳妥地发展专业学位研究生教育，进一步完善专业学位体系，培养大批高层次应用型人才。国务院学位委员会《专业学位设置审批暂行办法》和国务院第十七次会议审议通过的《公共管理硕士专业学位设置方案》的颁布，标志着 MPA 教育在中国正式启动。

从 2001 年 10 月第一届 MPA 招生开始，MPA 教育在我国已经开展了近 20 个年头。在近 20 年的发展中，我国已经初步建立起了具有中国特色的 MPA 教育，MPA 培养体系也逐渐形成。MPA 教育呈现出一种迅速发展的趋势，其规模超过了工商管理硕士和法律硕士这两大职业研究生教育。这些都使得我国公共管理领域的人才队伍不断壮大，学历层次和文化素养显著提高，队伍结构也日趋科学合理。MPA 研究生将公共管理最新成果引入了公共治理的实践之中，提升了中国公共管理的质量。除此之外，MPA 教育还实现了对研究生培养限于单学科这种传统模式的突破，实现了多学科之间的交流互动，充分整合和合理利用了培养院校的教学资源。当前，MPA 的培养院校已经从 24 所发展到几百所，招生规模也不断扩大，共计培养出了几十万的 MPA 优秀学生，为我国的政府、企事业单位、公共机构组织等输送了大量的公共管理人才。

本章小结

本章为绪论，主要是对公共组织、公共组织理论的基本情况进行介绍。

首先，我们通过对组织的介绍引出公共组织的含义，进而介绍了公共组织的构成要素、分类和特征。公共组织的构成要素有多种分类方法，每种方法下对应不同构成要素。对公共组织的类型也有不同的划分，按照公共权力的强制性可以分为强制性公共组织、半强制性公共组织和非强制性公共组织。按照公共组织在公共事务管理中的层次和作用可以分为中国共产党、人民政协、国家机关、事业单位和非政府（非营利）组织等。对公共组织的研究可以通过管理途径、政治途径、法律途径、政策途径、文化途径和网络途径等进行。

其次，我们将公共组织理论与其他相关学科（例如：公共管理学、行政组织学、组织行为学等）进行了分析对比，发现了公共组织学的交叉学科特质，更加明确了公共组织学的学科定位。此外我们还介绍了公共组织学的研究内容和不同的研究方法，这有助于我们更加清晰地了解和把握公共组织学的研究视域。

最后，我们介绍了公共组织学在当前的研究意义，以及对其未来发展的展望。

关键术语

组织　公共组织　中国共产党　国家机关　事业单位　非政府（非营利）组织　中国特色的公共组织理论体系　公共管理硕士

复习思考题

1. 对公共组织的含义可以从哪几个方面理解？
2. 公共组织的构成要素有哪些？
3. 按照公共组织在公共事务管理中的层次和作用可以将其分为几种类型？各自有什么特点？
4. 公共组织有哪些特征？
5. 公共组织的研究途径有哪些？
6. 公共组织学的学科定位是怎样的？
7. 公共组织学主要包含哪几个方面的内容？
8. 公共组织学的研究方法分为哪些？
9. 公共组织学的研究意义何在？
10. 公共组织学未来的发展前景如何？

案例分析

为决胜全面小康开好局、起好步

——政府工作报告起草组负责人谈报告起草

2016年3月16日上午，十二届全国人大四次会议在人民大会堂举行闭幕大会。大会通过了李克强总理代表国务院所做的政府工作报告。

国务院向全国人民代表大会报告工作是一项法定职责，也是接受人民监督的重要形式。这份约2万字的报告是如何起草、修改，再到提交代表委员审议、讨论的？报告与以往相比有何新特点、新亮点？又是如何吸收民意、汇聚民智的？政府工作报告起草组负责人对此做了介绍。

思想先导、创新引领——集中体现党中央治国理政新理念新思想新战略

2016年是“十三五”开局之年。要使政府工作报告对经济社会发展有指导作用，首先要明确思想先导。

2015年10月26日至29日，党的十八届五中全会在北京举行。全会审议通过了《中共中央关于制定国民经济和社会发展第十三个五年规划的建议》，为政府工作报告的起草指明了方向。

2015年12月18日至21日，中央经济工作会议在北京召开。习近平总书记在会上发表重要讲话，总结2015年经济工作，分析当前国内国际经济形势，部署2016年经济工作，重点是落实“十三五”规划建议要求，加强结构性改革特别是供给侧结构性改革，推动经济持续健康发展。李克强总理在讲话中阐述了2016年宏观经济政策取向，具体部署了新一年经济社会发展重点工作。这为政府工作报告的起草提供了有力指导。

党中央、国务院高度重视政府工作报告起草工作。习近平总书记先后主持召开中共中央政治局常委会议、中央政治局会议，听取汇报，对报告进行审议。李克强总理亲自主持政府工作报告起草工作，先后召开国务院常务会议、国务院全体会议，进行讨论和征求意见。

早在2015年10月初，政府工作报告的起草工作就已启动。报告起草组以国务院研究室人员为主，吸收了十几个政府部门、地方政府以及有关智库的相关负责人和专家参与，起草组还多次深入地方调研，保证报告充分体现各地区各部门各方面的愿望和要求。

务实、开放、有温度——汇集民智凝聚最大共识

2015年，“十二五”规划顺利收官；2016年，全面建成小康社会决胜阶段大幕拉起。在世界经济艰难复苏、中国经济社会发展承上启下的重要时刻，国内外对中国经济走向格外关注。

李克强总理多次强调，要围绕中心、服务大局，精心履职、守土有责，在新的一年拿出更多管用的举措、干出新的实在业绩，向人民报告。

1月下旬，《政府工作报告（征求意见稿）》和《“十三五”规划纲要（草案）（征求意见稿）》发往各省（区、市）和中央国家机关有关部门、单位征求意见。李克强总理先后3次主持召开座谈会，听取各界人士对报告的意见和建议。起草组发出报告征求意见稿约4 000份，各方面提出的意见约1 000条，经过整理尽可能吸收到政府工作报告中。

国务院研究室还会同国家外国专家局召开座谈会，邀请来自美国、英国、日本、新加坡等7个国家，包括2名诺贝尔奖得主在内的13名外国专家为报告建言献策。专家围绕经济运行、能源结构、社会保障等领域提出了真知灼见，增强了报告的全球视野。

中国政府网等还发起“我向总理说句话”活动，截至3月1日共收集6万余条留言，经筛选整理出近600条意见转交给起草组，其中包括来自国际网友的20多条建议。起草组对各方面的建议意见逐条研究，最大限度地吸纳到报告中。

“统一城乡义务教育经费保障机制”“整合城乡居民基本医保制度”“改革医保支付方式，加快推进基本医保全国联网和异地就医结算”……今年的政府工作报告花了很重的笔墨在如何解决人民群众最关心最直接最现实的问题上。

“政府工作报告的起草工作是反映各方诉求、凝聚各方共识、汇聚各方智慧的过程。”起草组负责人表示，如此广泛地集众智、汇众力，在世界各国施政报告起草中不多见。这也是中国经济社会发展不断取得新成就的一个重要原因。

出硬招、见实效——以脚踏实地奋斗赢得美好未来

两会期间，代表委员对政府工作报告认真审议讨论，提出许多意见和建议。起草组共集纳梳理出100多条意见和建议，经反复推敲，在政府工作报告中做出修改和补充61处，为历年来最多，有的一处修改包括多条意见。

对于未被采纳的意见和建议，起草组都会向代表委员做出解释说明。“绝大多数都是当面解释说明的；个别做不到当面解释的，会通过电话、短信等方式做出说明。”起草组负责人说。

“今年的报告既写建设新能源汽车充电设施等具体的应对之策，又写适度扩大财政赤字等长远之计。既为应对当前经济下行压力加大及时出招，也为未来经济的可能状况留有后手。”全国人大代表、浪潮集团董事长孙丕恕说。事不避难，知难不难。报告不回避任何发展中的问题：去年我国进出口总额出现下降，预期增长目标未能实现。投资增长乏力，一些行业产能过剩严重，部分企业生产经营困难，地区和行业走势分化，财政收支矛盾突出，资本市场基础性制度还不完善，金融等领域存在风险隐患。

迎难而上，出硬招才能见实效。起草组负责人介绍，今年报告增加了“十二五”总结和“十三五”发展相关内容，但在篇幅上只比去年多了1000多字。与以往相比，报告更加紧凑，更注重可操作性。

同时，我们也要注意到政策能否落到实处、发挥实效，干部是决定因素。

“怎样建立有效的激励约束机制，把大家的积极性调动起来？今年政府工作报告进行了更加详细的阐述。”起草组负责人说。

“健全并严格执行工作责任制，确保各项政策和任务不折不扣落到实处。健全督查问责机制，坚决整肃庸政懒政怠政行为，决不允许占着位子不干事。健全激励机制和容错纠错机制，给改革创新者撑腰鼓劲，让广大干部愿干事、敢干事、能干成事。”政府工作报告明确指出。

“把脉把得非常准”，“回应了人民的关切”，“提出的措施都比较扎实”，“报告里的话都很朴实”……两会期间，政府工作报告普遍获得代表委员们的好评。

“报告始终贯穿以人民为中心的发展思想，用最简单、最直白、最通俗的话，讲明了新的一年里政府要做的事。”全国人大代表、三沙市委书记肖杰说，在以习近平同志为核心的党中央坚强领导下，按照政府工作报告的部署要求，中国经济一定能够再创辉煌，赢得“十三五”良好开局。

（资料来源：为决胜全面小康开好局、起好步：政府工作报告起草组负责人谈报告起草.（2016-03-17）. http://www.xinhuanet.com/politics/2016-03/17/c_1118366889.htm.）

案例思考题

材料通过对两会上政府工作报告起草过程的介绍，反映出当前我国的政府组织在工作过程中的哪些新发展和新突破？

本章参考书目

[1] 张建东，路江兵. 公共组织学. 2版. 北京：高等教育出版社，2010.
[2] 李传军. 公共组织学. 3版. 北京：中国人民大学出版社，2015.
[3] 陈振明，孟华. 公共组织理论. 上海：上海人民出版社，2006.
[4] 尹钢，梁丽芝. 行政组织学. 北京：北京大学出版社，2005.

第2章
公共组织的理论发展史

丹尼尔·雷恩说：管理学者从历史上可以吸取很多经验和教训，其中最重要的一条就是把研究过去作为研究管理的入门。因此，要想更好地研究公共组织，首先要了解公共组织的发展和演进。

重点问题

- 中国古代的组织管理思想
- 古典管理时期的组织理论
- 行为科学时期的组织理论
- 系统科学时期的组织理论
- 当代组织理论
- 行政组织理论

引导案例

自相矛盾的公共组织管理理论?

某老师负责讲授公共组织学理论课程，在讲到古典管理理论时，他十分推崇科学管理学派泰勒提出的"要用严密的科学知识来代替单凭经验或个人知识行事"的方式，并且还很欣赏法约尔的一般管理理论，称赞他提出的14项管理原则。后来，在讲到经验主义学派的理论时，老师却说对组织的管理要从实际经验出发，不应该死板拘束于一般原则指导下的管理和研究。再等到介绍权变理论学派时老师又说管理中要根据组织所面对的实际环境灵活应变，没有完全正确和绝对适用的理论和方法。这样几堂课讲下来，有些学生就困惑和不解了，觉得老师讲到一个理论是一种观点，前后矛盾，毫无见解可言。

去询问老师，老师却只是笑笑，让他们自己去思考和寻找答案。

老师上的课真的是前后矛盾的吗？你怎么看？公共组织学发展中还有哪些经典的学派和理论观点呢？让我们带着这些问题开始本章的学习。

2.1 前管理学时期的组织管理思想

2.1.1 中国古代的组织管理思想

中国是一个幅员辽阔、人口众多的国家，从奴隶社会到封建社会，历经战乱分和，形成了许多独具特色的管理思想和理论。中国古代思想中涌现出众多治国兴邦的思想，主要体现在以下几个方面：

1. 国家与社会管理

（1）先秦时期的管理思想。

中国古代出现了许多伟大的思想家，有着丰富的管理思想。其中，先秦时期的诸子百家开创了中国历史上的第一次文化繁荣，为我国古代管理思想的发展奠定了基础。该时期的管理思想可以划分为不同的学派，典型的学派有儒家、道家、法家等。

儒家的管理思想以伦理为中心，追求政治和伦理一体化。孔子是儒家学派的代表人物，他认为治国兴邦要做到为政以德，德治优于法治，德治的核心是“仁者爱人”。孟子继承了孔子的思想，从性善论的角度提出仁政和王道，主张“修身齐家治国平天下”，对我国管理思想的发展完善做出了重大贡献。儒家学派的另一位大师荀子也对儒学思想进行了发展，但他提倡性恶论，强调后天环境和教育对人的影响，因此主张礼法并济、王霸结合。

与儒学提倡的入世不同，道家学派强调出世和“无为而治”。所谓“无为”并不是无所作为，而是希望管理者在组织管理中尽可能发挥人的自然属性，降低其社会性，将有为化成无为。老子是道家学说的创始人，他所提出的“道法自然”“无为而治”等思想蕴含着辩证法等深刻的哲学道理，在国家政治、经济、文化、社会以及军事等领域的治理中产生了重要的影响和启发作用。

法家学派主张统治者应依靠“法”“势”“术”来进行治理。该学派认为人的本性是恶的，必须通过惩罚等方式加以控制和管理。韩非子是法家学派的集大成者，他在融合学派中的一些经典思想后创立了一套系统的治国思想，主张改革和法治，认为要严格执行法度，只有严刑重罚社会才能安定，统治才能得以巩固。

兵家的管理思想源于《孙子兵法》，后来由孙膑继承并发展，包含了战略思想、权变管理思想、人才管理思想等。孙子是我国古代著名的军事家，他在著作《孙子兵法》中提出“不战而屈人之兵”“出其不意攻其不备”等思想，对当时乃至日后的国家军事管理和社会治理都起到了重要作用。后来，孙膑又在治理军队、作战方法等方面进一步发展了兵家的管理思想。

综合来看，中国古代的管理思想有以下几个基本特征：第一，把人作为管理的重点，强调“以人为本”。第二，把组织和分工作为管理的基础，提出要建立层次分明的组织体系。第三，强调农本商末的固国思想，重农抑商在中国古代的管理思想中处于主导地位。第四，将中庸作为管理的基本准则，将求同作为管理的追求价值。

（2）秦汉时期的管理思想。

秦始皇建立了中国历史上第一个中央集权制国家，他在政治和经济上采取集权管理模式以巩固自身统治。汉高帝刘邦推崇道家的“无为而治”思想，而汉武帝则推行“罢黜百家，独尊儒术”。秦汉时期是中国古代管理思想发展的重要阶段，从这时开始中国社会也逐渐走向繁盛。

（3）魏晋南北朝隋唐五代时期的管理思想。

魏晋南北朝时，国家处于分裂状态，儒学不再受到统治者的大力推崇，而道家思想和佛学得到发展，使得管理思想呈现出多元的发展趋势。随着隋唐时期的统一，国家的政治经济也日益繁荣，管理思想也更多地关注对经济的控制，该时期统治者构建了新的管理体系——儒、释、道并存的管理体系。

（4）宋元明清时期的管理思想。

从宋朝开始一直到清朝，是我国封建社会发展由盛转衰的一个阶段。该时期出现了资本主义萌芽，封建统治受到了挑战，社会矛盾也十分尖锐。该时期的管理思想主要体现出高度的集权制色彩，同时还体现出一定的集权模式下的经济放任思想。

2. 组织管理

中国古代社会就已经开始对组织结构和组织管理进行探索和研究，一个非常典型的体现是：儒家的经典著作《周礼》一书，为周朝制定了一套官僚制度。它将官员分为六官三百六十职，层级分明、各司其职。这一制度在实践中得到了运用和延续。自周朝以后的各个朝代都十分重视组织管理，封官定职，层级权责明确，有效提高了官员队伍的管理效率。

3. 人事管理

我国古代对于“人”的管理有着丰富的思想和观点，且素有“贤主劳于求人而佚于治事”之说，足见用人和人事管理的重要性。对于人事管理，首先，在选人用人上就要“德才兼备，以德为首”，把道德和品行作为首要标准，然后再考虑才华和能力，当然“不拘一格，广纳人才”也是很重要的；其次，要“量才施用，注重培养”，所谓量才施用，即“智者取其谋，愚者取其力，勇者取其威，怯者取其慎”，充分认识和发掘个人的潜能，同时还要注重对组织成员的培养、教育和开发；再次，所谓“治平尚德行，有事赏功能”，要注重对组织人员的奖罚激励，奖罚的方式、程度、时机都要很好地把握；最后，孙子曾说“将能而君不御者胜”，意为将帅有才而君王不直接驾驭的情况下才可以取得胜利，也就是说要适时懂得无为而治的道理，给组织成员一定的自由和发展空间。

2.1.2 国外早期的组织管理思想

组织是人类的基本活动方式和载体，因此，在源远流长的人类文明历史中，孕育了很多早期的组织管理思想，在古埃及、古巴比伦以及古希腊的一些史籍资料和文献中都有记载。

古埃及在组织管理中设立了宰相职务，把神权和世俗的权力分离开来。古罗马则是采用了分权的组织管理形式，按照地理区域划分组织，并在此基础上进行职能分工和人员配备，既确保指挥领导统一有力，又使得下级人员和专业人员能够参与到政策的制定过程之中，保证了决策的科学性和民主性。此外，古罗马的天主教会是西方文明发展史上不可忽略的重要组织，它实行分级、分领地、分部门管理，从而对教徒们形成有力的控制。而教会的中心机构罗马教廷更近乎一个复杂的社会组织。

至于国外的行政组织理论，则可以追溯至古希腊和古罗马时期。这一时期诞生了很多行政组织管理的经典理论，内容大致包括：首先，强调政府职能的简单分工，比如柏拉图的理想国就建立在监国者治国、武士卫国、工匠进行物质生产等分工基础之上，他认为社会的分工是国家行政组织存在的基础和前提；其次，关注行政机构的职能和设置，认为行政组织应该具备多种职能，比如商业管理、城邦护卫等；此外，还开始任用人员、设置监督机构。古希腊和古罗马时期是国外组织管理思想的萌芽时期。

2.1.3　国外近代的组织管理思想

在近代史开始之前，欧洲经历了历史上的一个特殊时期——中世纪时期。但是该时期的行政组织理论却得到了进一步的发展。典型的代表人物有马基雅弗利。他提出行政组织应该包含以下原则：群众支持、组织内聚、领导者超常的能力、组织得以存在等。其中，内聚力是行政组织存在的关键性因素。

近代资产阶级革命时期，社会的政治、经济、文化等发生了巨大的变化。该时期组织管理研究的典型代表人物有洛克、卢梭、孟德斯鸠、汉密尔顿等。洛克是将行政权和立法权分离的创始者，为行政学从政治学中独立出来奠定了基础。卢梭是从立法权和行政权、官员数量与组织效能等方面的关系对行政组织进行了分析。孟德斯鸠则提出立法权、行政权、司法权分立。汉密尔顿主张扩大行政部门的权力，建立一个有力的行政组织，同时行政组织的职能和分工要科学合理，具有一定的专业性，其行政官员要通过考试来录用的思想更是对以后的政府组织发展和政府工作人员的选拔产生了重大影响。

近代开始，政治学、管理学和经济学之间有着密切联系，很多的组织管理思想也都体现在经济学的著作之中。该时期的组织管理研究主要有两种类型：一类注重理论研究，另一类注重对管理技术、方法等实践层面的研究。

理论研究方面，比较有代表性的有亚当·斯密所著的《国富论》、阿尔弗雷德·马歇尔的《经济学原理》、塞缪尔·纽曼的《政治经济学原理》等。亚当·斯密在《国富论》中从经济学的角度分析了劳动分工的重要性；马歇尔等人则对管理者提出了一定的要求，例如要合理分配任务、培训组织成员、具有独特创新的思想等。

实践层面，在 19 世纪初，蒸汽机的发明者瓦特在其公司里推行了一种科学的管理方法，如注重工作的流程和顺序，严格记录工人的生产工作情况，按照成果支付工人的工资等。

空想社会主义的代表人物罗伯特·欧文被称为“现代人事管理之父”。他在1800—1828年间28年的时间里，在自己的纺织厂内进行了一项试验，推行了一场新的管理制度，核心是强调人性化管理，废除惩罚，通过对人的激励和工人的自尊心荣誉感来进行管理。同时他还认为“人是环境的产物”，因此强调对环境的改善。这里的环境不仅仅是指工人居住的客观物质环境，还包括接受学习教育等的精神环境。欧文的观点是：良好的人员从事管理可以给雇主带来收益，因此这是每位主管人员的一项重要工作。

案例

西周的中央官制

西周的王朝中央官制可以分为内朝和外朝两大体系。外朝主要管理国家行政、军事等事务，处理民事和官职，内朝则负责占卜、祭祀、记录历史、册命礼仪以及王室日常事务等事宜，处理神事和家事。内朝和外朝构成了西周中央官员的职官体系。在内外朝职官体系之上，又存在着一人之下万人之上的王朝执政卿士，他们统领内外王朝，辅佐君王治理天下。

《礼记·曲礼》中说：“天子建天官，先六大，曰大宰、大宗、大史、大祝、大士、大卜，典司六典。天子之五官，曰司徒、司马、司空、司士、司寇，典司五众。”前面的六官也叫作天官，属于神事职官系统，后面的五官则负责的是行政、军事和司法事务。

（一）外朝民事职官系统的构成

西周王朝的外朝民事职官体系包含三个职官系统：(1) 管理中央政府具体行政事务的司徒、司马、司空系统，合称三司系统；(2) 管理王朝司法的司士和司寇系统；(3) 管理王朝军事、战争的师职系统。

（二）内朝神事与王事职官体系的构成

在内朝的神事官制中，存在两类职官系统：主掌祭祀、占卜的祝卜系统以及兼神事和民事于一体的史官系统。由于史官最开始是从神职官员中分化出来的，只是在后来的发展中出现了一些民事职能，所以仍然将他们归在神事职官体系中。

至于内朝的王事职官体系，分为宰职体系和其他内朝王事职官。宰职从商朝开始就已经出现，周朝在继承商代制度的基础上继续发展了宰职制度。除了宰职体系外，内朝的王事职官还包括太保、公族和东宫。太保是加官，只有王朝中德高望重的姬氏长老才有资格担任。公族即公之同族，是姬氏的贵族子弟，也是周王亲军的主要组成部分。东宫是和公族地位相当的职官，由有威望的姬氏贵族担任。

（三）执政卿士

周王朝的执政者称为卿士，也称“卿事”，其地位尊崇，仅在周王之下。孔颖达疏曰：“皇父为卿士之官，谓卿之有事，兼擅群职也。”不过需要注意的是，卿本身并不是官制称呼，只是一种身份的象征，任王卿的人，本身有自己的官职。

由上可知，西周的中央官制中，执政卿士居于最高官位，统领内外朝政，是百官之首。在执政卿士之下，分为内朝和外朝。内朝由神事和王事职官体系构成，其中，神事职官体系由史官系统和祝卜系统两类职官系统组成，王事职官体系包括宰官、太保、公族和东宫等职官。外朝为民事职官体系，分为：司徒、司马、司空系统，司士与司寇系统，以及师职系统。西周的中央官制具体可见图 2－1。

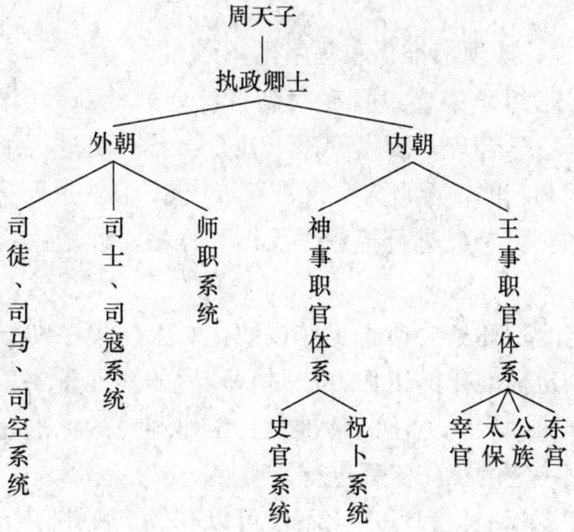

图 2－1　西周的中央官制

（资料来源：汪超．西周王朝中央官僚体制若干问题研究．西安：西北大学，2011.）

案例思考题

1．西周的中央官制呈现出怎样的特点？

2．西周的官制体现出现代组织管理的哪些思想？

2.2　古典管理时期的组织理论

工业革命以后，西方国家的社会生产力水平大大提高，但是如何通过改进组织的管理制度、管理方法等进一步提高生产效率成为社会生产中需要十分关注的问题，也引起了很多学者的研究兴趣。代表性的观点有泰勒的科学管理理论、法约尔的一般管理理论、韦伯的科层组织理论，还有古利克和厄威克的组织理论等。

2.2.1　泰勒的科学管理理论

弗雷德里克·泰勒是美国著名的管理学家，被誉为“科学管理之父”。1911 年，他的《科学管理原理》出版，其管理思想得到了详细阐述，对组织管理理论的发展产生了深远影响。

泰勒认为，提高组织效率、改进组织管理可以从以下几个方面进行：

1．工作定额

工作定额是说要给工人每天的工作量制定一个科学合理的额度。为此，泰勒专门进行了一项实验，他选择了一些较熟练的工人，将其每一项工作分解为一些简单的动作，对这些动作及其所用时间进行分析，并将这些工作时间与必要的休息时间以及不可避免被耽误的时间进行累计，得出完成某项工作合计需要的时间，然后在此基础上制定出科学合理的日工作量。

2. **工作具有计划性，实现标准化和程序化**

工作具有计划性是指组织中要设置专门制订计划的计划部门，加强组织的计划性。制订计划时，为确保其科学合理，要做到以下几点：首先要进行细致真实的观察和科学严谨的调查，然后根据调查的情况制定“标准”或“指标”，进而决定计划并发布必要的指令，最后通过指标和实际情况进行控制、反馈和评估。计划性是标准化和程序化的基础和前提。

标准化是指要确定管理任务并检查工作成效，对工作程序和方法都要有明确的数据标准。因此，为工人制定标准化的工作方法是管理者的一项重要工作职责。标准化的内容包括使用工具的标准化、操作方法的标准化、工作环境的标准化等诸多方面。程序化则是指组织管理要按照一定的工作流程进行，遵照一定的程序。

组织工作的计划性、标准化和程序化不仅可以有效提高组织工作效率，还可以增进组织的稳定性和有效性。

3. **例外原则**

例外原则是指企业中的高层管理人员只保留对“例外事项”的决策、控制和监督权，其他的一般事项都交给下级管理人员处理。“例外事项”指的是有关企业重大战略决策、人事任免等内容的事项。这样一来，高层管理者得以从繁杂的事务中抽身，集中精力处理重要事项，抓主要矛盾。例外原则实际上是组织管理中的授权和分权模式的一种体现。

4. **挑选一流的工人**

一流的工人是指具有与工作性质和工作要求相互匹配能力的工人。泰勒认为，所有的工人都有成为一流工人的潜质，而管理者的职责就在于使每位工人都找到适合自己的工作，然后对其进行培训，使之成为一流的工人。

5. **实行差别计件的奖励工资制**

为了鼓励工人努力工作，提高工作积极性，泰勒提出采用差别计件的奖励制度。具体做法是：通过对工时的研究确定基本工资标准和规定工作数量标准，然后根据工人完成的工作数量计算工资，超过规定数量的工人可以按多于工资的一定百分比发放，少于规定完成数量工人则按照低于工资的一定百分比发放。同时，工资支付的对象是工人而非职位，因此工资的确定是根据工人的实际工作表现而不是工作的性质决定。在这种工资制下，工人的工作积极性得到了显著提高，有效减少了“磨洋工”现象。

2.2.2 法约尔的一般管理理论

一般管理理论的代表人物是被称作“管理理论之父”的亨利·法约尔，其管理思想体现在 1916 年出版的《工业管理与一般管理》一书中，主要包括以下几方面内容：

1. **组织管理的基本要素和职能**

法约尔认为，计划、组织、指挥、协调、控制是组织管理的五个基本要素和职能。

各个要素之间各自区别又相互关联。

计划是组织管理中的第一要素，是一切活动的基础。要保证计划能够有效地制定和执行，需要将各方力量组织起来进行组织管理。良好的组织管理应把管理幅度和管理层次控制在一个最低的限度之内。当组织建立以后，需要依靠一定的指挥活动使组织正常有序运转，促进组织目标的实现。但是，指挥活动只存在于上下层级之间，而要完成计划则需要多个部门的合作配合，因此组织管理中的协调也不可或缺。当组织中的计划制订并实施后，还需要进行一定的控制，即检查各项工作制订的计划、下达的任务和指示与组织的目标、原则等是否相符，以便及时发现问题并纠正。

2. 企业的基本活动

法约尔指出，任何企业都存在六种基本活动，分别是：技术活动（例如生产、制造、加工等）、商业活动（例如购买、交换、销售等）、财务活动（例如资金的筹措和运用等）、安全活动（例如设备和人员的保护等）、会计活动（例如成本核算、统计等）以及管理活动（例如组织内行政人员的计划、组织、指挥、协调、控制等各项管理职能）。

3. 组织管理的十四条原则

法约尔在总结多年管理经验的基础上，提出了十四条管理原则。

（1）劳动分工。分工在组织中是必要的，它一方面可以确保工作的专业性和准确性，提高生产效率；另一方面也可以有效分权，避免组织管理者的个人独断专权。

（2）权力和责任。权力分为个人权力和职务权力。职务权力是根据个人在组织中的职务和地位产生的，而个人权力则来源于个人的知识、经验、道德、能力等。责任与权力相伴而生，拥有了某种权力的同时也要承担起一定的责任。

（3）纪律。纪律是指为维护集体利益和保证工作有序进行而要求成员必须遵循的规章和条文。纪律是组织中的领导人创造的，因此纪律的状况取决于领导人的道德状况。

（4）统一指挥。通常而言，为了保证管理的有效性和权威性，一个下属只能接受一个上级的领导，不能双重领导甚至多重领导。

（5）统一领导。凡是实现同一个目标的全部活动，都应该只有一个领导人和一套计划。统一指挥必须在统一领导下才能实现，但是统一领导的组织不一定能够统一指挥。

（6）个人利益服从集体利益。在组织之中，个人的利益要服从于整体的利益，公民个体的利益要服从国家的利益。

（7）人员的报酬。科学合理的报酬能够保证报酬公平，激发组织成员努力工作的动力和积极性。

（8）集中。不同的组织在管理过程中的集中程度不同，有集权式的也有分权式的。集权和分权，无所谓好坏优劣，关键是要找到适应组织情况的集散程度和方式。

（9）等级制度。等级制度是组织内行使权力和传递信息的渠道，它保证了命令指挥的下达以及信息的传递，但是也可能会造成传递缓慢、命令迟缓等问题。对于这一问题，法约尔提出了“法约尔跳板”予以解决。

（10）秩序。包括物品秩序和社会秩序。秩序原则强调一切要素都要选择合适的位置，各安其位。

（11）公平。公平是组织成员尽心尽力忠诚于组织的保证，领导者应该努力使成员们感到公平。

(12) 人员的稳定。对组织发展来说，人员稳定是很重要的，频繁地更换人员不利于成员的心理稳定和组织的凝聚与发展。

(13) 首创精神。组织成员的首创精神是组织发展的强大动力，可以有效激发成员的积极性和主动性。

(14) 人员的团结。要努力在组织内部建立和谐、团结的氛围，以增强组织的内聚力和向心力。

知识库

法约尔跳板

"法约尔跳板"又称"法约尔桥"(Fayol Bridge)。这一原理是指在层级严格明确的组织中，为了提高办事效率，两个分属不同系统的部门遇到只有协作才能解决的问题时，可先自行商量、自行解决，只有当协商不成时再报请上级部门解决。

在贯彻等级制度原则中，为了使组织既能坚持统一指挥原则，又能缩短信息联系的路线，可以在需要进行沟通的两个部门之间建立联系的渠道，即"法约尔桥"。通过这个"桥"使需要进行联系的两个部门取得联系，从而缩短相互之间信息沟通的时间，提高企业决策速度和水平。这种方法把组织的结构看作一种梯形的指挥系统，最高管理层到最低管理层是一种梯形的结构系统，它主张对管理体制进行改革，允许在生产中越级上报，将自身的情况直接报给上级，跳过了传统的组织程序。

以某企业为例，见图 2-2。在该企业的职位设置中，企业总经理 A 之下有部门经理 B1 和 B2，部门经理之下有主任 C1 和 C2，再往下依次是工长 D1 和 D2、工头 E1 和 E2、工人 F1 和 F2。现在 D1 和 D2 遇到了必须两者协商才能解决的问题。在传统的组织运作方式中，D1 需要把问题汇报给 C1，C1 汇报给 B1，B1 汇报给 A，层层向上，然后再由 A 下达给 B2，B2 下达给 C2，C2 下达给 D2，最终这一事项的沟通才得以实现。

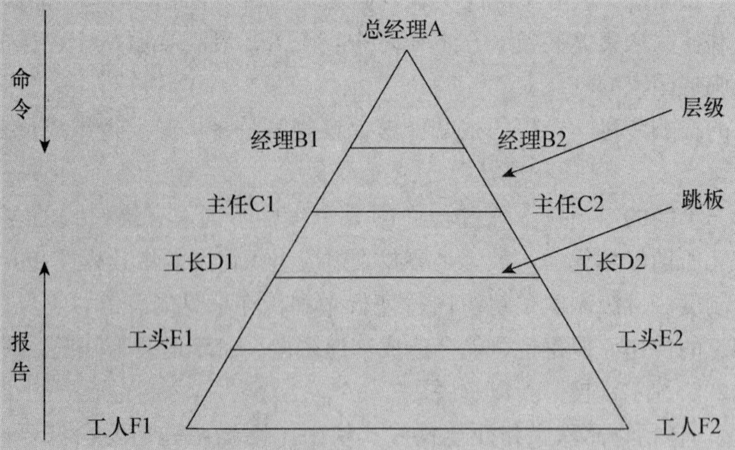

图 2-2 "法约尔跳板"示意图

这样往返一趟费时费力且效率低下。法约尔针对这一问题提出了“法约尔跳板”，即让 D1 和 D2 先直接沟通协商，然后再分头上报。

法约尔跳板加强了组织中的横向联系，使沟通得以有效进行，保证了统一指挥，更提高了工作效率。当然，它也存在一定的弊端。首先，“跳板”不能随便使用，必须在层级中的各方都同意并且上级人员随时都能了解情况的前提下才能使用。其次，按照“法约尔跳板”原则，下级部门在遇到问题时可以先自行沟通做出决定，这就需要下级拥有一定的判断决定能力和责任意识。但是现实情况下，在一些行政组织中有些人会由于不愿承担责任而不采用“法约尔跳板”。因此，在使用“法约尔跳板”时，必须考虑到组织的整体利益，同时下级要有足够的能力、勇气和责任心。

2.2.3 韦伯的科层组织理论

马克斯·韦伯对管理理论的主要贡献就体现在组织理论方面，他提出的科层组织理论也即官僚组织理论对工业化时代以来的组织发展产生了深远的影响，这也使得韦伯被奉为“组织理论之父”。

韦伯的科层组织理论主要包括以下两个方面的内容：

1. 对组织权威的研究

权力是即使遭到反对仍能贯彻自己意志的能力，它包含着职责范围内的某种指挥或支配力量，而权威是权力的主观反映形式。

韦伯认为，权威可以分为三种类型：传统型权威、魅力型权威和法理型权威。这三种权威对应了三种不同的组织：传统型组织、神秘型组织和法理型组织（见表 2-1）。(1) 传统型组织的统治建立在人们对习惯和古老传统神圣不可侵犯的信仰基础之上，被统治者之所以服从统治是因为这种关系已经存在于神圣的传统之中，统治者正是凭借这种传统的力量进行合法统治，同时统治者自身也受到这种传统的约束。传统型组织中最常见的统治方式有家长制、世袭制和封建制。(2) 神秘型组织也称魅力型组织或卡里斯玛型组织。这种组织的统治建立在某些具有天赋神权或英雄人物个人魅力的基础之上，被统治者相信他们拥有某种超凡的能力，所以他们愿意服从统治，这种统治最常见于圣徒、宗教领袖等建立的组织中。(3) 法理型组织的统治建立在正式制定的规则和法令正当性的基础之上。被统治者不是服从于统治者个人，而是服从于法规，因为他们相信法规是合理正当的。法理型统治最典型的表现就是科层制组织。

表 2-1 韦伯的组织权威理论

权威类型	对应组织类型	权威基础	应用
传统型权威	传统型组织	习惯习俗、古老传统等	家长制组织、世袭制组织、封建制组织等
魅力型权威	神秘型组织	天赋神权、英雄人物的个人魅力	宗教组织等
法理型权威	法理型组织	正式制定的规则和法令制度	科层制组织

2. 官僚组织

韦伯所描述的官僚组织主要包含以下几方面内容：

（1）专业化分工。

亚当·斯密在《国富论》中也曾提出过分工，但是韦伯关于分工的观点更多的是从分工与人类理性关系的角度进行的。分工的实际意义不仅是为了提高生产效率，还在于消除等级社会的人身特权，因为在韦伯的分工体系之中，人与人之间只有技能上的差别，而不存在身份的差别。因此组织成员应采用考试的方式进行选拔。

（2）等级制。

官僚组织中的职位，按照权力大小和“命令-服从”关系，形成金字塔形的等级序列。与传统的社会分层不同，官僚组织中的等级是按照组织权力而不是人格身份划分的，因此它摆脱了对人身的依赖，只是关注在知识和专业技术上的差异。同时，成员的职权虽有大小高低之分，但在身份地位上却不分高低贵贱，这为人人平等的契约社会奠定了基础。

（3）遵从法理化规则。

在官僚组织中，无论是组织的最高领导还是基层的普通职员，所有组织成员都需要按照规则来行事。这是因为在官僚组织中，从组织的建立形成、部门分工、职位设置到成员选拔和组织运作等，每个成员的责任和权力都是依据法律制度确定形成的。而法律制度是组织成员通过协商达成的，即便是由上级提出的，组织成员也可以按照理性来思考和权衡是否接受。所以，组织的规则都是理性的。

（4）非人格化。

韦伯提出的官僚组织是一种依据规章制度运行的体制，而非个人的体制，组织的运行不受个人主观情感的影响，也不以个人的意志为转移。这也就是说官僚们接受上级的命令和指示是因为他们服从法律和规则，而不是因为受到命令者个人魅力或是附着在他身上的身份地位的影响和感召，更不是因为传统习俗决定的社会等级，因此官僚组织是一种非人格化的组织。

由此，可以得出官僚组织的一些基本特征：

1）组织管理的非人格化。在组织中，工作任务是按照法律法规来管理和规范的，不受管理者主观因素的影响。组织的管理是公私分明的，对事不对人。

2）合理的分工。在组织中明确划分每个成员的职责和权限并以法律法规的形式将这种分工固定下来。

3）层级节制的权力体系。在组织中实行职务等级化和权力等级化，整个组织都是一个层级节制的权力体系。

4）正规的决策文书。在官僚组织中，一切重要的决定和命令都需要按照正式文件的形式来下达，便于上级对下管理以及下级接受命令。

5）依照规程办事的运作机制。在组织中任何的管理行为都需要依照一定的规则和程序，照章办事。

6）合理合法的人事行政制度。官僚组织是因事设职、量才用人、专职专人的，同时还要建立适应工作需要的培训机制。

2.2.4　古利克和厄威克的组织理论

古利克和厄威克对古典管理时期的组织理论进行了归纳总结，并进一步阐释了组织的因素、类型、结构以及原则等，使之更加系统化。1937年，二人在合编的《管理科学论文集》一文中提出了组织管理的七职能论，即计划（planning）、组织（organizing）、人事（staffing）、指挥（directing）、协调（coordinating）、报告（reporting）、预算（budgeting），简称为“POSDCORB”。

“计划”是指为了实现企业既定目标而制定的需做事情的纲要以及如何具体实施的方法。“组织”是指为了实现企业设定的目标，需要建立权力的正式机构和组织体系从而方便对各个部门的工作进行安排、规定和协调的职能。“人事”则主要包括职工的选拔、训练、培养、安排等方面的职能和工作。“指挥”是指包括做出决策，通过命令指示使决策具体化，领导、激励和监督下属一系列工作的总和。“协调”是为了使企业各部门之间的工作互相配合、彼此和谐，共同实现企业的目标而将各个部门互相联系起来的一种职能。“报告”是指经理人员应对有关正在进行的情况向其负责人报告，并使自己和下属通过记录、调查和检查而得到有关情报。“预算”包括所有的财务计划、会计和控制形式的预算。

厄威克在《组织的科学原则》一书中提出了组织的八条原则，分别是：（1）目标原则，所有组织都要表现出一个目标；（2）相符原则，权力和责任要相符；（3）职责原则，上级对所属下级的职责是绝对的；（4）等级原则，在组织中，要按照权力关系形成一个不中断的等级链；（5）控制幅度原则，每一个上级领导所管辖的相互之间有工作联系的下级最好不要超过5～6人；（6）专业化原则，每个人的工作应该限制为一种单一的职能，以保证专业化；（7）协调原则，要做好不同部门之间的配合和协商；（8）明确性原则，对每个职务都要有明确清晰的规定。

同时，古利克和厄威克还对组织进行了分类，一共分为四类：目标组织、程序组织、管理人和物的组织、地区组织。目标组织是指组织的设计和建立的重点是服务于一定的目标，比如医院或者学校这类的组织。程序组织主要是对工作中的某些程序进行管理、专门处理某些环节的具体事务的组织，比如说审计单位、预算单位等。管理人和物的组织，顾名思义就是对人或物品进行管理的组织，例如我国的公务员局。地区组织则是指以具体组织所在地理位置为特征或者名称的组织，比如某公路收费站。

古典管理理论有着两大明显的特点：

第一，效率主义是古典管理理论强调的重点。古典管理理论出现在管理学诞生的初期，虽然有很多学者提出各式的观点，研究视野也各有不同，但他们关注的核心问题都是如何探寻和应用科学的管理手段和管理方法，来提高社会上的劳动生产效率。

第二，古典管理理论有浓厚的经验论、技术论的色彩。古典管理理论的思想来源有两方面：一方面是通过对其他学科的学习和借鉴，汲取思想资源；另一方面是对现实实践的经验进行总结。在古典管理理论研究的开创学者中，很大一部分来自工厂和企业，具有亲身实践的工作和管理经验，对管理也有着更加直观深刻的认识和理解，这有利于探索更加合理有效的管理方式。

案例

资本主义劳动的发展优化：从泰勒制到福特制

资本主义劳动优化的历史就是资本主义提高对工人剥削的历史。马克思曾在《资本论》第一卷中用大量篇幅阐述了资本家提高剩余价值的方法。

弗雷德里克·泰勒是科学管理理论的代表人物，他借鉴了马克思的这些思想，应用于资本主义生产。泰勒将工人的劳动分解为不同的作业，又将作业分解为不同的动作，并对每一个动作进行分析。之后，他将每一个动作花费的时间划分为三类：直接生产时间、间接生产时间和闲置时间。直接生产时间是指每个工人花费在严格的商品转化上的操作时间；间接生产时间即工人执行那些严格说来不改变商品形态但又是商品生产过程所必需的操作的时间；闲置时间是工人执行与商品生产完全不相关或不必要的操作的时间，也就是一般装配线上的等待时间。

这种分解的目的是把工作时间分为生产性的和非生产性的。非生产性时间可以被消除，从而使生产作业花费更少的时间。

泰勒和泰勒制在资本主义社会引起了对劳动优化的思考，从那以后这种思考就一直在继续。亨利·福特是美国汽车工程师和企业家，也是福特汽车公司的创始人。福特在泰勒制生产模式的基础上继续研究，引入流水线生产，完全改变了生产过程本身，进一步实现了生产的变革和劳动的优化。

福特所做的第一个转变是使配件标准化。他将每一个工人和每一台机器都安置在序列流水线上。为了提高生产效率，福特想出了将配件放在一个不断运动的传送带上的方法。1913 年装配线产生，它的出现使生产时间从 1913 年的 216 小时减少到了 1914 年的 127 小时。福特也因此成为世界上第一位使用流水线大批量生产汽车的人。

福特的改进从四个方面推进了优化。

首先，装配线确定了统一的标准，所有的工人都必须适应这一标准。因为在泰勒制下，工人还只是受工头的管制，工人可以趁工头不注意休息一下。但在装配线上，人只要稍一偷懒懈怠，零配件就已经顺着生产线流向下一个工序了。

其次，装配线保证了作业间衔接的流畅性。后面的作业不再有浪费的时间，而这是泰勒制所无法保证的。

再次，当车辆在同一时间段内流经每一个工作岗位时，不同工序间的相互依赖十分必要。因为如果生产线被设置为每小时生产规定数量的汽车，那就意味着每辆车经过每一工作岗位的时间都是固定和有限的，工人只能在这段时间内完成他的任务。而且这个时间对每个人来说也是相同的，都必须在这一时间内完成自己的工作。

最后，通过上述三个方面，我们能够得到第四个方面的优势：不断地提高。如果要在不增加设备的情况下增加生产，那么工厂就必须更快速地运转。因此需要重新界定任务，比如把本案例一分钟的生产任务变为 50 秒，这样就不断促使人们去发现新的生产方式，从而使劳动更加优化。

由于采用装配线这一新方法以及它所带来的种种变化，在福特工厂工作是非常痛苦的。新移民进入这些工厂，在寻求到工作并赚到能让他们去西部并在那里定居的钱之后，他们就会很快离开这里，到那些实行泰勒制的汽车制造厂工作。

如果假定当时汽车制造业员工的轮换率平均是 100%，那么在福特工厂则是 380%。这种条件之下，福特意识到将劳动力稳定下来十分必要，因此他在 1914 年 1 月决定将工人的工资翻倍，由 2.5 美元提高到了 5 美元。

（资料来源：霍本，刑文增. 资本主义劳动优化的历史：泰勒制、福特制和丰田主义. 海派经济学，2008 (1).）

案例思考题

1. 泰勒制和福特制各有什么样的特点？
2. 由泰勒制到福特制的转变体现出管理理论怎样的发展趋势？

2.3　行为科学时期的组织理论

20 世纪 30 年代，传统的科学管理理论开始受到行为科学理论的批判。行为科学是指运用心理学、社会学、人类学等学科的理论和方法，从人的工作动机、情绪、行为等与工作和工作环境之间的关系出发，来研究人的行为的产生、发展和相互转化的规律，以便预测人的行为和控制人的行为的科学。行为科学强调把人作为管理的核心，人是有情感、有需求的“社会人”。对个体之间、个体与群体之间、群体与环境之间的行为进行研究，可以发现其内在规律，更好地发掘人的潜能，提高工作积极性，最终达到组织的目标。行为科学时期典型的组织理论包括人际关系学说、需要层次理论、双因素理论、期望理论、X-Y 理论等。

2.3.1　人际关系学说

人际关系学说是行为科学的基础，代表人物是乔治·埃尔顿·梅奥。梅奥著名的“霍桑实验”是人际关系学派产生的标志，其观点主要包括以下三个方面：

1. “社会人”观点

传统的组织理论认为人是“经济人”，人一切活动的目的都是获得最大的经济利益，希望可以通过尽可能少的付出而得到最大限度的收获。人工作的目的也是获得经济报酬。但是人际关系学说认为，人不只是追求金钱与物质利益的经济人，他们同样也有社会需求，社会上的人不是孤立存在的，而是归属于某一个群体的“社会人”。人具有社会性需求，通常来说，人与人之间的关系和组织的归属感比经济报酬更能够激励人的行为。

霍桑实验表明，物质条件的变化不是影响劳动生产率高低的唯一因素，组织中的人都是归属于某一集体并且受这个集体制约的社会人，他们有社会和心理方面的需求，希望得到满足。

2. “非正式组织”观点

梅奥认为，组织可分为正式组织和非正式组织。正式组织是指人们为完成某一共同的目标，按照一定的规则，正式组织起来的人群的集合体，是具有一定结构、同一目标和特定功能的行为系统。与正式组织相对的是“非正式组织”，它是指因满足员工的社会需要产生的在一定范围的人群内有某种传统习惯、规矩、智能，甚至利益的群体。在非正式组织中，人们不受到正式组织中的行政部门或管理层次等方面的限制，也没有明确规定的正式结构，但是其群体内部会自己形成一些特定的关系结构，形成一些不成文的行为规则和规范。非正式组织对于增强组织凝聚力，满足人的社会需求具有重要的作用。

3. **激励观点**

组织的领导者要学会通过提高组织成员的满足程度来激励员工，提高其工作积极性。在组织中，生产效率的高低很大程度上受到工人“士气”的影响，“士气”即工人工作的积极性、主动性和协作精神，而“士气”又取决于他们对各种需要的满足程度。通常情况下，工人的满足程度越高，士气就越高，劳动生产率也越高。在激励的过程中，要注意他们不仅有追求金钱财富等的物质需要，还有希望拥有归属感、得到尊重等方面的社会需要。所以在对组织成员进行激励时，要以“社会人”的视角来看待，满足其各方面需要，从而激励他们的士气，提高组织效率。

2.3.2 需要层次理论

需要层次理论是由美国行为科学家亚伯拉罕·马斯洛提出的。马斯洛将人的需要按照重要性和发生的先后顺序划分为生理的需要、安全的需要、社交的需要、尊重的需要和自我实现的需要五个层次。

（1）生理的需要是指人们维持生存最基本的需要，比如呼吸、食物、水、性等方面的需要都属于生理需要。（2）安全的需要是指保护自己免受身体和情感等方面伤害的需要，既包括人身安全、健康保障方面的需要，也包括财产安全、工作安全等方面的需要。（3）社交的需要是指人们对友谊、爱情、归属、信任和接纳的需要。马斯洛认为，人是一种社会动物，需要进行社会交往，希望获得良好的人际关系，感受到爱和信任等。（4）尊重的需要是指人们都希望自己可以拥有稳定的社会地位，个人的能力和成就可以得到社会的认可，它包括自尊和受到别人尊重。自尊是指一个人希望能在不同的情景中有能力、能胜任、充满自信、能独立自主。受到别人尊重是指人们希望自己的工作成绩、社会地位能得到他人的认可。（5）自我实现的需要是指个人的成长与发展、发挥自身潜能和实现理想的需要（见图2-3）。

在这五个层次的需要中，生理的需要是最基础的需要，自我实现的需要是最高层次的需要，中间依次上升。只有当人们一个较低层次的需要得到满足后，才会自然地向上追求上一层级的需要；在向上追求的同时，低层次的需要并不会消失，因此，同一个人身上可能存在着多种需要，但有一个需要是起主导作用的。管理人员如果能够清晰地了解管理对象的需要，根据每个人的不同需要采取不同的管理和激励方式，就能够提高管理的有效程度，激发员工积极性，促进劳动效率的提升。

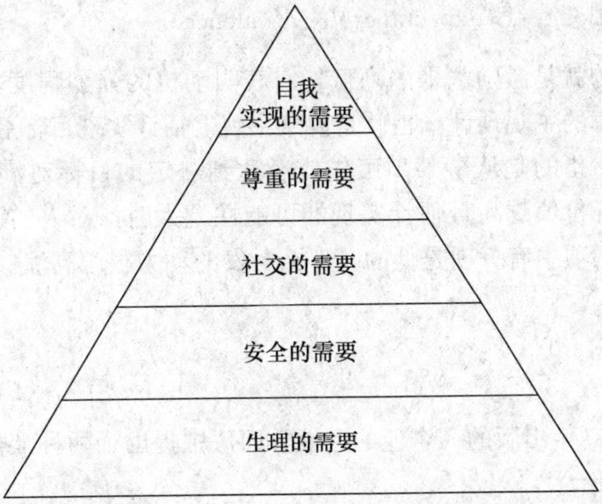

图 2-3　马斯洛的需要层次理论示意图

2.3.3　双因素理论

双因素理论也被称为“激励因素-保健因素理论”。赫兹伯格认为，组织中影响人们积极性的因素可以按照激励功能的不同分为激励因素和保健因素。

激励因素是指那些可以使人产生满意和积极情绪的因素。激励因素往往与工作本身的特点和工作的内容联系在一起，比如成就、赏识、工作本身的特点、责任感、提升和发展等因素。这些因素可以激励员工心理的成长和成熟，促使其工作能力的提高，也有利于充分持久地调动员工的积极性，提高其劳动生产率。

保健因素是指那些能够预防人产生不满和消极情绪的因素。保健因素往往与工作环境或者条件相关，比如说公司的政策与行政管理、监督，与主管领导的关系、与同事的关系、与下属的关系、工作的物理条件等。这类因素如果解决不好，不仅会导致员工的不满，还会挫伤员工的积极性；如果解决得好，能够预防和消除员工的不满情绪，但不能使员工变得非常满意，也不能从根本上激发员工的积极性。这些因素就像卫生保健对身体健康所起的保健性预防作用一样，因此被称为保健因素。

2.3.4　期望理论

期望理论是美国心理学家弗鲁姆于 1964 年提出的。它是一种通过考察人们的努力行为与其所获的最终奖励之间的因果关系来说明激励过程，并且选择合适行为来达到最终奖酬目标的激励理论。

弗鲁姆认为，人们只有在预见到自己的行为能够有利于某个目标的达成或实现时，才能被激励去做某些事。一个人在采取某一行动时的动力，取决于他对该行动产生所有结果的期望值乘以其预期结果达到所要求目标的程度。表示为公式形式，即

激励动力＝期望值×效价

$$M(\text{motivation})=E(\text{expectancy})\times V(\text{valence})$$

激励动力表示的就是激励水平的高低，它表明动机的强烈程度。期望值是指人们对目标能够实现的概率的主观预计，也就是说从主观上估计实现目标后得到奖酬的可能性。效价即效用和价值，指的是从事某项工作或者达到一定的目标对满足个人需要的价值。这个公式表明，目标价值越高且估计实现的可能性越大时，对人的激励力量才越大。如果期望值和效价这两项中有一项是低的，那么激发的动力很难高涨。

2.3.5 X-Y理论

麦格雷戈在1960年出版的《企业的人性方面》中提出了两种人性观的假设，分别被称为X理论和Y理论。

X理论假设：(1) 人生来就是懒惰的，他们缺乏上进心，总是想方设法逃避工作。(2) 大多数人都没有雄心壮志，不愿负责任，甘愿接受别人的领导。(3) 大多数人的个人目标都与组织的目标相矛盾，他们是自私、以自我为中心的，所以要采取强制和惩罚的方式，迫使他们为达成组织的目标而工作。(4) 一般人都安于现状，他们反对改革，没有创造性。(5) 对大多数人来说，他们工作都是为了满足生理的和安全的需要，所以只有金钱和地位等才可以激励其努力工作。(6) 大部分人都是缺乏理性的，他们很容易受到外界的干扰，只有少部分人可以较好地克制情感和冲动，有效控制自己，这部分人应该承担起管理的责任。

在X理论的假设下，工人只是一种会说话的机器，没有社交、尊重和自我实现等一系列的社会需要，地位、金钱等是激励其工作的主要动力。在这种情况下，对员工的管理应该采取"胡萝卜加大棒"的方式，组织的领导者要对员工采用强制、惩罚等方式迫使其工作，在领导行为上应该采取高度控制和集中管理的方式。

Y理论假设：(1) 一般人都是勤奋的，他们热爱工作，从工作中获得成就感和满足感，如果环境有利，人们工作就如同游戏和休息一样自然。(2) 人都有自我控制和监督能力，即使没有外界的压力和惩罚，人们一样会努力工作。(3) 在通常情况下，人们不但会接受责任，而且还会主动寻求责任。(4) 人们有着高度的想象力和创造性，能够积极解决问题。(5) 在现代工业社会的条件下，人的潜力只被用了其中的一部分。

在Y理论的假设下，管理者的职责就在于创造适当的环境，使人们认识到自己的特性，充分发挥自身潜力。同时要意识到在管理中只有内在激励才能真正满足人们的需要并且最大限度地调动工作积极性，因此要适时及时地转变对职工的奖励方式。在这种情况下，组织的领导者应该对员工采取民主式和自由式的领导，在领导行为上必须遵循以人为中心的领导原则，使下属的目标和组织目标很好地结合起来，为开发员工的智慧和能力创造有利的条件。

案例

人社部对基层公务员心理状况的调查报告

人社部最新公布的数字显示，我国公务员队伍90%是科级以下干部，60%在县以下机关工作。作为党和政府各项方针政策的直接实践者、执行者，基层公务员的精神状态、能力、素质直接关系到我们党和政府的执政水平，影响到经济社会各项事业的顺利推进，当前广大基层公务员的价值取向、心理健康状况以及对于工作生活的感受情况，应该引起有关方面的重视。

中国社会科学院自2012年实施哲学社会科学创新工程以来，许多学者将学术基础研究和社会问题分析紧密结合，进行了大量的调查研究，形成了一大批具有重要学术价值和现实意义的研究成果。在中国社会科学院青年人文社会科学研究中心的资助下，中国社会科学院政治学研究所调研组针对价值观、心理健康、幸福感、工作倦怠感和角色压力等5个方面的问题，先后在山东、福建、陕西、湖北、黑龙江、安徽、湖南、浙江、山西、云南等10个省份，对当地党政部门中在职在岗的县处级以下（含县处级）公务员进行问卷调查，调查规模累计2 482人次，初步揭示了当前我国基层公务员的心理状况。

本次调查从“品格自律”“家庭本位”“守法从众”“人伦情感”“名望成就”“金钱权力”“公共利益”“才能务实”等8个方面对基层公务员的价值观进行了调查（见图2－4）。

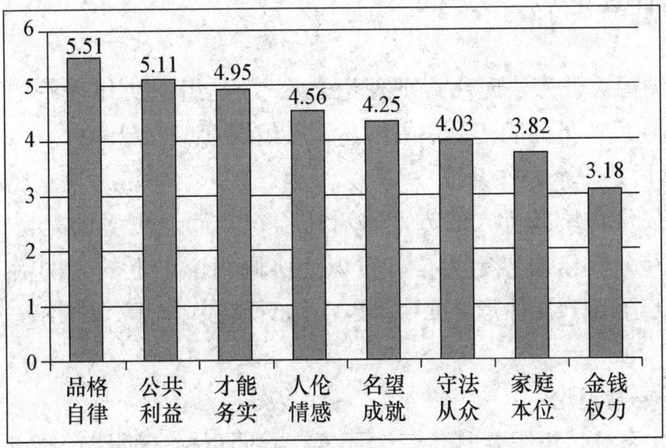

图2－4　基层公务员价值观的基本现状

调查显示，8个方面中“品格自律”最受基层公务员重视，紧随其后的价值取向维度依次是“公共利益”“才能务实”“人伦情感”“名望成就”“守法从众”“家庭本位”，而“金钱权力”取向则排在了基层公务员群体价值观序列位置的最末端。从调查结果来看，基层公务员价值观显现出了以“品格自律”“公共利益”“才能务实”“人伦情感”优先的亲社会导向，而“名望成就”“守法从众”“家庭本位”“金钱权力”四个维度则依次顺延至第二梯队。其中，“品格自律”被放置在了最为优先的位置，也进一步印证了“道德自律是领导干部价值观生成机制的首要选择”这一观点。基层公务员对品格自律的实践，不但具有较高的主客体互动价值，同时也是领导干部自我规范、自我促进、自我调节、自我容忍和自我实现的重要途径。

（资料来源：郑建君．身心共举　德行兼修：中国基层公务员心理状况的调查报告．光明日报，2013-01-22.）

案例思考题

1. 试用马斯洛的需要层次理论解释基层公务员价值观的调查结果。

2. 调查结果可以为基层政府加强人员管理、调动人员工作积极性提供哪些启发?

2.4 系统科学时期的组织理论

20世纪60—80年代是科学技术大发展的时代，以原子能技术、空间技术、电子计算机技术的利用和发展为主要标志的第三次科技革命，尤其是系统论、信息论、控制论等理论的应用和发展，促进了管理的现代化，相应的组织理论也得到了进一步的发展。这一时期人们开始注重学科发展的综合性，融合各种知识和方法，用一种更新的视角归纳和总结了古典管理时期和行为科学时期组织理论发展的优点和不足。由此，组织理论进入了一个新的研究时期——系统科学时期。这一时期的代表理论包括组织协作理论、决策组织理论、系统组织理论、生态组织理论、权变组织理论等。

2.4.1 组织协作理论

切斯特·巴纳德被誉为“现代管理理论之父”，是组织协作理论的代表人物。他的1938年出版的《经理人员的职能》一书阐述了其组织管理思想。

1. 组织的本质是一个协作系统

巴纳德不仅仅从物质或者人的方面来看待组织，而且更多的是从人与人之间协作关系的角度来看待，将组织界定为“有意识地协调两个以上的人的活动或力量的一个系统”。这个定义适用于各种形式的组织，诸如行政、军事、学校、企业等组织均可适用。

2. 组织的三要素理论

作为一个协作系统，组织要具备三个要素：共同目标、协作意愿以及信息交流。共同目标是指组织的目标，它是组织最基本的要素，也是协作的前提。协作意愿是指成员为了实现组织目标所贡献力量的愿望。信息交流是指意愿、情报、建议、指示和命令等的传递。信息交流在组织中居于中心地位，只有通过信息沟通才能将组织的共同目标和成员的协作意愿联系起来，同时它还在很大程度上决定了组织的结构、规模和范围等。

3. 非正式组织

巴纳德将非正式组织界定为“一种没有固定形态的、密度经常变化的集合体”。同有意识地形成的正式组织不同，非正式组织是无意识的社会过程产生的，它有着两个重要的结果：首先，非正式组织使人们形成一定的态度、理解、风俗、习惯和习俗；其次，非正式组织为正式组织的产生创造了条件。对于管理者来说，一方面要正视非正式组织的存在及其形成的一些规范，利用非正式组织来促进正式组织的发展；另一方面也要对非正式组织进行适当合理的引导，避免其带来的消极影响，保证组织的良好发展。

4. 组织平衡理论

从人的行为和人与人之间的协作关系上看，组织生存和发展的一个基本条件是组织成员愿意并且确实能够进行正式的协作，也就是说成员参加且不愿离开组织，努力为实现组织的共同目标做出贡献。在这个条件中包含了两方面的内容：一是组织对其成员的吸引力，二是成员对组织的贡献。巴纳德认为，一个组织能否持续存在，关键在于其能否使组织成员获得一种贡献和满足之间的平衡：贡献是指组织成员为实现组织目标所做的工作或付出的代价，而满足则是指组织提供的满足成员个人动机和需要的“诱因”。

5. **权威接受理论**

组织中的权威是普遍存在的，巴纳德对权威进行了一种自上而下的解释。权威是正式组织中信息交流的一种性质，通过它的被接受，组织成员来决定自己的贡献行为，即决定什么是要对组织做的事，什么是不做的事。权威要对人们发生作用，必须具备以下四个条件：人们能够明白所传达的命令，人们认为这个命令同组织的目标是一致的，人们认为这个命令同他们的个人利益是一致的，人们的体力和精力允许他们接受这个命令。

6. **管理人员职能说**

巴纳德认为，管理人员的职能主要存在三个方面：(1) 建立和维持信息交流的体系。正式组织的复杂性使得有必要建立一个正式的信息交流体系，也即管理人员组织，在这个体系中要确定和阐明管理人员的职务并找到合适的人员来担任这些职务。(2) 促使组织成员提供必要的服务。一是促使人们同组织建立协作关系，二是在人们同组织建立协作关系之后，使之提供服务。(3) 规定组织的目标。规定组织的目标这一职能不是某个管理人员单独就可以完成的。一项目标只有被组织成员接受以后才是有效的，因此组织的共同目标需要用各个部门的具体目标来阐明。

2.4.2 决策组织理论

决策组织理论的代表人物是美国的赫伯特·西蒙，其决策理论可以概括为以下几个方面：

1. **组织决策论**

西蒙认为，组织是作为决策者的个人所组成的系统，决策贯穿了组织管理的整个过程，是组织中的核心因素，“管理即决策”。

2. **组织目标论**

组织的目标是追求决策的合理性，而合理性取决于为实现某一目的而选择的手段。通过对目标和手段关系的分析，西蒙提出了一种新的决策方法：把为实现总目标的手段和措施作为下一个层次的目标，再为完成这些目标找出一些更详尽的手段和措施作为下一层次的目标，如此下去把目标和手段互相转化，构成一个“目标层级体系”，然后在这个体系中反复找下去，直到找到解决办法为止。与此同时，在决策过程中，由于决策者个人的知识、经历、能力等方面的限制，以及时间、金钱等客观条件的制约，组织很难达到一种最优化的决策，只能是在一定条件下的“令人满意的决策”，这也正是西蒙的“有限理性”决策原理的体现。

3. **组织平衡论**

西蒙在巴纳德理论的基础上，进一步发展了组织平衡理论。他认为，组织平衡是指组织提供或者分配给其成员的诱因与他对组织所做的贡献之间相平衡的状态，并且只有当前者大于等于后者时，组织才能稳定地存在和发展。

4. **组织设计论**

组织的设计要有利于组织决策、信息传递和信息处理。组织设计思想主要表现在四个方面：（1）组织的结构形态。组织的结构设计应该从建立或者改变组织的目标入手，把组织设计为一个包含着上层、中层和基层三个层次的层级结构。（2）组织的专业分工。西蒙主张把整个决策系统分解为一些彼此相对独立的子系统，组织在专业分工时应该充分利用决策能力，尽量减少各个决策子系统之间的依赖性。（3）组织的专业重心。组织要把有限的能力花在重要的决策上。（4）组织的权力配置。要正确处理集权和分权之间的关系。

5. **组织影响论**

组织中的个人在做出有关组织的决定时会受到组织的影响。组织对个人决策行为的影响因素主要存在于五个方面：权力、沟通、训练、效率准则、组织认同。其中，权力和沟通是决策的外在影响力，组织认同和效率是决策的内在影响力。这五种力量相互影响、相互关联，共同影响着组织成员自身及其工作效率。

2.4.3 系统组织理论

1. **帕森斯的系统组织理论**

最早将一般系统论运用于组织研究的是美国的社会学研究者塔尔科特·帕森斯。他把组织看作一个有机整体，这个整体是由一些相互依赖和相互作用的部分构成的。

帕森斯认为，社会行动系统由四个相互关联的分系统组成，分别是社会系统、文化系统、人格系统和行为系统。任何一个组织，本身就是处在社会大系统中的一个分系统，在社会的分系统中又包括了很多更小的社会子系统。

作为社会系统的组织，一般由三个层级组成。一是决策层，它的主要职责就是制定政策。决策层处于组织的前瞻地位，与客观社会环境直接发生作用，呈现出一种开放的状态。二是管理层，也称协调层，它的主要职责是执行决策。管理层对内协调各个单位的工作，对外协调组织与社会团体之间的关系，因此是一种半开半闭的状态。三是技术层，主要负责的是组织内部工作任务的执行和具体工作目标的完成，处于一种完全封闭的状态。三个层次之间相互联系却又各司其职，互相不干涉工作。

2. **卡斯特和罗森茨韦克的系统组织理论**

在帕森斯之后，美国的卡斯特和罗森茨韦克等人又继承和发展了这一理论，对系统组织理论进行了更深层次的阐述。

卡斯特和罗森茨韦克认为，组织是由系统构成的，且组织本身就是一个开放的系统，它在与环境的相互作用中不断寻求平衡以获得自身的发展。一个完整的组织系统一般由五个分系统组成：

（1）目标和价值分系统，即组织系统目标和组织存在的社会价值。处在社会环境中的组织，在实现组织目标的过程中必须充分考虑影响目标以及与目标相适应的价值观念。

目标与价值系统是整个系统中十分重要的部分，它在很大程度上受到社会文化环境的影响。

（2）技术分系统，即实现组织目标所需要的知识、技术等。

（3）社会心理分系统。这一系统由社会关系中的个人和群体构成，包括个人的行为和动机、地位和作用等方面的相互关系。这一系统不仅受到外部环境的影响，也受到组织内部任务、技术和结构的影响。

（4）结构分系统，这一系统可以被看作组织各构成部分或各部分确立关系的形式。组织结构与职权模式、交往沟通以及工作流程等内容之间都有着密切的关系，通常可以通过组织系统图表示出来。

（5）管理分系统。这一系统联系贯穿整个组织，起到整合、协调、计划和控制的作用。

总体来说，组织系统理论既克服了古典管理理论只注重任务、制度、规则而忽视对人的关注的弊端，又避免了行为科学理论中过分强调人和人的需要却忽视了对组织自身建设的问题，使人们以一种更高更新的视角对组织问题进行研究，并大大扩展了组织理论的应用范围。

2.4.4　生态组织理论

最早提出要借鉴生态学的观点来研究公共行政问题的学者是美国哈佛大学教授高斯。他在 1936 年的一次演讲中首次提出政府组织及其行政行为要考虑到环境因素的影响。在其《美国社会与公共行政》一文中，他又进一步指出行政环境和公共行政之间有着紧密联系。

里格斯在继承高斯观点的基础上进一步发展了行政生态理论。他首次区分了三种主要的行政生态模式，使行政生态学成为一门系统的科学，也对组织理论的发展产生了重要影响。

里格斯提出了三种行政生态的模型：（1）传统农业社会的行政组织模式——融合型。在这种模式中，组织的分化程度很低，没有专业化的行政组织，行政性的组织和经济、司法、军事等组织混合在一起，组织的效率很低。（2）农业社会向工业社会过渡时期的行政组织模式——棱柱型。在过渡社会中，行政组织呈现一种半分化的状态，专业的行政组织已经建立，但是功能有限。（3）高度发达的工业社会的行政组织模式——衍射型。该模式出现在现代工业社会，组织高度分化，分工细致而专业，无论是行政组织的内部分工还是与外部其他组织分工都是明确的，因此组织具有效率性和科学性。对于生态组织理论，在本书的第 3 章“公共组织的环境”中还会进行进一步详细的介绍。

2.4.5　权变组织理论

权变组织理论是 20 世纪 60 年代末 70 年代初在经验主义学派基础上进一步发展起来的管理理论，其代表人物有劳伦斯、洛希、伍德沃德等。

权变理论把组织看作一个开放的系统，并试图从系统的相互关系和动态活动中考察和建立一定条件下最佳组织结构的关系类型。它的中心思想是：(1) 组织是社会大系统中一个开放的子系统，会受到环境的影响，要根据组织在社会系统中的作用采取相应的管理措施，以更好地适应环境。(2) 组织的活动是在不断变化的条件下以反馈的形式趋于组织目标的过程，要根据组织的目标和当时的条件，采取合适的管理方式。(3) 管理的功能主要体现在管理活动和组织各个要素相互作用的过程之中。因此要根据组织各要素的关系类型及其与管理活动间的相互作用的关系来确定不同的管理方式。

权变理论的内容归结起来，可以表示为管理因变量和环境自变量之间的一种函数关系。权变方法强调管理者的实际行为需取决于既定的环境，即情境。组织管理的任务就在于归纳出组织中的情境由哪些因素组成，每种因素有多少种存在状态，由此可以有多少种管理方法。

案例

费德勒模型

美国当代著名心理学家和管理学家弗雷德·费德勒在大量研究的基础上提出了有效领导的权变理论。他认为不存在一种普遍适用的领导方式，任何形态的领导方式都可能有效，但是有效程度取决于领导方式和环境之间的适应程度。

费德勒开发出了一种工具，叫“最难共事者问卷”(LPC)，来确定个体是任务导向型的还是关系导向型的。另外，他还分离出三个情境因素：领导者-成员关系、任务结构以及职位权力。领导者只有与这三种情境因素相匹配，才能进行有效的领导。

对于 LPC，其主要内容是询问领导者对最不与自己合作的同事即“最难共事者”的评价。具体的测试内容如下：

回想一下你觉得自己最难共事的一个同事（同学），他（她）可以是现在和你共事的，也可以是过去与你共事的。他（她）不一定是你最不喜欢的人，只不过是你在工作中相处最为困难的人，用下面 16 组形容词来描述他（她），在你认为最准确描述他（她）的等级上打钩。不要空下任何一组形容词。

1. 快乐——8 7 6 5 4 3 2 1——不快乐
2. 友善——8 7 6 5 4 3 2 1——不友善
3. 拒绝——1 2 3 4 5 6 7 8——接纳
4. 有益——8 7 6 5 4 3 2 1——无益
5. 不热情——1 2 3 4 5 6 7 8——热情
6. 紧张——1 2 3 4 5 6 7 8——轻松
7. 疏远——1 2 3 4 5 6 7 8——亲密
8. 冷漠——1 2 3 4 5 6 7 8——热心
9. 合作——8 7 6 5 4 3 2 1——不合作
10. 助人——8 7 6 5 4 3 2 1——敌意
11. 无聊——1 2 3 4 5 6 7 8——有趣
12. 好争——1 2 3 4 5 6 7 8——融洽

13. 自信——8 7 6 5 4 3 2 1——犹豫
14. 高效——8 7 6 5 4 3 2 1——低效
15. 郁闷——1 2 3 4 5 6 7 8——开朗
16. 开放——8 7 6 5 4 3 2 1——防备

费德勒相信影响领导成功的关键因素之一是个体的基本领导风格，为发现这种基本风格，他设计了 LPC，问卷由 16 组对应形容词构成。作答者要先回想一下自己共过事的所有同事，并找出一个最难共事者，在 16 组形容词中按 1～8 等级对他进行评估。如果以相对积极的词汇描述最难共事者（LPC 得分高），则作答者很乐于与同事形成良好的人际关系，就是关系取向型。相反，如果对最难共事者看法很消极，则说明作答者可能更关注生产，就称为任务取向型。通常的一个基本标准是，LPC＞64 为关系导向型，LPC＜57 为任务导向型。

费德勒研究了 1 200 个工作团体，对 8 种情境类型中的每一种都对比了任务取向和关系取向这两种风格，最终得出结论：任务取向的领导在非常有利的情境和非常不利的情境下工作更有利，而关系取向的领导者在中等有利的情境中干得更好。因此，费德勒认为，影响领导成功的关键因素之一在于领导者的基本领导风格。

案例思考题

1. 费德勒模型体现出权变理论的哪些特点？
2. 按照费德勒模型的观点，可以有哪些途径来提高领导者的有效性？

2.5 当代组织理论

20 世纪 70 年代后，科学技术的发展深刻改变了人们的生活，但与此同时资本主义国家也面临了严重的经济危机，经济滞胀，政府失灵，科层组织陷入严重的困境，整个世界都处在一种变化和动荡之中。在这种情况之下，学者们对政府、企业的发展进行了深入的思考，形成了当代的管理理论。其中的典型理论有目标管理理论、全面质量管理理论、绩效管理理论、学习型组织理论、网络组织理论等。

2.5.1 目标管理理论

目标管理理论最先是由现代管理大师彼得·德鲁克提出的，他在《管理的实践》一书中，首先提出了“目标管理”。

目标管理把人看作“社会人”，认为人除了追求物质条件外，还有社会、心理等方面的需求，组织的工作效率取决于员工的士气。因此，目标管理要求管理人员对下级采取信任的管理方式，不只关注完成生产任务，还要注重关心人、了解人的需要。管理人员的职责不只是计划、组织、指挥、协调、控制，还要重视员工之间的关系，培养员工的归属感和集体感。目标管理的基本观点包括：（1）目标管理是一种参与管理，要在不同程度上让员工了解并且参与组织目标的制定和实现，以加强他们的责任感。(2) 目标管理强调“自我控制”，要让员工实行“自主管理”，充分发挥他们的智慧和潜力。(3) 经理权力下放，要将经理的权力下放，为职工创造一个舒适的工作环境，而非家长式的管理氛围。(4) 效益优先，目标管理的最终目的就是体现效益。

实行目标管理要遵循以下几个步骤：(1) 确立组织的整体目标，既要有短期的发展规划，也要有长期的发展目标。要制定出企业各部门员工的目标，明确责任和分工。(2) 实施目标。在目标的实施过程中，要注意根据目标体系的要求，协调各方的关系，下级要及时向上级汇报，上级也要适时给予下级指导和帮助。(3) 评价目标。这是在目标实施后进行的，需要预先确定衡量目标的标准。对目标进行评价时要注意奖罚分明，根据实现目标的程度和工作成绩的大小来进行合适的奖惩。

2.5.2 全面质量管理理论

全面质量管理理论是由费根鲍姆于 1961 年在《全面质量管理》一书中提出的。它是随着科学技术的发展和经营管理的需要在传统质量管理基础上发展起来的，现在已经成为一门系统性很强的科学。全面质量管理，就是以产品质量为核心，建立起一套科学严密高效的质量体系，以提供满足用户需要的产品或服务的全部活动。

全面质量管理的基本观点包括：(1) 以顾客为中心，明确顾客的需求。(2) 为用户服务。在组织中，只要是接收上一道工序的产品而进行下道工序的再生产，就是上道工序的用户，通过每道工序的质量控制，最终达到提高产品质量的目的。(3) 全面管理。所谓全面管理，包括全过程管理、全社会的管理和全员的管理。(4) 以预防为主。这意味着要对产品质量进行事前控制，把事故消灭在发生之前。(5) 用数据说话。科学的质量管理，必须根据正确的数据资料进行加工、分析和处理，找出其中的规律，结合专业技术和实际情况，对存在的问题做出正确的判断并采取合理的措施。

2.5.3 绩效管理理论

目前世界上对绩效管理的理论方法进行研究和应用的体系主要有两种：关键绩效指标（key performance indicator，KPI）和平衡计分卡（balance scorecard，BSC）。

关键绩效指标是通过对组织内部流程的输入端、输出端的关键参数进行设置、取样、计算和分析，衡量流程绩效的一种目标式量化管理指标，是把企业的战略目标分解为可操作的工作目标的工具，也是企业绩效管理的基础。关键绩效管理可以使部门主管更加明确本部门的责任，并以此为基础确定部门人员的业绩衡量指标。建立明确而又可行的 KPI 体系，是良好绩效管理的关键。

平衡计分卡是由哈佛大学教授罗伯特·卡普兰提出的一种绩效评价体系，其最初目的在于找出超越传统的以财务量度为主的绩效评价模式，使组织的策略转化为行动。它包含四个方面的内容：财务层面、客户层面、内部经营流程层面以及学习成长层面。现在，平衡计分卡已经成为集团战略管理的重要工具，在集团战略规划和执行管理方面发挥着重要作用。

绩效管理包括四个环节：（1）绩效计划。绩效计划是评估者和被评估者双方对员工应该实现的工作绩效进行沟通，并将沟通的结果落实为正式书面协议的过程。绩效计划的设计从公司最高层开始，将绩效目标层层分解到各个子部门，并最终落实到个人。（2）管理绩效。现代组织的发展日趋扁平化和分散化，因此要鼓励员工积极进行自我管理，提升自身绩效。（3）绩效考核。这一环节是指企业在既定的目标战略下，运用特定的标准和指标，对员工的工作行为和取得的业绩进行评估，并利用评估结果对员工今后的工作行为和业绩进行正面引导的过程和方法。（4）奖励绩效。常见的奖励方式有绩效工资、奖金、表扬、晋升、津贴等。有关绩效管理理论，本书后面将进行专门阐释。

2.5.4 学习型组织理论

学习型组织是由美国学者彼得·圣吉提出的。所谓学习型组织，是一种能熟练创造、获取和传递知识的组织，它能在组织整体的层面上充分发挥每个员工的创造性，形成一种组织整体的学习氛围，使组织成员的个人价值得以实现、组织绩效得以提高。

彼得·圣吉在其《第五项修炼：学习型组织的艺术与实践》一书中，提出了学习型组织所需要的五项要素：（1）建立愿景。愿景可以凝聚公司上下的意志力，在组织内部达成共识，使大家方向一致，共同为组织目标而奋斗。（2）团队学习。集体的智慧和力量是巨大的，通过共同努力和学习，有助于团队做出正确的组织决策，增强团队的凝聚力和向心力。（3）改变心智。通过团队的学习，可以突破个人旧的、局限的思维，发挥标杆学习的作用，不断进步和创新。（4）自我超越。这是指个人有意愿投入工作，愿意为工作付出和奉献，实现自我价值的突破和超越。（5）系统思考。这是指通过广泛搜集各种信息，增强组织的整体把握水平和全局思考能力，更加清晰地认识问题的本质。

2.5.5 网络组织理论

网络组织理论是20世纪80年代中后期开始发展起来的一个新领域，起源于微观经济学。该理论认为，网络组织是处理有关系统创新相关事务时所需要的一种制度，是一种在成员之间建立各种不同强度的关系纽带的组织的集合。

该理论认为，网络组织具有如下特点：（1）网络是一个开放的系统，它积极与外部单位进行交流，既向内吸收有益的资源又对外输出产品。（2）网络的本质是动态的，它能够在交流中不断创新。（3）网络通过交流使各个单元结成“网”，并不断产生新的结点，结点的密度越大，相互交流的机会就越多，交流也越频繁。（4）网络中的流体是多样的，有物质、信息、技术、人员、资金、情感等多种类型。（5）网络的交流是多层次、多渠道的。

从网络组织的构建和运作来看，有两个重要的因素：合作关系、运作平台的网络。要在网络组织之间建立良好的合作关系，除了需要成立一个由盟主和合作伙伴等人员构成的进行协调的总部外，还要采取各种手段来防范合作关系中存在的“机会主义倾向”。

这里可以通过契约和信任两种方式来加以防范。

网络组织的运作平台包括四个网络：信息网络、知识网络、物流网络以及契约网络。信息网络是网络组织的基础运作平台；知识网络是在组织内部和合作对象之间建立增强性和互补性的网络；合作产生的物流形成了物流网络；契约网络实际上就是合作网络，它不是利用制度规范和再谈判来调整，而是依靠彼此之间的信任和每次合作给予对方的较高满意度。

案例

鄂尔多斯市人民政府政务服务中心加强机关绩效考核工作

2016年12月23日，鄂尔多斯市人民政府政务服务中心办公室发布一篇关于市政府加强机关绩效考核的文章，文章指明鄂市人民政府政务服务中心将绩效考核工作列入重点工作内容之中，通过拓宽工作思路、创新考核方法，逐步建立健全科学有效的考核机制，进一步规范干部职工管理，提高机关工作效能。自2014年政务服务中心被列为自治区公务员平时考核试点单位以来，中心的绩效考核工作效果显著。为加强绩效考核主要采取了以下方式：

加强领导，积极部署和推进考核工作。为统筹和推进绩效考核工作，中心成立了考核工作领导小组，主要领导任组长，考核办设在办公室。同时制定和印发了《鄂尔多斯市人民政府政务服务中心科室及工作人员考核办法（暂行)》及考核细则，明确责任，层层落实。考核采取月度通报、年度评比的方式，坚持日常督查与随机抽查相结合，坚持信息化与人工考核相结合。考核办多次组织召开工作调度会议，对科室及工作人员提交的加分事项和申诉事项进行讨论研究，对日常考核过程中出现的问题进行整改。

完善程序，合理设置考核指标内容。由于科室职责的差异性，中心在考核指标设置过程中，力求共性指标全覆盖、个性指标合理化，避免考核过程中出现以简单的“瞧一瞧”和“听一听”等方式来评定工作的好坏。平时考核按照简便易行的原则，侧重考核工作人员完成日常工作任务、阶段工作目标以及出勤等情况，同时设置加分、减分和“一票否决”项目。考核围绕德、能、勤、绩、廉及标准化工作六部分设置考核指标。

同时，为确保考核的公平公正，设立申诉机制，科室及工作人员对考核扣分事项有异议的，可提交申诉说明，向考核领导小组反映情况进行申诉，经审定后确定是否扣分。

合理运用，加大考核激励约束力度。科室及工作人员平时考核成绩占年度考核成绩的90%，考核结果作为评价业绩、改进工作、激励约束的重要依据，主要运用于科室及人员评先评优、晋职晋级、干部选拔任用以及工作问责等方面。通过绩效考核的激励和约束，促使干部职工自觉规范个人行为，认真履职尽责，并在工作中积极探索创新，不断推动中心各项工作的落实。

（资料来源：鄂尔多斯市人民政府政务服务中心加强机关绩效考核工作.（2016-11-01). http://zwfwj.ordos.gov.cn/bzhsdjs/gzdt_95463/201611/t20161101_1801610.html.）

案例思考题

鄂尔多斯市政府加强绩效考核这一工作体现了当代公共组织运作的哪些特点？

2.6　行政组织理论

组织理论的发展历经百年，在对一般意义上的组织进行分析研究的同时，针对政府等行政组织的研究也随之兴起。

2.6.1　传统公共行政学组织理论

（一）威尔逊的行政组织思想

托马斯·伍德罗·威尔逊是美国著名的政治家、政治学家和行政学家，他于 1887 年发表在《政治科学季刊》上的《行政学之研究》被看作行政学诞生的标志，威尔逊也因此被称为“行政学之父”。其观点主要体现在以下几个方面：

1. 建立独立的行政科学，确定研究范围

在《行政学之研究》中，威尔逊指出，随着社会事务的增多，政府的职能日益复杂，行政权力也不断扩张，由此导致行政管理的难度不断加大。在这样的背景之下，应当建立一门独立的行政科学来研究政府的职能和行为，促进行政管理的科学化和规范化。同时，威尔逊也在一定程度上为行政学的研究确定了大致范围，认为行政学应该主要研究人事问题、组织问题和一般性的管理问题。

2. 政治行政二分原则

威尔逊在《行政学之研究》一文中对行政学发展贡献最大的观点可以说是政治行政二分原则，该原则是行政学成立的基础和前提。他认为，政治和行政是两个不同的概念，“行政管理是置身于‘政治’特有范围之外的”，行政管理的问题不属于政治问题，二者应该分离开来。

3. 行政学研究的目标与任务

威尔逊认为，行政学研究的目标主要有两个：一是政府职能，即知道政府能够承担并且能较好承担的任务有哪些；二是实现政府职能的方法和措施，这是说要弄清楚政府怎样才能以最高的效率实现自身职能。在这一基础上，威尔逊提出行政学研究的目的在于要让行政工作摆脱纯经验分析和研究的状况，要更多地运用科学的理论和方法去指导活动和实践，促使行政工作建立在科学的原理之上。

4. 行政学的研究方法

威尔逊主张采用历史的方法和比较的方法对行政学进行研究，分析不同国家和政府的行政管理规律。他认为行政学是一门“外来”的科学，对其既不可置之不理，更不能全盘接受，要在积极学习和借鉴其有益之处的同时根据本国情况加以适当的选择和改造，使其从根本上本土化。

（二）古德诺的行政组织思想

继威尔逊之后，美国的弗兰克·J. 古德诺发表了《政治与行政》，对政治行政二分法做了进一步的研究。

1. 关于政治行政二分法的阐述

古德诺认为，政治是国家意志的表达，而行政是国家意志的执行。政治主要与政策的制定相关，而行政则主要体现在政策的执行中。政府机构之间的分工和政府功能的分工是不同的概念。不过，虽然表达国家意志的事务属于政治范畴，而执行国家意志的事务属于行政范畴，但是在现实情况中要把这两种功能赋予不同的机构行使却也是有困难的。

2. 政治与行政的协调

虽然政治与行政之间存在诸多不同，应该在一定程度上相互分离，但是二者之间也不是完全分裂、互不相干的。古德诺认为，政治与行政之间也要进行相互协调，主要的协调方式有以下几种：

政治对行政要适度控制。如果政治对行政没有控制，政府就会失去条理和方向，但是如果控制过度，国家意志的真实内容与其形式上的表达就会互相违背。因此，要合理把握控制的程度。

行政要适度集权。要加强行政的适度集权化，只有这样才能较好地实现政治和行政功能之间的有效协调。

政党要发挥好自身的作用。要做到政治对行政的合理控制和行政的适度集权，最好的办法就是发挥政党的作用。政党要以协调国家意志的表达和执行为己任，通过政党挑选人员进入立法机关和行政机关的方式，使立法机关与行政机关、中央政府与地方政治之间有效协调。同时，要把政党纳入政府体制中，促使其民主化和法治化。

（三）怀特的行政组织思想

伦纳德·怀特在1926年出版了《行政学导论》，该书被誉为“第一本行政学教材”。在书中，怀特对行政组织进行了系统全面的阐述，对行政学的发展具有里程碑式的意义。

1. 行政学的研究范围和目的

怀特将公共行政界定为：在完成国家各个目标的过程中对人和物的管理。因此，公共行政的研究范围就是各级政府及其在行政中的各种基本问题。

2. 行政组织体制

行政组织体制是行政组织的核心。怀特通过对美国和英国行政组织体制的研究和分析，将其划分为三类：自治型与官僚型、中央集权型与地方分权型、独立制与权力合一制。

（1）自治型与官僚型。自治型体制中，行政官员的产生通过选举的方式，有任期限制，官员对民众负责；而在官僚型体制中，行政官员实行委任制，可以长期任职，负责的对象主要是上级领导。

（2）中央集权型与地方分权型。中央集权型组织体制中，中央政府对国家和地方的重大事务拥有决定权，对各级地方行政机关的事务进行监督；而在地方分权型体制中，地方政府可以自主决定地方的行政事务，不受中央政府的干涉。

（3）独立制与权力合一制。独立制中，每个服务机关都是一个独立的单位，和其他机关之间的联系较少。实施服务的机关各自掌握权力，只对最高部门或者立法机关负责并受其指导监督。权力合一制中，服务机关分散在各个部门之中，因为部门的工作属于同一个范畴，因此各机关之间需要进行密切的联系和合作。各个部门都有行政首长来领导和监督部门，确保工作的协调一致，每个部门直接接受上级部门的管理。

3. **行政组织的职权和责任**

对于政府的权责划分，怀特认为：第一，具有同一目标的行政事务、权力和责任要归于同一行政部门；第二，权责的分配要与行政任务相一致，与部门、人员的等级相一致；第三，权责的分配可以按照区域、行政工作的性质、工作方法和行政程序的不同加以分配。

4. **优良行政组织的标准**

怀特认为，一个良好的行政组织需要具备以下几条标准：（1）行政组织能够获得最优秀的人才；（2）组织成员要有一致的责任和适当的权力；（3）将行政官员划分为政务官和事务官，各自明确自身的职权和任务；（4）要设置协调机构专门进行综合的协调；（5）要对组织的管理效率进行准确合理的测量。

除了上述几方面的观点外，怀特还对行政环境、行政协调、行政伦理、行政监督、人才选拔等问题进行了一系列的研究，为行政学学科体系的建设做出了重大贡献。

2.6.2　新公共行政中的组织理论

新公共行政学是相对于传统的公共行政学而言的，是 20 世纪 60 年代末 70 年代初一批青年行政学者对传统行政学提出挑战而形成的“新”的理论。它运用现象学方法论、本土方法论和符号互动论以及解释学和批判理论等新的研究方法，批判传统公共行政以国家为中心追求管理效率、经济效果的观点，强调要以社会公平作为核心价值，倡导非价值中立和公共的使命。代表人物有沃尔多、弗雷德里克森等。

1968 年，《公共行政评论》的主编、美国行政学家沃尔多发起了在锡拉丘兹大学明诺布鲁克会议中心的研讨会，32 位行政学学者聚集于此探讨公共行政今后的发展方向以及如何迎接未来的挑战。会议的成果集中体现在马诺力主编的《迈向新公共行政：明诺布鲁克观点》一书中。

弗雷德里克森曾经担任美国公共行政学会的主席，在他的代表作《论新公共行政》《新公共行政学沿革》《新公共行政学》等书中，对传统公共行政学信奉的“效率至上”“政治行政二分”等观点进行了批判，并进一步强调“社会公平”等内涵。

对于行政组织问题的研究，弗雷德里克森认为，传统公共行政学的不足在于只注重研究行政组织本身，过分关注公共组织的内部动力，同时研究的理论过于空洞。对此，新公共行政学主张构建一种新型的政府组织形态，即建立一种动态开放的组织，把政府内部的行政管理放在次要地位，从一种全新的角度去认识和分析组织中的行政现象和运作过程。他认为公共行政组织中存在四种基本的运作过程：

（1）分配过程。公共行政必须关心分配的形式。

（2）整合过程。要通过权威阶层来协调组织中成员的工作过程。

（3）边际交换过程。这是说公共行政组织与其他相关组织及目标群之间建立共生关系的过程。

（4）社会情感过程。也就是社会训练过程。

除此之外，弗雷德里克森还认为，不断地变革才是当代公共行政发展的动力和核心内容。公共行政组织是各种公共服务的提供者和承担者，其结构和功能状况与公共服务的质量密切相关。传统的官僚组织结构僵化，无法很好地适应发展迅速的现代社会。还有一些公共组织将自身利益的扩张作为组织发展目标，忽视了其服务对象的需要，忽视了公民的自由平等权利，违背了民主政治的基本准则。因此，要不断对公共组织进行合理的改革，改革的目标就是要将公共组织变为一种顾客导向、应变灵活的组织形态，以更好地适应现代社会的发展变化。

2.6.3 新公共管理运动中的组织变革思想

20世纪70年代末80年代初，世界范围内掀起一场声势浩大的行政改革，这场改革有诸多称呼：新公共管理、以市场为基础的公共行政、企业型政府、重塑政府运动、市场化政府等。后来人们普遍倾向于使用“新公共管理”的概念。

不同国家对新公共管理有不同的定义，但是总体来说对其本质的认识是一致的，都认为新公共管理是一种通过采用商业管理的理论、方法和技术，引入市场竞争机制，从而提高公共管理水平和公共服务质量的管理主义。

（一）奥斯本和盖布勒的“企业家政府”

新公共管理理论中最典型的代表就是奥斯本和盖布勒的“重塑政府”，也称作“企业家政府”。这是奥斯本和盖布勒在总结美国地方政府和联邦政府改革经验的基础上，提出的政府管理新模式。

“企业家政府”是指将企业家在经营中运用的一些科学管理方法以及追求的讲效率、重质量、善待消费者、力求完美服务等一系列精神运用到政府机构中，改革公共管理部门，重塑政府形象的一种理论。这一观点在二人代表作《改革政府——企业精神如何改革着公营部门》中进行了详细的阐释。

奥斯本和盖布勒认为，现行的政府体制机构臃肿、行动迟缓、效率低下，难以适应变化迅速、知识爆炸的现代社会，需要对其进行改革。他们主张把企业管理的精髓运用到政府管理中，建立一个花钱少而效率高的政府。为此他们提出了重塑政府的十条原则：（1）起催化作用的政府：掌舵而不是划桨；（2）社区拥有的政府：授权而不是服务；（3）竞争性政府：把竞争机制引入提供服务中去；（4）具有使命感的政府：改变照章办事的组织；（5）讲究效果的政府：按效果而不是投入拨款；（6）受顾客驱使的政府：满足顾客的需要而不是官僚政治的需要；（7）有事业心的政府：有收益而不浪费；（8）有预见的政府：预防而不是治疗；（9）分权的政府：从等级制到参与协作；（10）以市场为导向的政府：通过市场力量进行变革。

（二）林登的“无缝隙政府”

“无缝隙政府”是由拉塞尔·林登提出的，它是生产者社会向顾客社会转变的自然结果。林登认为，“无缝隙”组织是流动的、弹性的、透明的、连贯的、灵活的，它可以通过流程再造的方式实现。在这种组织概念下，组织的顾客和服务提供者是直接接触的，双方之间不存在繁文缛节。

无缝隙政府实际上是一种以满足顾客无缝隙的需要为目的的组织变革，其内容主要包括：（1）顾客导向。在顾客导向视角下，政府管理要关注的重点是顾客的需要，为此政府必须努力提高公共产品和服务的质量，加强与顾客之间的沟通和交流。（2）竞争导向。政府应该引进公共服务的市场竞争机制，鼓励社会力量参与到公共服务的提供中来，促使公共服务质量的提高。（3）结果导向。要强调目标、结果和产出，强调工作的实际结果、预算与绩效并重。

（三）登哈特的“服务型组织”

新公共服务理论是以美国公共行政学家罗伯特·B. 登哈特为代表的一批公共行政学者在对传统的公共行政理论和新公共管理理论反思和批判的基础上提出的一种新的公共行政理论。

新公共服务认为，政府不应该像企业那样运作，而是应该如一个民主政体；公共行政官员要意识到他们需要了解公众的需求，倾听公众的声音，而不是对其发号施令。通过对传统公共行政以及新公共管理理论弊端和相关原则的反思，新公共服务理论提出了如下原则：

（1）服务而不是掌舵。当今社会，政府和公民都已经成为公共事务的管理主体。对政府来说，重要的不是控制或者掌握社会的发展方向，而是利用基于价值的共同领导来帮助公民表达和满足其共同利益和需求。

（2）追求公共利益。公共利益不是个人利益的聚集，而是一种关于共同价值的对话。公共行政官员应该积极为公民表达和形成共同的价值观念提供机会，鼓励公民采取一致行动。

（3）服务公民而不是服务顾客。在政府中，公民不只是顾客，而应该是主人。政府要对更大的公共利益负责，而不是仅仅对个别消费者和个人利益负责。

（4）公民权和公共服务比企业家精神更重要。在一个具有积极公民权的社会中，公共行政官员扮演的不只是一个提供服务的角色，更是一个调解人、裁判员和组织者的角色，是在治理过程中负责任的参与者而不是企业家。

（5）思考要具有战略性，行动要具有民主性。对于满足公共需要的一些政策和项目可以通过集体的努力和合作等方式确保有效实施。在公共政策的执行过程中，公民参与被看作民主政体中最重要的部分，只有公民积极参与，各方协调合作，才能更好地促使共同目标实现。

（6）责任并不简单。公务员的角色应当是公共利益的引导者和服务者，而不是企业家。他们从一开始的政策制定阶段就对公民负有责任，同时还要对包括宪法、法令、政治规范、职业标准、公民需求和公共利益等在内的各种制度和标准负责。

（7）重视人而不是重视生产效率。新公共服务中处于核心地位的要素是人，包括人的尊严、信任、归属感、基于共同理想和公共利益的共识等。

登哈特的新公共服务理论有力地推动了政府组织从管理主义的行政理念向以服务为核心的行政理念的转变，对公共行政的发展具有重要意义。

案例

从新加坡经验看政府“公司化”运作

新加坡是一个竞争力极强的国家“大公司”，它在资源匮乏的基础上，实现人均GDP排名世界第五、亚洲仅次于日本的成就；它有着全球最具竞争力的营商环境（世行集团报告）和亚洲最廉洁和最不官僚国家的美誉（IMD年鉴）。“高效、廉洁”正是新加坡政府引以为豪的标签。

新加坡对政府官员（与经济职能关联度较为直接的）的“绩效考核”以“GDP”为导向，并以招商引资作为一个重要考核指标。

第一，“GDP与官员收入挂钩”。中国地方政府GDP增长的成效主要是与官员的晋升挂钩，是官员们获取更大权力的标尺；而新加坡则是将GDP与官员收入挂钩。GDP增长，官员收入随之增长；GDP萎缩，官员收入随之下降。这种做法可以有效避免官员行为短期化，搞“形象工程”“政绩工程”。

第二，“薪酬市场化”。也就是众所周知的“高薪养廉”。政府官员有了维持体面的工资，才不至于以权谋私。当然，高薪的目的并不仅仅是养廉，更主要是便于吸纳优秀人才，更好地为实现政府机构发展经济的目标服务。

第三，“成本控制”。新加坡很多政府机构的办公场所都是租来的，主要是出于办公成本考虑。此外，财政部对于政府机构的人员编制和增长幅度有严格的控制。

第四，“类公司组织结构”。新加坡经济发展局和国际企业发展局都设有理事会，理事会成员除拥有实职的最高管理者外，均聘请社会和企业家名流担任，每月开一次会，虽然不行使决策职能，但集思广益，发挥着重要的咨询议事作用。在企发局，最高管理者甚至被冠以CEO的头衔。此外，经济职能突出的机构“可以办公司”。企发局下面有三家公司，一家是提供进出口报关服务的公司，一家是做空港业务的公司，还有一家是提供接待考察培训服务的公司。这些公司每年的结余一部分上交局里，局里根据财政预算来支配；一部分留在企业，由企业董事会决定如何在员工中分配。董事会也是由社会知名人士组成，他们对名誉的珍惜保证了这部分钱不会乱花，不会沦为部门“小金库”。当然，这些政府所属公司的业务本身和该机构的特点与目标结合，不会无边界发展导致与民争利。

第五，“人员进出自由”。在新加坡，没有像中国那样的公务员考试。招人的主要依据是其大学考试成绩，通过面试就可以进入“公务员队伍”。如果想出去，也不存在身份转换的心理障碍。想回来，大门也是敞开的。

第六，“透明度高”。几家有经济职能考核的政府机构每年都要像公司一样发布年报，来汇报一年来的“业绩”，接受社会公众的监督。

政府部门与生俱来的基因决定了它必然不如企业运作高效。但通过以上六点对公司化特点的借鉴，新加坡这几家政府机构实现了全世界政府中罕见的高效运作。

需要指出的是，"公司化"运作不等于政府机构就是公司。关键的差别在于政府机构在高效运作的同时必须守住廉洁的底线，维护住一个公正的社会管理者的形象。新加坡的政府机构通过程序公开，保证花钱不像私人公司取决于个人喜好，甚至满足个人私欲。而对于贪污受贿这样的行为，在这个国家有最严密的法律和最无情的惩罚来打消官员的欲念。

固然，政府除了经济职能外，还有大量社会职能需要实现。但是，无论政府的组织目标如何多元，评价体系如何复杂，组织效率最终都是可以度量的。在中国，提高地方政府组织效率，绝不是简单地依靠整顿作风就能实现的，必须有目标清晰、科学合理、可执行可追溯的绩效考核体系加以保证。只有真正充分吸收新加坡政府公司化运作的精髓，方能真正实现让老百姓满意的"高效廉洁"。

（资料来源：从新加坡经验看政府"公司化"运作. 中国保险报，2014-01-06.）

案例思考题

1. 文中体现出了企业家政府的哪些特点？

2. 从新加坡政府的"公司化"运作中可以学到哪些经验来进一步提高我国政府管理的科学性、规范性和高效率？

《本章小结》

本章介绍了公共组织理论的起源、历史发展和演进，主要划分为前管理学时期、古典管理时期、行为科学时期、系统科学时期以及当代五个时期的组织思想理论。此外，本章还将公共组织中有关行政组织的理论单列一节进行了梳理和介绍。

在前管理学时期的组织管理思想一节中，我们分别介绍了中国古代、国外早期以及近代的组织管理思想。该时期的组织理论还不十分成熟，也尚未形成完善的理论体系，只是表现为在国家与社会管理、组织管理以及人事管理等方面的较零散的思想和观点。

古典管理时期的组织理论主要包括泰勒的科学管理理论、法约尔的一般管理理论、韦伯的科层组织理论、古利克和厄威克的组织理论等。这一时期的组织理论强调经济和效率，缺乏对组织中人的关注。

行为科学时期的组织理论包括人际关系学说、需要层次理论、双因素理论、期望理论、X－Y理论等。它把人作为组织管理的核心，强调关心人、发掘人的潜能，以激发组织成员的工作积极性。

系统科学时期的组织理论包括组织协作理论、决策组织理论、系统组织理论、生态组织理论、权变组织理论等。这一时期的理论更注重学科发展的综合性，融合多种知识和方法。

当代组织理论主要是20世纪70年代以后，西方国家在政治经济等各方面均面临着严重的危机的背景下，学者们不断反思探索形成的，主要包括目标管理理论、全面质量管理理论、绩效管理理论、学习型组织理论、网络组织理论等。

对于行政组织理论，传统公共行政学中具有代表性的组织理论主要有威尔逊、古德诺、怀特等人的组织思想。此后，随着世界各国和国际政治、经济、文化、社会等形势的不断变化以及公共行政学者的不断探索研究，又发展出了新公共行政学、新公共管理学、新公共服务等理论下的组织管理思想。

关键术语

组织管理　官僚组织　行为科学　人际关系　非正式组织　目标管理　全面质量管理　绩效管理　学习型组织　行政组织　政治行政二分法　新公共管理

复习思考题

1. 请列举几条关于国外近代的组织管理思想。
2. 泰勒及其科学管理理论提出的改进组织管理的途径有哪些?
3. 法约尔提出的组织管理的原则有哪些?
4. 韦伯的科层组织理论中提出了哪三种权威类型? 基于这三种权威形成了哪些类型的组织? 分别有什么特点?
5. 官僚组织的特点有哪些?
6. 简述古利克和厄威克提出的“七职能论”。
7. 简述行为科学时期对“非正式组织”的相关观点。
8. 简述马斯洛的需要层次理论。
9. 双因素理论是指哪两种因素? 分别有什么特点?
10. 弗鲁姆认为人在采取某一行动时的动力取决于哪些因素?
11. 简述X理论和Y理论的观点。
12. 简述组织的三要素。
13. 西蒙的决策组织理论包括哪些内容?
14. 系统组织理论的代表人物有哪些? 他们分别提出了怎样的观点?
15. 简述行政生态的三种模型。
16. 权变理论的中心思想是什么?
17. 系统科学时期的组织理论主要有哪些?
18. 简述传统公共行政学时期组织理论的代表人物及观点。
19. 简述并对比新公共行政、新公共管理和新公共服务时期的组织理论。

案例分析

政府民生工程的“巧探索”

“感谢政府为我们购买了‘三农综合保险’，为我们减少了损失!”

龙岩市新罗区绿鲜山蔬菜种植农场种植户黄宣深说，他从事蔬菜种植是最怕天气反常的，政府想得周到，财政帮他出了一半钱，为他的农场投保了大棚蔬菜种植险，总共4 000元的保费，获得保险保障金额10万元。今年春节前夕，受到霜冻灾害影响，农场茄子、辣椒、西红柿等蔬菜受损。接到报案后，公司迅速组织人员赶往现场实地勘查，初步确定约15亩农场茄子、辣椒、西红柿等蔬菜受损，获得理赔金额约3.6万元，为他减少了损失。

黄宣深激动地说，现在，他从事蔬菜种植业更有底气了！

像黄宣深这样的农民，正是受惠于龙岩市“三农综合保险”改革不断创新、政府民生工程的“巧探索”的一个普通事例。

老区龙岩在全国率先实现“三农综合保险”全覆盖，全市123个乡镇1 760个建制村实现了“三农综合保险”全覆盖。每位农民年均保障额度超过30万元，“19种武器”为农民护航，联合国有关组织专家评价这是创新农村社会管理服务的典范，中国人保集团已在全国推广龙岩这一做法。

据统计，2009年至2015年，龙岩市“三农综合保险”参保农户613.72万户次、人数2 081.31万人次，种植业14 093.82万亩，养殖业211.26万头，风险保障金额高达14 616.45亿元，人保财险龙岩市分公司累计办理各类赔案支付赔款4.89亿元，为老区百万农民带来了实实在在的好处！

龙岩市一位领导形象地比喻：“政府不可能一夜时间做出一个大蛋糕，蛋糕做大要有过程，但‘三农综合保险’的推出使财政资金发挥了四两拨千斤的作用。”他们算了一笔账，如果财政给每个农民单纯补贴20元，对他们解决问题而言是杯水车薪，但如果把20元作为农保费投入，由此建立市场化的新型防灾减灾机制，那就会产生高倍率的放大效应，每个农民因此会获得高达20万元的风险保障。

上杭古田镇赖坊村的村民赖金星在检修农用车时发生意外当场死亡。古田镇保险站的员工立即勘察理赔，及时将人身意外险8万元和小额意外险1万元给付家属。赖金星的父亲赖子荣说：“没有发生这件事以前，我以为保险就是收钱，现在知道保险是实实在在管用的。”

在龙岩，政府探索以“政府花钱购买社会服务”的方式，以财政少量的补贴来撬动、由保险公司提供给农民的各种涉农保险达19项之多，覆盖了当地农民生产生活的各个领域。3年来，人保财险龙岩分公司累计支付赔款1亿多元，总计有3万多户12万多名农民受益。

龙岩的“三农综合保险”之所以能够迅速实现全覆盖，一个重要原因是政府掏得起。“三农综合保险”通过有限的财政资金，达到了四两拨千斤的效果。事实也证明了这一做法的好处：过去几年间年均保费投入仅占市财政的1%，但农民因此获得的保障额度是财政投入的4 800多倍，每位农民年均保障额度达30万元。这是其他任何农业财政投入效率和政府资源配置效率所不可比拟的，再次证明了保险机制对财政支农惠农政策的放大效应极其显著。目前龙岩的“三农综合保险”共有19项，其中5项龙岩起步较早，但后来由于中央也推出了同类的政策性保险，因而获得了中央和省级财政资金支持。剩下的是地地道道的“龙岩制造”，保费由市县两级财政与农户共同承担。按目前龙岩重点推广的小额农村家庭财产保险等 3 个项目，平均每人年保费也不过 45 元，“小投入、大保障”的效果，一目了然。前 3 年间，上杭县用于“三农综合保险”的财政投入每年约 300 万元，而其间当地农民获得的赔偿金则高达 2 000 多万元。

另一个重要原因是保险公司有利可图。“‘三农综合保险’单纯从业务上讲，已实现盈亏平衡。但这项工作为我们带来了意料不到的品牌效应！”人保财险龙岩分公司总经理陈贺透露。随着人保财险龙岩分公司开展“三农综合保险”业务，人保财险龙岩分公司在当地声名鹊起，曾荣获年度中国“最具市场影响力保险产品”和“最佳责任保险产品”两项称号，由此，龙岩人保在当地的业务也迎来飞速发展：龙岩市重点工程及单位财保业务 90%以上都由龙岩人保财险承办。

这种民生投入的创新在龙岩持续进行着——

最近，一种新的惠民创新又由龙岩的政府、银行、企业共同推出。这种政府、银行、保险共担风险的新型农业贷款模式“政银保”在连城县试水，连城农民小额贷款也可投保了。

过去农户向金融机构贷款，需要担保或抵押物，贷款难，费用高。连城“政银保”主要针对县内新型农业经营主体，县政府提供农业贷款风险补偿专项基金 1 000 万元，首期注入资金不低于 300 万元，按 1∶10 比例放大贷款规模。贷款对象由农行连城县支行、人保财险连城支公司共同确认；单户贷款额最高不超过 30 万元，利率不超过基准利率上浮 20%；贷款农户向人保财险购买农业小额贷款保证保险，保费为贷款金额的 2%，县政府给予适当补贴。

据人保财险连城支公司经理翁元景介绍，“政银保”建立风险共担机制，贷款发生损失时，三方按比例赔付并联合追偿。贷款逾期金额占累收保险费总额 100%以下的部分，银行和保险公司分别承担 20%和 80%；超过 100%低于 200%的部分，政府、银行和保险公司分别承担 10%、20%和 70%；超过 200%的部分，政府和银行分别承担 80%和 20%，保险公司不再承担赔付责任。

“政银保”契合了农民需求，受到了农民欢迎。北团镇江园村罗伟森饲养连城白鸭 2 万多只，这次获贷 30 万元，他说这种贷款手续简便，利率只有以往贷款的一半左右。文亨镇文陂村种粮大户、农机大户罗炳坤说，以往只有靠抵押才能获得贷款，“政银保”解决了这个难题，这次获得的 30 万元贷款将用于购买植保无人机等，希望贷款额能进一步提高。

龙岩老区人民在革命战争年代做出了重大贡献、付出了巨大牺牲，老区人民的幸福感不仅是各级关注的焦点，更是龙岩各级政府的工作第一追求。“把新增财力更多向解决民生问题倾斜，从民生最急最需的事抓起，逐步弥补长期以来由历史和客观因素造成的差距和欠账，把民生短板补齐，把民生保障做实。”龙岩决策者如此表态。

（资料来源：政府民生工程的“巧探索”：龙岩市“三农保险”改革不断创新.（2016-03-01）. http://www.fjsen.com/content/2016-03/01/content_17423363.htm.）

案例思考题

1. 案例中龙岩的“三农综合保险”是按照什么方式运作的？这体现出当代政府管理的哪些特点？

2. 政府对于民生工程的一系列探索体现出公共组织特别是当代行政组织管理中的哪些理论观点?

本章参考书目

[1] 李传军. 公共组织学. 3版. 北京：中国人民大学出版社，2015.
[2] 张建东，路江兵. 公共组织学. 2版. 北京：高等教育出版社，2010.
[3] 尹钢，梁丽芝. 行政组织学. 北京：北京大学出版社，2005.
[4] 陈振明，孟华. 公共组织理论. 上海：上海人民出版社，2006.
[5] 李靖. 管理心理学. 2版. 北京：科学出版社，2011.
[6] 苏忠林. 公共组织理论. 2版. 武汉：武汉大学出版社，2013.

第3章
公共组织的环境

任何事物的生存都离不开一定的环境。公共组织是一个既独立又充满关联的系统。作为一个相对独立的系统，公共组织的构成要素和各个要素之间构成了它的内部环境；作为一个关联的系统，公共组织具有开放性，与外部环境及其要素之间发生不同程度的相互作用，进行信息、物质、能量等的输入输出交流。了解和研究公共组织的环境，对于正确认识公共组织的产生、运作、结构、功能、未来发展等方面内容，以及如何提高公共组织的效率和管理水平等具有十分重要的意义。

重点问题

- 公共组织环境的含义、构成、类型、特点
- 公共组织与私人组织面对的环境差异
- 公共组织环境分析的相关理论
- 公共组织与环境的交互关系
- 公共组织的环境管理

引导案例

加入WTO给我国政府带来的影响

2011年11月13日，中国加入了世界贸易组织（World Trade Organization，WTO），这可以说是我国建设社会主义市场经济的一个重要里程碑。加入世贸组织后，我国的政治、经济、文化等的发展都有了更多的机遇，但也面临着诸多的挑战，而这种影响对政府来说无疑是十分深刻的。WTO对我国政府提出的挑战不仅仅表现在商品货物的质量和价格方面，更表现在体制上，需要用WTO的法律架构来约束政府的行政职

能和行政程序。

在WTO的背景之下，政府的能力更加成为影响国民经济和社会发展的重要因素，因为政府的能力在很大程度上决定了主权国家的全球竞争力和国际地位。在传统的官僚制政府下，政府拥有庞大的管理职能，管理范围几乎涉及经济社会的各个方面。但是加入WTO后，政府要面对全世界开放国家的经济所组成的大市场，并不再是先前的政府包揽和控制所能应对的，必须转变自身职能，改革治理理念和方式，推进行政体制改革，不断发展创新，使得政府、市场和企业各安其序、各司其职，又能够保持自身的发展活力。

我国加入WTO后，政府面临着一系列问题，包括中央和地方的权力关系、政府工作透明度、政策法规的完善性和公开性，以及相关的行政管制、行政复议和司法审查制度的规范程度等。

为了应对这些挑战，中国政府也采取了多方面的应对措施。例如，在治理理念上，更加注重政府治理的规范性和科学性；在治理模式上，不断转变管理理念，打破垄断和公私界限，使政府和社会形成竞争，大大提高了政府效率。类似的改变还有很多。

一系列的改革变化使得我国政府的公共行政法治观念得以创新，权力结构趋于平衡，行政管理的方式灵活多样，价值取向也更加合理。这不仅有效应对了WTO给政府带来的挑战，更使得政府自身的治理能力和水平不断提高，更好地适应了时代的发展变化和我国社会主义事业建设的要求。

3.1 公共组织环境概述

3.1.1 公共组织环境的含义

环境是相对于中心事物而言的，是指围绕着某一事物并对其产生影响的外界事物。从空间意义上来讲，环境主要指的是存在于某事物自身范围之外的其他事物，也即外部环境。但是环境不能仅仅从空间意义上理解，那些包含在事物之中，不作为事物的直接内容但却对事物发展运作产生影响的存在物也可以理解为环境，即事物的内部环境。

在本章中，公共组织的环境指能够直接或间接对公共组织的生存发展起促进、制约乃至决定作用的内外因素之和，因此既包括内部环境也包括外部环境。

有关公共组织环境的研究最早可追溯至行政生态理论，得益于生态学和行政生态学的发展，公共组织环境是在将这两种学说的观点和方法应用于公共组织研究基础上发展起来的。生态学产生于19世纪末20世纪初，它注重分析在一定环境中动态有机体之间的功能关系和生态系统中的调节机制。20世纪50年代起，随着一系列环境危机的加深，人们对生态问题的关注日益提升，催生了行政生态学的发展。如今经过了半个多世纪，公共组织环境的研究已经得到越来越多专家学者的关注，公共组织研究也要求人们更加重视对组织环境的分析，注重公共组织有机体在生存和发展过程中受到的各种生态环境的影响。

一段时间以来，我国在研究公共组织问题时，对其内部和外部环境都有着不同程度的认识，这与我国特定时期的社会发展背景有着密切的关系。计划经济时代，我国的公共组织活动高度依赖行政指令，政府与社会融为一体成为“全能政府”，而其他类型的公共组织，如事业单位、非营利组织等还较为年轻，所以公共组织与外部环境之间的相互作用和互动关系表现得并不明显。改革开放以后，虽然这种状况有所改善，但是长期延续下来的传统观念和思维毕竟难以在短时间内彻底改变，因此这种状况仍然存在。与此同时，由于特定历史背景下政治经济文化社会等环境相对单一，公共组织的组成和结构功能也比较简单，所以对公共组织的内部结构、各部分间的内部关联以及内部环境的重视程度也有不足。在多种情况之下，人们无法准确把握社会改革变迁下各种公共组织的特征，而公共组织自身也不能很好地与时俱进、应对日新月异的发展形势，由此出现了公共组织效率低下、决策判断失误、职能发挥不充分等一系列问题。因此，我们需要全面了解公共组织的内部和外部环境，明确内外环境和公共组织之间的相互关系，加强互动交流，促进公共组织更好地发展运转。

3.1.2 公共组织环境的构成

公共组织是由外部环境和内部环境构成的。划分内外部环境首先要明确公共组织的边界。公共组织的边界即组织用以过滤外部环境的影响和组织对外部环境的产出、防止外部环境的干扰、保持自身独立性的界限，例如，政府依法严格限制政府工作人员收受他人贿赂等，在这里，为了防止公权力受外界因素干扰而滥用，法律法规起到了限制公共组织人员行为的作用。

公共组织的外部环境是指处于公共组织边界之外，直接或间接对公共组织产生影响的各种因素的集合，包括一般环境和特殊环境。一般环境也称宏观环境，包含政治环境、经济环境、社会文化环境、自然环境等。特殊环境也称作微观环境，例如顾客、竞争者、代替者、公众群体等都属于特殊环境。内部环境也可以称为公共组织的内部条件，是指处在公共组织边界以内的，构成公共组织及其生存发展的各种因素和因素间关系的总和，它包括物质性的内部环境和非物质性的内部环境。物质性的内部环境简言之就是构成组织有机体的有形要素，例如组织的人员、物资、设备、经费等；非物质性的内部环境即构成成分中的无形要素，比如组织中的工作氛围风气、组织内部的精神状况及心理环境等。公共组织环境的结构如图 3－1 所示。

公共组织的环境实质上是一个多主体、多层次、不断发展的多维结构系统的组合。如果公共组织边界是刚性的、不可渗透的，则该组织是一个孤立封闭的系统；反之，该组织是一个互动开放的系统。

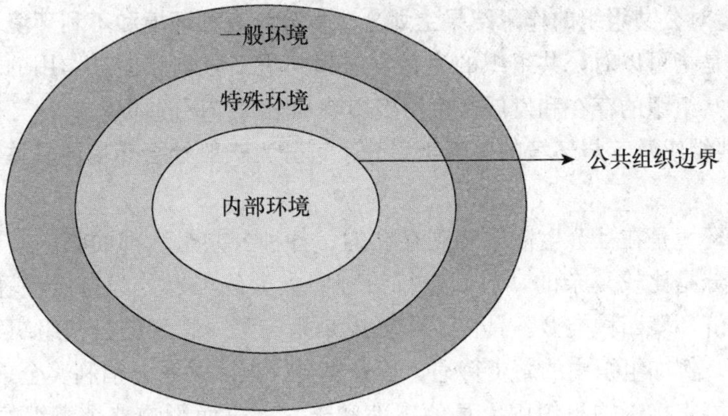

图3-1　公共组织环境的结构

3.1.3　公共组织环境的类型

公共组织作为社会组织的重要组成部分，其环境也是社会环境系统中的一个子系统，因此公共组织的环境是复杂而多变的。人们从不同的角度，按照不同的标准，可以将公共组织的环境划分为不同类型。

1. 从环境的影响范围、规模和层次上划分，可分为宏观环境、中观环境和微观环境

一般来说，宏观环境对组织产生的影响范围最广、规模最大、层次最高，包括国际、国内的发展环境和状况等。具体而言，诸如国际整体态势、国内基本国情、国家的大政方针、经济发展战略、社会发展战略、外交策略等都属于宏观的公共组织环境。中观环境是指在较大范围内对公共组织产生影响的各种环境因素，主要包括组织的体制机制、机构设置、职能划分等内容。对于公共组织系统而言，组织中各部分的结构安排是否合理、职能划分是否明确、沟通是否顺畅、制度是否健全等均属于中观环境。微观环境是指在一个较小范围内或者在组织的某一层次上，对组织系统、结构、行为、活动等产生影响的各种环境因素，例如组织的地理位置、组织内部制度建设、组织中人员的构成情况和人际关系、组织中的设施装备等。

2. 从环境的内容和性质上划分，可分为自然环境和社会环境

自然环境是指一个国家所处的地理位置以及面对的与公共组织发生联系和交互作用的自然条件，比如气候、地形、水源、生物、土壤等自然情况。社会环境指的是人类及其有关活动形成的对公共组织产生影响的各种社会因素之和，具体包括政治环境、经济环境、社会文化环境等。相比而言，社会环境对公共组织产生的影响比自然环境更加直接显著，也更可能起到决定性作用。

3. 从环境的地理区划上划分，可分为国际环境和国内环境

所谓国际环境是指影响一个国家公共组织生存、发展和运转的全球性因素，比如国际关系、国际形势等。与之相对应，国内环境则是指在一个国家范围内对公共组织的产生、运作、功能等因素产生影响的国内范围因素，比如国内的自然环境、社会环境等。通常，国内环境对公共组织的影响比国际因素更加直接。

4. 从环境对公共组织的作用结果上划分，可分为有利环境和不利环境

有利环境是指可以对公共组织的生存发展起到积极影响和促进作用的环境，而不利环境则指对公共组织的存在和发展产生消极影响和阻碍作用的环境。

5. 从公共组织及其与环境的关系上划分，可分为一般社会环境、具体工作环境和团体社会环境

一般社会环境是在社会生活中客观存在的、各种公共组织都面临的共同的环境，通常它的组成部分是比较复杂的，对其进行梳理归类大致可以分为自然环境、文化环境、政治环境、经济环境四种类型。具体工作环境是指与某一特定的公共组织和活动发生直接关系的环境，例如组织中的薪资待遇、晋升机会、人际关系、福利奖金、工作条件等，这些环境往往能直接影响组织中人员的态度和士气，进而影响整个组织的发展和运作。团体社会环境是指在当前社会组织化和民主化发展背景下，各种社会组织或者团体共同组成的复杂的社会环境，这些组织彼此矛盾冲突或者协调一致，一般来说公共组织只有正确处理好与各种社会团体组织的关系才能更好地发展，实现自身的目标。

3.1.4 公共组织环境的特点

概念即方法，理解公共组织环境的特点，能够为进一步了解公共组织环境的概念，掌握其内涵外延打下扎实的基础。公共组织环境主要有以下特点：

1. 广泛性和复杂性

构成公共组织环境的要素多种多样，这些要素有物质的，有精神的；有有形的，有无形的；有国际范围的，也有国内层面的。总之，大到世界，中至国家，小到个人，环境要素中的各个部分、不同状态，只要与公共组织有关，对其产生直接或间接影响的，都可以构成公共组织的环境要素。因此，公共组织环境具有广泛性和复杂性。

2. 动态性和相对稳定性

唯物辩证法认为，世界上的一切事物都处于运动之中，绝对静止的事物是不存在的。构成公共组织的各种要素也不是一成不变的，而是处在一种不断的变化当中。它们既要受到社会变迁的影响，也要受到其他环境因素的制约。因此，公共组织的环境始终处于动态的变化过程之中。与此同时，虽然公共组织的环境不断发生变化，但是从宏观层面上来看，这种环境在某一时空内又具有相对稳定性。

3. 时空性和差异性

公共组织的环境是在一定时期特定的历史背景和地理环境下形成的。特定的时间、空间条件形成了特定的公共组织环境，公共组织环境也反映了某一时期相应的历史地理状况。国家、地区、时代等因素的不同导致了各地不同时期政治制度、经济状况、文化水平、宗教信仰等诸多方面的差异，并且最终共同形成了公共组织所处的不同环境。也正是这种环境上的差异性，使得不同时空下的公共组织具有不同的性质和特点。

4. 组织-环境之间影响的相互性和多样性

公共组织受到环境的影响而产生变化并不是某一因素单独作用的结果，各种环境要素之间是相互影响、相互作用的。例如某一公共组织的发展状况既要受到国家政策、经济发展水平等因素的影响，也要受到组织自身的制度建设、人员配备等因素的制约。此外，公共组织在受到环境影响的同时，其自身也会反作用于环境，对环境造成影响。因此，无论是公共组织环境中的各要素之间，还是公共组织自身与其所在环境之间，都是相互影响、共同作用的。

与此同时，如果具体来看公共组织环境与组织自身之间的影响，却又是各有不同，即二者之间关系具有多样性。恰如事物具有主要矛盾和次要矛盾，公共组织与其环境的关系亦是如此。里格斯认为，在与公共组织发生作用的环境要素之中，有些要素占据优势地位，起到主动作用，可以对公共组织产生影响和制约，这些要素被称为“独立要素”或者“策略要素”。与之相对，有些环境要素在与组织联系中居于次要地位，被动受到公共组织的影响和制约，这些要素被称为“依赖要素”或者“临变要素”。此外，还有一种环境要素在与组织发生联系时双方会相互影响，很难分清主次关系，这些要素被称为“相互要素”。在研究公共组织的不同内容时，意识到公共组织与其环境之间关系的多样性，对相关环境要素进行不同侧重程度的关注和研究，可以帮助我们更好地认识和理解问题。

案例

武汉市硚口区政府电子绩效管理系统建设

武汉市硚口区政府一直在积极探索适合本地实际的绩效管理形式，2007 年创建的政府电子绩效管理系统，充分运用和拓展了已有的电子政务平台，对辖区各部门工作实行动态管理、实时考评，自使用以来成效显著。

电子绩效管理系统建设历经了基本理念形成、指标确定及框架搭建、公式设计、表单制作、数据集成等几个阶段。在硚口区委区政府的领导下，自 2007 年 4 月开始，区委督查室、区发改委目标办迅速行动，积极调研，确立绩效考核电子化管理理念，研究搭建了考核系统的基本构架，与有经验的专业软件技术开发人员联合开发相关软件。区长多次就专题听取工作进展，从管理理念到程序设计提出明确的要求。另外，还得到了全区相关部门的大力支持。区委督查室、区发改委目标办经过 2 个多月的辛勤工作，于 6 月 1 日初步建成硚口区电子绩效管理系统，该系统于 2007 年 7 月 1 日在全区试运行，成效显著。2007 年 11 月，武汉市政府在硚口区召开全市现场会，在全市推广硚口区的经验。

武汉市硚口区概况

硚口区是素有“九省通衢”之称的武汉市的中心城区之一，东部是繁华的商贸旅游区，西部是广阔的武汉市新经济增长带，北接武汉市中央商务区，南滨长江最大的支流汉江，拥有 14.5 公里长的滨江景观资源，是武汉市最具活力和发展潜力的城区之一。硚口区面积近 42 平方公里，下辖 11 个街道办事处，142 个社区居（村）委会，常住人口 71 万。

硚口区是武汉近代工商业文明的发祥地。硚口区商贸历史悠久，明末清初，汉口镇位居“天下四大名镇”之首，名满天下。硚口区还是武汉民族工业的发源地之一，清末到民国初期，国外和国内资本纷纷在硚口投资建厂。改革开放以来，汉正街率先在全国发展个体私营经济，被誉为全国改革开放的风向标。现在全区建成都市型工业园区 6 个，聚集规模企业 150 多家。整体改造后的汉正街已经成为都市工业区。2007 年 GDP 达到 195 亿元，全口径财政收入 24.63 亿元，出口创汇 8 800 万美元。截至目前，已有来自全球 18 个国家和地区的 315 家外资企业落户硚口，外资投资项目涉及工业、商业、房地产业、基础设施建设等诸多领域，全区基本形成了东贸西工的经济格局。

硚口是武汉市体育强区，历年来，为国家输送了大批优秀体育运动员，其中乔红、伏明霞等 14 人相继在国际大赛中夺冠，硚口被誉为“世界冠军的摇篮”。硚口区教育水平在全市领先，具有人才培养优势，辖区内聚集了华中科技大学同济医学院、军事经济学院、海军工程大学等多所高校、省级重点职校和科研机构，为硚口经济发展提供了后备人才。硚口区公共服务设施完善，能够为市民提供良好的医疗、金融、教育服务。

硚口区是武汉市的中心城区，省市对区政府的改革要求明确，可利用的硬件设施相对完善，本区改革创新的动力比较充足。但是硚口区又是老城区，城区改造、保证人员安置、社会稳定的任务比较重，这又是硚口区改革必须考虑到的特殊区情。

武汉市硚口区的前期改革基础

硚口区是武汉市的一个市辖区，硚口区的所有改革都是武汉市改革的组成部分。硚口区改革的基础主要就是在武汉市已经建立的高水平的电子政务平台和武汉市 2005 年开始的绩效管理改革。进入“十一五”的开局之年时，武汉市的政府网站建设水平已经位居全国同类城市前列。在“2006 第五届中国政府网站绩效评估”中排名第四。正是在武汉市电子政务发展提供的高质量平台上，硚口区政府才建立起电子绩效的管理系统。

武汉市 2006 年 9 月正式出台的《武汉市绩效管理暂行办法》及系列配套的绩效管理专项考核办法，是硚口区实行电子绩效管理的前期基础。2005 年下半年，武汉市正式组建绩效管理工作专班，聘请国际专业咨询公司麦肯锡参与，开始了武汉市绩效管理体系的创建工作。《武汉市绩效管理暂行办法》具有以下几个特点：一是绩效指标数量“少而精”；二是绩效指标设置坚持围绕中心，突出重点；三是引入了分类考评和第三方评价方法；四是强化执行中的监控协调；五是严格实行奖惩制度。

硚口区建立电子绩效管理系统的直接动因

通过一年的初步探索与实践，也使硚口区政府看到了本区绩效管理有待完善的问题。

原有指标设置不够科学。原有指标直接按照市政府的要求实行，结合本区的特点，就出现了一些问题。第一，发展的思路和理念未能得到充分体现，指标设置导向不突出，重考核增幅和总量，忽视对经济质量的控制。第二，部分指标设置虚化，如依法行政、“五五”普法等指标设置都是“完成年度任务”等，不易考核和操作。第三，指标设置争先创优体现不够，重自己与自己比，满足于“年年有进步”，对责任单位的工作在全区乃至全市的位次缺乏综合评价。第四，确立考核指标和指标值由单位自报，未体现“跳起来摘桃子”。第五，主要职能指标的考核点选取不够准确，造成年终考核时各单位的关键职能指标均为满分，个别共性指标基础台账的好坏成为影响结果的重要因素。

原有过程监控不够到位。机关工作原来就没有规范的“韦伯制”基础，加之 1987 年以来一直是抓“目标管理”，所以全程实时动态监控机制没有形成。具体问题表现在：第一，指标监控采取“月分析、季调度、年检查”的管理模式，忽视了对全过程的监管；第二，缺乏对责任单位平时工作积累的制约机制，年终一次性检查考核难以系统、细致、全面，容易出现走过场、弄虚作假等现象。

原有考评体系不够完善。武汉市的绩效管理毕竟也是刚开始，所以存在许多不完备的方面。比如：第一，考评结果的公平、公正、公开性体现不足。考核标准过于简单、笼统，忽略了对部门工作量和难易程度等方面的考虑。第二，权重划分不够细致，每类指标设置大权重的做法不利于细化考核。第三，指标完成与否除财政收入等部分经济指标具有可比性和刚性外，其他指标完成情况大部分来源于责任单位自报，考核的客观公正性不够。第四，需多个部门和条块齐抓共管的专项工作，原来由主责部门将任务分解下达到各协作部门，并对各协作单位进行专项考核，缺乏对主责部门本身的制约。第五，考核手段比较落后，考核的全过程没有完全实现公开透明。

（资料来源：陈汉宣．中国政府绩效评估30年．北京：中央编译出版社，2011.）

案例思考题

武汉市硚口区建设电子绩效管理系统的公共组织环境有哪些？对建设电子绩效管理系统有哪些影响？

3.2　公共组织与私人组织面对的环境差异

尽管公共组织和私人组织面临着很多相似的环境，但是二者在某些特定的环境方面还是存在一些差异的。

3.2.1　政治方面

1. 权力来源和影响范围不同

公共组织的权力来源于国家宪法和法律，权力的影响范围较广，对象涉及社会大众；而私人组织则是依据国家法律法规中的某些规定成立的，它的权力形成于组织内部的规章制度，权力的影响范围较小，大多仅限于组织内部，针对组织内部成员。

2. 受到政治因素的影响不同

公共组织是按照宪法和法律等设立的。在实际工作和运行中，它既需要符合宪法和法律的各种规范限制，也要回应某些政治经济制度和价值观的不同要求。公共组织决议和政策的制定往往是外部各种政治势力相互妥协的结果。因此，公共组织具有很强的政治特性，在很大程度上受到政治因素的影响。

与之相对，私人组织虽然按照一定法律规则成立，但无论是其设立还是组织的制度规定、做出的决策决定都更多是为了满足组织自身存在和发展的需要，不受到过多政治因素的干预和影响。

除此之外，从分工和责任角度来讲，公共组织具有严格规范的程序和明确正式的分工，要对纳税人负责，而私人组织更多是对自身负责；从组织目标角度来讲，公共组织的目标注重政治方面的影响，私人组织则更强调经济方面的影响。

3.2.2 经济方面

1. **经济诉求不同**

经济诉求的不同是由组织目标的不同决定的。私人组织以追求经济利益最大化为发展目标，因此它十分重视组织运营成本和运营效率，期望以最小的投入获得最大的产出，还十分关注在市场上的竞争形势；相比而言，公共组织以管理社会事务、维护公共利益为目标，其费用多来自国家财政，因此公共组织既要注重效率，也要注重利益分配的公平公正。发展目标的不同直接导致了二者经济诉求的差异。

2. **面对和拥有的市场不同**

通常来讲，私人组织有一个较为成熟和完善的经济市场来出售其产品，有明确的市场指标和信息，因此它可以通过市场信息和市场规律的指引，降低成本，增加产出，提高组织的运转效率。与之相对，公共组织缺乏一个能够以收入形式向他们提供资源的经济市场，所以公共组织往往只能依靠政府来获得资金来源。

3.2.3 法律方面

一般来说，法律对私人组织的约束程度较低，只要符合一般基本的法律规范即可，而对公共组织的法律约束则较多也更为严格，对公共组织的职能、权限、程序等诸多方面都进行了规范，这也使公共组织的领导者在决策行动上的自主性远不及私人组织的领导者。

案例

徐州市政府与江苏资产管理公司签订战略合作协议

2016 年 9 月 20 日下午，徐州市政府与江苏资产管理公司签订战略合作协议，拉开双方战略合作的帷幕。

江苏资产管理公司是国联集团控股子公司，是经批准在国内设立的首家省级金融资产管理公司。公司成立以来，按照省委、省政府提出的“立足无锡、服务全省”的总体要求，在全省 13 个地级市快速拓展业务，有力推动了全省金融生态环境的改善。

徐州市市长周铁根在会议致辞中表示，徐州作为一座发展中的成长型城市，拥有重要的区位交通地位，以及巨大的发展空间和潜力。近年来，徐州在产业转型、城市转型、生态转型等方面取得了很大的突破。当前，徐州市委、市政府正全面加快建设“一中心一基地一高地”，全力打造淮海经济区名副其实的中心城市。为此，政府将抢抓新一轮发展机遇，努力在创新型经济发展上实现重大突破，通过发展路径的调整实现弯道超越和超常规发展。衷心希望江苏资产管理公司继续加大对徐州的关注支持力度，充分发挥专业资质和资源优势，在综合金融服务、不良资产经营处置等方面与徐州深度对接合作。

徐州市政府将以更大力度优化金融生态环境，全力支持江苏资产管理公司在徐各项事业的发展，不断扩大双方战略合作成果，实现徐州经济社会发展与企业业务拓展创新的良性互动、互利共赢。

无锡国联集团董事局主席高敏也表示，徐州在区位条件、发展基础、政策环境等方面都有很大的优势。江苏资产管理公司与徐州市政府签订战略合作协议，是贯彻落实省委、省政府工作要求，进一步完善全省业务布局的重要举措，国联集团将全力支持江苏资产管理公司与徐州市的战略合作。作为产融结合的国企集团，国联集团希望在现有基础上，与徐州市展开更加全面、深入的合作，特别是在综合金融服务、新能源、新兴产业等领域的合作，努力实现优势互补、合作共赢。

（资料来源：徐州市政府与江苏资产管理公司签订战略合作协议 周铁根出席.（2016-09-22）. http://www.zgjssw.gov.cn/shixianchuanzhen/xuzhou/201609/t20160922_3018608.shtml.）

案例思考题

1. 从徐州市政府与江苏资产管理公司的合作中，可以看出公共组织和私人组织在面对的环境方面有何不同？

2. 公共组织与私人组织合作可以带来怎样的优势？

3.3 公共组织环境分析

任何事物的生存发展都离不开环境，组织也是如此。组织是在一定环境条件下形成的，环境可以为组织的生存提供各种资源和条件；与此同时，组织的运作发展也在某种程度上影响着环境。公共组织及其环境的相互关系一直都得到许多专家学者的关注，很多研究也就此展开。

美国社会学家帕森斯在其功能主义理论中曾提出，一个社会只有满足了四个基本需求才能维持秩序和稳定，充分发挥其功能。这四个基本需求是：目标的获得，对环境的适应，将社会不同部分整合为一个整体，对越轨行为的控制。其中提到的对环境的适应就强调了环境在组织功能发挥中的重要作用。从20世纪60年代开始，国外许多公共组织研究专家和兴趣学者从各自不同的学科领域和研究兴趣出发，探究了公共组织与其外部环境间的关系，并在此基础上形成了一些极具特色的理论，例如资源依赖理论、组织系统权变理论、环境决定理论、种群生态组织理论、行政生态理论等，为深入研究公共组织与环境的关系提供了新的视角和思路，也促进了公共组织理论的系统化和完善化。

3.3.1 资源依赖理论

资源依赖理论属于组织理论的重要理论流派，也是研究组织变迁活动的代表理论之一。它的主要代表人物有杰弗里·普费弗和萨兰奇克。资源依赖理论认为，一个组织最重要的生存目标就是要尽可能地降低对外部资源特别是关键资源供应组织的依赖程度，同时寻找一种可以影响这些供应组织稳定掌握关键资源的方法。他们提出组织与周围的环境之间是相互依存的，因此，组织除了服从环境外，还可以通过一些其他选择来调整对环境的依赖。对环境的认识通常是一个行为过程，它可以被认识并且通过一定的方式调整改变，而非一种固定不变的客观现实。

资源依赖理论提出四个假设：(1) 组织应该把自身生存作为十分关注的一项内容；(2) 组织在谋求生存的时候会对很多资源产生需求，但是通常情况下组织本身又不能生产这些需要的资源；(3) 组织要与它所生存和依赖的环境中的因素产生互动，并且这些因素中经常会包括一些其他组织；(4) 组织的生存是建立在控制自身和其他组织关系的这种能力的基础之上的。该理论的核心假设是：组织是通过获得环境中的资源这种方式来维持生存的，这一过程要在组织和环境的互动和交换中得以实现。因此，环境会为公共组织提供一些关键的稀缺资源，而资源的稀缺程度决定了公共组织对环境的依赖程度。

资源依赖理论对组织和环境之间的相互关系进行了很好的分析和解释，使人们认识到组织可以采用多种策略来改变自身，从而选择和适应环境。组织的管理方式和应对策略是多样的：当面对不同的环境时，组织会采取不同的策略；而当面对相同的环境时，不同的组织甚至是同一组织的不同管理人员也会采取不同的方式。因此，对环境的不同认识可能会影响环境的实际作用。应当说，从组织及其环境的相互关系角度来讲，资源依赖论者看到了环境对公共组织的影响制约作用，同时它也给予组织一定的自主性和能动性，使组织努力寻求影响和改变环境的方式，以谋求自身更好的发展。

3.3.2 组织系统权变理论

在组织理论的研究中，不乏关注组织系统和权变理论的研究者，最早将系统理论和管理理论结合的是巴纳德。他打破传统组织理论研究只注重组织形式、缺乏对组织中人的行为的关注这一弊端，认为组织是人的行为的系统。第一次将系统论引入组织研究领域的是卡兹和卡恩，他们让人们认识到组织是一个复杂又开放的系统，它总是处于和环境的互动之中。这种观点促进了后来系统论和权变思想的融合。

权变理论是系统论的一个分支，最初由劳伦斯和洛希提出，它更加强调组织的各方面例如设计、决策等受到环境因素的影响，并且组织也要寻求合适的方法适应外部环境，使其内部运转和外部的环境相适应。其中，外部环境包括地理、文化、技术等多方面内容。后来加尔布雷思还提出了“信息加工模型”，要求组织重视信息沟通和协调。

从某种程度上来说，这一时期的权变理论过多强调外部环境的作用，对组织内部条件的关注并不多，使其存在一定的局限性，因为很多问题是无法单纯用外部环境来解释的。这个时候，卡斯特和罗森茨韦克进一步发展了权变理论，使其更加系统化，形成了较完善的理论体系。他们认为组织是一个由很多子系统组成的整体系统，通过一定的界限和环境分离开来。组织就是一个函数，这个函数包含多个变量，而权变理论就是要衡量变量和适宜的方法之间的特殊函数关系。组织的最终任务，就是要寻求组织和环境、组织中各子系统之间的一致性。

权变理论将组织的宏观和微观研究结合起来，探究了组织与环境及其各子系统间的相互关系，为组织的设计和管理提供了依据，也推动了相关理论的发展研究。

3.3.3 环境决定理论

环境决定理论是由美国行为主义学家华生提出的，最早是研究教育和环境对儿童心理发展的影响。

在组织研究领域，英国社会学家、组织学家伯恩斯和心理学家斯托克在对多家企业进行调查研究后认为，不同的组织在其结构类型、管理方法等方面表现不同，并且这很大程度上受到环境因素的影响。因此企业如果想要改革组织结构或类型，必须考虑实际情况和具体的环境。对于公共组织来说也是如此，通常来讲，组织所处的环境不同，其类型、结构等往往也不同。例如，相对稳定的环境下形成的大多是机械式组织结构，组织内高度分工和集权，具有很高的规范性；而动荡性环境形成的是有机式的组织结构模式，拥有较高的灵活性，能够对环境变化快速反应。这些组织结构模式虽然不同，但是并不存在优劣之分，只是根据不同的环境采用不同的应对模式罢了。

汤姆森在伯恩斯和斯托克理论的基础上又进行了更加详细的阐述。他认为，组织环境有两个特点：环境的变化程度和环境的和谐程度。环境的变化程度分为相对稳定还是发生动荡，环境的和谐程度分为环境变化是相对简单还是日益复杂。由此，他将环境与其结构形式划分为四种，即相对稳定和简单的环境、动荡而简单的环境、相对动荡而复杂的环境、动荡而复杂的环境，并针对各种环境提出了与之适应的组织结构形式。

3.3.4 种群生态组织理论

1977 年，迈克尔·哈南和约翰·弗里曼提出了种群生态组织模型，探讨组织种群的产生、成长、消亡的过程及其与环境转变的关系。它涉及组织的形式，所谓组织的形式，是指组织特定的技术、结构、产品、目标和人员，它可以由环境进行选择和淘汰。

种群生态模型认为，组织种群是不断变化的，其中会一直有新的组织产生。对组织来说，环境是决定其成败与否的重要因素，所以组织必须满足环境的需要，不然就会被淘汰。同时，种群内的组织还要不断竞争以求得生存，所谓“优胜劣汰”就是这个道理。

种群生态模型十分强调环境的作用，他们认为社会力量是非常强大的，个体的组织很难依靠一己之力来适应环境。但是如果当社会中的力量显示出对某种组织或者群体有利的态势，组织抓住恰当的时机就能如雨后春笋般发展起来。不过如果社会形势不利于组织的生存或者对组织的产品不再需要，组织就会面临被淘汰的境地。

20 世纪 80 年代后期，他们的研究逐渐转向公共组织类型和外部环境之间的关系，进一步强调外部环境对公共组织的影响和依赖。

3.3.5 行政生态理论

美国哈佛大学教授高斯是将生态学的概念和方法用于行政管理研究的第一人。1936

年，他首次提出政府组织及行政行为需要考虑环境因素，代表着公共组织开始关注和研究其组织环境。20 世纪 60 年代，美国著名行政学家里格斯运用生态学的观点对政府的行政管理和行政环境间的相互关系进行了研究，创立了行政生态理论，为行政管理和公共组织环境研究提供了新视角，促进了公共组织理论的发展。

里格斯行政生态学研究的成果主要表现在三个方面：(1) 提出了影响公共行政的五个主要因素，分别是经济因素、社会因素、沟通网络、符号系统和政治架构。(2) 根据不同的社会形态对社会类型进行分类，分为传统的农业社会、过渡社会和现代化的工业社会。(3) 讨论了发展中国家的行政生态问题，过渡社会有三个重要特征：重叠性、异质性和形式主义。

在里格斯看来，行政环境是行政系统生存和发展的基础条件。对行政管理进行研究，不能只关注其制度、规范、结构、行为等，还要重视行政行为对环境的影响。行政生态理论为公共组织的环境研究提供了很好的视角。

知识库

里格斯的行政生态学研究成果

里格斯在行政生态学研究上取得的理论成果主要有三个部分。

第一，根据社会形态的不同提出了行政类型分类理论。认为人类历史上存在三种基本社会形态：传统的农业社会、过渡社会和现代化的工业社会。这三种形态对应了三种行政类型，分别是融合型、棱柱型和衍射型。

第二，通过对各国行政生态要素的分析，得出影响一个国家行政生态的五个主要因素：经济因素、社会因素、沟通网络、符号系统和政治架构。

第三，探讨了发展中国家——过渡社会的行政生态问题，提出“棱柱型行政”的重叠性、异质性和形式主义。

案例

中美 NPO 成长环境的比较

NPO (non-profit organisations) 即非营利组织，是独立于政府和企业之外的组织形式，也被称为非政府组织、民间组织、第三部门等，在我国多被称为社会组织。NPO 在社会管理、社会培育以及提升公众的公共意识和民主自治能力方面发挥了重要作用，在全球范围内的兴起和发展更是反映了人类社会民主政治的进步。

中国作为世界上最大的发展中国家，正在向现代化迅速迈进，面临着政治体制改革、政府职能转变等一系列挑战。而国外 NPO 广泛参与社会管理、不断提高政府的公共服务水平等一系列成功经验，对我国当前的现代化建设具有十分重要的学习和借鉴意义。

通过对比，可以发现中美 NPO 的发展在政治、经济、社会环境等方面均存在差异。

1. 政治环境

美国最初是英国的殖民地，但是由于地理等因素的阻隔远离欧洲大陆，所以受到英国王权统治的影响较小，这为NPO的发展提供了有利的政治环境。早在殖民地时期，美国人就有了结社的传统。他们遵循自愿的原则，成立起了各种各样的社团，依靠团体的力量来解决个体无力解决的公共事务。随着社团的发展和影响力的扩大，人们越来越愿意依靠结社而不是政府来解决问题。这一传统奠定了当今美国NPO的基础，同时也在一定程度上塑造和影响了美国政府，使美国人逐渐形成依托社团和乡村自治的生产生活方式。

在中国古代，社团和结社行为通常会受到封建王权的控制和干预，所以发展缓慢且艰难。中国的民间社团谈不上什么分权和自治，更多的只是在国家统一集中权力下的民间活动。秦朝建立起高度的中央集权制度以后，民间结社的发展空间就更小了。现今中国的NPO是在政府职能转变和社会转型的大背景下才逐渐兴起和发展起来的。随着原有社会结构的瓦解以及国家权力从社会领域的退出，我国的NPO在广大的农村社会和城市社区中成长了起来。它们的作用就在于了解和关注广大公民和社会基层的真实需求，独立或同政府一起为公民解决社会问题，提供公共服务。应当说，我国的NPO对政府改革和社会转型起到了重要作用。

2. 经济环境

美国的NPO发展与市场经济在北美的发展壮大有密不可分的关系。英国是最早进行工业革命的国家，为了进一步积累资本、扩大势力范围，英国持续发动海外扩张和殖民贸易。北美大陆就是当时英国的殖民地之一。但是在对北美殖民侵略的同时，英国也同时带来了先进的经济模式和发展经验，使得北美殖民地的自由市场经济获得迅速发展，这为美国NPO的发展奠定了重要的经济基础。

我国现代意义上的NPO是从近代开始出现，随着改革开放和社会主义市场经济体制的建立才逐渐兴起和发展的。随着经济体制改革的推进，市场逐渐成为配置生产要素资源的主要手段。同时为了适应市场经济的发展需要，很多的专业和职业群体也开始倾向组织化发展，很多类似行业协会、商会的社会组织也慢慢出现。同时，市场经济的一些弊端也逐渐显现出来，社会贫富分化、收入分配不公平等问题导致了严重的社会矛盾。在这种条件下，一些以富人为主体的慈善性社会组织出现，许多公民也自发组织起一些不同形式的公益活动。

3. 社会环境

美国社会从北美殖民地时期开始，由于缺乏强有力的政府，民众往往通过结社来实现公共利益，这在客观上造就了大量的NPO，有文化类的，也有经济类的，有一般性的，也有特殊性的，规模大小也各有不同。这些各种各样的社团，是殖民地时期美国社会的中坚力量。时至今日，美国这种自治、结社的传统和观念仍然存在，而且成为支持和推动美国NPO发展的重要力量。

中国民间结社的传统可以追溯到春秋战国时期，也一直有诸如“祭灶”“行会”这一类的传统互助组织，但是很长时间以来，现代意义上的NPO却一直没有出现。这是因为在封建时期，历代统治者大都把维护皇权作为管理民众的首要目标，这就在很大程度上限制了NPO的发展。只有在新中国成立特别是改革开放以后，社会主义民主政治进步才使NPO的发展逐渐走上正轨。

（资料来源：刘舸．中美非营利组织成长环境比较研究．河北大学学报（哲学社会科学版），2014，39（5）．）

案例思考题

通过中美NPO发展环境的对比，你认为环境对公共组织的发展有哪些影响？

3.4 公共组织与环境的交互关系

环境是公共组织存在和发展的基础，环境的变化会引起公共组织各方面的条件发生变化，同时公共组织自身的存在发展情况也会影响和改造着它所处的环境。

3.4.1 环境对公共组织的影响和作用

1. 一般环境对公共组织的影响和作用

中国古语有言，天时地利人和，认为在人类历史上任何国家的兴盛、重大事项的成功、突出成就的取得与天、地、人等多种因素有着密切的关联。天、地、人恰恰体现了事物内外环境中包含的诸多因素。由此可见环境因素对组织生存发展的重要作用。

任何组织都是在某一种特定的环境中产生的，组织的目标、活动、行为等都不可避免受到环境的影响，有特定背景和环境的烙印。对于公共组织来说更是如此。公共组织产生和存在的根本目的是解决国家和社会发展中的各种事务，其本身就是根据外界发展需要、适应现实情况而建立的，所以其性质、功能、目标、职能等都是由所处环境决定的，这也就要求公共组织的一切活动都需要从客观现实出发，以现实为依据。

环境对公共组织的影响和作用有两种情况：当环境对公共组织的发展起推动和促进作用时，环境的功能是正向的，称为积极功能；当环境阻碍或制约公共组织的发展时，环境的功能是负向的，称为消极功能。

环境的积极功能主要体现在三个方面：

（1）导向功能。导向功能是指环境对公共组织的发展可以起到引导指向作用，例如环境条件有助于明确公共组织的目标职能，有助于完善公共组织的结构体系，有助于制定和确立组织中的各种制度规则等。

（2）促进和激励作用。外部环境对公共组织目标和计划的实现有很大的影响作用。当外部环境具备有利于组织计划目标实现的条件时，可以激励组织成员努力奋进。一个良好的外部环境可以帮助组织成员更加全面准确地认识组织自身情况，完善组织内部机制，最终更好地完成公共组织的目标。

（3）调整功能。好的外部环境可以促使成员根据外界环境和形势的变化及时调整组织的目标和行动，以更好地适应外界环境，推动组织目标的实现和更好地发展。

环境对公共组织的消极功能也称为负功能，主要表现在两个方面：

(1) 阻碍功能。良好的环境可以促进公共组织目标的实现，反之，不利的环境也会阻碍组织的正常发展和运行。以NPO在我国的发展为例，当前我国NPO发展的一个典型问题就是结构不合理、发展不平衡。究其原因，与地区发展环境有很大的关系。从地区上来看，NPO存在和发展的地区主要位于大中城市或者是经济发达的沿海地区，而在内陆和经济欠发达地区的发展则较为落后。这是由于一般情况下，内陆和经济欠发达地区的发展水平、公民文化素质、外界给予的资源支持、地区教育水平等相对发达地区较低，从而在一定程度上限制了NPO的发展。

(2) 误导功能。恰如良好的环境可以对公共组织起到导向作用，在不利的环境中这种导向可能产生错误，对组织造成误导。在现实情况下，很多环境因素是复杂且具有迷惑性的，如果不能透过现象看本质，对问题形成正确清晰的认识，就很容易会被环境中的一些不真实信息误导，最终导致行为决策失误。

要注意到，组织环境的积极功能和消极功能不是绝对的，二者在一定条件下可以相互转化。因此要时刻关注组织环境的各种要素及其变化，充分利用积极功能，努力转化消极功能，使外界环境最大程度上有利于组织的发展和组织目标的实现。

2. 具体环境对公共组织的影响和作用

在前文对公共组织环境进行的分类中，从不同的角度出发可以划分出不同的类型。这里我们选取其中两种较为典型的划分方式，据此分析公共组织的不同环境类型对组织产生的影响。

(1) 从公共组织与其环境的关系角度。

这里首先要对公共组织和公共组织的环境进行划分。一般情况下，公共组织可以划分为三个层次：决策层、管理层和操作层。这三种层次在公共组织中居于不同的地位，承担着不同的职能。同时，按照公共组织及其与环境的关系，可以将组织的环境划分为一般社会环境、具体工作环境和团体社会环境，每种环境的内容形式各具特色，也对应着组织中的不同层次。因此，各种环境类型和组织层次之间也具有不同的关联。

一般来讲，决策层即领导层，是组织中的最高层，其工作内容是制定组织发展的宏观战略和大政方针等，制定组织的目标、负责重大事项的决策等。由于其工作涉及的是全局性和宏观性的问题，具有很大的开放程度，因此面临的主要是一般社会环境，也受其影响最大。

操作层也称作执行层，负责执行具体的工作事项和任务。操作层位于组织的下层，成员受过专门的训练，具有专业的技术和技能。组织中的操作层一般处于较封闭的状态，因此受到一般社会环境的影响较小，影响多来自具体工作环境。具体工作环境是操作层的主要影响力。

管理层也称为中间层，它具有承上启下的职能，负责组织中事项和任务的上传下达。对内，它既要针对决策层的决策和战略向下安排工作任务并组织实施，也要将下级的情况和要求等及时向上传达反馈；对外，管理层还要负责局部的适应。管理层处在决策层和操作层之间，因此也介于开放和封闭之间，是一种半开放半封闭状态。因为要在决策层决策范围内进行管理和工作，所以管理层会受到具体工作环境的影响，同时由于还要负责对外的适应等工作，所以一般社会环境也会对其有影响力。

公共组织层次和不同环境类型之间的对应关系可以用图 3-2 来表示。

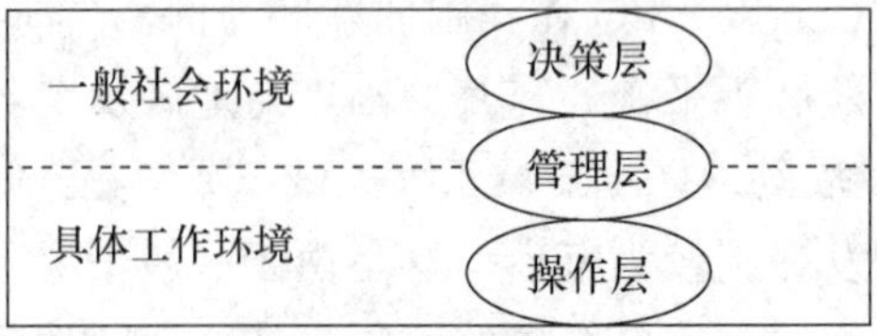

图 3-2 不同环境与公共组织层次的对应关系

(2) 从公共组织环境的内容和性质角度。

按照环境的内容和性质进行划分，可以将其分为自然环境和社会环境。

1) 自然环境。

自然环境是指环绕生物周围的各种自然因素的总和，如大气、水、其他物种、土壤、岩石矿物、太阳辐射等。自然环境对公共组织发展的影响主要体现在以下几个方面：

自然环境会影响公共组织的产生和存在。不同的自然地理环境下各地区可利用资源、区位条件等迥异，由此形成不同的生产方式，导致各地生产力水平、经济发展程度的差异。经济基础决定上层建筑，生产力的不同水平又影响了组织的发展。以我国公共组织的发展现状为例，当前我国公共组织大多存在于经济发达的东部沿海地区，而内陆地区相对较少。这与沿海地区的自然环境有着密不可分的关系。沿海地区通常具备得天独厚的地理区位和丰富的海洋资源，拥有更加开放的发展环境和机遇，也具备更有优势的经济水平，可以充分支持公共组织的发展，为公共组织的诞生创造一个良好的环境。

知识库

经济基础与上层建筑

经济基础和上层建筑理论是由马克思和恩格斯创立的。这两个概念在他们合著的《德意志意识形态》中最早提出。

经济基础是指由社会一定发展阶段的生产力所决定的生产关系的总和，是构成一定社会的基础。

上层建筑是建立在经济基础之上的意识形态以及与其相适应的制度、组织和设施，在阶级社会主要指政治法律制度和设施。

马克思和恩格斯认为，在经济基础与上层建筑的关系中，经济基础是上层建筑赖以存在的根源，是第一性的；上层建筑是经济基础在政治上和思想上的表现，是第二性的、派生的。经济基础决定上层建筑，上层建筑反作用于经济基础。

在对公共组织的诞生产生影响后，自然环境还会在组织的发展运行中发挥不同程度的作用，这种作用体现在政治、经济、安全等多个方面。

经济上，自然环境不同导致了经济发展水平的差异，从而影响公共组织的物质条件、财力基础和功能作用的发挥。

政治上，自然环境可能导致社会政治结构的不同，影响公共组织中的权力配置。以我国封建社会为例，我国幅员辽阔、地貌类型多样，由此造成了很多地区间因为地理因素形成阻隔，不便于政令的高效传达。为了克服这些不利因素的影响，封建统治者常采用各种方式不断强化政治上的中央集权，包括我们经常在史书中看到的有些统治者会不惜花费大量人财物力迁移都城，以尽可能地加强对全国各地区的管辖控制，降低自然环境因素对集权统治造成的制约和阻碍。所以，自然环境对公共组织中的管理方式、权力配置等具有不可忽视的作用。

除此之外，自然环境也会影响公共组织的安全和稳定。例如，一些高山大河等地理环境可以成为天然的防御屏障，在保护公共组织的安全和稳定上发挥独特的功能；当然，某些特殊的自然环境也可能会对公共组织的安全造成威胁，当今世界很多国家间长期存在着自然资源之争，最典型的中东地区的石油资源之争导致了大量的暴力冲突和严重的社会动荡，对政权的安全稳定造成了极大的破坏。

2）社会环境。

根据社会环境对公共组织的影响，可以将其细分为政治环境、经济环境、文化环境等进行分析。

政治环境对公共组织的影响可以从公共组织的性质和目标、结构和权限、运行机制以及组织效能这四个方面来认识。第一，不同国体下产生的公共组织的性质不同，国家的政治性质决定了公共组织的政治属性。作为国家和社会公共事务的重要管理主体，公共组织的基本目标是维护公共利益，但是这一行动过程需要在符合统治阶级意志、遵循相关法律规范的前提下实现。所以不同社会制度下统治阶级和政治环境的不同，会导致公共组织性质和目标的不同。第二，在公共组织的结构和权限方面，国家的结构形式、政权组织形式、治理形式、国家机构的指导原则等诸多因素都会对其产生影响。换言之，一个国家是实行单一制还是联邦制的国家结构形式，是实行总统制还是议会制的政权组织形式，这些不同政治环境下的公共组织的结构和权限会各有不同。第三，公共组织的活动是在党的领导下、法律规定的框架内展开的，这就决定了公共组织的运行既要执行党的路线方针，拥护党的领导，又要符合法律规定，在法律允许的范围内活动。而这些都势必会对公共组织的运行机制产生影响。第四，除此之外，在遵循法律规范、坚持党的领导的同时，公共组织作为社会公共利益的代表，还必须关注广大民众的需求和组织行动的社会效益，这些需要依靠公共组织制定的各种政策体现出来。但是政策的制定会受到许多政治因素的影响，因此政治环境还会影响公共组织的工作效能。

如前文所讲，经济基础决定上层建筑，经济环境对公共组织的建立和发展有着决定性的作用。经济对公共组织的影响主要通过其结构、体制、发展水平和运行状况等方面表现出来。

首先，经济结构的组成不同，可能会影响公共组织构成的差异。里格斯的行政生态理论曾提出公共行政的三种模式（融合型、棱柱型、衍射型）分别对应人类社会的三个发展阶段（农业社会、过渡社会和工业社会）的不同发展形态。三种模式及其对应关系见图3-3。这三种形态和模式就是由社会经济结构决定的。在里格斯看来，传统农业社会的结构混沌不清，没有明确的社会分工，由此导致行政行为和社会行为混杂在一起，没有形成专业化的行政机构，因此是一种“融合”的形态。在现代工业社会之中，生产力不断发展，社会有了具体明确的分工，行政机构的分工也更加细致专业，各司其职，呈现“衍射”状态。介于农业社会和工业社会之间的过渡社会既具有传统因素，也具有现代的特征。社会开始分化，行政行为与其他社会行为逐渐分化开来，专业化的行政机构也开始设立但是功能有限，处于“棱柱”过渡状态。由此可见，经济结构对公共组织的构成具有举足轻重的作用。

其次，经济体制不同，公共组织的运行和发展状况会有区别。在计划经济体制背景下，公共组织——无论是政府还是NPO——都具有很强的计划性和指令性，需要严格按照政府的指令行动。而在市场经济体制下，公共组织特别是其中的非营利组织可以根据市场和自身的状况灵活应变和调整，适应经济社会发展需要。

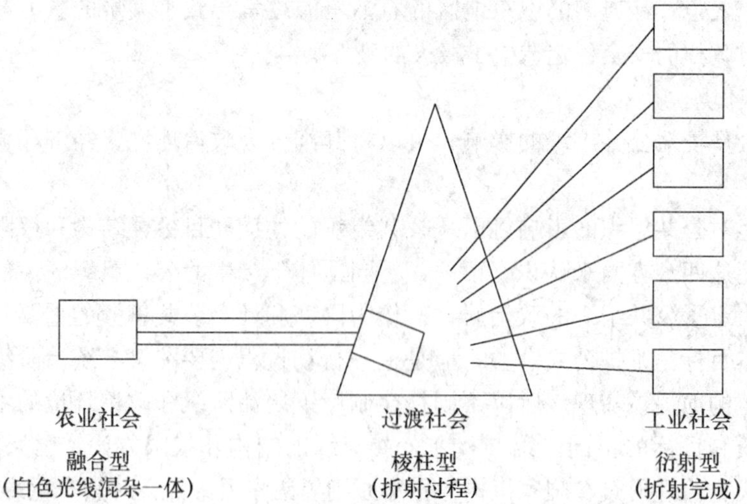

图3-3　公共行政的三种模式

最后，经济发展水平和运行状况也会对公共组织产生直接的影响。当前社会发展形势日新月异，复杂多变的国际国内环境也使得经济形势不十分稳定，这要求公共组织必须与时俱进，不断调整，适应社会发展变化趋势。同时，随着科技和经济的进步，人类的活动范围不断扩展，开启了很多新的研究领域，由此也推动了一些新生领域公共组织的诞生。与之对应，很多不适应社会发展的领域和相关公共组织也遭到了冲击，它们要么通过对组织进行改革以跟上发展形势，要么逐渐落后衰败最后被社会淘汰。

文化环境对公共组织的作用体现为四个方面。

首先，文化环境影响公共组织的建立和运行。在公共组织创立时，组织的建立者及其成员的文化素质和层次等会对公共组织的创建，组织性质、目标、价值的确立，组织的运作及组织的总体文化水平等诸多因素产生影响。在发展和运行过程中，公共组织要通过制定和执行某些公共政策来实现目标和功能，而不同文化环境中人们各异的风俗、观念、理解水平、社会认知等都会影响政策的制定执行。公共组织在这一过程中要充分考虑这些文化环境因素的影响，灵活变通，因人因文化制宜。

其次，文化环境会影响公共组织的风气和氛围。公共组织的状态很容易受到文化环境的影响，例如在一个宣扬“与时俱进、开拓创新”价值的环境中，整个组织会勤勉奋进，勇于改变，充满生机与活力；而在一个陈旧俗套、死板教条的环境下，整个组织就会一潭死水，故步自封。

再次，文化环境会影响公共组织的资金和经济水平。当前社会文化日益丰富，文化产业空前发展，文化活动及产品除了其本身的文化价值外，还与经济有了越来越密切的联系，附带更多的经济价值。现在很多的公共组织都设计推出一些组织文化创意产品，既宣传了组织文化，扩大了组织影响力，还给组织带来了可观的经济收益。

最后，文化环境会影响公众对公共组织的认知和参与程度。在现实社会中，人们的受教育程度、价值观念、家庭背景、社会地位等都会对其文化水平产生影响，使人们对公共组织的理解和认知程度产生差异。而这种认知上的差异又会导致人们对各个公共组织的评价不同，参与程度也不一样。这种情况在现实中是普遍存在的。当前社会上的公益组织和志愿组织越来越多地发展起来，通过了解可以发现，这类组织及活动的参与人员与其所受教育水平有一定关系。拥有较高文化程度和社会层次的人，例如大学生、研究生甚至还有一些社会高层精英，他们热心公益、乐于奉献，希望以己之力帮助和回馈社会。那些受教育水平低、勉强维持生计甚至生活在社会较底层的人群往往很少关注这些组织和活动，甚至对其抱有不理解和不配合的态度。当然，客观来讲这种现象是由多方面原因造成的，但是人们的价值观念、文化水平等因素的影响不可忽视。这充分反映了文化环境在公众对公共组织的认知中发挥了重要作用。

3.4.2 公共组织对环境的影响和作用

环境会对公共组织产生重要作用，但这并不意味着公共组织就是被动的，公共组织在适应环境的同时也可以利用和改造环境。

公共组织对环境的改造可以分为积极改造和消极改造两种形态。这种差异主要是因为公共组织开放型或封闭型的不同构造。对于封闭型的公共组织而言，因为组织本身和环境之间处于一种分离阻隔的状态，所以它在活动中要凭借其垄断地位、通过自身掌握的国家权力把公共组织的行为和活动强加给环境，对环境的回应和反馈却并不关心。这样就造成了公共组织的调节和控制不完全对应，造成环境混乱，是一种消极的改造。对于开放型的组织来说，组织和环境之间一直保持着一种互动关系，沟通交流密切，能时时接收到环境的各种情况和反馈，因此组织在采取行动时能够充分了解并收集环境中的各种信息，结合环境的现实情况，灵活协调应对，积极改造环境。由此我们得出，公共组织应该是开放的，要不断加强和外界的交流沟通，适应环境的变化，满足环境的需要，以增强公共组织对环境的改造和调节能力。

1. 公共组织对自然环境的影响

公共组织有时为了自身发展或者开展活动、发挥功能的需要，要对自然环境进行改造，或者是活动过程中的某些行为会附带对自然环境产生不同程度的影响。例如我国政府曾为了解决国家电力能源不足、大江下游洪灾多发、航海运输等问题，更好地改善人民生活、为人民谋福利，于20世纪90年代开工建设三峡工程。该工程的成功建设在发电、防洪、航运等方面发挥了重要作用，但与此同时也对自然环境造成了诸多影响。三峡工程完全蓄水后淹没了500多种陆生珍稀生物，影响了生物多样性；由于大坝的阻隔鱼类无法正常通过，导致其生活习性和遗传状况发生变化；大坝蓄水导致水流静态化，造成水体污染和水质恶化等环境问题。这些都对三峡周边乃至整个长江流域的自然环境造成了影响。

2. 公共组织对社会环境的影响

(1) 公共组织对政治环境的影响。

公共组织自身的状况会影响统治阶级意志的贯彻和执行。首先，当一个阶级夺取政权后，通常需要建立自己的公共组织来推行政治主张。公共组织为了保证统治阶级意志的落实，需要向权力机关提交议案，把自己的管理要求制定为法律，使其成为全社会需要遵行的国家意志。其次，统治阶级的许多主张需要通过公共组织来贯彻执行，因此公共组织的目标、职能、结构、机制等都会对统治意志以及国家政策规范的实施产生影响。

公共组织可以维护社会秩序的安全和稳定。组织目标、职能、运作机制、工作方式、办事能力、处理效率等因素是衡量一个公共组织行动合理性、民主性、有效性的重要标准。如果一个公共组织结构功能健全、行动民主高效、广泛听取民意，就能加强政府和民众之间的沟通交流，建立良好的政民关系，促进社会安全稳定。

在国际关系方面，公共组织可以进行对外政治沟通，缓和国家间的矛盾和冲突。政治活动是很复杂的，有时在一些国家力量不便介入或很难解决的国际纠纷中，公共组织往往能起到较好的中介作用，发挥政府组织无法发挥的职能。中国地域辽阔，陆上邻国众多，与周围邻国保持良好的关系对国家发展、地区和平稳定都具有重要意义。由于各种各样的原因，我国曾与周边国家关系陷入紧张，但是单凭政治活动和国家力量去处理和解决作用毕竟是有限的。在考虑到其中一些国家的经济发展水平较低、医疗卫生条件落后的情况下，中国和平发展基金会（China Foundation for Peace and Development）在周边国家特别是东南亚一些地区开展了“光明行”活动，为饱受眼疾困扰的白内障患者带去了光明。虽然后来该活动的效果未充分发挥，影响力也有限，但它毕竟是我国非营利组织在推进和平外交、改善对外关系上迈出的一大步，也体现了公共组织在对外政治环境中日渐凸显的作用。

(2) 公共组织对经济环境的影响。

公共组织自身的组织机制、运行程序、管理方式等会影响经济的发展。我国从新中国成立到改革开放之前，一直实行高度集中的政治体制，政府权力集中垄断，经济的发展受到强制性政治指令的控制和影响，发展活力遭到严重制约。改革开放以来，政府不断推进改革，转变自身职能，实行政企分开、政社分开、政事分开，市场经济活力不断释放，经济发展水平也日益提高。

公共组织可以通过制定公共政策、法律规范等来影响和改善经济环境。公共组织尤其是政府组织制定的政策法规等，对我国的经济结构、经济组织的发展、国家经济体制等具有重要影响作用甚至是决定作用。例如我国政府经常采取利用经济杠杆原理，制定不同计划和价格等政策的方式来影响和改善经济结构。

知识库

经济杠杆

经济杠杆（economic lever），是指在社会主义条件下，国家或经济组织利用价值规律和物质利益原则来影响、调节和控制社会生产、分配、交换、消费等经济活动，以实现国民经济和社会发展计划的经济手段，具体包含价格、税收、信贷、工资、奖金、汇率等手段和方式。

在社会主义经济中，经济杠杆最主要的功能是调节作用和推动作用。调节作用指在生产总过程中发挥调节生产、分配、交换、消费比例从而使其平衡。推动作用是指在生产总过程及各环节中调动人们改善经营管理、理性节约、讲究经济效果的作用。应该说，经济杠杆是经济管理中不可或缺的经济手段。

公共组织可以通过调整生产关系来影响经济的发展。生产关系是人们在物质资料的生产过程中形成的社会关系，是生产方式的社会形式。生产关系包括生产资料所有制的形式、人们在生产中的地位和相互关系、产品分配形式等。公共组织可以通过对所有制形式的确立和调整、对人们在生产中关系的确定和协调、对分配结果的认定和干预等方式来影响经济的发展。

（3）公共组织对文化环境的影响。

公共组织可以促进社会主流价值文化的传播，摒弃落后腐朽文化的影响，加强文化建设，净化文化环境。公共组织作为社会群体中政治地位和文化水平的最高群体之一，其价值理念和道德取向代表了社会的主流文化，向社会展现了先进文化的内涵和价值；在宣扬主流文化的同时，公共组织还可以利用其在国家公共生活中的主体地位摒弃封建落后愚昧的文化，促使社会自觉抵制资产阶级的腐朽文化，合理扬弃，促进社会精神文明和科学文化的健康积极发展。

公共组织可以制定相关公共政策或贯彻落实有关制度，大力发展文化教育事业，改变社会文化环境和文化氛围，提高社会整体素质，加强思想道德建设，促使社会组织和成员形成正确的文化价值观念，推动社会文明进步。

案例

“APEC蓝”

“APEC蓝”指2014年11月12日上午9点中国环境监测总站检测北京水立方附近天空的三基色数据：R=50、G=100、B=180。

2014年11月7日至2014年11月12日正值APEC会期，网络热议北京空质量，将这样的蓝天称为“APEC蓝”。

2013年1月，中国出现4次雾霾天气，受笼罩的省、市有30个；北京，仅有6天不是雾霾天。

2014年1月4日，中国国家减灾办、民政部首次将危害健康的雾霾天气纳入2013年自然灾情进行通报。

当前中国的空气质量状况：中国500个城市中，只有不到1%的城市达到世界卫生组织推荐的空气质量标准。

2014年2月，习近平总书记在北京考察时指出：应对雾霾污染、改善空气质量的首要任务是控制PM2.5，要从压减燃煤、严格控车、调整产业、强化管理、联防联控、依法治理等方面采取重大举措，聚焦重点领域，严格指标考核，加强环境执法监管，认真进行责任追究。

在北京迎接2014年亚太经合组织（APEC）第二十二次领导人非正式会议之际，中国政府强调，要保障APEC会议期间的空气质量达标。为此，政府及有关部门采取了一系列号称"史上最严"的措施，保证治霾工作坚守到"最后一公里"。在接下来的时间里，政府通过督导管理、实施应急减排措施、机动车限行与管控、加强城市道路保洁等一系列措施保证空气质量达到良好水平。2014年11月3日上午8点，北京市城六区PM2.5浓度为37微克每立方米，接近一级优水平。

案例思考题

1. "APEC蓝"体现了公共组织和自然环境之间怎样的相互关系？
2. 长期来看，政府这种改善环境的措施可能会带来什么样的问题？

3.5 公共组织的环境管理

公共组织存在和运作于一定的环境之中，环境的稳定与否直接影响组织发展的好坏。稳定的环境对公共组织来说是十分重要的，因为动荡不安的环境不仅会妨碍组织功能的发挥，还会牵扯组织大量的资源和精力来应对外界环境的状况，影响组织的正常运作。所以公共组织管理者必须十分重视环境对组织活动的影响，努力创造一个稳定良好的环境。

良好的公共组织包含三个要点：外部环境良好，能够为公共组织的存在和发展提供充足的资源和外部氛围；内部环境良好，组织内部的气氛、文化环境令人满意，能够增进公共组织的活力和凝聚力；内外部环境沟通顺畅，内外部环境之间相互协调，反应灵敏，组织的适应和自我调节能力强。

3.5.1 创造良好公共组织环境的前提

1. 树立环境意识，提高对环境的敏感性和认知力

树立环境意识，需要把公共组织放在整体环境大背景中考虑和研究。无论是组织目标的确立、行为活动的开展、职能的实现、功能的发挥还是组织结构的设计等都要考虑到环境因素的影响和作用，不能将它们的关系割裂开来。公共组织对环境的适应和改造，是在正确认识和感知环境并采取及时合理应对措施的基础上实现的。因此要努力提高对环境认识的敏感性，敏锐地发现和感知环境的变化。同时还要具备危机意识和机遇观念，当察觉到有好环境的萌芽或发生迹象时，要积极推动，努力促进，降低创建良好环境的成本，提高公共组织对环境的适应效率；而当有不良环境出现势头时，要通过筛选过滤等方式，及时降低乃至消除不良环境的影响。只有这样，公共组织才能最大限度地适应并改造环境，塑造有利于自身发展的环境。

2. 科学分析环境，提高对环境分析的准确性和判断力

在当前复杂多变的环境中，准确合理地认识和分析环境并不是一件易事，需要科学正确地分析环境，提高对环境的认知和判断。科学正确地分析环境，首先要科学分析环境的性质，只有先确定环境的好坏、合理与否才能决定是适应、改造还是摒弃环境；其次，要仔细分析环境的特征，借此也可以更好地把握环境的本质；最后，要提高科学分析的方法，掌握科学的方法和工具，定性定量结合、动态静态结合、时间空间结合，全面分析，以提高对环境分析的正确性。

3. 完善公共组织，提高对环境的适应性和容纳能力

创建和塑造良好的组织环境，更好地适应和接纳外部环境，需要先完善和优化组织自身的能力。完善和优化公共组织，可以从三个方面入手：优化公共组织的结构、优化公共组织的信息沟通渠道、优化公共组织的人际关系氛围。结构的优化可以使组织根据环境的变化灵活及时调整；信息沟通渠道的优化使组织能够更加准确、可靠、及时地传递和接收信息，适时采取措施调整适应环境；人际关系氛围的优化能够提高组织的凝聚力和向心力，形成组织合力。

3.5.2　创造良好公共组织环境的途径

1. 创造良好的自然环境

创造良好的自然环境，需要正确处理人与自然的关系，促进生态文明建设。

首先，要转变发展观念，树立正确的自然观念、科学技术观念和社会发展观念。要意识到地球是人们赖以生存的家园，很多自然资源是有限且不可再生的，因此人们必须保护自然、尊重自然、敬畏自然，树立“可持续发展”的理念，意识到那些为了发展以牺牲环境为代价、企图统治和征服自然的观念是错误和短见的。随着人类文明的进步，科学技术不断发展。但是科学技术是把“双刃剑”，在为人们生活带来便利的同时，也会造成诸多的社会问题，破坏生态环境。因此，要全面客观地认识问题，注重发展绿色科技，使科技进步能够为生态文明建设服务。

其次，有关部门和公共组织要发挥在制定公共政策方面的作用和影响，推动有关节约资源、保护环境、控制人口等方针政策的制定和落实，还要注意采取一定的奖惩措施或监督手段保障政策的贯彻执行。

最后，要普及保护自然环境的伦理规范和法治观念。创造良好的自然环境，既要发挥公共组织的作用，也需要全社会共同努力。除了进一步推动相关法律的颁布实施外，还可以通过加强学校教育、发挥各类媒体特别是大众传媒的作用，加强宣传，普及生态文明知识，提高人们自觉爱护尊重自然的道德意识和法律观念。

2. 创造良好的政治环境

（1）自觉接受人大的领导和监督，及时反映人民利益和需求。

公共组织要自觉遵守人大及其常委会制定的宪法和法律，并据此制定行政组织的相关法规；要自觉接受人大的监督，认真向人大汇报工作并虚心听取人大代表对政府工作的意见和建议，加强人民群众和政府之间的联系沟通。

（2）自觉接受党的领导的同时，积极发挥人民政协、民主党派和人民团体的政治协商、民主监督的功能。

建设社会主义民主政治必须坚持共产党的领导，自觉贯彻执行党的路线方针政策，接受党的思想领导、政治领导、组织领导。同时，还要积极扩大爱国统一战线，发挥各民主党派参政议政、政治协商的功能，发挥广大社会团体联系群众、民主监督的作用。

（3）积极推进公共组织的体制改革，推动公共组织的民主化、科学化和法制化。

公共组织要建立健全民主科学的决策机制和程序、民主公开的监督机制和程序，促进组织运行的科学规范和公开透明。除此之外，还要科学设置公共组织的机构，改革人事制度和领导体制。

（4）加强法治建设。

民主是法治的基础，法治是民主的保障。在推进民主建设的同时，要关注法治建设，将人民的民主权利通过法律的形式固定下来，促进民主的法律化、制度化和规范化。要充分发挥公共组织的职能和权限，加快其制定法律法规的有关工作，加强社会管理，开展法制宣传教育，提高公民的法律意识，从多方面提高社会的法治观念，推进法治建设进程。

3. 创造良好的经济环境

（1）坚持和完善基本经济制度。

在我国，根据解放和发展生产力的要求，坚持和完善基本经济制度就是要坚持和完善公有制为主体、多种所有制经济共同发展，按劳分配为主体、多种分配方式并存，社会主义市场经济体制等基本经济制度。我们要毫不动摇巩固和发展公有制经济，毫不动摇鼓励、支持、引导非公有制经济发展；坚持按劳分配为主体、多种分配方式并存；加快完善社会主义市场经济体制。

（2）大力发展生产力，提高人民生活水平。

公共组织发展经济的根本目的就是要提高人民群众的生活水平。因此公共组织要合理开发和利用各种资源，大力发展生产力，改善人民生活质量，推动全面建成小康社会。

（3）深化经济体制改革。

深化经济体制改革，要不断调整生产力和生产关系之间的关系，使二者协调发展。推进我国社会主义市场经济体制改革，需要充分发挥市场在资源配置中的决定性作用和政府的宏观调控职能，发挥各类公共组织在经济调节、市场监管、社会管理和公共服务中的作用。

（4）建立和健全社会劳动保障体制。

建立和健全社会劳动保障体制是深化经济体制改革、巩固基本经济制度的重要配套措施。公共组织要积极改善创业、就业环境，增加就业岗位，推动形成合理有序的工资收入分配格局，完善社会劳动保障体制，构建中国特色和谐劳动关系，从而为经济建设创造更加良好的环境。

4. 创造良好的文化环境和社会环境

创造良好的公共组织文化环境，首先要建立起一种既适应市场经济发展要求又与公共组织管理体制相配套的公共组织文化和行政文化，努力培养民主、效率、法治、服务的观念和意识，提高组织工作效率、降低行动成本，倡导民主和公民参与，使公共组织工作更好地为公共利益服务。其次要加强道德和法治教育，依法保护公民的合法权益，提高公共组织人员和社会成员的道德素质，促进公共组织文化和行政文化建设。另外还要重视社会的监督，将组织文化置于公众的监督之下，促使其不断改进完善，创造更加适应公共组织发展的文化环境。

对于良好社会环境的塑造，要加强和完善各项社会基本保障制度和基础设施建设，提高社会的总体发展水平。同时，还要增进公众对公共组织及其工作的了解、认识和参与，促进组织工作的进一步开展，为公共组织的运行营造良好的社会氛围。

5. 创造良好的组织内部环境

(1) 在组织内部创建良好的人际关系，形成和谐互助的人际氛围。

创建良好的人际关系，要增进组织成员之间的相互了解，促进成员之间的互助协作。可以从三个方面做出努力：首先，在培养良好关系的同时，要注重各组织成员在职位晋升、福利待遇、奖惩措施等方面的公平性合理性，坚持公平、平等的原则；其次，促进组织内部的互动交流，增进成员之间的了解和情感沟通，增进组织团结凝聚；最后，合理正确激励，充分挖掘组织成员的潜力，激发和提高组织成员的工作动机。只有这样，才能激发组织成员的工作热情和积极性，形成良好的组织人际关系，促进组织目标的实现。

(2) 建立民主参与的管理模式。

民主参与的管理模式是促进组织良好运行和创建良好的组织氛围的基础和前提，要增强上下级之间的相互信任，丰富和畅通意见交流渠道，鼓励下级积极参与组织目标的制定、集体决策和组织管理。

(3) 加强组织制度和运行机制建设。

规范和完善公共组织中的运行程序和运行机制，建立健全组织的决策、监督、奖惩等制度，保证组织运行的民主性、规范性和有效性。

案例

增强透明度　提高政务水平

从2011年到2015年这五年，是中国建设法治政府全面提速的五年，更是建设透明政府全面提升的五年。

在这五年，政府信息公开逐年扩大主动公开范围，实现了从重点公开到全面公开的跨越；“三公”经费公开从无到有，从中央到地方，力度、范围逐年加大，向世界展示中国建设廉洁、节俭政府，遏制权力腐败的决心；国务院进一步强化政府信息公开的制度建设和基础建设，重点规范架构公民依法申请公开的制度建设，为保证社会大众的知情权做出更为详细的行为指导规范；在这五年，政府信息公开工作的开展及进步得到第三方评估机构的认可，政府信息透明度逐年提高。

信息公开及格率大幅提高

每年在两会召开之前，由中国社科院发布的“法治蓝皮书”中的《中国政府透明度年度报告》，无疑是中国政府信息公开工作发展的忠实记录者。

2011年2月24日，社科院发布《中国政府透明度年度报告（2010）》，对我国43个城市及59个国务院部门的政府信息公开情况进行了测评。结果显示，在满分100分的前提下，国务院59个部门中仅有8个得分在60分以上，43个地方政府中也只有13个得分超过及格线。

2015年3月18日，在《中国政府透明度年度报告（2014）》中，对55个国务院部门、31个省级政府和较大的市级政府进行了测评，结果显示，在政府信息公开方面，国务院部门的及格率从2013年的10.91%跃升至56.36%，省级政府由22.58%跃升至83.87%，较大的市级政府则从47.39%跃升至49.98%。

信息公开范围不断扩展

记者梳理自2011年以来国务院对政府信息公开工作的指导政策和文件公告，发现其一改从前比较谨慎原则的“一般指导”，变成直奔主题的“重点指导”。比如，2012年4月底，国务院办公厅就2012年政府信息公开重点工作的安排发出通知，要求各级政府机关推进财政预算决算、“三公”经费、食品安全、征地拆迁、生产安全事故、保障性住房、环保、招投标和价格收费等重点领域的信息公开工作。

2013年7月，国务院又对2013年的政府信息公开工作做了重点安排，较2012年增加了推进行政审批信息公开一项，把“推进食品安全信息公开”增添为“推进食品药品安全信息公开”，把推进招投标信息公开更换为推动以教育为重点的公共企事业单位信息公开。这表明这两年政府信息公开工作主要处于重点公开阶段。

2014年4月，国务院办公厅发布《2014年政府信息公开工作要点》，提出：“坚持把公开透明作为政府工作的基本制度，……统筹推进政府信息公开，加强信息发布、解读和回应工作，强化制度机制建设，不断增强政府信息公开实效，进一步提高政府公信力，更好地发挥信息公开对建设法治政府、创新政府、廉洁政府的促进作用。”

2015年4月，国务院办公厅印发《2015年政府信息公开工作要点》，强调：各级行政机关要坚持以公开为常态、不公开为例外原则，全面加强政府信息主动公开工作，对涉及公民、法人或其他组织权利和义务的规范性文件，都要按政府信息公开条例规定及时予以公开；对出台的重要政策法规要同步进行科学解读，对社会热点问题要第一时间予以回应，方便公众更好地了解和理解政府工作。充分发挥新闻发言人、政府网站、政府公报、政务微博微信等信息发布平台作用，不断扩大政府信息传播范围，方便公众获取和知晓。

南开大学法学院教授赵正群对此进行了分析，他认为2014—2015年工作要点中对信息的公开转向了突出推进行政权力运行信息、公共资源配置信息、公共服务信息和公共监管信息等方面的公开，这标志着中国政府信息公开制度建设已经从以往的重点领域公开到全面公开的新阶段。

信息公开力度渐次加大

2011年，中央政府首次公开“三公”经费。从2011年到2014年，中央的“三公”预算随着对外公开力度的加大逐年下降。同时，地方政府也开始陆续公布“三公”预算。

根据财政部汇总对外披露的数字，2010 年中央行政单位、事业单位和其他单位“三公”支出合计 94.7 亿元；2011 年为 93.64 亿元；2012 年是 74.25 亿元，比预算数减少了 5.59 亿元，比 2011 年的决算数（93.64 亿元）减少了近 20 亿元。

北京大学法学院副院长王锡锌教授指出，“三公”数据的公开是建设廉洁、节俭政府，遏制权力腐败和社会不正之风的有益尝试，也是打造阳光政府、法治政府的重要一步。凡是不涉及国家秘密、商业秘密和个人隐私的政府信息，都要向社会公开。“三公”数据的公开既是打造阳光政府的一个积极信号，也是政府身体力行贯彻《政府信息公开条例》的实际步骤，不仅让公众对阳光政府有了更多期待，也对法治政府有了更多憧憬。

信息公开从被动到主动

2011 年 2 月 24 日发布的《中国政府透明度年度报告（2010）》披露，公民申请政府信息公开的难度与阻力很大，而且申请信息公开的成本问题很突出。针对该问题，2014 年 4 月，国务院办公厅印发的《2014 年政府信息公开工作要点》提出：“对于经审核认定可以让社会广泛知晓的政府信息，在答复申请人的同时，应通过主动公开渠道予以公开，减少对同一政府信息的重复申请。”王敬波教授认为，政府信息属于公共信息，不应设定限定公民申请信息公开的各种障碍。

政府因透明而进步

从 2011 年到 2015 年，中国政府信息公开工作变化巨大。对此，赵正群教授分析认为，首要原因在于对政府信息公开工作的认识达到前所未有的新水平。政府主管部门对于政府信息公开内含的民主法治价值功能的肯定也达到了前所未有的新高度。

王敬波教授认为，政府信息公开首要的价值在于尊重和保障了公民的知情权，是公民及时有效地行使监督权的必由之路，是建设法治国家、民主国家的前提。这一决策可谓顺应民心和时代发展的历史性进步。政府信息公开特别是财政预决算信息的公开，不仅有利于规范政府及其公务人员行使行政权力的行为，同时也推动了政府厉行节约，讲求效益。这是建设服务型政府的基本要求，也是促成法治政府建设和透明政府建设的重大进步。

（资料来源：政府信息透明度逐年快速提升．(2015-11-28)．https://www.sohu.com/a/44124755_114731.）

案例思考题

1. 我国政府不断提升自身工作透明度是怎样体现出公共组织对环境的适应的？
2. 对于进一步提升政府的透明度和公开性，你认为还可以采取哪些措施？

本章小结

公共组织环境是指能够直接或间接对公共组织的生存发展起促进、制约乃至决定作用的内外因素之和，由内部环境和外部环境构成。公共组织和私人组织面临一些相似的环境，但是二者在某些特定的环境方面仍然存在明显的区别。

对公共组织分类的标准有很多，根据不同的标准可以将公共组织划分为不同种类，比如宏观环境、中观环境、微观环境，自然环境与社会环境，国际环境与国内环境，有利环境与不利环境，一般社会环境、具体工作环境与团体社会环境等。同时，公共组织环境具有不同的特点：广泛性和复杂性、动态性和相对稳定性、时空性和差异性、影响的相互性和多样性等。

公共组织与环境之间的关系是复杂多样的，已有大量的相关理论来研究和分析公共组织的环境。公共组织与环境之间的作用是相互的，环境对公共组织的影响可以分为一般环境的影响和具体环境的影响；公共组织对环境的影响可以分解为对自然环境以及社会环境的影响。

公共组织总是存在和运作于一定的环境之中的，为了保证公共组织更好地发挥自身功能，需要不断地对环境进行改善，通过多种渠道创造良好的公共组织环境。

关键术语

公共组织环境　　内部环境　　外部环境　　一般社会环境　　具体工作环境　　自然环境　　社会环境

复习思考题

1. 什么是公共组织环境？
2. 公共组织环境可以按照怎样的标准划分为哪些类型？
3. 公共组织环境有哪些特征？
4. 环境与公共组织的相互影响主要体现在哪些方面？
5. 如何创造良好的公共组织环境？
6. 简述公共组织环境和私人组织环境的差异。

案例分析

安图县委、县政府的创新之举：建立群众诉求服务平台

2010年，吉林省安图县发生了“7·28”特大洪灾，一时间各类上访案件集中爆发，各种矛盾也不断增加，依靠一般性行政接访和司法手段已经难以有效化解。为了应对“老办法不管用，新办法不够用，党委、政府部门感到棘手，诉求百姓觉得委屈”等状况，安图县委、县政府认识到必须要从社会实际情况和问题出发寻求发展创新，从激发社会活力入手，构建群众诉求服务平台。该平台的建立有效应对了政府治理环境变化下的各种挑战，形成了社会矛盾共治新格局。

应当说，群众诉求服务平台的建立是在主观和客观共同需求下建立的。主观上，安图县委、县政府逐渐认识到确立人民群众的主体地位、扩大公众参与的重要性，力争真正倾听群众的诉求和心声，帮助群众化解矛盾，维护公民的合法权益。客观上，安图县也确实需要建立一个多元化、多层次、就地及时反映、协调群众利益诉求和依靠群众就地化解矛盾的渠道与平台。

在这种条件和背景下，以安图县委、县政府为主体，建立起了群众诉求服务平台，

应对群众诉求，提供相关服务。诉求中心运行组织架构及模式可概述为“四位一体、三个平台、一个频道的全流程、全覆盖的诉求服务网络”。

“四位一体”是指行政接访、法律援助、民事民议以及纪检督察部门与诉求中心的协调联动。“三个平台”是指评理平台、说事平台、建言平台。“一个频道”指安图民声频道，对曝光的群众诉求案件进行跟踪报道和全面点评，形成一个全景式、全覆盖、全程跟踪录播的电视媒体监督网络。

群众诉求服务平台的建立和运作取得了良好的效果，主要体现在以下几个方面：(1) 能够及时反映人民群众的诉求，畅通了民意表达渠道，既有效解决了问题，又保证了人民群众的主体地位。(2) 使社会治理工作能够低成本、高效率运行。群众诉求服务平台实现了信访分流，所以上访案件解决效率明显提高而成本却降低，很大程度上提高了行政效能。(3) 矛盾预防关口前移，化解矛盾从被动状态转向主动，对问题的处理也从单纯地处理个案转向更加关注公共问题。(4) 实现了群众的广泛参与，真正体现了民主、自由和平等的原则，推进了基层民主。(5) 不仅提高了政府的办事能力和效率，还促使其更加廉洁公正，这也有利于培养广大群众的法治、道德、诚信等观念，促进形成良好的社会风气。

总体来说，群众诉求服务平台是政府根据各方环境和形势寻求发展新途径的一次成功探索，它为全国许多类似的地区的发展提供了经验和指导，具有很大的推广性。

(资料来源：吉林省安图县委县政府：群众诉求服务平台创新．(2014-03-21)．http://theory.rmlt.com.cn/2014/0321/248036.shtml.)

案例思考题

1. 安图县委、县政府对群众诉求服务平台的创新是如何体现环境对公共组织发展影响的？

2. 结合案例和个人的学习体会，你认为在加强和完善公共组织环境时应当注意哪些问题？

本章参考书目

[1] 吉瑞赛特．公共组织管理：理论和实践的演进．李丹，译．上海：上海译文出版社，2013.

[2] 叶先宝．公共组织行为学．北京：清华大学出版社，2014.

[3] 李传军．公共组织学．3版．北京：中国人民大学出版社，2015.

[4] 张建东，路江兵．公共组织学．2版．北京：高等教育出版社，2010.

[5] 尹钢，梁丽芝．行政组织学．北京：北京大学出版社，2005.

[6] 倪星，曾莉．行政组织学．北京：北京师范大学出版社，2011.

[7] 唐兴霖．公共行政组织原理：体系与范围．广州：中山大学出版社，2002.

第4章

公共组织的结构

任何组织都有一定的结构，合理的组织结构是组织存在和发展的前提。公共组织结构是公共组织内部的基本架构，承载着组织各要素之间的稳定联系，是公共组织存在和发展的基础。公共组织结构的合理性直接关系到公共组织是否能够顺利运作、提高组织的绩效最终实现组织的目标。在当今复杂多变的社会之中，公共组织更加需要根据环境的发展变化设计选择合适的组织结构，以保证组织工作的正常开展，从而更好地发挥自身功能。

重点问题

- 公共组织结构的概念、特点和功能
- 公共组织结构的类型
- 公共组织的横向、纵向结构
- 公共组织结构设计的内容、原则和影响因素
- 公共组织与私人组织的结构比较
- 我国当代公共组织的结构体制模式
- 我国中央和地方之间的关系
- 公共组织结构的优化及未来模式选择

引导案例

江苏省区县区划调整不断推进

2016年7月初，江苏省人民政府办公厅发布了《省政府关于调整淮安市部分行政区划的通知》，提出经国务院批准，对淮安市行政区划做出调整，将淮安市的清河区、清浦

区合并为清江浦区。同时，撤销洪泽县，设立淮安市洪泽区，仍以原洪泽县的行政区域为洪泽区的行政区域。

近年来，像淮安市这样的撤县改区调整已不是第一例。以江苏省为例，据统计，自2009年以来，江苏范围内的撤县改区有10例，撤并区8例，更名1例。区县一级的行政区划调整正逐渐铺展开来。

撤县改区主要集中在大城市近郊县。改为市辖区后，地区可以更好地接受大城市核心区的辐射，提升自身的发展水平，也拓宽了大城市的发展空间。

据统计，1997年至2004年间，江苏省许多县完成了改区的工作。2005年到2008年有过短暂的停歇。2009年，随着将南通市县级市通州改为通州区，江苏省的撤县改市、区划合并整合工作又掀起了新一轮浪潮。

与撤县改区一样，撤县并市也是城市化推进的一种方式。有新闻记者注意到，江苏上一次的撤县并市调整是在1996年8月，撤销了盐城市大丰县，在原辖区区域内设立了大丰市。但是，据公开报道，1997年国务院叫停了撤县设市政策，因为当时很多地方盲目追求“县改市”，造成县级市市区农村人口比例过大、城郊比例失调等问题。直到2013年2月，吉林省扶余县撤县并市获得了国务院的批复，才标志着中国撤县并市政策正式解冻。

虽然政策解冻，但是具体行动的推进还是非常谨慎的。2015年以来，全国撤县设市的数量只有小幅的上升，与之相对的却是有撤县设市需求的县不断增多，申报和等待审批的县排起了长长的队。

相比之下，撤县改区并不能完全满足新的发展要求。民政部区划地名研究所原副所长浦善新在此前接受采访时表示，撤县改区是地级市做大城区人口和经济总量，扩张主城区的迫切要求，不少县实际上并不情愿。从法律上来讲，县和市辖区都是一级政府，但二者权力不同，市辖区基本是半政府性质，很多权力都收到了地级市政府手中。所以相比撤县改区，很多地方更倾向于撤县设市。

国家行政学院经济学部教授冯俏彬在接受《南方都市报》采访时说，中国的很多大县、强县其实早已经是事实上的城市了，只是需要在行政身份上明确它是城市，这也是行政建制上的一个很大的难题。

撤县设市开展火热的同时，也还存在不少的问题，比如一些县在很多方面其实还不具备设市的条件，领导的管理观念、地区的产业发展、市民的城市意识等都没有完全达到市的发展水平。所以对新一轮的撤县设市必须客观全面分析发展状况，谨慎理智应对。

（资料来源：江苏区县区划调整频密：8年十地撤县改区，低调推进撤县设市.（2016-07-23）. https://www.thepaper.cn/newsDetail_forward_1502564.）

案例思考题

江苏省区县的行政区划调整对政府结构会造成哪些影响？这反映出政府结构改革的什么趋势和特点？

4.1 公共组织结构概述

4.1.1 公共组织结构的概念及内涵

1. 公共组织结构的概念

结构，最初源于生物学和建筑学，是指组成整体的各部分的搭配和安排，具体表现为在一个系统之中各构成要素的排列和组合形式。结构的差异常会造成功能的不同。最典型的一个体现就是自然科学中的同素异构现象。石墨和金刚石都是由碳原子构成的，但是由于二者的碳原子组合排列方式不同，即物质的内容相同但结构不同，最终形成的是两种功能和特性不同的产物。

组织结构是表明组织中各部分的排列顺序、空间位置、聚散状态、联系方式以及各要素之间相互关系的一种框架，它的主要功能是对组织中的工作任务进行分工协作，以帮助组织实现战略目标。

公共组织结构是指公共组织的构成要素及其组合方式，即包含构成要素和组合方式两方面的内容，这也体现了公共组织内部各部分和要素之间的一种相互关系。

2. 公共组织结构的形式

公共组织的构成要素可以划分为物质要素和精神要素。物质要素包括组织的人员、设施、经费、资源等，精神要素则由组织的目标、权责、人际关系、组织文化等内容构成。在物质要素之中最基本和最重要的是组织成员，即组织中的人，其他的要素比如资源、经费、设施设备等均是为人服务的。精神要素中，最基本的要素有两个：目标和权责关系。权责关系是一种特定的人际关系。因此概括来讲，公共组织的构成要素有三种，分别是人、目标和特定的人际关系。

公共组织结构的基本要素是职位，把人、目标、权责这三者进行结合就形成了职位。公共组织的总体框架都是由组织中的各个职位排列组合产生的。这种框架在公共行政组织中体现尤为明显。从职位开始，多个职位形成一个工作单位，多个工作单位形成一个工作部门，多个工作部门构成一级政府，最后多级政府形成一个国家的行政系统。因此职位可以组合形成一个单位、部门、政府组织和整个国家行政系统。

在第一层次中，公共组织的基本要素——职位将组织内部的人排列组合，形成一个工作单位。经过排列的组织成员在公共组织中有着体现其工作目标、责任、权力的特定地位和角色。此时职位不仅包含了该组织成员的工作目标、责任和权力等，还包括了他在工作单位中的地位、与他人的关系等。这一过程中排列组合形式主要考虑的是构成单位的各个职位之间的工作性质、方式、程序等是否相互关联，以便于单位目标的实现和工作效率的提高。

在第二层次中，各工作单位根据单位的目标、责任、权力以及分工关系等排列组合，形成一个工作部门。与第一层次中排列组合的考量类似，该过程中考虑的主要是每个工作单位的工作性质、方式、程序等是否相互关联，从而便于工作部门目标的实现和工作效率的提高。

在第三层次中，各个工作部门根据部门的目标、责任、权力、分工关系等组合形成一级的政府组织。这一过程中的组合考虑的主要是部门的目标能否与社会需求一致，社会对该级政府组织的要求能否从构成政府组织的各个部门中得到满足。

在第四层次中，各级政府依据其目标、责任、权力以及分工关系等排列组合，最终形成一个国家的行政组织系统。在这一过程中，如果不同国家政府的纵向权力分工体制不同，产生的各级政府的目标、权力、责任的排列组合方式也不同。

公共行政组织的结构就是由这四个层次的要素经过一定方式的排列组合形成的。这四个层次是相互联系、相互依存的，但它们之间也有着非常严密的逻辑顺序，不可随意变换和更改。

4.1.2　公共组织结构的特点

公共组织结构与其他类型组织的结构相比，具有以下特点：

1. 层次性

层次是说一个系统在结构方面的等级秩序。在组织结构研究中，层次一般是指组织系统划分的管理层次。公共组织在管理中采取的基本都是层级控制体制，自上而下划分为若干层级，上级领导和管理下级，下级对上级负责，各个层级的工作、权力、责任等各不相同。公共组织结构的层次性能够方便组织上下级之间的衔接，确保统一指挥和统一行动，有利于组织内部的整体一致和工作效率的提高。但是近年来也有学者对组织内实行严格的层级制是否真正有利于组织效率提高等问题提出了质疑，这既引起了人们对公共组织严格分明层级结构的思考，也为公共组织的结构改革提供了契机和启示。

2. 复杂性和体系性

公共组织是由各种各样的要素构成的，对这些要素的不同组合会形成不同的结构模式，这些结构模式包括横向、纵向、网状等，因此公共组织的结构十分多样复杂，且组织的规模越大，这种复杂程度就越高。公共组织的结构虽然复杂，却并不是杂乱无章的，许多公共组织特别是公共行政组织的结构多呈一种金字塔形状，组织中的权责分配体系纵横交织、具有很强的隶属和制约关系，因此公共组织结构也具有很强的体系性。

3. 规范性

公共组织不同于其他组织，它具有很强的规范性和严密性，它的结构不是自发形成的，而是公共管理者根据国家法律法规的要求，在科学理论的指导下，有目的地设计和安排的。从这个角度来讲，公共组织的规范性同其稳定性是相辅相成的。组织的结构是由构成组织的各种要素按照一定的原则和要求排列组合而成的，因此拥有不同目标和职能的公共组织，其组织结构的安排也有所不同。公共组织结构的规范性最直接表现为组织中各项工作都有一定的标准和规定，这样可以尽可能地减少不确定性因素，促进组织内部协调，提高组织的工作效率。

4. **稳定性**

公共组织结构的稳定性是指公共组织的结构在一定时期内会保持某种状态相对不变。公共组织代表人民和社会来行使公共权力，稳定性是公共权力发挥作用的基础，也是公共组织结构的核心。稳定性强调通过职位、权责的非人格化和规范化，建立稳定的组织关系模式，来实现组织的持久稳定。没有稳定的组织结构，公共组织就不能条理有序地运行，组织目标也难以有效实现。此外，公共组织结构具有稳定性的另一个原因是，相比于非公共组织而言，公共组织结构一般不会随意改变，即使要改变也需要向上级申请，得到批准后经法定程序才能变更，这也在客观上使公共组织的结构在一定时期内不会出现很大的变动。

5. **开放性**

公共组织管理和服务的对象是全社会公众和关乎整个社会的公共事务，因此公共组织需要不断和外界进行信息、物质、能量的交换，促使组织的结构、功能等能够根据外界变化灵活调整，更好地适应社会发展要求。公共组织结构的开放性是组织存在和发展的基础，也是组织适应环境的前提。

4.1.3 公共组织结构的功能

在前文中我们讲到过结构决定着功能，不同的结构形式下事物的功能会有不同。但与此同时，我们也要意识到功能对结构具有反作用，事物功能的变化往往会带动其结构发生变化。因此，研究公共组织结构的功能，对于改进和优化公共组织结构，推动组织实现目标、提高工作效能具有重要意义。

从一般层面上来讲，公共组织结构的功能主要体现为以下几个方面：

（1）整合功能。

组织是人们为了实现特定目标而建立的有机整体。组织的形成并不是把其各种构成要素进行简单的罗列和叠加，而是通过组织的结构将各种要素按照一定的标准和原则进行合理的配置安排，使组织得到有效整合。好的组织结构具有很强的整合功能，它能使公共组织小至一个职位、大到整个系统设置科学合理，形成一个上下呼应、左右协调的组织网络。通过组织结构的整合，组织中的各种要素成为一个相互依存、相互作用、相互制约又相互协调的有机整体，达到“1＋1＞2”的效果。

（2）沟通功能。

信息是公共组织决策的基础，是实现公共组织功能的重要依据。通过沟通，可以使组织中不同层级成员的思想、情感等联系起来，增进理解配合，形成和谐一致的组织氛围和共同意识。一个良好的组织结构，可以使组织中的沟通渠道畅通无阻，保证组织活动的顺利进行。

（3）效率功能。

合理的组织结构能够促进组织工作的完成和目标的实现。一个有效的公共组织结构会对组织中每个成员的工作任务、分工、职责、权力等进行明确的规定，使组织分工合理、权责明确，也能在一定程度上调动组织成员的积极性和竞争意识，便于组织工作的开展和效率的提高。因此，良好的公共组织结构可以帮助组织更加高效合理地利用其发展资源，以最小投入获得最大效益，提高组织效率。

（4）激励功能。

组织结构规定了组织成员的分工、职责和权限等内容，使成员能够明确自身的工作任务，以此确立工作方向和目标，并不断为之努力。同时，合理的组织结构也能够在分工协作时做到合理安排，因事择人，各尽其用，帮助组织更好地发展前进。

案例

地方部门体制改革，不只是机构增减，更是职能调整

2008年2月21日到25日，《人民日报》推出“地方部门体制改革系列调查”，分别介绍了四川成都市、湖北随州市、浙江富阳市政府部门探索转变职能、理顺关系、优化结构、提高效能的做法，受到了很多读者的关注。就如何看待地方具体生动的实践、改革的要点与难点的把握等问题，《人民日报》采访了南开大学周恩来政府管理学院“大部门制改革研究”课题组专家——南开大学周恩来政府管理学院教授朱光磊、南开大学周恩来政府管理学院博士贾义猛。

职能整合是部门有机统一的基础

当前，行政管理体制和机构改革不断深化，其中部门整合最为引人注目。有人认为，部门整合就是合并和减少机构。对于这一看法，朱光磊教授认为，调整现有政府机构，不仅要减少与合并重叠设置的部门，建立若干规模相对较大的部门，而且要力求实现机构职能的有机整合与统一。

朱教授指出，针对机构重叠、职责交叉等一系列问题，适当减少重叠设置的机构非常必要。但是，部门统一的基础应该是职能整合，而不是片面追求“大而全”，将不同性质的职能机械地合并以组建“大”部门是绝对不可取的。我们需要根据有机统一原则整合相关职能，进而设置相应的统一部门。同时，也要同等重视新成立的部门内部的职能、权责、机构与编制的科学、合理配置，从而使部门不是简单地从表象和规模上表现为“大”，而应相应建立合理的部门内的权责配置和组织结构以保证职能有机统一行使。

有效授权与严格问责是“两翼”

有人认为，职能调整会造成部门权力的集中，对此必须保持好权力和责任之间的平衡。

贾义猛博士说，部门体制改革需要调整并统一性质相近的政府职能，进而重组或新建相应的部门来履行这些职能，所以，部门权限的调整和扩充也不可避免。“权力越大，责任也就越大”，在部门的权限调整与扩充的同时，部门的责任也要相应提高。真正的部门体制改革，不仅要尽可能实现职能、权限的完整与统一，更要求职权与责任的充分对应。

部门的有效授权体制与严格的问责制度是现代部门体制的“两翼”。这样筹划部门体制改革，才会避免形成传统的“部门专权”和“有权无责”的权责乖离弊端，也才能避免出现“部上之部”的“超级部门”，从而使部门整合成为革新行政的“体制创新”之

举，而非简单的机构数量调整。所以，围绕部门体制改革，应该是“体制创新”，而不是传统意义上的“机构改革”。

突破政府间“上下一般粗”格局

在采访中，记者还问到了关于部门体制改革中的“自上而下”和“自下而上”问题。朱教授说，政出多门、机构重叠、权责脱节等弊端，在各级政府的横向组成部门之间都不同程度地存在，而且往往是越往基层，问题表现得越突出和明显。因此，深化行政管理体制和机构改革作为一项兴利除弊的改革举措，不能只局限于“上”或“下”，各级地方政府，包括事业单位，也应适时探索和推动，并从立足于根本解决政府间关系的“困点”问题——纵向政府间关系的调整与优化，将部门体制改革作为推动横向与纵向政府间关系重构的一个体制创新环节。

兼顾部门间和部门内治理结构同时优化

贾义猛博士还提到，除了部门之间的调整，部门内部也应该建立合理的职责体系与职位配置。兼顾“部门间”和“部门内”治理结构的同时优化，也是实施部门体制改革的重要内容。优化内部行政层级，减少领导职位特别是过多的副职数量，适当增补专业公务人员数量，这是部门内部改革的关键。在各级各类机构的副职设置上，我们建议积极推动从“分管型副职”的传统模式向“辅助型副职”模式过渡。

另外，在外部，还需修改和完善各级政府组织法，真正在法治原则下促进政府职责和组织机构的合理配置。通过完善政府组织立法，确保政府机构和职位编制的设置有法可依，避免随意增减机构与职位数量；同时，要通过“依法行政”来强化政府部门和公务人员的问责机制。

在改革中，需要中央统一部署，也应鼓励各级地方政府积极探索和创新，优化调整纵向政府间关系，突破纵向政府间“职责同构”“上下一般粗”的格局，为构建更为合理的新型纵向政府间关系创造条件。

部门整合不能片面“单兵推进”

当前，我国正在不断推进行政管理体制和机构改革的大背景之下。应当说，部门体制改革是深化行政管理体制和机构改革的重要内容和创新环节，但并不是改革的全部。部门体制改革的有效实行，本身就要涉及行政管理体制的方方面面。所以，成功的部门体制改革不仅需要部门间协调机制的同步完善与优化，也需要行政管理体制乃至政治体制的更多方面的配套设计和协调展开。这样的改革，应该是在总揽行政管理体制乃至政治体制改革的整体布局下进行的。如果就事论事硬造“大”部门，片面地“单兵推进”，就依然有重新陷入以往机构改革“精简—膨胀—精简”怪圈的可能。

同时，在以“转变职能、理顺关系、优化结构、提高效能”四个方面为着力点的行政管理体制改革的总体布局之中，部门体制改革毕竟也主要体现为“优化结构”这一方面改革的一个组成部分，显然不能完全涵盖和涉及行政管理体制改革的全部。

（资料来源：地方部门体制改革，不只是机构增减，更是职能整合．人民日报，2008-02-26（10）.）

案例思考题

1. 地方部门体制改革体现出我国公共组织结构怎样的功能和特点？
2. 如何进一步改革和完善我国政府部门的机构设置和职能配置，以优化政府结构？

4.2　公共组织结构的类型和层次

组织结构是组织存在的形式，涉及组织中的各个构成部分以及组织成员的工作分工、职能划分等问题，决定着组织整体、部分和人员之间复杂的权责关系和具体的工作方法。在组织理论的发展中，一些理论学派无论是传统理论、行为理论还是系统理论等都对组织的结构有着颇多的关注和研究，也提出了一些典型的公共组织结构类型。

4.2.1　公共组织结构的类型

1. 公共组织结构的一般类型

根据组织中权力和职能的分配方式，可以将公共组织的结构分为直线式结构、职能式结构、直线职能式结构、直线参谋式结构、事业部式结构、矩阵式结构等类型。

（1）直线式结构。

直线式结构中，组织的权力由高层向基层单向流动，组织中的职位、职权和职责也是从高层到基层垂直分布，其中的各个机构和人员分别沿垂直直线属于不同的层级。直线式结构是一种最简单的组织结构形式，组织中不同层级间的机构和人员都只有一个直接上司，上下级之间是一种“命令-执行”和“指挥-服从”关系，但是同一级的机构和成员之间没有任何领导关系。组织的职位按照垂直系统直线排列，各级主管对自己的下级拥有直接的指挥权，职权和命令自上至下纵向贯穿于组织之中。例如我国公共行政组织中的国务院、省级政府、县（市）政府和乡（镇）政府的结构形式就是直线式（见图 4－1）。

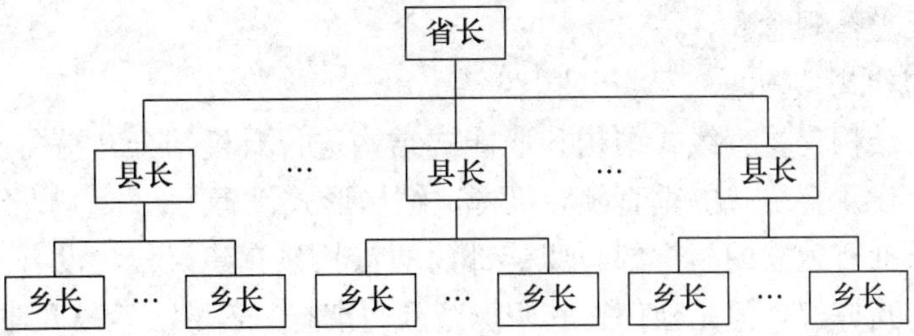

图 4－1　直线式结构

直线式结构的优点是：单一领导，关系清晰，结构简单，上下级之间的权责明确；政令统一，决策迅速，行动高效。组织中的成员明确自身的权限和职责，有利于组织效率的提高和指挥控制的有效。

但是，直线式结构同样也存在一些问题。第一，单一领导容易造成权力的过分集中，不利于组织民主的发挥。第二，信息命令只在上下级之间传递，同级之间缺乏沟通，容易造成信息缺失和沟通不畅，不利于组织中的相互配合和协作，影响组织效率的提高。第三，对于组织中的领导来说，缺乏专业化的分工管理，下级一切问题都要向上级请示汇报，会导致上级人员工作繁重，常陷于日常事务，不能集中精力思考研究重大问题。这种结构对组织领导的综合素质要求也很高，由于组织领导的专业、工作经历、个人能力等方面的局限性，很难保证领导、决策和指挥不出现失误，所以常会因首长能力不足而显出很大的局限性。第四，随着组织的发展，缺乏专业化分工的结构也会阻碍组织规模的进一步扩大，因此直线式结构使用范围有限，一般只适用于规模较小、活动比较简单的公共组织。

（2）职能式结构。

职能式结构是在上级组织的领导下，按照专业化分工设置若干个职能部门，采用职能分工的专业化管理来代替直线式全能管理的一种组织结构。在这种结构中，各个职能部门接受上级的领导指挥，对上级负责，并在自身职能范围内对下级有指挥、协调、监督的权力。职能式结构如图 4－2 所示。

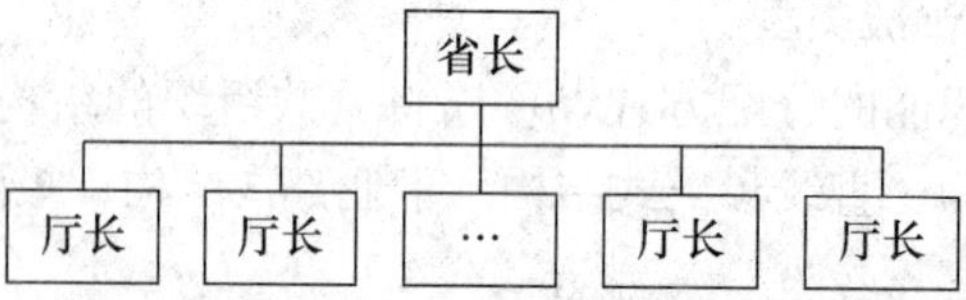

图 4－2　职能式结构

相比较直线式结构而言，职能式结构在职能分工和专业化管理上具有明显的优势，可以充分发挥组织中人员的专业特长，提高组织工作成效，也能有效提高组织成员工作的积极性和创造性。同时，职能式结构可以减轻上级领导的工作负担，使领导能够拿出更多的精力投入组织的重大问题研究之中。

但是，这种组织结构也存在难以避免的缺陷。它导致下级的机构和人员受多个上级的指挥，容易产生多重领导、工作推诿扯皮等问题，造成管理上的混乱。同时，该结构下各职能部门都倾向于从各自的部门利益出发，同级之间各自为政，不能很好地协调配合，使组织缺乏整体观念。

（3）直线职能式结构。

直线职能式结构是将直线式结构和职能式结构进行有机结合，横向上划分职能部门的同时，纵向上设置直线式的垂直领导机构，结构形式设置见图 4－3。在直线职能式结构中，各级首长拥有独立的指挥权，职能部门的首长只有建议权，没有决策权，也没有对下级的命令和指挥权，但是他们在其职能范围内享有一定的决策权和监督权。

直线职能式结构综合了直线式和职能式两种结构，与此同时也将二者的优点结合了起来。它既具备直线式结构统一指挥、职责清晰、行动高效的特点，又将职能式结构分工专业化的优势充分展现了出来。但是，由于这种结构在各方面的关系比较复杂，容易产生机构之间职责不清的问题，造成部门间的矛盾冲突，因此在采取这种结构形式时需要对组织中各个部门之间的关系进行有效控制和协调。

（4）直线参谋式结构。

直线参谋式结构也是在结合了直线式与职能式两种组织结构形式基础上建立起来的。它以直线式结构为主线，在组织的最高领导下设立职能部门，同时以参谋制作为补充（见图 4－4）。在直线式结构中，组织的最高首长掌握了几乎全部的权力，但是随着组织的发展扩大，组织的关系会日趋复杂，对首长综合素质的要求也不断升高，为弥补最高领导的不足，需要在组织中设置参谋机构对领导工作提供建议，进行辅助。

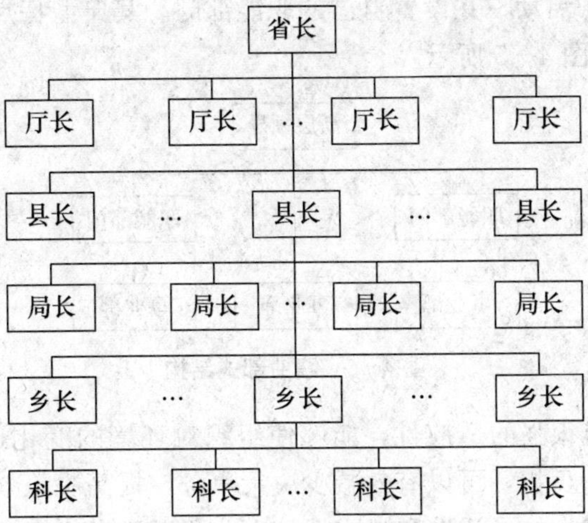

图4-3 直线职能式结构

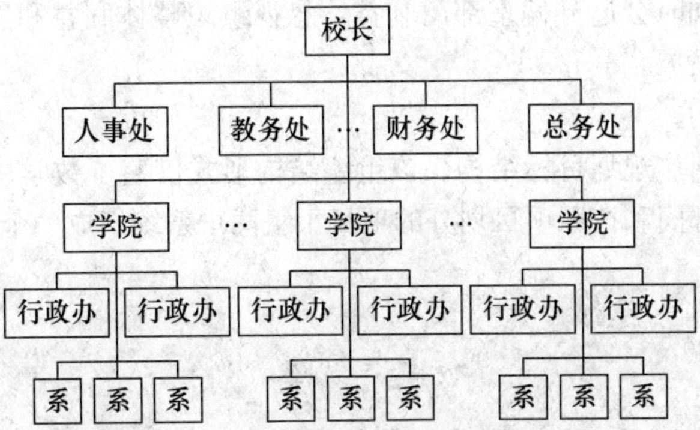

图4-4 直线参谋式结构

参谋系统直接为直线领导服务，通过其专业化的知识和卓越的能力出谋划策。在垂直的直线部门中，领导拥有独立的指挥权和决策权，参谋机构只是向最高领导提供参谋或咨询意见，没有决策权，在无上级领导的授权下也不能直接向下级发布命令。他们的意见、建议等只有被领导接受后才能发挥作用，因此具有一定的间接性。当前我国的政府组织中出现的越来越多的智囊团、政府顾问等都是典型的政府参谋机构。这一类机构的产生，体现出公共组织对其行为决策正确性、科学性的不断关注，也体现出公共组织决策中社会意识的增多。

在直线参谋式结构中，参谋机构可以为决策起到一定的辅助作用，但是也容易出现参谋机构不作为被忽视或是过度作为导致越权的现象。作用过大，容易将其意图强加给主管者，妨碍直线管理者正确决策；但是如果无足轻重，也会使直线管理者独断专行，导致其决策的正确性和合理性受到质疑。

（5）事业部式结构。

事业部式结构是美国企业管理专家斯隆在20世纪20年代初提出的。它是一种分权式的组织结构形式，它将组织划分为若干个事业部，每个事业部都拥有较大的权力，组织的领导只保留人事管理、财务管理、组织监督等方面的权力。每个事业部由各自部长负责，进行独立的业务活动，并设置自己的职能部门。其典型特点是“集中决策、分散管理”，其结构形式如图 4－5 所示。

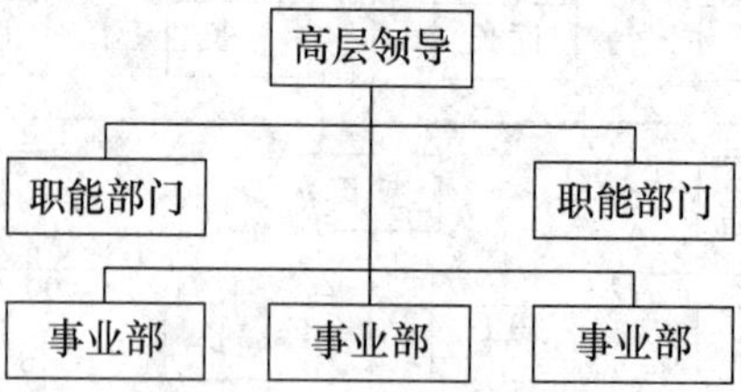

图 4－5　事业部式结构

事业部式结构拥有很强的适应性，能够使组织对环境的变化迅速做出回应。同时，它降低了决策层的管理负担，可以有效减少决策事务，提高决策效率。此外，这种组织结构下的事业部具有很大的灵活性和自主性，由此可以激发组织成员工作积极性和创造性。但是事业部式结构中很多机构设置存在重复，会造成人员和资源的浪费；各个事业部在拥有自主性的同时会过分偏重部门利益，忽视组织整体利益和发展的长期利益，影响组织的健康长久发展。

（6）矩阵式结构。

矩阵式结构又叫作规划目标结构。该组织结构形式借鉴了数学中矩阵的思想，把按照职能划分的职能部门和按照项目划分的项目小组两个系统组成一个矩阵。

知识库

矩　阵

矩阵是一个数学术语，是由 19 世纪英国数学家凯利首先提出的，它是高等代数中的常用工具，经常见于统计分析等应用数学学科中。矩阵是一个按照长方阵列排列的复数或实数集合，通常由多行（一行）多列或多列（一列）多行数字组成，例如一个由 $m \times n$ 个数排列成的 m 行 n 列的数表称为 m 行 n 列的矩阵，简称 $m \times n$ 矩阵，形式如下：

$$A=\begin{bmatrix} a_{11} & a_{12} & \cdots & a_{1n} \\ a_{21} & a_{22} & \cdots & a_{2n} \\ a_{31} & a_{32} & \cdots & a_{3n} \\ \vdots & \vdots & & \vdots \\ a_{m1} & a_{m2} & \cdots & a_{mn} \end{bmatrix}$$

在组织结构矩阵中，横向上是不同的职能部门，纵向上是按工作内容、生产产品等划分的项目小组，每个小组都有特定的工作内容和工作任务，小组往往是由被临时调配的成员组建起来的，当项目工程完成以后，这些小组便被解散，因此具有显著的临时性特征。小组中的成员既要受职能部门的管理，也要受到项目负责人的领导，其结构如图

4－6所示。

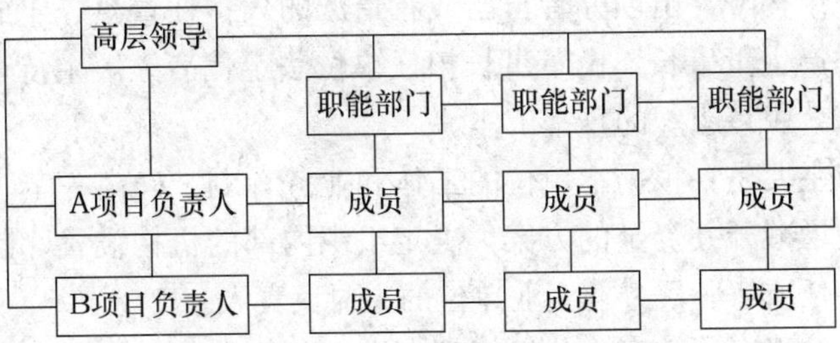

图4－6 矩阵式结构

矩阵式结构可以充分发挥职能部门的专业化优势，加强部门之间的协作配合。项目小组是根据工作需要进行组建的，具有很好的灵活性和针对性，有利于精简机构，提高工作效率，保证组织更好地完成任务。但是，由于小组的成员同时受到职能部门和项目小组负责人的领导指挥，如果两方领导意见不一，会导致工作人员左右为难，组织工作难以正常开展，工作责任也会产生混乱。同时，对于组织成员来说，由于很多项目小组是临时性的，变动较大，关系也比较复杂，组织内的人心稳定是需要关注的重要问题之一。

2. 公共组织结构的新类型

（1）委员会制组织结构。

委员会制组织结构诞生时间较早，但是得到广泛运用是在20世纪之后。随着人类社会的进步和组织研究的发展，委员会制还出现了一些新的形式，比如董事会、理事会、基金会等。在此我们把原始的委员会制结构与在此基础上发展产生的新结构形式一起归为新的组织结构类型进行研究。

1）原始委员会制组织结构。

在公共组织中，委员会是一种由两个或两个以上的人组成的行使组织最高决策权的集体。它可以存在于公共组织中的各管理层，对组织不同层次的问题进行管理和决策。委员会的形式和类型可以根据管理的需要而不同，直线式、参谋式、决策式、执行式等多种形式皆可。我们国家的人民代表大会和人民政协采取的都是委员会制的组织结构形式。

作为一种应用比较普遍的组织结构形式，委员会制具有很多显著的优势。第一，它可以在组织决策中集思广益，发挥集体智慧的力量，做出正确的决策。第二，委员会由多方代表组成，能够有效代表各方利益，协调各方，加强部门之间的合作沟通。第三，可以防止权力过度集中，避免组织领导独断专行以及由此导致的决策失误。第四，可以激励和动员广大成员关心参与组织发展建设，调动组织成员的积极性，增强组织的凝聚力。

但是，委员会制组织结构也存在一些不足。首先，集体决策往往比个人决策耗费的时间、精力、资金等多，导致决策成本高但组织管理效率低下。其次，由于委员会制结构是集体决策、集体负责，因此可能造成权责不清、关系不明、责任推诿等问题出现。最后，即便是体现了民主和共同智慧的集体决策，也会产生众多问题。例如组织讨论中的久议不决、压力效应等情况。

2）董事会式组织结构。

董事会式组织结构下，由创办者自己或者指派的人担任董事、组成董事会，各董事按照出资多少选举产生董事长，由董事长担任单位法定代表人，主持董事会工作；董事会聘任组织负责人，主持组织的日常工作。

董事会的职权主要是：根据本单位的工作和业务计划，确定一定时期内的财务预算和决算方案，确定增减开办资金的方案，决定组织内部的机构设置、制定相关的规则章程和管理制度、聘任或解聘民办非企业单位的主要负责人。

当前，世界上的很多非政府公共组织都有设立董事会来负责组织中的工作和重大事项的决策等。美国的全国期货协会（National Futures Association，NFA）是一个于1976年组建的非营利性会员制组织，该组织中就设立了董事会，并且董事会由NFA会员在每年1月举行的年度选举中选举产生。

3）理事会式组织结构。

理事会，是指经选举或任命方式组建的咨询机构或是拥有一定权力的组织。理事会式的组织结构下，会员大会或者会员代表大会经过民主选举产生执行机构，代表全体会员为实现理事会的目标和宗旨开展工作。理事会选举产生理事长、副理事长、秘书长。当理事会的规模较大时，可以由理事会选举设立常务理事会，其中理事长主持理事会和常务理事会的工作，秘书长负责办事机构的日常工作。

理事会式组织结构在各类会员制的社会团体中较为常见，最有名的有联合国安全理事会、联合国人权理事会等。

4）基金会制组织结构。

基金会是一种以公益事业为目的，利用捐赠人或捐赠单位（由自然人、法人和其他相关组织构成）捐赠的财产，按照相关规定成立的非营利性法人。基金会制组织结构就是借鉴基金会的结构特点和运作方式等而形成的一种组织模式。基金会的理事、董事可以由发起的个人或单位聘任，也可以由理事会、董事会聘任，由理事长或董事长主持工作，进行民主决策，按照捐赠者的宗旨开展活动。

（2）团队式组织结构。

团队式组织结构是通过团队来协调和开展活动的一种组织结构模式。在这种结构模式下，组织为了完成某项任务，需要选择和调配拥有一定完成能力和素质的人组成一个团体，团体中所有的成员合作共同完成任务。

团队式组织结构较为弹性灵活，它打破了传统的部门界限，避免了由于专业分工造成的限制，给予团队成员一定的权力和自主性，有助于发掘员工的潜能，激发其工作积极性和创造力；同时该模式也促进了员工之间的信息沟通交流，增进相互理解配合，提高了团队意识和团队凝聚力。

当然，团队式组织结构也存在弊端。一般来说，团队对自身规模都有一定的限制，在一定的规模内团队可以很好地发挥自身的优势，但是当超过了适度的规模后就可能造成信息不畅、推诿怠工等问题。另外，团队的成功往往是多方面因素共同作用的结果，领导人的领导决策水平、团队成员的自律性、成员间沟通的顺畅有效程度等都会对其产生影响。

（3）虚拟式组织结构。

所谓虚拟式组织，是在契约关系的基础之上，将组织内部的一些业务承包给外部的部门或组织去做，依靠外部机构完成内部业务，而本组织只保留核心部门和员工的一种组织形式。它是随着时代发展、科技进步，为了更好地适应世界经济发展形势而产生的一种开放式的组织结构。

在这种结构模式下，虚拟组织不具有法人资格，也没有固定的组织层次和内部命令系统。当组织的管理人员认为别的组织在某些方面比自己好或者更有优势时，就可以把自己相关的业务出租给它们，充分利用他人的优势，规避自身的弱势，扬长避短，帮助自身组织目标的实现。

虚拟式组织结构存在和应用于规模较小但可以发挥主要职能的精干组织。这类组织拥有完整的职能，但是组织内部并没有执行这些职能的部门。组织只保留了最关键的功能，其他的都被虚拟化，通过与外界的合作、整合等方式实现。

虚拟式组织结构可以充分利用其他组织的优势资源发展提高自身，有利于整合资源、降低成本，实现发展效益最大化；资源互相利用互相整合也可以促进组织之间的沟通。同时，它也可以针对自身条件和外界情况灵活机动地应对和行动，因此具有很强的适应性。

（4）网络型组织结构。

网络型组织是一种利用现代技术手段适应和发展起来的新型组织结构。借助现代信息技术，网络型组织可以突破地理环境和外界因素的限制，因此它的涵盖范围很广，只需要一个核心部门来负责沟通协调与其他组织和部门的关系与活动，所以网络型组织具有较好的弹性和灵活性。

网络型组织结构的基础是现代信息技术和计算机网络，它的出现为公共管理和组织活动带来了新的发展活力。但与此同时，由于其运作模式和自身特点，网络型组织结构的出现也使公共组织中的信息更加透明，组织结构也趋于扁平化，由此导致组织中的层级形式逐渐弱化。

4.2.2　公共组织的纵向结构与横向结构

在公共组织中，为了提高管理水平和管理效率，一般要在组织内部进行垂直分工和水平分工。垂直分工指的是组织的管理层次和等级，即形成组织的纵向结构；水平分工指的是组织的管理幅度，即形成组织的横向结构。横纵向结构的交叉形成组织的整体结构。

1. 纵向结构

几乎所有的公共组织都是按照层级进行设计的，一般分为高、中、低三个层次，每个层次都有自己的权限范围，承担该层级上的相应责任。高层是组织中的最高决策层，负责组织的总体目标、全面规划、大政方针等宏观发展战略，在组织中起着决定性作用。中层是按照高层确定的方针政策，制订具体的活动计划，将宏观的目标制订为具体的方案，并传达给下级，因此具有承上启下的作用。低层主要是执行上级的命令，落实和完成具体的工作任务。虽然高、中、低层负责的工作内容和侧重点存在差异，但在工作的总目标总方向上应该都是一致的。

对于公共组织的纵向结构来说：层级越高，管辖范围越广，拥有的权力和承担的责任也越大，但是组织的数目越少；而层级越低，管辖范围就越窄，权力和责任也越小，组织的数目却越多。

公共组织实行纵向结构划分使得组织分层级管理，每个层级承担着各自的工作和职责，能够各司其职，提高工作效率和成员的工作积极性，也便于统一指挥和协调控制。同时，各层的领导需要负责全面工作，这有助于全面型公共管理人才的培养。但是，各层领导管辖事务过多而领导精力有限，增加了其工作负担，对领导综合素质要求也很高；纵向的结构划分还容易导致地方主义，不利于中央对地方的宏观控制，也不利于地区间的交流合作。

2. **横向结构**

公共组织的横向结构是在社会发展、公共组织管理事务不断增多且日益复杂、社会分工趋于明确细化的背景下产生的。为满足发展形势的需要，公共组织划分出不同的职能部门，增加自身管理的专业性和技术性。

公共组织的横向结构是依据职能等分工对组织进行结构划分，实现组织的部门化。横向分工涉及组织的管理幅度，即在一个组织结构中管理人员能直接管理控制的部门或人员数目。管理幅度的大小取决于管理者的水平、管理手段的先进程度、管理对象的复杂程度、工作性质、工作环境的稳定性、法律法规的健全程度等。

公共组织的横向结构可以通过以下几种方式划分：

（1）按照管理对象划分。这是指按照公共组织管理服务对象的不同进行的部门划分，常见于政府组织经济行业主管部门的设置，比如国家按照管理对象的不同将经济行业划分为农业农村部、工业和信息化部等部门。

（2）按照业务性质划分。这是指根据公共管理业务性质的不同进行分工，比如组织中设立财务部门、公关部门、人事部门等不同业务部门。

（3）按照管理程序划分。这是指按照管理过程程序的不同来设置公共组织部门，比如根据管理过程中的决策、执行、监督、反馈等环节，可以划分为决策部门、执行部门、监督部门、信息部门等，每个部门在组织管理工作中都各尽其能，不可或缺。

（4）按照地区划分。以我国行政组织的划分为例，我国划分为 34 个省级行政单位，省级下划分若干的市、县，县下又划分若干的乡、镇，在同一层级上不同地区划分的组织就属于平行地区的横向分工。

公共组织的横向结构使组织可以根据不同的职能进行分工管理，有利于提高组织工作人员的专业化水平，也有利于减轻管理领导的负担。但是也容易造成不同部门之间的分隔，影响部门的沟通交流，不利于组织的整体发展。

4.2.3 公共组织管理层次与管理幅度的关系

通常情况下，组织中的管理层次和管理幅度成反比。在某一特定的组织中，管理层次越多，每一层的管理幅度就越窄；反之，管理层次越少，每一层的管理幅度就越宽。

管理层次和管理幅度会直接影响公共组织的结构。当管理层次多而管理幅度窄的时候，公共组织呈尖型结构（见图4－7）；当管理层次少而管理幅度宽的时候，公共组织呈扁平型结构（见图4－8）。

图4－7 尖型结构

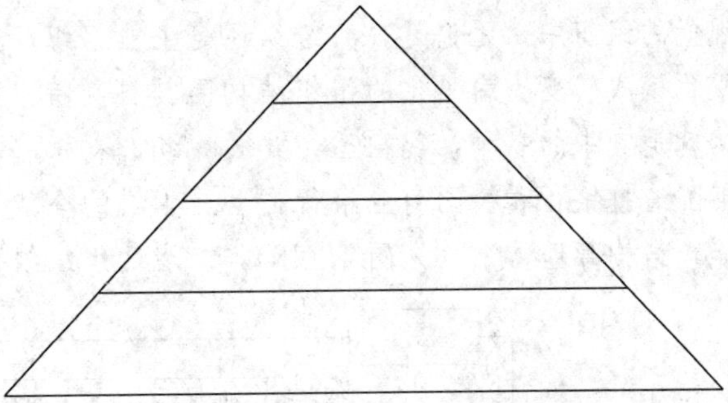

图4－8 扁平型结构

尖型结构是一种集权型的结构，它分工明确，事权集中，沟通的渠道较多，协调能力也比较强。但是，过多的层级一方面使组织中信息传递时间长，信息失真的可能性大；另一方面组织中需要的管理人员也较多，管理成本高。此外，由于管理层级多，上级对下级的控制过于严格，容易挫伤下级的主动性和创造性。

与之相对，扁平型结构是一种分权型结构，它的上级人员较少，信息畅通迅速，准确率较高；同时它的管理跨度较大，控制较松，能够给予下级一定的自由和空间，有利于密切上下级之间的关系。但是由于层级较少，控制较少，沟通渠道也不多，可能会导致组织中的控制缺乏或控制不力。信息沟通方面，垂直的信息较少，信息的权威性不足，上下级之间的协调也较差。

在现实的组织管理中，一个公共组织的机构可能并不是单纯的尖型或者扁平型，而是呈现出两者的综合特征，称为“综合型结构”，如图4－9所示。具体表现为：在公共组织某些较为重要的层级中，组织管理的幅度较小，表现为尖型结构的特征，反之则管理幅度较大，表现为扁平型结构的特征，整个组织的结构是将这两种结构形式进行了有机结合。这样的结合可以使公共组织充分吸取两种组织结构的优势，规避劣势，扬长避短，从而更好地适应组织工作的要求和外界环境的变化，推动组织的发展进步。

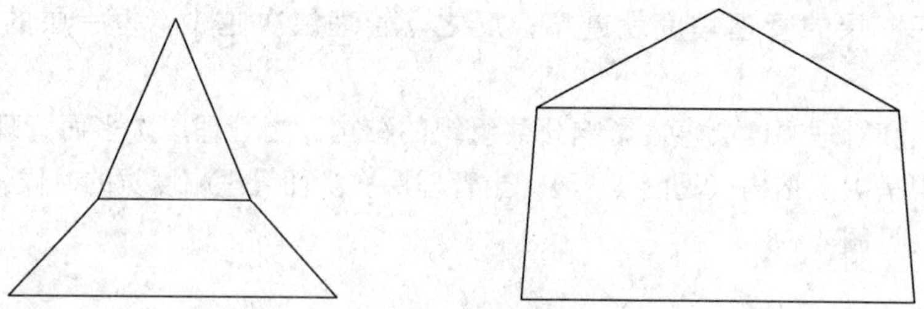

图 4-9 综合型结构

案例

国外商业银行的矩阵式管理结构

现代的组织中，无论是公共组织还是企业组织，其管理模式都在逐渐由金字塔模式向扁平化模式转变。扁平化的组织结构因其自身特点和优势越来越受到欢迎，矩阵式组织结构就是其中的一种，现在已经被很多组织采用。

英国渣打银行和德国商业银行是世界知名的全能商行，两家银行都实行了条块结合的矩阵式结构管理体系（见图 4-10），二者的组织结构在银行业非常具有代表性。

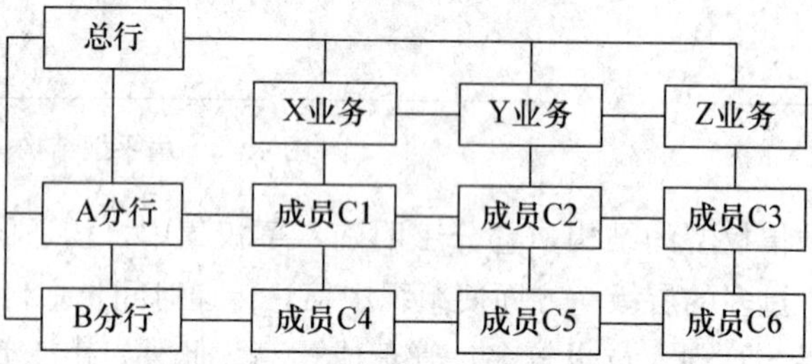

图 4-10 银行的矩阵式结构示意图

（一）英国渣打银行

英国渣打银行的总部在伦敦。银行的业务部门分为三部分，即对公业务、零售业务和资金业务，三种业务都设有管理总部。其中，对公业务总部设在新加坡，零售业务总部设在香港，资金业务总部设在伦敦。

在管理体系上，渣打总行通过三大业务的总部对各个分行实行分权化管理，每个分行实行独立核算，但接受三大业务总部的业务指导。这意味着三大业务的开展既要受到辖区内行长的领导，还要受到本专业上级职能部门的领导。

（二）德国商业银行

德国商业银行的组织结构由总行、大区分行和支行这三级管理体系构成。其业务也分为三部分：零售业务、公司业务和投资银行。总行设有这三大业务的运营管理部门，这些部门既有经营职能，也能够对分行进行相应业务的管理。德国商业银行矩阵式结构体现在：业务的开展既有纵向的专业线管理，也有横向的分行长管理。在管理体系上，总行权力高度集中，各项管理以总行为主，对各分行的三项业务实行垂直管理，分行负责对总行各项业务的营销，分行行长只负责开展分管业务，对总行的归口部门负责。

（资料来源：何小莉. 国有商业银行分支机构管理问题探讨. 商场现代化，2016（15）.）

案例思考题

英国渣打银行和德国商业银行的组织结构呈现出什么样的特点？这对我国的银行组织结构有哪些启发？

4.3　公共组织设计

4.3.1　公共组织设计的含义

组织的设计，即对组织结构的设计，是把组织的任务、责任、权力和利益进行有效组合和协调的活动，目的是形成合理的组织结构，实现组织的目标，保证组织的健康有序发展。

由于外界环境复杂多变，组织自身也处在发展变化之中，同一环境下的不同组织甚至是同一组织的不同发展时期，其组织结构都存在差异，因此组织设计不是静止的，而是一个动态活动过程。

公共组织的设计就是公共组织根据一定的理论和原则对组织结构和功能进行确定、规划和协调的过程。它通过对公共组织内各要素的合理配置，组织中不同机构和部门的职能协调，最终达到提高组织效率的目的。公共组织设计是公共管理的重要内容，对公共组织的产生和发展都具有不可忽视的作用。当前组织设计越来越得到公共组织的关注和重视，几乎所有的公共组织中都设有专门从事组织设计的机构，很多的公共组织设计也被以法律的形式固定下来供应用和规范。

公共组织设计的一般思路是：首先明确组织目标，确定组织的基本职能；然后将组织的职能进行分类，设置相应的机构和职务；最后将组织中的职位和各种职务相对应，按职位配备需要的人员，概括来讲即"定职能-定机构-定编制"。

4.3.2　公共组织设计的内容

1. 职能设计

职能设计就是根据公共组织的目标对组织的工作业务进行总体设计，确定其职能结构，并按组织的结构将其划分为不同管理层级、部门、岗位上的业务。

职能设计主要包括基本职能设计、关键职能设计和职能分解三部分内容。

基本职能设计是通过对国内外一些同类先进组织的设计进行学习，将其作为依据和参考，在此基础上对组织设计中的变量因素进行组合和调整，确定本组织的基本职能。关键职能设计是指根据组织的任务和发展战略，找出在组织的基本职能中发挥关键作用的职能，将其作为组织结构框架中的核心内容。从基本职能和关键职能出发进行组织职能设计，全面推进，突出重点，可以在保证基本职能的基础作用上，发挥关键职能的中心作用。职能分解是把前期确定的组织基本职能和关键职能进行细分，然后将细分的职能分配给各个管理层、管理部门和具体的管理岗位。在职能分解时要确保其科学合理，不能出现职能交叉或者缺失现象。

2. 部门设计

部门是指由组织中某些具有密切联系的业务和人员组成的集合，作为一个组织单位，部门承担着一定的管理职能。几乎所有的公共组织中都设置了若干个部门。一般来说，公共组织的部门设计有以下几种：

（1）按照工作职能设立部门。

以组织中工作的相近程度为依据进行划分，这种部门设立方式可以把拥有相同或相似专业和研究方向的人员安排到同一部门中，增强部门的专业化程度，提高工作效率，实现组织的规模化建设。

（2）按照工作环节设立部门。

管理活动一般包括决策、咨询、执行、监督、反馈等环节，因此公共组织可以以这些环节为划分依据进行部门设计。邮政或者物流相关的工作常用这种方式组建部门，以便于业务的开展。

按照管理环节设立部门可以使各个部门在管理活动中各尽其职、分工协作，但同时也会导致很多的工作程序无法独立，也就无法设置相应的工作部门。

（3）按照服务对象设立部门。

在现实情况中，公共组织面对的服务对象往往不止一种，而是复杂多样的，所以可以通过对服务对象进行划分设置不同的部门。根据各种对象不同的特点、需求等采取不同的工作方法、配备不同专业的工作人员，可以使组织工作更具针对性和有效性。比如在一些服务型组织中会设立类似残疾人服务窗口、孕婴服务窗口、学生服务窗口等不同的服务部门，按照服务对象的不同更方便有效地开展工作，为工作对象服务。

（4）按照地域设立部门。

这是指把同一地区内进行的各种业务活动归入同一个部门，将部门按照地理区域进行划分，之后再在部门中按照需要进一步建立职能部门。这种部门设计方式可以充分利用人力、财力、物力，节约组织资源和成本，提高地区管理效益。

3. 管理层次和管理幅度设计

在设计公共组织管理幅度的时候，需要考虑多方面因素，例如组织管理工作的性质、职权划分的合理清晰程度、组织成员的素质、组织内信息交流畅通情况、组织变革的速度、下级人员和单位在空间上的分布情况等。由于组织的管理幅度受到多种因素的影响，变动性和不确定性较大，因此设置的弹性也比较大，这就要求组织结构设计者在设计时多方位全面考虑，根据具体情况灵活调整。

虽然在通常情况下，组织的管理幅度和管理层级成反比，但是在确定公共组织的管理幅度以后，并不能简单地依据反比关系设置组织的管理层级。组织的层级设计除了要考虑岗位、职责、权限设置、上下级沟通渠道等基本问题外，还要考虑到组织中的纵向职能分工、对工作效率的要求等。如果组织中的纵向职能分工不明确，就难以合理清晰地对组织管理层级进行划分；如果公共组织对其工作内容的时效性要求较高，就不适合设置过多管理层级，因为层级太多会使组织中信息传递时间较长且沟通不畅，影响组织效率。

4. **职权设计**

职权设计就是正确处理组织内上下级、同级之间的职权关系，将不同类型的职权合理分配到各个层次和部门，明确各部门、各职务的具体职权，建立起集中统一、上下左右协调配合的职权结构。职权设计分为职权的纵向设计和横向设计两个方面。

（1）职权的纵向设计。

职权纵向设计的核心是集权和分权的问题。集权是指决策权力和行动决定大部分或者完全集中在组织的高层或领导部门手里，而下级拥有的权限较少，只能执行上级的命令和指示；分权是指组织的决策、行动决定权力不仅掌握在上级和领导手中，下级部门和工作人员也拥有一定的自主权，可以在自身职权范围内自主决策。

（2）职权的横向设计。

横向设计是指设计者根据组织各部门的专业分工，明确规定各部门独立行使的职权，并在此基础上明确各自的关系。在确定职权的横向结构时要注意组织中职权分立和衔接的设计，即对于同一层次的多个部门，按照其业务活动及其在活动中的责任和作用规定职权，明确职权的范围界限和部门间的相互关系，以避免部门间职权在业务上的交叉和重叠。

对公共组织职权进行横向设计时要注意以下几方面内容：明确各个部门的权责范围，不能交叉重复；确保各个部门能够独立行使职权，其他部门和上级不能干预；按照各部门承担的业务活动确定职权，不能遗漏；从职权关系上明确职权之间的区别，不能模糊不清；从职权类型上明确各部门分别拥有的权力，不能滥用误用。

5. **管理规范设计**

管理规范是对组织管理中的各种制度、条例、章程、标准、办法等的总称，它是对组织结构设计的进一步细化，既能使组织成员更加明确自己的职权、职责、利益等，也可以防止组织工作在执行中的随意变动，保证工作的稳定性，使组织结构设计更加合理合法。

一般而言，管理规范设计的方法程序是：第一，根据组织的发展需要以及内外环境的情况，提出规范建立的目标和相关要求；第二，通过调查研究并收集相关资料，起草管理规范的初步方案；第三，组织相关的领导、专家学者、智囊团以及组织的一般成员对初步方案进行讨论，修改和完善不足之处，并决定最终方案；第四，按照一定的程序正式颁发管理规范。

在设计管理规范时，要注意一定的问题，要实事求是、科学规范，注重领导设计和群众设计相结合，还要保证规范的设计通俗易懂、繁简适度。要坚持系统、全面、统一的原则和职务、职责、职权、利益相结合的原则。

4.3.3　公共组织设计的原则

为了科学合理地对公共组织结构进行设计，需要遵循一定的原则。

1. **效率原则**

效率是一切管理活动的目标，也是公共组织设计时需要关注的重点问题之一。公共组织的效率主要体现在三个方面：组织结构运行效率高、机构工作质量高、公共管理系统运转高效灵活。要提高效率，在组织设计时应该重视组织内的专业化分工，合理控制组织的管理层级和管理幅度，合理确定组织不同部门和职位上的人员数量等问题。

2. **法制原则**

法制原则即公共组织设计必须符合国家法律法规的要求。公共组织设计的前提和基础是遵循国家宪法、组织法、编制法及相关的法律法规，确保组织设计的规范化和制度化，增强公共组织的稳定性和权威性。

3. **精简原则**

精简原则、法制原则和效率原则是公共组织设计的基础性原则。精简原则要求组织中人员配备精干、组织结构精简、办事程序简化。同时，要选用素质能力较高的人员，不必要的机构能不设就不设，办事程序能简化就简化。

4. **职、权、责相一致的原则**

公共组织设计时要依法对组织中的职权、责任等进行规定，建立和完善权责一致的组织管理体系。对于组织中每个成员的职权、职责、职务也要进行明确的规定，保证权力清晰、责任分明。同时，还要在组织中建立严格的考核、奖惩等监督制度，规范和监督成员的工作，保证组织合理有序运转。

5. **人本主义原则**

公共管理是以人为中心的活动，公共组织的主体和服务的实体对象也是人，因此组织设计必须遵循人本主义的原则。要注重组织中人员之间的情感互动和沟通交流，注重组织成员的需求，重视人、尊重人、关心人，始终坚持以人为本。

4.3.4 公共组织设计的影响因素

公共组织设计是一个构建公共组织实体的复杂过程，受到多种因素的影响，这里我们主要从公共组织环境、公共组织战略、公共组织规模、公共组织技术四个方面进行分析。

1. **公共组织环境**

我们在前一章中对公共组织环境进行过详细的介绍，可以知道，无论何种组织，都面临着复杂多样的内外部环境，需要不同程度地与内外环境进行互动和交流。不同的环境下，组织往往会产生不同类型的结构形式。

环境对组织结构设计的影响见图 4 - 11。

在平稳而简单的环境中，组织的环境因素较少，相似度高，环境因素的变化程度也很小。在这样的条件之下，公共组织的专业化分工程度高、复杂性强，有较多的规章制度和程序规范对其进行规定和限制，组织的正规程度比较高。

在相对稳定而复杂的环境中，组织环境的因素多，具有一定的复杂性，但是各个因素之间仍然有很高的相似性，因素的变化程度也比较小。该环境下，公共组织的专业分工细，复杂化程度高，规范化程度高；组织多采用分权的形式，因为工作人员的综合素质水平较高，工作的独立性较强。

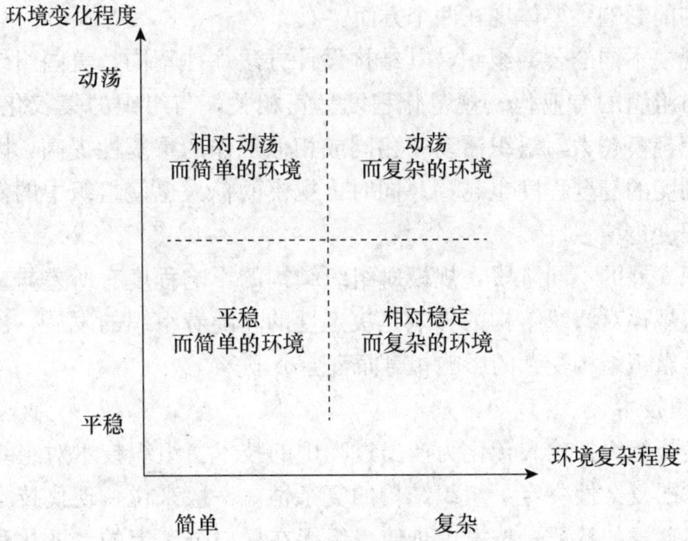

图4-11 公共组织环境对组织结构的影响

在相对动荡而简单的环境中，组织面临的环境因素少，各因素间有类似性，但是各个因素处在不断变化之中，具有一定的动荡性。此时，组织结构的复杂性和规范化程度较低，但是集权化程度很高。

在动荡而复杂的环境之中，组织面临众多的环境因素，各因素之间互不相同，因素不断变化而且速度很快。在这样一来，公共组织只能采取分权的形式来应对多变的环境。

2. 公共组织战略

组织的战略目标是组织设计和发展的前提与基础，因为组织是根据自身的战略目标来设计系统结构的，战略目标的任何变动调整都会对组织结构造成重大影响。

美国哈佛大学教授钱德勒曾经就组织战略对组织结构的影响进行过相关研究。他认为，如果组织战略的覆盖范围小，那么执行战略的组织结构的复杂程度和规范程度就会比较低；反之，如果战略覆盖的范围大，那么组织结构的复杂程度和规范程度就较高。

美国管理学家迈尔斯和斯诺在其相关的研究中曾将组织按照战略分为四种类型，并提出与之相应的四种组织结构类型。虽然这一理论是针对工商企业组织而言的，但是也适用于公共组织特别是非营利性组织。这四种组织及其结构类型见表4-1。

表4-1 迈尔斯与斯诺的组织战略-结构类型

组织战略类型	战略目标	面临环境	组织结构特征
防守型战略	稳定和效率	稳定的	高度分工，专业化、规范化程度高，集权程度高，组织的结构控制较为严格
分析型战略	稳定和灵活性	变化的	适度集权，对部分实行分工；总体规范化程度高，对部分实行低规范化和分权制
进攻型战略	灵活性	动荡的	实行分权，分工程度低，规范化程度低，组织结构较松散

注：表中只给出了三种组织战略类型，第四种是反应型战略，由于这种战略是低效的，所以在表中省略了。

3. 公共组织规模

组织规模是指一个组织拥有的成员数量以及这些成员之间的相互作用关系。公共组织规模对其结构的影响主要体现在两个方面。

（1）对于规模不同的公共组织，其结构设计方法往往不同。美国组织理论家迈耶认为，组织规模与组织的专业化、规范化程度呈正相关，与组织的集权化程度呈负相关。一般来说，组织规模越大，组织活动中相同或相似工作的重复性提高，因此组织的标准化程度和规章制度的健全程度也越高；同时，规模的扩大也使组织中的专业化分工程度更细，分权化程度也增强。

（2）在组织发展的不同阶段，规模对组织结构的影响程度有所差异。在一个组织成立的初期，组织规模对组织结构的影响是决定性的，随着组织的发展，当组织规模达到一定程度以后，组织结构受到的影响相对而言会小很多。

4. 公共组织技术

组织技术是指组织把输入转化为产出过程中的技术。组织技术对组织结构具有重要影响，组织技术的复杂性决定了组织结构的复杂性。一般来说，现代技术进步与组织结构的变化呈现出这样的特征：技术进步使得组织在横向分工上的专业化和部门化差异减小，管理自动化和标准化程度的提高使得组织的管理幅度扩大、管理层次减少，组织中高层与基层之间的距离不断缩小，原先管理层次的界限被逐渐打破。

案例

新时期全国第一个乡政府是怎样建立的

1981 年，随着我国农村家庭联产承包责任制由点到面在全国各地逐步开展起来，农村基层政权组织如何设置就成了一个必须研究和确定的问题。

1981 年 10 月 10 日，民政部部长程子华带领部门的崔乃夫、白益华及其秘书前往四川省广汉县进行人民公社体制改革的调查，并对新时期第一个乡人民政府——广汉县向阳乡政府建立的情况做了较为详细的了解。

在广汉县，向阳乡党委李书记详细介绍了公社体制改革的状况。向阳乡处于都江堰灌区，交通比较方便，总人口 12 745，9 个村，67 个合作社，10 700 多亩土地，主要种植水稻。人民公社化以前，这里经济发展很快。1949 年粮食总产量 600 多万斤。1957 年人均收入 68 元。那时生产力得到解放，生产发展也好。人民公社化后，生产发展缓慢。人民公社是通过行政命令搞起来的，没有群众基础。宣传上也有些错误，虚报产量，严重挫伤了人民群众的积极性。从 1957 年到 1976 年近 20 年的时间里，乡里的粮食产量没增加多少，物价倒是翻了几倍，而人均收入却只涨了 6 元。

对于这些情况，过去基层干部不敢说，因为人民公社是三面红旗之一。向阳乡的干部认为，所谓人民公社的三大优越性恰恰是人民公社的三大弊病：政社合一，行政干预生产，瞎指挥，产量上不去，尽搞浮夸。1962 年将公社改为三级所有、队为基础，概念还是不清，公社仍然可以平调生产队的资金、粮食、劳力。“一大二公”，不讲经济效益，也不讲法制。同时公社化以后，许多大队干部被调到公社，全部发工资，对上可以升官，站在群众这边说话，就要受到批判，干部考虑对上负责多了，对下负责少了，往往上边听不到真实情况。那时，干群关系紧张，群众绕着道走。在这种情况之下，向阳乡的干部群众普遍认为，要改变农村的面貌，按人民公社这个办法不行，人心思变。

李书记介绍，他是1969年到向阳公社工作的。1979年，在上级领导的支持下，向阳公社由党委统抓，把22个干部分成三摊，分别管行政、工业、农业。这一改革，效果相当好，尤其是工业利润、人均收入大幅提高。当时地委王书记要求当地摘掉人民公社的牌子，但是公社干部有所顾虑。真正摘掉这一牌子是在1980年4月1日。

改变政社合一的体制，撤销人民公社，建立乡人民政府。向阳乡具体是怎么做的呢？李书记介绍：

第一，将党、政、企分开，建立乡党委、乡政府和工业、农业、商业公司。

乡党委：成员包括书记、专职副书记、组织干事，共9人。党委主要管党务工作，即政治工作、纪检工作、组织工作、统战工作等。

乡政府：成员包括乡长（党委副书记兼）、副乡长等，共7人。政府主要管行政工作，不直接管生产，只是管计划，地咋种不管，公粮、征购粮还要管。

经济工作，就是成立了农业公司、工业公司和商业公司。

农业公司是一个党委副书记做公司经理，有2个副经理、9个干事。农业公司需要工业公司在收入方面给予补助。

工业公司。工业公司集中了乡办16个企业、1 350个职工。改革设立股东代表大会，投资最大的当主任，还专门起草了一个章程。生产大队的工业，分别由各个合作社股东入股，聘任厂长。工业公司对村级经济只是指导关系，实际上是服务，也就是培训、提供材料等。

工业公司、农业公司的经理由过去的干部委任制，改为由公司聘请。经理自己组阁。职工由过去的推荐制改为考核制。推荐制实际上是干部说了算。考核制则是通过考试录取，有3个月的试用期，不合格的可以解雇。此外，还把过去的工分制改成了工资制。

商业公司，由工业公司供销经理部和供销社一部分组成，一套班子，以供销社班子为主；两块牌子，即商业公司、供销社。

第二，改生产大队为行政村，设村长、文书等。村干部2～3人。一般支书兼村长。对生产大队的财产采取了两个办法，一是财产不准变动，如拖拉机、米面加工厂等等；二是核算单位不变。

第三，改生产小队为合作社，只选一个社长和会计。

通过改革，向阳乡解决了人民公社时期体制下的诸多弊病，斩断了“一平二调”的渠道，广大干部各司其职、各负其责，农民的负担也被大大减轻。改革以后，乡里主要发生了以下几个方面的大变化：

一是解放了生产力。1980年与改革前的1978年比较，向阳乡粮食产量增长5.8%，油菜籽产量增长51%；工业产值增长127%，利润增长326.6%；人均分配口粮增加34斤，收入增加90元。

二是密切了干群关系。过去干部对产量的认识都是从纸上看，没有实际的概念，指挥生产也说不到点子上。改革后农民请干部给他指导生产，真正减轻了负担，增加了收入。

三是农业生产向专业化方向发展，作物布局发生了变化。

四是促进了以工养副，以副促农，以副养农，工业向农业每年提供10万元的经济补助。

五是迫使干部钻研业务，促进了干部作风的转变。过去干部是说外行话群众不欢迎。

改革后干部开始对农民讲道理、讲技术。

六是精减了干部，减轻了农民负担。过去公社干部22人，现在乡干部15人；过去每个村4名干部、3个支部书记，现在基本上是2人，只有一个村是3个人。生产队干部过去7人，现在只选队长、会计。过去公社党不管党，抓催种催收，现在可以集中精力管全社300个党员。公社减下来的干部到企业，村里减下来的干部也到企业。

向阳乡这一改革的成功带动了许多乡镇的学习试点。在1978年向阳、小汉和金鱼三个公社改乡的试点后，1980年7月广汉全县23个公社全部改为乡政府和3个镇政府，还在征求群众意见的基础上制定了相关的组织条例来规范工作。生产大队改为村，村是派出机构，配备3个人，每个人补助12元。全县各乡乡党委的书记、副书记2～3个，书记抓全面，专职副书记抓党务；乡政府7～9个编制，乡长、副乡长2～3人，4～5个干事，小乡7人，大乡9人；经济工作由农、工、商公司负责，在党政领导下负责全乡经济工作，其负责人实行招聘制。

（资料来源：白益华. 新时期全国第一个乡政府是怎样建立的. 百年潮，2011（12）.）

案例思考题

1. 新时期中国第一个乡政府的设立过程体现了公共组织结构设计的哪些内容？
2. 向阳乡政府的建立对我国当今的公共组织设计有哪些借鉴和启发？

4.4 公共组织和私人组织的结构比较

公共组织和私人组织在组织结构方面既有差异也存在相似之处。

1. 公共组织和私人组织结构的相同之处

（1）决定组织结构的因素基本相同。

无论是对于公共组织还是私人组织来说，对组织结构设计产生影响的无外乎组织环境、组织规模、组织发展战略、组织技术、目标等因素。

（2）结构都是组织的基本组织形式。

当前的很多组织采取的都是韦伯的官僚制结构形式，官僚制是在法理的基础上建立的，具有很强的合法性、合理性，也得到了大部分组织的认可。这一优势使得官僚结构成为早期公共组织和私人组织结构设计的原型，也使得组织设计开始得到组织的关注，成为各类公私组织的基本组织形式。

（3）组织结构的发展趋势都是对传统官僚结构的背离。

在过去很长一段时间里，韦伯提出的官僚制都被作为公私组织的结构形式应用，但是随着社会不断发展，官僚制日益暴露出自身的弊端和不足，因此组织纷纷开始对官僚制结构形式进行改革或者摒弃。无论是公共组织还是私人组织都开始把增进组织结构弹性作为改革方向。

2. 公共组织和私人组织结构的不同之处

（1）权责体系特征不同。

权责体系是指组织中的各个部门、层次、成员之间的从属、并列等相互关系的确认和规范体系。权责体系建立在权力和职责的划分基础上，是保证组织正常运转的基础。权责体系是公共组织构成的重要精神要素。但是对于私人组织来说，组织的权责体系虽然也是对各个部门、层次、成员间相互关系的确定，但是复杂程度却不及公共组织。此外，由于私人组织以效率、收益作为运作的目标和重要原则，因此私人组织的权责体系划分往往更加明确清晰，而公共组织却常会出现一些职权不清、责任不明的问题。

（2）结构的变动和灵活程度不同。

在对官僚组织结构的改革和摒弃过程中，公共组织与私人组织相比，面临更多的政治力量和政治实体的影响，无法像私人组织那样轻易地根据外界形势进行改变，采取分权和灵活的组织结构。

案例

疯狂的组织架构

前段时间，Web 设计师科尼特（Manu Cornet）在自己的博客上，画了一组美国科技公司的组织结构图。他通过绘画的形式将亚马逊、谷歌、脸谱、微软、苹果以及甲骨文公司的组织结构生动形象地表现了出来，并各自呈现出不同的特点（见图 4－12）。亚马逊等级森严但井井有条；谷歌结构清晰，产品和部门之间却相互交错且混乱；脸谱结构分散，好像一张撒开的网；微软内部各自占据一摊，互不干涉；苹果各个部门分散在外，但最终都汇总到一个人；而甲骨文公司的结构枝叶庞大而繁密，特别是其法务部门的结构远比工程部门庞大和复杂得多。

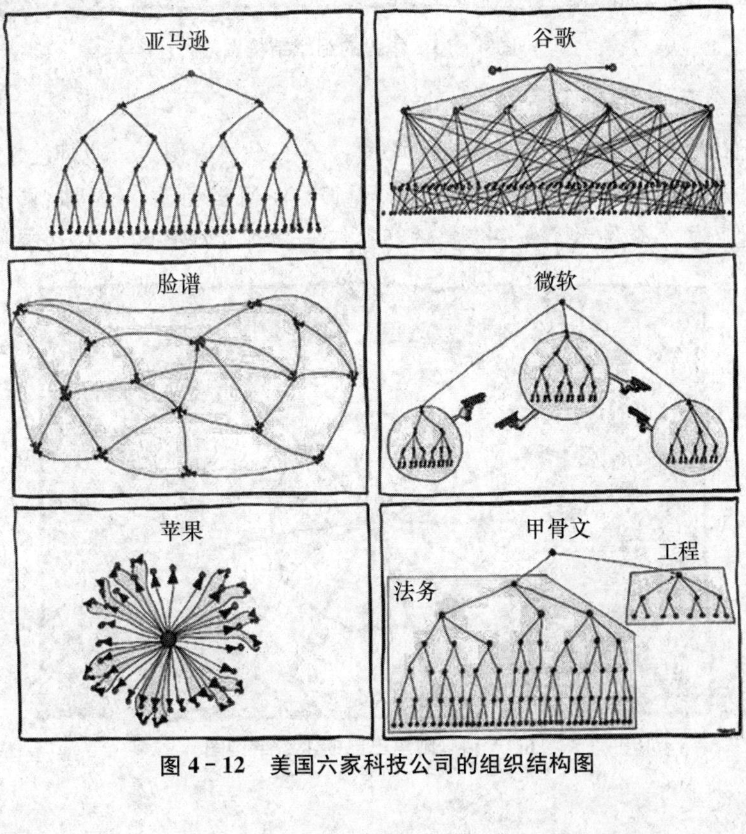

图 4－12　美国六家科技公司的组织结构图

这组图片传到中国后，引起了广泛的关注。《第一财经周刊》还模仿绘制了一份中国主要的科技公司的组织结构图，包括华为、阿里巴巴、新浪、百度、联想、腾讯等公司。结果发现，它们也是各有特色。

华为公司

华为与很多追求稳定型组织结构的企业不同，它力图建立的是一种可以有所变化的矩阵结构（见图4-13）。由于华为每三个月就会发生一次大的技术创新，而每次创新都会伴随着组织架构的一次变化，所以其组织结构体现出一种灵活性和可变性，能够根据形势和时机进退自如。一旦有了某些机遇，相应的部门就会出现，随之公司的组织结构也会发生一定的变形，但这只是部门与部门之间联系的次数和内容发生了变化，基本的流程并没有变，而且这种变化也是暂时的，当阶段性的任务完成后，整个组织结构又会恢复到之前的状态。

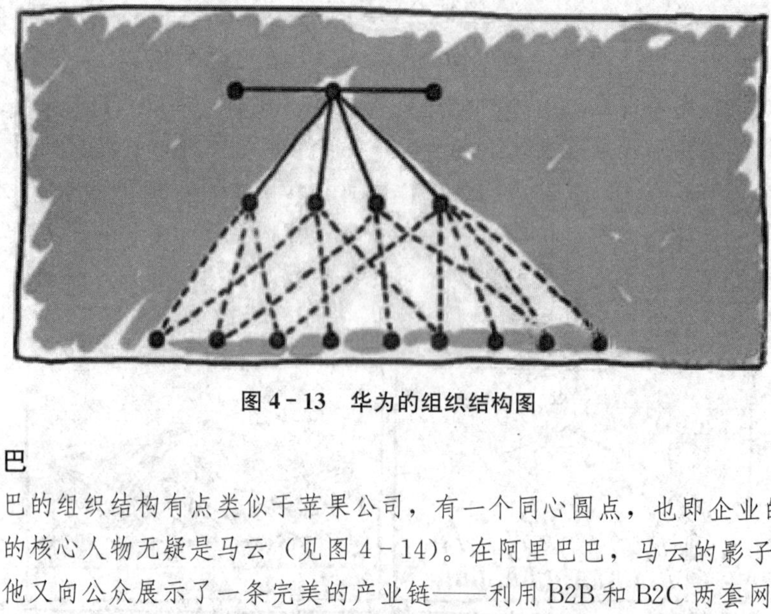

图4-13 华为的组织结构图

阿里巴巴

阿里巴巴的组织结构有点类似于苹果公司，有一个同心圆点，也即企业的核心人物，而阿里巴巴的核心人物无疑是马云（见图4-14）。在阿里巴巴，马云的影子似乎无处不在。现在，他又向公众展示了一条完美的产业链——利用B2B和B2C两套网站，以及阿

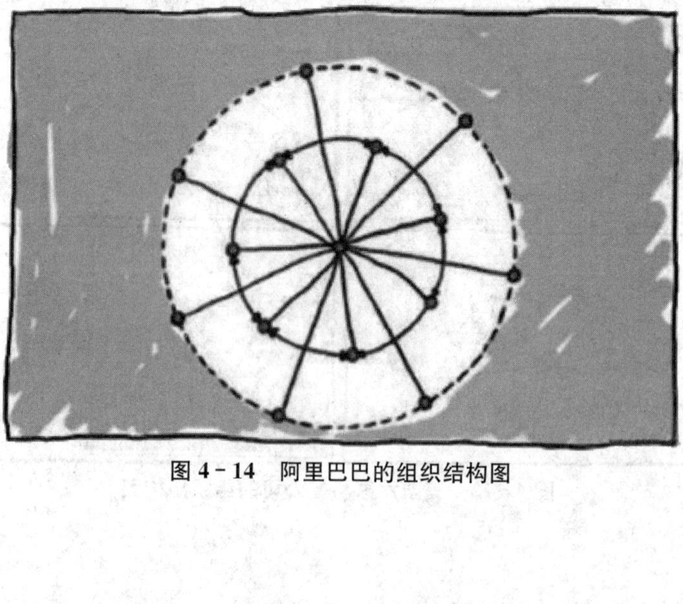

图4-14 阿里巴巴的组织结构图

里巴巴、淘宝商城、淘宝集市三个平台，还有全国的阿里仓库，用物流宝将商品从供货商运送到阿里仓库再到用户手中，几乎囊括了阿里的所有业务。用他自己的话说，他已经“融化”在自己的公司里了。

新　浪

2009年，新浪的收入下滑，但这一年新浪推出了微博。推出后不到两年时间，微博就成了新浪最重要的引擎，其用户量和股价也是不断飙升。据统计，中国超过一半的微博用户和近九成的微博活动都被新浪占据。由于微博既可以互动又可以传播信息，所以可以看到图4－15新浪所规划的组织结构，虚线所圈部分即表示新浪依托微博画了一张大饼，只是现在还没有实现，并且新浪还面对着腾讯和搜狐的竞争。

图4－15　新浪的组织结构图

百　度

百度的组织结构十分简单，甚至似乎只需要CEO（首席执行官）就够了（见图4－16）。

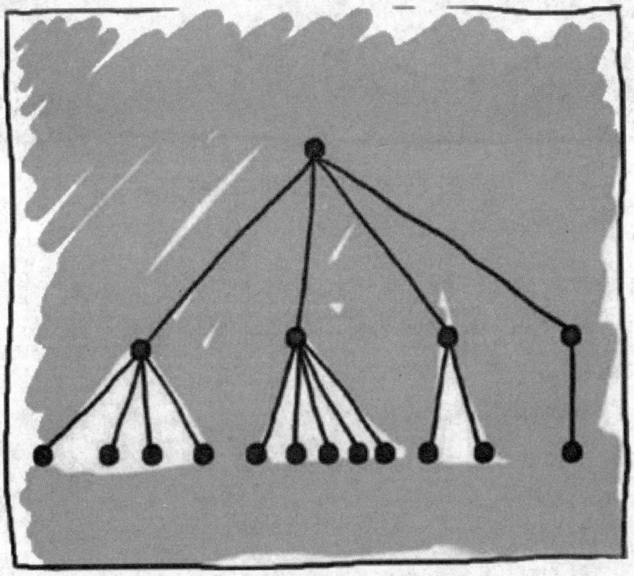

图4－16　百度的组织结构图

在百度的发展历史中，COO（首席运营官）职位已经出现三次为期不短的真空期，同样的遭遇也发生在CTO（首席技术官）职位上。而在2008年，这家公司竟然同时缺失了COO、CFO（首席财务官）和CTO。有互联网观察家认为，百度在找高管方面“判断有些失误”，应该下力气下决心把管理班子弄好，组建一个5～7人、各有专长的核心高管团队。

联　想

联想公司和很多公司一样，希望能够同时做好消费者市场和商用市场（见图4-17）。消费市场是以渠道为核心的交易型业务，商用市场则是以大客户为对象的关系型业务。所以如果一家公司同时做这两块业务，就需要在价值链的各个环节合理区分与整合，平衡好各方利益，防止模糊地带容易发生的冲突。

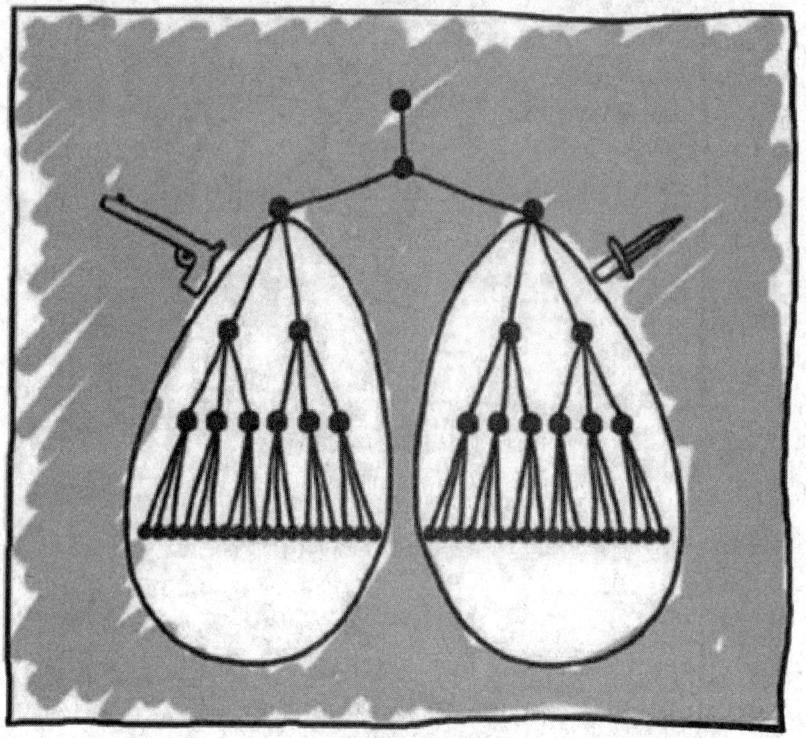

图4-17　联想的组织结构图

腾　讯

经过几次不同规模的结构调整，腾讯现在将不断增设的新部门重新归类后细分为八大单元（见图4-18）。其中，根据业务体系划分出四个业务系统：无线业务、互联网业务、互娱业务、网络媒体业务。另外还根据公司日常运转划分出四个支持系统：运营支持、平台研发、行政等职能系统及企业发展系统。这种划分看起来清晰条理，可是比较腾讯的产品与服务结构图就会发现，腾讯产品与部门之间有着剪不断的关系。因为QQ不仅是即时通信平台的核心，也搭载或捆绑着腾讯许多的产品和服务，是腾讯盈利的法宝。

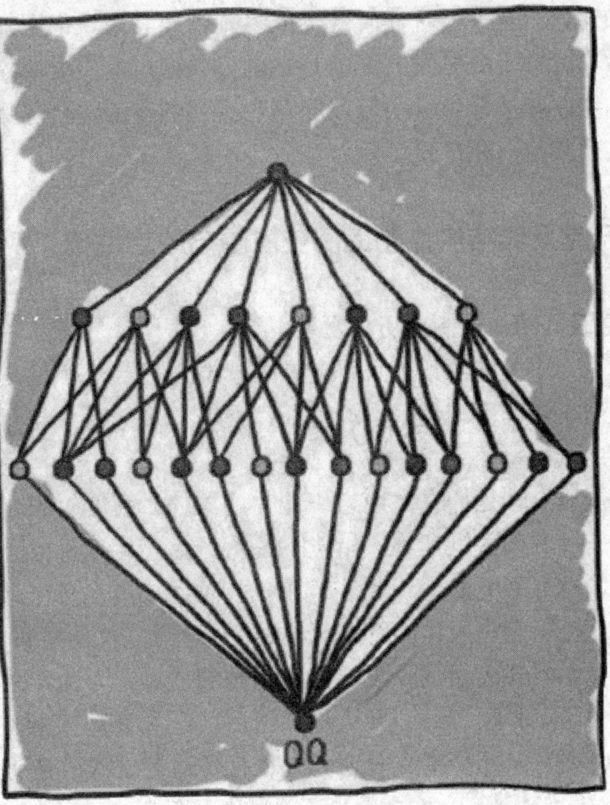

图 4-18 腾讯的组织结构图

（资料来源：疯狂的架构：六大著名科技公司组织结构图一览.（2015-05-04）. https://www.sohu.com/a/13620437_111230.）

案例思考题

1. 结合前几节所学的知识，分析案例中所讲的各个公司的组织结构分别有什么样的特点、属于何种结构类型。

2. 案例主要体现了私人组织和公共组织哪些方面的区别？

4.5 当代中国公共组织的结构体制模式

4.5.1 当代中国公共组织的结构体制模式概述

随着国家的发展和社会的进步，我国的公共组织理论研究不断深入。由于政治、经济、历史、文化等诸多因素的影响，我国的公共组织与西方国家存在不少差异，尤其是在公共组织的结构方面，更是十分独特，颇具中国特色。本节中讲到的公共组织结构主要是指我国的公共行政组织结构。

中国的公共行政有两大组织基础：中国共产党组织系统和中国政府组织体系。两大组织系统各有自己的独特性，却又互相联系、密不可分，共同组成中国公共管理的组织载体。基于此，在对这二者进行研究时既不能将其割裂开来，也不能单纯套用国外某些惯用的研究模式。作为核心的中国共产党是中国公共行政的主要决定力量，其主要特征是对政府和社会的统领和整合，科层制政府在共产党的政治整合作用下，服从党的领导和整合，帮助党实现其政治和行政目标。

4.5.2 中国共产党及其结构体制的历史发展与政治地位

1. 中国共产党及其结构体制的历史发展

新中国成立以来，中国的国家建设都是在共产党的领导之下实现的，研究党的组织形式和价值目标等对于研究中国的公共行政组织具有重要意义，也可以更好地把握当代中国公共行政组织的结构特征。

中国共产党发展至今，是拥有高度组织能力的集体，高度组织化的团队是党成功组建自己的军队和斗争胜利的关键所在。从党的一大开始，党就确立了一套组织原则，把党的核心成员派到各地开展党的组织和斗争工作。这些成员在各个地方建立党支部，吸引学生、工人、知识分子等加入，从而逐渐形成一个基础广泛而坚实的组织网络。

后来新中国成立，中共成为执政党领导新中国的建设，为此，党探索并建立了人民代表大会制度来选举国家和政府的领导机构。随后共产党又进行了一系列的社会主义改造，从新民主主义时期走向社会主义时期。党也正是通过这次改造走向了国家和社会协同发展的道路。

20 世纪 90 年代以后，我国经济持续发展，综合国力大大提升，全球化的趋势也逐渐增强，为了适应环境的变化，党不断探索和调整自身结构。2002 年 11 月，党的十六大报告提出“改革和完善党的领导方式和执政方式、领导体制和工作制度，使党的工作充满活力”，明确区分了党的领导方式和党的执政方式的概念。2007 年 10 月，党的十七大报告提出“要坚持党总揽全局、协调各方的领导核心作用，提高党科学执政、民主执政、依法执政水平，保证党领导人民有效治理国家”。

2017 年 10 月，党的十九大报告提出，“坚持党的领导、人民当家作主、依法治国有机统一”，“在我国政治生活中，党是居于领导地位的，加强党的集中统一领导，支持人大、政府、政协和法院、检察院依法依章程履行职能、开展工作、发挥作用，这两个方面是统一的”。2018 年 2 月，党的十九届三中全会做出深化党和国家机构改革的重大决策，并审议通过了《中共中央关于深化党和国家机构改革的决定》。3 月，中共中央印发了《深化党和国家机构改革方案》，组建国家监察委员会、中央全面依法治国委员会、中央审计委员会等以及加强中央组织部、中央宣传部、中央统战部三大党的职能部门的统一管理能力等具体措施体现了我国坚持党的全面领导，不断“改进党的领导方式和执政方式”的努力。

2. 中国共产党及其结构体制的政治地位

从某种程度上来说，政党作为一种组织，不同于简单的社会志愿组织，具有崇高的价值目标和严格的组织纪律，所以它可以吸引个人加入和参与，并且接受党的纪律和规制。而实现这些特性的组织载体就是中国共产党的组织系统和在中国政治体系中的核心地位。

中国共产党是一个经过历史选择和人民选择的政治组织，在发展和实现社会主义的道路上一路前进。中国共产党意识形态的主体是马克思列宁主义，将马克思列宁主义和中国革命实践相结合的毛泽东思想、邓小平理论、“三个代表”重要思想、科学发展观以及习近平新时代中国特色社会主义思想也被融入党的意识形态概念体系中。党的意识形态是一面旗帜，是党动员和联系党员与最广大人民群众的最根本的手段，它主导着国家政治形态和政治走向，也决定着中国政治变革的方向和道路。

4.5.3　科层制政府的结构

科层制下的政府结构，可以用图4-19来直观地表示。

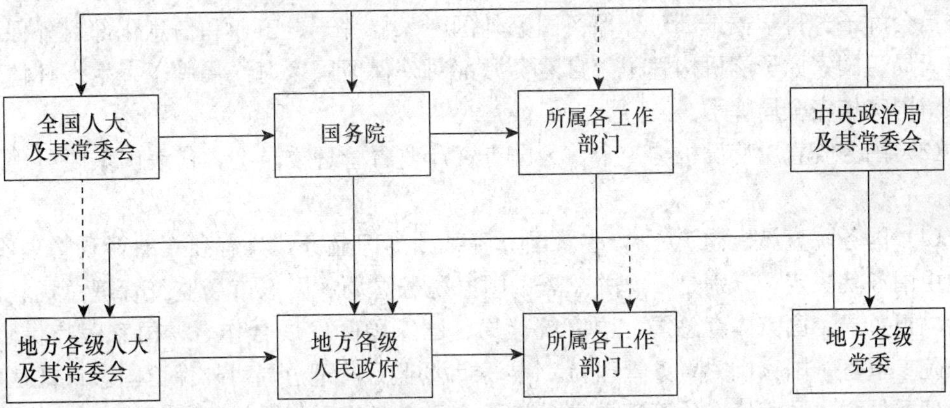

图4-19　国家机关与党组织之间的关系

1. 党组织和国家机关之间的关系

由图4-19可以看出，党组织领导全国人大及其常委会、领导地方各级党委，国务院是国家最高行政机构，接受党的领导安排。地方各级人民政府受本级党组织的政治领导，同时接受上级人民政府及本级人大的双重领导。

全国人大是我国最高权力机关，人大常委会是其常设机关。其他国家机关（国务院、国家监察委员会、最高人民法院、最高人民检察院、中央军事委员会等）都由它产生、对它负责、受它监督。同时，国家主席也是由全国人大选举产生，由全国人大主席团提出候选名单，在全国人大会议上选举产生，同时全国人大也有权罢免国家主席。

至于全国人大和地方人大之间，并没有直接的领导与被领导关系，二者之间是一种法律上的监督关系、业务上的指导关系、工作上的联络关系。

2. 中央政府的基本架构

目前，国务院机构设置如图4-20所示。

(1) 国务院办公厅，协助国务院领导处理国务院日常工作事务，由《中华人民共和国国务院组织法》规定设立。

(2) 国务院组成部门26个，履行国务院基本行政管理职能，其设立由全国人大及其常委会决定。这些部门分别是：外交部、国防部、国家发展和改革委员会、教育部、科

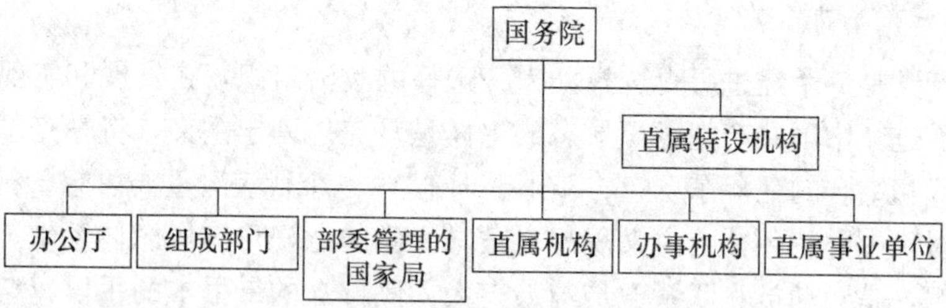

图 4-20　中央政府的基本架构

学技术部、工业和信息化部、国家民族事务委员会、公安部、国家安全部、民政部、司法部、财政部、人力资源和社会保障部、自然资源部、生态环境部、住房和城乡建设部、交通运输部、水利部、农业农村部、商务部、文化和旅游部、国家卫生健康委员会、退役军人事务部、应急管理部、中国人民银行、审计署。（教育部对外保留国家语言文字工作委员会牌子。科学技术部对外保留国家外国专家局牌子。工业和信息化部对外保留国家航天局、国家原子能机构牌子。自然资源部对外保留国家海洋局牌子。生态环境部对外保留国家核安全局牌子。）

（3）国务院直属特设机构 1 个，为国有资产监督管理委员会，代表国家履行出资人职责。

（4）国务院直属机构 10 个，主管国务院某项专门业务，具有独立的行政管理职能，设立由国务院决定。分别是：海关总署、国家税务总局、国家市场监督管理总局、国家广播电视总局、国家体育总局、国家统计局、国家国际发展合作署、国家医疗保障局、国务院参事室、国家机关事务管理局。[国家市场监督管理总局对外保留国家认证认可监督管理委员会、国家标准化管理委员会牌子。国家新闻出版署（国家版权局）在中央宣传部加挂牌子，由中央宣传部承担相关职责。国家宗教事务局在中央统战部加挂牌子，由中央统战部承担相关职责。]

（5）国务院办事机构 2 个，分别是国务院港澳事务办公室、国务院研究室，帮助总理办理专门事项，不具有独立的行政管理职能，设立由国务院决定。（国务院侨务办公室在中央统战部加挂牌子，由中央统战部承担相关职责。国务院台湾事务办公室与中共中央台湾工作办公室、国家互联网信息办公室与中央网络安全和信息化委员会办公室，一个机构两块牌子，列入中共中央直属机构序列。国务院新闻办公室在中央宣传部加挂牌子。）

（6）国务院直属事业单位 9 个，由国务院授权，具有一定的行政管理职能，但不是国家的行政机关。分别是：新华通讯社、中国科学院、中国社会科学院、中国工程院、国务院发展研究中心、中央广播电视总台、中国气象局、中国银行保险监督管理委员会、中国证券监督管理委员会。（国家行政学院与中央党校，一个机构两块牌子，作为党中央直属事业单位。）

（7）部委管理的国家局 16 个，在负责部委的领导下工作，在一定范围内可单独行文和对外交流。分别是：国家信访局、国家粮食和物资储备局、国家能源局、国家国防科技工业局、国家烟草专卖局、国家移民管理局、国家林业和草原局、国家铁路局、中国民用航空局、国家邮政局、国家文物局、国家中医药管理局、国家矿山安全监察局、国家外汇管理局、国家药品监督管理局、国家知识产权局。（国家移民管理局加挂中华人民共和国出入境管理局牌子。国家林业和草原局加挂国家公园管理局牌子。国家公务员局在中央组织部加挂牌子，由中央组织部承担相关职责。国家档案局与中央档案馆、国家保密局与中央保密委员会办公室、国家密码管理局与中央密码工作领导小组办公室，一个机构两块牌子，列入中共中央直属机关的下属机构序列。）

3. **中央政府和地方政府的关系**

我国政府机构采用的组织结构是直线式的层次结构，“中央-省-市-县-乡（镇）”五级层次，从上到下实行垂直领导，下级接受上级的命令，各级主管负责所属单位的一切问题。此外，在现行地方行政管理体制下，市辖区、县级市之下设有街道办事处作为派出机关，具有准行政层级地位，在事实上承担着重要的政府管理职能（见图4-21）。

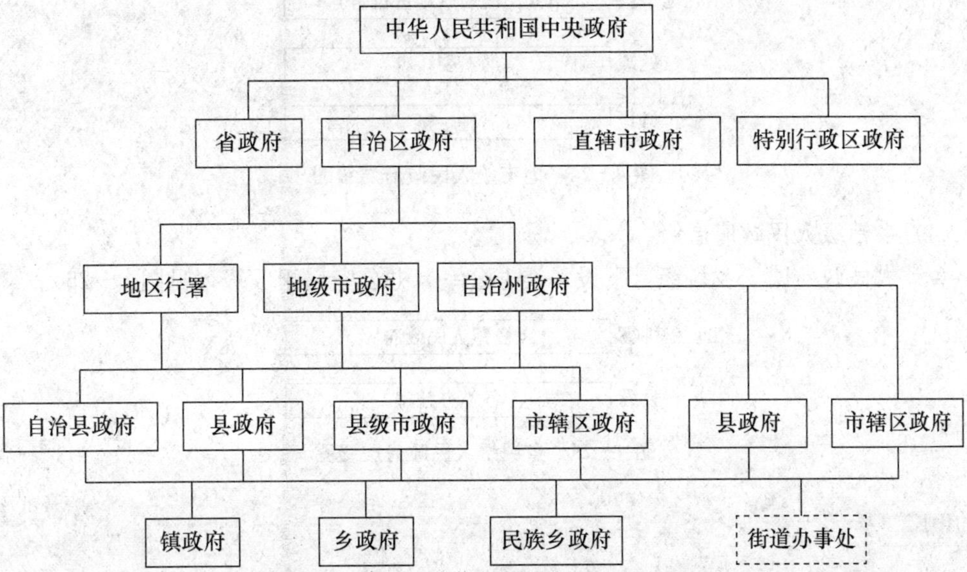

图4-21　中央政府和地方政府之间的关系

4. **政府部门内设机构**

（1）国务院行政机构层级。

国务院下设部、委、办、行、署、局和室，属于部级或副部级；部委等下设司、局、厅、室，属于司局级；司局等下设处、室，属于处级（见图4-22）。

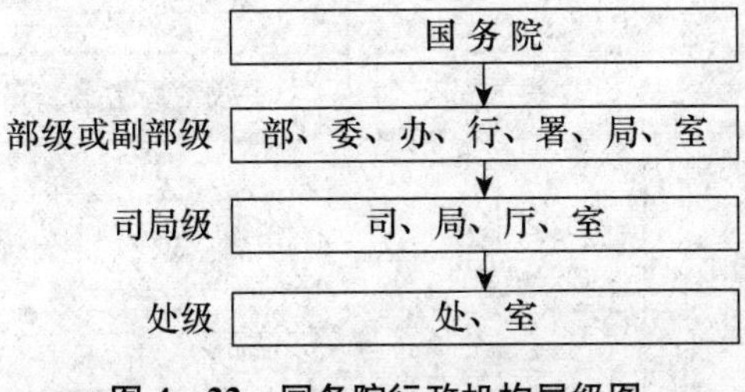

图4-22　国务院行政机构层级图

（2）省级人民政府层级。

省、自治区、直辖市人民政府属于省级，下设厅、局、委、办，属于厅局级；厅局等下设处、室，属于处级（见图4-23）。

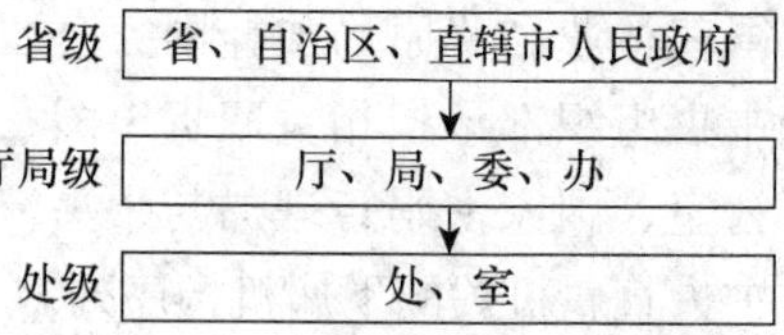

图 4-23　省级人民政府层级图

（3）地市级人民政府层级。

市人民政府（地区行署）属于地市级，下设局、委、办，属于处级；局、委、办等下设科、室，属于科级（见图 4-24）。

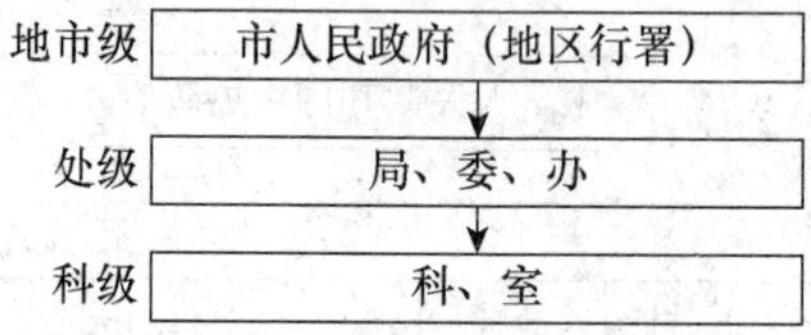

图 4-24　地市级人民政府层级图

（4）乡镇级人民政府层级。

乡镇人民政府属于乡科级，下设各类办公室，办公室属于股级（见图 4-25）。

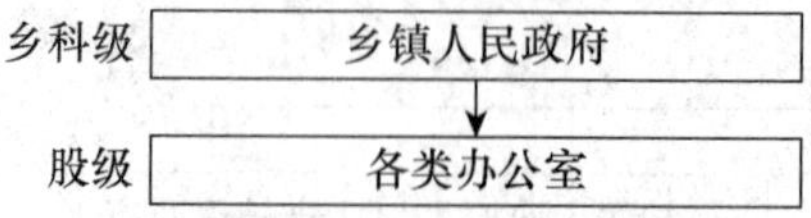

图 4-25　乡镇级人民政府层级图

知识库

中共中央的组织结构

党的最高领导机关，是党的全国代表大会和它所产生的中央委员会。党的地方各级领导机关，是党的地方各级代表大会和它们所产生的委员会。党的各级委员会向同级的代表大会负责并报告工作（见图 4-26）。

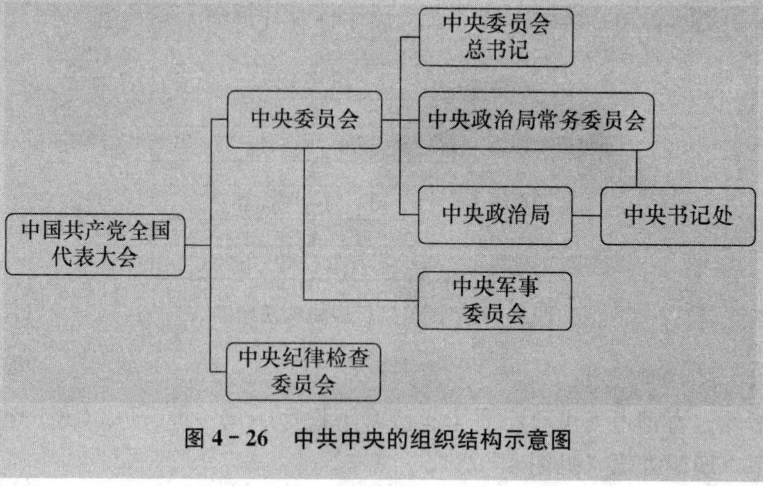

图 4-26　中共中央的组织结构示意图

党的全国代表大会每五年举行一次，由中央委员会召集。中央委员会认为有必要，或者有三分之一以上的省一级组织提出要求，全国代表大会可以提前举行；如无非常情况，不得延期举行。全国代表大会代表的名额和选举办法，由中央委员会决定。

党的中央委员会每届任期五年。全国代表大会如提前或延期举行，它的任期相应地改变。中央委员会委员和候补委员必须有五年以上的党龄。中央委员会委员和候补委员的名额，由全国代表大会决定。中央委员会委员出缺，由中央委员会候补委员按照得票多少依次递补。中央委员会全体会议由中央政治局召集，每年至少举行一次。

在全国代表大会闭会期间，中央委员会执行全国代表大会的决议，领导党的全部工作，对外代表中国共产党。

党的中央政治局、中央政治局常务委员会和中央委员会总书记，由中央委员会全体会议选举。中央委员会总书记必须从中央政治局常务委员会委员中产生。

中央政治局和它的常务委员会在中央委员会全体会议闭会期间，行使中央委员会的职权。

中央书记处是中央政治局和它的常务委员会的办事机构；成员由中央政治局常务委员会提名，中央委员会全体会议通过。中央委员会总书记负责召集中央政治局会议和中央政治局常务委员会会议，并主持中央书记处的工作。

党的中央军事委员会组成人员由中央委员会决定。

每届中央委员会产生的中央领导机构和中央领导人，在下届全国代表大会开会期间，继续主持党的经常工作，直到下届中央委员会产生新的中央领导机构和中央领导人为止。

中共中央纪律检查委员会是中国共产党最高纪律检查机关。在中央委员会领导下进行工作。每届任期五年。主要任务是：维护党的章程和其他党内法规，协助党的委员会加强党风建设，检查党的路线方针政策和决议的执行情况；对党员进行遵守纪律的教育，做出关于维护党纪的决定；检查和处理党的组织和党员违反党章和其他党内法规的比较重要或复杂的案件，决定或取消对这些案件中党员的处分；受理党员的控告和申诉；等等。根据工作需要，它可向中央一级党和国家机关派驻党的纪律检查组或纪律检查员。

4.6　我国中央与地方的关系

中央与地方关系作为国家生活中最重要的基本关系之一，一直以来都是公共组织研究中的重大问题，它根植于国家社会体制之中，事关整个国家统一、民族团结、经济发展和社会稳定。

在新中国成立到改革开放之前的一段时间内，我国中央和地方关系长期处于一种不合理状态，中央集权和地方分权的矛盾始终存在。改革开放后，虽然中央和地方关系打破了旧有格局和状态，逐渐朝向合理化转变和发展，但如何构建科学合理的中央和地方关系仍然是当前政治文明建设和政治体制改革面临的重要问题。21世纪以来，我国社会主义市场经济体制日益发展完善，更是对科学调整中央和地方关系、合理划分中央和地方权限提出了更高的要求。在这种背景之下，对中央和地方关系进行分析和研究，无论在理论还是现实层面都具有重要意义。因此，本章特将我国中央与地方关系作为专门一节列出，从其发展演变、改革的成效、面临的困境等方面展开，希望加深对我国中央与地方关系的认识和理解，同时也为更好地认识了解我国公共组织的结构提供帮助。

4.6.1 我国中央与地方关系的发展演变

1. 我国古代中央与地方的关系

我国古代中央与地方的关系，大致存在两种模式：中央集权和地方分权。所谓中央集权，就是说国家的大部分或全部的统治权都归于中央政府，地方政府自身没有独立性，严格服从中央，其权力由中央赋予并在中央的监督下行使。秦朝、隋朝、唐朝、宋朝、元朝、明朝、清朝等王朝，都是典型的专制主义中央集权。地方分权，则与中央集权相对，中央和地方政府各自有独立的权力范围，地方政府在权限范围内有高度的决定权和自主权，二者之间只是松散的政治联系，中央不得随意干预地方。夏朝、商朝、西周、魏晋南北朝以及唐朝后期等王朝，都是这种地方分权或割据形式。

我国古代从夏朝开始至清朝结束，中央和地方的关系发展不是沿着固定的模式演进，而是呈现出一种“一个否定另一个”的螺旋式发展过程。夏商和西周时期，王（天子）为天下之主与诸侯藩屏四方，虽然相对松散，但中央与地方之间仍是一个大一统格局。而到了春秋时期，诸侯争霸，相互兼并，否定了之前夏商西周的体制。秦统一后，废除了分封制，实行郡县制，建立了高度统一的中央集权制度，又是对春秋时期的否定。这形成了第一个“正—反—合”阶段。第二个阶段是从汉朝开始，到唐朝后期。两汉时期的郡国并行，是在继承秦朝高度中央集权的基础上的变通。到了魏晋南北朝时期，实行“方镇都督”分权和区域性割据，又否定了秦汉时期的郡县制。隋朝和唐朝前期实行的州县、府兵、科举等体制是对中央集权制度的重建，否定了魏晋南北朝时期的分权割据，形成了第二个“正—反—合”阶段。唐后期藩镇割据，到了两宋时期开始重视收权，形成了极端的中央集权，可以看作对唐朝后期藩镇割据的否定。元明清时期承袭两宋制度，进一步加强中央权力，因此第三个阶段是从隋朝开始一直到明清时期的“正—反—合”阶段。在这一段段的曲折反复和螺旋发展中，我国古代的中央集权逐渐成熟和完善。

2. 民国时期中央与地方的关系

清末武昌起义爆发后，南方许多省份宣布脱离与清政府的隶属关系，并且提出要在财政、立法、人事任免等方面实行自治，寻求自身的独立地位。与此同时，各省又有联合和统一治理的要求。在这种背景下，联邦制的建国主张十分盛行。但是，在当时的背景和形势下，可以看出这场运动的真正目的不在于组建联邦制，实现国家统一，而是使各个地方势力合法化和独立化，最终的结果也必然造成国家分裂。因此，加强中央集权十分必要。

袁世凯上台后，开始着力强化中央集权，对军事、行政等多方面进行统一，试图建立以其个人为核心的自上而下的中央集权，但是国民党及各省都督不想把各方面尤其是财政、军事等权力拱手交给中央政府，因此极力限制中央集权。在国民党内，孙中山、黄兴、宋教仁等提出建立强有力的中央政府，从而实现国家统一、推进实业建设和社会建设。但是，他们主张的中央集权和袁世凯主张的集权有本质区别。

随后，国民党在国会选举中取得胜利使袁世凯不仅权力受到限制，位置也岌岌可危。于是他派人暗杀国民党领袖宋教仁并借助武力解决了“二次革命”，重新改组政府机构，企图恢复清朝旧制，实现帝制，不仅使自己走上绝路，更损害了中央集权的声誉。

袁世凯死后，中央集权衰败，军阀势力兴起，瓜分全国。此后十几年的时间里，中央集权极其脆弱和动荡，中央政府的财力、兵力等都十分薄弱，中央几乎没有能力控制地方政府。军阀割据和混战的情况给国家带来了巨大的灾难，中央政府在国民革命打击下崩溃。

1927 年，以蒋介石、汪精卫等为代表的国民党集团在“反共清党”后，经过一系列争夺权力的激烈战争后逐渐形成了蒋介石集团的中央政权统治。但是，由于大部分军事集团均割据一方，与中央貌合神离，中央的权力受到广泛的限制。为了消除地方割据状态，加强中央集权，蒋介石采取了裁兵、削藩、统一货币等一系列手段，但是收效不大。

抗日战争爆发后，由于战争的特殊条件和环境，需要国家集中和统一权力，这也为国民党加强地方控制提供了条件。1938 年，国民党临时全国代表大会决定“中央以党统政”，在国民党内设立总裁，中央执行委员会对总裁负责。1939 年，国民党五届五中全会决议设立国防最高委员会，对党政军进行统一指挥。蒋介石以总裁身份担任委员长，借助“统一命令”“共同抗战”的名义，将各地军队调至前线，趁机削弱地方势力。随后一段时间内，国民党又通过各种方式不断将权力收归中央。但是，由于处在抗战时期，大部分国土沦陷，国民党能够管辖的范围多集中在西南、西北几省，区域十分有限，共产党领导的陕甘宁边区虽然隶属国民政府，但实际上是独立的地方政府。

抗战胜利后，国共两党达成《双十协定》，讨论组织联合政府，但不久蒋介石撕毁协定，发动全面内战。1946 年 11 月，蒋介石召开“制宪大会”，通过了《中华民国宪法》，其中规定中央和地方实行“均权制”，具体采用三级划分，中央和地方的事权采列举法，实际上是中央集权制。然而实际的国民党中央政府软弱不堪，掌握的地方势力十分有限，并且在内战期间，占大多数的地方军队的瓦解直接导致了国民党军事力量的崩溃。

由此可以看出，民国时期执政者一直试图建立一个有力的中央集权的政权，但是中央政府的力量始终较弱，这也使得社会一直处于动荡和发展停滞状态，严重影响了中国社会的现代化进程。不过，在该时期民主已经成为历史发展的潮流，因此中央集权和权威也必须建立在民主政治的基础上才能稳固，否则将会适得其反。

3. 新中国成立后的中央与地方关系

(1) 改革开放以前。

新中国成立后，由于战争遗留、国际形势等诸多方面的原因，我国面临着复杂的发展环境和形势。因此，如何彻底消除旧中国的分裂和动荡，重建中华民族的统一秩序是新一代领导集体面临的重大问题。

一方面，新中国成立初期，我国仍然是一个落后的农业国家，自给自足的小农经济造成地区在经济等方面的封闭和分裂；另一方面，广阔的国土、复杂的地理环境、落后的交通等诸多因素不利于加强中央的统一和领导，这些都给国家统一和稳定带来了严重的威胁。除此之外，新中国成立之初西方国家对我国新生政权采取政治孤立和经济封锁政策，使得我国在许多方面都借鉴苏联模式，结果是在学习了部分先进技术的同时，也造就了我国高度集中和统一的中央政权。

集中统一的中央政权虽然很好地集中了必要的人财物力，维护了国家统一和社会稳定，但在一定程度上忽视了地方的发展需要和自主性，同时还造成了公共组织机构臃肿、效率低下、官僚主义严重、权力过分集中在上级机关和少数人手中导致独断专权等问题。计划经济体制弊端凸显，经济活力匮乏。另外，政府通过行政命令和经济计划来指挥和组织国民经济活动、限制商品生产流通，影响了生产资源的合理配置，使经济建设领域出现了重大失误和浪费。因此，在一段时间内，我国中央和地方关系出现了严重失调，给国家经济和政治生活带来了诸多不良后果。

在政治方面，这一时期中央和地方之间的关系尤其是政治关系表现为：

在行政管理权限方面，中央和地方之间表现为控制和被控制的关系。中央和地方之间的职权划分没有制度化和规范化，中央行政机关对地方行政机关有广泛的行政领导权，地方政府的权限范围和权力大小在很大程度上都取决于中央在一定时期的政策，缺乏行政管理自主权。

在干部人事管理方面，这一时期干部人事管理制度缺乏系统、规范和科学的标准与程序，具体表现为：一方面，党直接领导干部人事工作，实行党管干部原则；另一方面，在中央和地方干部人事管理上，坚持“下管两级”的原则，即中央和地方各级党委管理的范围是下两级机构中担任主要领导职务的干部，中央对地方干部的任免、提拔、调动、审查和惩处等方面具有全面的管理和控制权。

在立法权限方面，自 20 世纪 50 年代下半叶开始，“左”的思潮兴起，为了进一步集中政治权力，行政权力开始代替立法、司法权力，尤其是“文化大革命”爆发以后，人民代表大会制度更是受到严重破坏。这一时期，“依法治国”的理念并未得到应有的重视和落实。

在国家与社会、政府与企业关系方面，权力也主要集中在国家和政府手中，政府变成了一个无所不管的“万能政府”，对国家的政治、经济、社会生活等各方面实行高度控制。政府与企业之间职责划分不清晰，企业成为政府的附属物。这些错乱的关系中，政府机构出现了人员膨胀、效率低下、资源浪费等一系列问题。

在经济方面，改革开放以前我国实行的是计划经济体制，这种体制的基本特点和要素体现为中央财政管理体制和经济发展计划体制。该时期，国家资源的配置、国民经济的组织和策划都是由中央完全负责，中央通过完整的指令性计划网络决定地方政府行为，对其进行严格的经济控制。在财政管理方面，中央集中了大部分财政资金，控制地方财政预算的资金使用情况；在资源分配方面，中央负责资源再分配，地方政府没有独立的财政资金管理权限。此外，在新中国成立至改革开放前近 30 年的时间里，中央和地方之间经历了多次收权和放权的反复。

（2）改革开放以后。

改革开放以来，伴随着经济体制改革的推动和深入，中央和地方的关系也随之调整，集权制的中央和地方关系模式逐渐被打破。该时期的中央和地方关系变化主要可以分为两个阶段。

第一阶段：1978—1992 年。

在这十几年的时间里，我国中央和地方关系改革的主题可以概括为“放权让利”，即中央和地方之间的权力结构和利益结构的调整与改变。首先，中央将部分权力下放给地方，扩大了地方政府的事权和财权，同时赋予省级政府立法权，确立了两级立法体制。其次，政府将生产计划、劳动人事、产品购销等方面的权力下放给企业，扩大企业自主权，增强了企业的发展活力。最后，建立了经济特区和经济技术开发区，开放了沿海 14 个城市，扩大了大中型城市的管理权，并赋予省一级政府经济管理方面的权限。

这一阶段的改革措施为我国改善中央和地方关系注入了新的内容和活力，但是由于部分改革缺乏配套措施，一些地方政府权力膨胀、行为失范，出现中央政策失控、宏观调控难落实等问题。

国家从 1988 年党的十三届三中全会开始着力改变这些问题和状况，中央收归一些权力以进一步处理好集中和分散的关系，从而更好地理顺中央和地方的关系。

第二阶段：1992 年至今。

1992 年，党的十四大提出要建立社会主义市场经济体制，这为合理构建中央和地方的关系提供了根本的体制基础，中央和地方关系进入一个新的发展阶段。党的十四大提出，要下决心进行行政管理的体制机制改革，转变职能、理顺关系、精兵简政、提高效率，合理划分中央和各省、自治区、直辖市等地方之间的管理权限，理顺国家和地方的分配关系，逐步实行利税分流和分税制等，从而更好地调动中央和地方积极性，调整双方关系。党的十四届三中全会提出要建立现代企业制度，建立健全宏观调控体系，初步建立适应社会主义市场经济的法律体系。这些都使得中央和地方的关系从“放权让利”逐渐走向“制度创新”阶段。

这一时期的中央与地方关系调整主要表现为以下几方面：

在中央和地方行政管理权限方面，1982 年《宪法》规定了中央与地方国家机构职权划分原则，即“遵循在中央的统一领导下，充分发挥地方的主动性、积极性的原则”，扩大了地方政府的部分职权。同时，中央开始根据各地方资源、环境、条件等方面的不同授予不同“特权”，以充分发挥地方的特殊优势。

在中央与地方的立法关系方面，改革了中央一级立法体制，扩大地方立法权，形成了中央与地方“全国人大、国务院、省级人大和政府、省级政府所在地的市和经国务院批准的较大市的人大和政府”的四级立法体制。

在干部人事管理方面，中央开始下放和扩大地方干部管理权限，包括干部任免和审批权限以及中央对地方的干部人事控制权等。1988 年起，中央开始试行并逐步推广新的干部人事制度——国家公务员制度。1993 年通过的《国家公务员暂行条例》，改善党对干部人事工作的领导，进一步强化政府职能，逐步培养和建立起德才兼备的国家公务员队伍。

在对民族地区管理和民族自治机关建设方面，中央逐步扩大民族自治机关的自治权，放宽对民族自治地方的财政权控制，并允许其在国家计划的指导下自主安排和管理地方性经济建设事业，自主管理本地区的科教文卫等事业，保护并发展民族文化。

在历史遗留的港澳台问题方面，为了实现国家和平统一，中央提出“一国两制”的伟大构想，并积极规划和设计中央政府与特别行政区之间的政治关系。1982 年《宪法》规定：国家在必要时得设立特别行政区。在特别行政区内实行的制度按照具体情况由全国人民代表大会以法律规定。1990 年七届全国人大三次会议通过了《中华人民共和国香港特别行政区基本法》，1993 年八届全国人大一次会议又通过了《中华人民共和国澳门特别行政区基本法》。1997 年 7 月 1 日，我国对香港恢复行使主权，1999 年 12 月 20 日对澳门恢复行使主权。依据相关宪法和法律，香港和澳门一样，除外交和国防等事务由中央人民政府管理外，特别行政区享有高度的自治权。这也为我国的中央与地方关系发展注入了新的内容和活力。

在经济方面，在经历 1949—1978 年的经济波动和资源浪费之后，各方面不合理的制度安排欠下了沉重的历史旧账。中央政府逐渐意识到传统经济利益关系模式的不足之处，并做出了一系列的调整，主要体现为以下几个方面：

中央政府对企业和地方政府进行双重的放权让利，在政府和企业关系方面，注重政府对企业的放权让利，在中央与地方政府关系方面，赋予地方更大的财权和自主权。

进行以分税制为核心的宏观管理体制改革。1994 年起，中央开始实行新的财税体制——分税制，其本质是分权、分税、分设机构。分税制即在合理划分中央与地方事权的基础上，按照财权服从事权的原则，合理划分税种，分为中央税、地方税和中央与地方共享税，并建立中央税收和地方税收体系。分税制在强化财政宏观调控功能、公平纳税负担、转换企业经营机制、建立适应社会主义市场经济发展要求的财税运行机制和管理体制方面发挥了积极作用。

4.6.2 中央与地方关系改革的成效与困境

1. 中央与地方关系改革的成效

经过多年改革，我国的中央和地方关系已经逐渐打破了旧有格局，并适应当前民主政治、市场经济和社会主义现代化建设的要求，取得了一些积极的成果和经验。

(1) 地方政府在发展中的自主权扩大，角色更加清晰。

政治体制改革措施下，中央下放给地方更多权力，地方政府获得了一定的自主权。经济体制改革措施下，统收统支的财政体制被打破，实行财政包干体制，地方政府拥有了更加明确的经济利益和行为目标，这些都推动了地方权利义务主体地位的确立，使得中央和地方关系有了双向的主动性，为推动中央和地方关系正常化奠定了基础。

(2) 中央和地方的权力关系从行政性分权向经济性分权转变。

在改革以前，中央和地方关系的调整主要是从行政体系角度出发的，对企业在中央和地方之间的行政隶属关系进行调整。而当前的中央和地方关系改革则是建立在商品货币关系的基础上，通过市场机制使企业成为具有独立权益的经济实体和法人主体。实践也证明，合理调整中央和地方关系，必须从行政和经济两方面进行分权和调整。

(3) 相关法律规范不断健全和完善。

自1982年《宪法》明确规定中央和地方国家机构的职权划分原则后，我国又制定并通过了一系列相关法律法规来规范中央和地方关系，例如《地方各级人民代表大会和地方各级人民政府组织法》《民族区域自治法》《香港特别行政区基本法》等，这使得我国在规范中央和地方关系、划分权限范围等方面的法律制度不断完善。不过许多法律对权限的划分还不十分明确，操作性也有待增强。

(4) 中央和地方关系改革借助并渗透在经济体制改革之中。

在中央和地方关系的改革中，最大的变化是二者之间经济关系尤其是财政关系的变化。可以说，经济体制改革是影响中央和地方关系发展变化的重要因素，应该注意通过理顺中央和地方之间的关系推动经济体制转轨。同时，还应意识到研究中央和地方之间的财政关系是研究和分析中央与地方关系的关键点和启发点。

2. 中央与地方关系改革的困境

改革开放以来，中央和地方的关系逐渐从传统的行政性分权向行政性分权和经济性分权相结合的方向发展，这极大地解放了地方生产力，调动了地方政府的积极性，在促进全国和地方经济发展中发挥了重要作用。但是由于一些制度和操作规范的不完善，中央和地方的关系也出现了一些问题，主要体现为以下几方面：

(1) 中央政府权威受到挑战。

随着政治和经济体制改革的推进，由于新旧体制并存、非制度化的放权让利以及相关配套措施不足等原因，中央政府在各方面的权威受到不同程度的挑战，出现了中央财政萎缩、财政赤字、中央宏观调控难以落实、政策失控等一系列问题，严重影响了中央政府在国家生活中的主导地位和在中央与地方关系中的主导地位。

(2) 地方政府非正当利益行为膨胀。

随着中央赋予地方权限范围的增大，地方政府在经济发展中逐渐占据主导地位，成为推动地方经济增长的主要角色。这为推动地方经济增长提供了动力，但也随之产生了追求预算最大化、垄断本位利益、在经济发展中追求短期利益和效益、行政服务效率低质量差等问题，一些非正当利益行为不断膨胀。

(3) 地区间发展不协调状况加剧。

在中央政府对地方政府权力下放的过程中，对不同地方的下放力度是不均等的，形成了梯度分权格局。这一方面导致了地方政府之间不平等、不公正的竞争，同时也加剧了原本就存在发展差距的东西部之间的不协调状况，在一定程度上压制了中西部地区发展积极性和能动性，进一步拉大了东西部差距。

不过近年来，国家已经逐渐意识到并采取一系列措施解决在中央和地方关系改革中出现的诸多问题，例如通过法律法规进一步明确中央和地方之间的权力分配和行为规范，制定西部大开发战略、进行“一带一路”建设等，使我国在中央统一领导的基础上，充分发挥各地区自身特有的优势，调动地方发展的积极性与自主性，从而更好地协调中央和地方间关系，提升整体发展水平等。虽然我国在中央和地方的关系协调和处理上还存在一些问题，但是随着改革的深入和推进，二者的关系将会不断朝着更加科学化和合理化的方向发展。

知识库

财税体制改革：中央和地方的进一步磨合

在中国的财税改革史上，几乎每一次税收征管的改革，都是一次中央和地方财权的博弈。

“如果说税制改革是机械变化，各个零件安好，能够灵活运转就行，那么财政改革就是化学变化，收支平衡是第一位的，收入的增减反在其次。”中国财税博物馆首任馆长、浙江省财政厅原厅长兼地税局局长翁礼华用一个生动的比方，向《中国新闻周刊》解释了财政和税制改革的关联和异同。

近几年，全国人大财经委员会副主任委员、国家发改委原副主任彭森在全国人大财经委工作的会上几乎每年都提税改的问题。他认为，应该加快推进中央和地方事权财权的划分，特别是转移支付制度亟须改革。

中央与地方的艰难谈判

在1949年到1979年的30年间，中国财政总体上实行“统收统支”的体制，辅有短期实行过的收支挂钩和收入分成型的财政体制。这种财政体制将全国绝大部分财力集中在中央，由中央统一核拨各级政府的开支，地方仅享受地方税收和一些零星收入，无权留用其他收入。

随着改革开放的开启，“统收统支”的财政税收体制已经不适应经济发展的需求。20世纪80年代，农村家庭联产承包责任制的兴起推动财政上实行“分灶吃饭”的财政体制改革，开始实行包干制。税收由地方负责征缴，超过收入基数的增量部分，按一定比例上缴中央财政。从前的中央财政统一平衡调度改为各地方财政自求收支平衡。

大包干体制对激发地方和企业的活力发挥过一定的积极作用。但是，中央对地方的各类包干体制，实际结果是“包死了”中央财政。在这种体制背景下，富裕地区有税源但不愿多收，宁可藏富于企，因为如果多收，超过部分就要与中央分成。

从20世纪80年代末到90年代初，包干制在短暂地发挥积极作用后，逐渐显露出弊端，并成为之后分税制改革的导火索。由于信息不对称，中央不掌握征税的具体信息，地方通过减免企业税收、虚报亏损等机制截留中央税款的现象频频出现，致使中央财力不足。

中央紧张的财政状况在1993年达到顶峰。中国财政部数据显示，中央财政收入占国家财政收入的比重和国家财政收入占GDP的比重，从1985年的39.68%和22.79%，到1993年分别降为22%和12.6%。改革迫在眉睫。

分税制改革设想实际是从1993年开始的。全国人大财经委员会副主任委员、国家发改委原副主任彭森在接受《中国新闻周刊》采访时回忆，当时朱镕基已经从上海调回北京，担任国务院常务副总理，主持国务院工作。彼时中央财政吃紧，全国4 000多亿元的预算收入，中央集中不到1 000亿元，“这1 000亿元要维持国家政府运转，还要建设国防，维持社会发展”。

如何处理中央与地方的关系，理顺中央与地方的财权和事权？1993年7月，国务院副总理朱镕基在全国财政会议上首提分税制改革的想法。

根据改革设想，在税制改革的基础上，将所有税收按税种划分为中央税、地方税和共享税。而一个重要的目标，就是增强财政的再分配能力和中央财政的宏观调控能力，具体要求是提高财政收入占 GDP 的比重和中央财政收入占全国财政收入的比重。

地方财权显然受到影响，改革阻力可想而知。1993 年 9 月，朱镕基带领国家体改办、财政部、国税总局及银行的 60 多位干部到省、自治区、直辖市进行谈判。

彭森告诉《中国新闻周刊》，当时他作为体改委综合规划司副司长，也参与了这些谈判。朱镕基一行先去了海南省。用彭森的话说，他们到海南是“虚晃一枪”，毕竟海南的收入少。从海南回来后，他们又去了广东、山东和江苏，这几个税收大省才是“重头戏”。

与广东的谈判是一场“硬仗”，谈得比较艰苦。朱镕基一行在珠岛宾馆住了十几天，就落实改革方案算细账。时任政治局委员、广东省委书记谢非，谈起分税制改革情绪激动：“中央给广东特殊政策的承诺是十年，包税制要干到本世纪末。取消包干制，还要不要在 20 年内赶超亚洲四小龙?”对此，朱镕基解释分税制改革方案，讲中央的财政困难，尽快建立新的财政体制和税收体系，希望广东能在这方面带个头。

两个月时间内，朱镕基一行走访了 13 个省、自治区、直辖市，一个地方接着一个地方去谈，谈判过程异常艰辛。特别是在收入划分和基期年的确定这两个主要利益参数上，中央和地方不断博弈，最终达成共识。

财权和事权不对称问题

1994 年，国务院决定省及省以下税务局分设为国税局和地税局，各省最迟必须在当年 8 月 15 日分设挂牌。尽管在这一时间节点前，全国 31 个省级行政区都分设了国税局和地税局，但各地模式不一，比如上海市在市级层面虽然也有国税局和地税局，但实行的是“两块牌子、一套班子”，在区一级则仅有税务局。而在浙江省则是省一级财政厅与地税局党组合一，行政分设，一把手身兼两职，干部统一调配，在市县一级，财政和地税仍然合署办公。

翁礼华正是实施分税制后第一任浙江省地税局局长。他向《中国新闻周刊》回忆，考虑到分设带来机构增加、人员膨胀、征收成本迅速增加的现实问题，浙江省决定挂牌不分家，以减少局际协调，提高工作效率，降低征收成本。因此，直到 1997 年 8 月，浙江省国地税都合署办公，所有国税征收成本都由浙江省地方财政开支。

直到 1997 年春天，“金华税案”震惊全国，浙江省这才不得不将国地税彻底分设。

但考虑到分设后地税与财政仍然是一家，应对单独分开的国税局有所照顾，因此方案确定省局人员按国税 60%、地税 40%，经费按国税 70%、地税 30%的比例划分。

然而，浙江省很快发现，分税制带来了新的问题，由于财权上移，而事权不变，地方财政开始捉襟见肘，越到基层，财权和事权不对称的问题越是突出。具体而言，在中央将各省的部分财力上收时，各省也上行下效，将地市政府的财力上收，地市一级则将县乡财力上收。结果就是大大削弱了处于低层的县乡一级财力，基层财政越来越捉襟见肘。

数据显示，地方财政自给能力由1993年的102%下降至2006年的61%，年均下降3.2%。2005年全国赤字县、市达556个，赤字面27.5%，赤字额127.4亿元。

为了确保基层财政稳定，浙江省财政厅决定从实际出发，不按一级政府一级财政的文件要求实行市管县，而是继续实行扁平化的省直管县体制，以减省中间层级，避免其中的“雁过拔毛”问题。

这一方案直到1995年才被国务院知晓。那一年，国务院副总理朱镕基到千岛湖现场办公，为的是解决20世纪50年代移民遗留问题。当时，需要建造环湖公路，以改善上迁移民的生产和生活问题。朱镕基提出，由中央、浙江省、杭州市三方各出资6 000万元建造这条公路，杭州市的领导当场表示，浙江省实行省管县，杭州市财政出不了这笔钱。

直到一年多以后，各地纷纷出现类似的问题，一些地区甚至出现工资无法发放的窘境，国务院才不再督促浙江省改回“市管县”。后来，国家体改办兼专题办主任的刘仲藜做了一个调研报告，肯定了浙江的省直管县的做法，得到中央领导的批示，浙江的做法这才真正得到认可。

实际上，1994年的国地税分设旨在提高中央财政收入比重，保证中央财政正常运转。1994年正式实施的分税制财政体制规定，与收入划分办法相配套，建立中央和地方两套税务机构分别征税。在税收分成上，设定全国统一的税收分成规则，增值税由央地分享，消费税和营业税等为央地各自独享。在征管体制上，分设为国税系统和地税系统，独享的税种各自征收，分享的税种视情况划分征收。

“这一体制明确了中央固定收入、中央与地方共享收入和地方固定收入，既保证了中央税款的有效征收，也提高了地方政府对地方税种的征收积极性。”中国政法大学财税法研究中心主任施正文说。

改革后的分税制取得了良好的运行效果。中国财政部网站数据显示，国家财政收入占GDP的比重在1995年的10.7%触底后开始出现持续稳定增长态势，中央财政收入占国家财政收入的比重则从1993年的22%迅速提升至1994年的55.7%。

在当时的历史背景下，分税制的施行有其必要性和重要性。施正文认为，分税制的积极作用主要体现在三大方面。一是央地间的财政关系趋向规范。地方收支缺口由中央通过税收返还等转移支付填补，财力分配上体现为“先中央后地方”，根本改变了过去的“先地方后中央”的做法，有助于形成更为合理的财政平衡体系。二是切实提高了中央财政的宏观调控能力，增强了财政体制的系统性、合理性。三是有利于发挥国税系统专业征管能力，同时提高地方税务系统的业务能力和执法水平。

“中央请客地方埋单”

进入21世纪后，出于新经济发展和宏观调控的需要，国家税务总局对中央财政集中和地方税务指导的需求增强，新经济环境对税务机构的办事程序和业务效率提出更高要求，原国地税系统分设制度遭遇了现实发展瓶颈。

中央财经大学税收教育研究所所长贾绍华表示，分税制在当今的经济形势下暴露出三大体制问题，即税收管辖权不清、收入划分比例不合理和机构设置重复，突出表现为央地财事权错配引发的地方税收乱象。由于地方的财权从1993年的78%下降到目前的55%左右，但事权却从1993年的72%先降后升至现在的85%左右，财事权力不匹配带来30%左右的支出缺额，而地方只能依赖于中央的转移支付。

由于中央的转移支付是根据地方实际情况划拨，当划拨不到位时，就会出现“中央请客地方埋单”的情况。在这一背景下，地方若认为划拨额度不能满足当地需求，就极易出现另辟蹊径获取财源的做法。近年来中央多次强调禁收的“过头税”，即为地方在时间和幅度上过度征税，以充实地方财政的手段。

“过头税”包括提前征收未来年份的税，或提高税率、随意罚款等，或是将国家的减免税费政策打折扣，巧立名目增设新的收费项目，以及在已经实施的收费项目中过度监管。“这些手段或是加重了当地实际税负，或是加大了地方政府的债务风险，都不利于中央政府的宏观经济管理工作。”施正文告诉《中国新闻周刊》。

此外，分税制原先平衡央地利益的设立初衷，也随着税制改革的深入和计算机技术的发展得到新的解决方案。在新的经济形势下，国地税分设制度也逐渐转变成为机构负担。

武汉大学税法研究中心主任熊伟指出，原来分税制的设立，重在保障中央财税收入和实现央地税务双轨运行。但随着税收征管系统的完善和电子化，国库和预算制度逐步健全，征收税款已实现在到达系统端口时自动分流，原先地方截留中央税款的问题不复存在。同时，随着近年税制改革的深入，增值税、所得税等主要税种成为央地共享税，共享税的范围规模越来越大，央地分配比例也逐渐磨合，从前中央和地方的税种划分不清、财政收入相互挤压的问题也得到解决。“从技术上讲，国地税分设已经失去最初的作用。”熊伟说。

中央和地方系统要成为一个整体

经过2002年的所得税分享改革和2016年的全面推进营改增改革，诸如地税征管效率低、系统资源浪费、纳税成本过高等问题愈加凸显。在此背景下，新一轮国地税征管体制改革已经势在必行。

国地税合并后，以国家税务总局为主与省级政府的双重领导管理体制，不仅体现为中央实现垂直领导，也体现为中央在地方事务上征求并尊重地方意见。

施正文告诉《中国新闻周刊》，统一后的税务机构实行垂直领导体制，需要对中央和地方双方负责，既要保障中央的财税收入，又要积极引导地方经济发展。这不仅有赖于税务机构的有效运转，也需要政府的协调配合。

一方面，中央政府需要协助和支持地方发展，尊重地方政府在地方事务上的权力和意见。另一方面，地方政府也需要树立大局意识，积极协助配合中央征管，帮助中央完成统筹谋划。中央和地方系统要成为一个整体，将税收治理逐步上升纳入兼顾国家质量发展体系当中。

在国地税分设时期，常有地方以税收减免作为优惠条件来招商引资，以此形成地区间的竞争格局。“利用税收优惠来吸引资本的手段，并非中央所乐见的。”熊伟告诉《中国新闻周刊》，“可以预见，国地税合并之后，地方税收优惠政策的执行阻力会越来越大，地方政府以直接税收为形式的优惠手段也会越来越少。”

在税收权限收缩的环境下，地方政府吸引资本的手法将可能从税收渠道转向财政渠道。熊伟认为，当地方难以推行税收优惠政策时，财政补贴、奖励等财政支出手段或将成为新的招商引资办法，这种方式也有利于建设全国统一的大市场。

“当前，中央和地方的事权、财权分配是本轮国地税征管体制改革中的焦点问题。”施正文认为，现在国地税合并刚刚起步，还处在探索阶段。中央和地方的权力分配需要根据财税体制发展趋势进行调整，在共同探索中进一步磨合。基本原则是既要保证中央领导权，又要发挥地方积极性，充分体现双重体制的配合性，重视协商协调和沟通合作。

从机构改革的法制化和规范化角度看，国地税合并需要尽快出台文件，在机构运行、具体职能划分、工作程序、专业处理等方面落实规定。同时，建立合理协调机制，在出台重要的地方政策时充分征求地方意见，更大程度地尊重、体现地方意愿，保证地方的话语权。

随着国地税合并，健全地方税体系的紧迫感和难度也进一步增大。熊伟告诉《中国新闻周刊》，由于《立法法》中已经明确税收只能以法律的形式确立，地方人大和地方政府没有税收立法权，因而不存在法律意义上的“地方税”。此前被称作“地方税”的，是地方税务部门征收的税。而国地税合并后，这样的地方税也没有了。从前“你的税归你，我的税归我”的地方税体系，已经演变为“这部分收入归我，那部分收入归你”的地方收入体系了。

熊伟认为，当前的高税率是从前征管能力薄弱的体现。在分税制条件下，存在一些处于两个机构之间灰色地带的擦边球收入，机构难以征收这部分收入，只能以提高税率为手段增加可征收税款。随着国地税的合并，灰色地带消失，税收征管能力的提升也成了必然要求。

从未来税制改革的发展趋势来看，推动个人所得税综合与分类相结合的改革已成必然，需要以自然人纳税人为征管对象。由于自然人在全国流动，也会有跨区域的收入来源，这将对全国统一的数据库、信息系统建设以及征管资源的优化配置提出更高的要求。“在这种情况下，国地税合并对于提高征管效率的意义也更为重要。”施正文说。

国地税合并是未来新税制建设的重要一环，也是新时代财税改革的一个支柱性改革措施。施正文告诉《中国新闻周刊》：“税制改革工作的意义不仅仅在于税收，也是促进民主法制建设、治国理政实践的重要组成部分。随着民主化、法制化趋势强化，高效、统一、规范将成为国家机构改革的大方向，此次国地税合并的更多更长期的效应，将会在今后的税制改革等宏观工作中逐渐释放。”

（资料来源：赵一苇，贺斌，姜璇．财税体制改革：中央和地方的进一步磨合．中国新闻周刊，2018-07-02.）

4.7 公共组织结构的优化及未来模式选择

当前，随着科技的飞速发展，人类社会正在经历一场意义深远的信息革命，除了对日常生活的影响之外，人们在工作组织生活中的许多相互作用也将被改变。事实证明，韦伯传统的官僚组织结构由于一些自身难以避免的弊端，已经很难解决后现代社会出现的一系列问题。如果组织结构发展不能与时俱进，就会僵化落后，失去生存空间。因此，必须加强对公共组织结构理论和实践的研究，促进公共组织结构更好地适应当代社会的发展要求。

当前社会背景下，公共组织结构的发展和变化的趋势表现在以下三个层面上：

第一，技术层面。随着大众传媒和网络信息技术的发展，当前无论是个人还是组织都不可避免地受到网络这一环境因素的影响。网络技术对于以往组织结构最大的影响在于打破了传统的沟通规则和地域限制，具有更广泛的信息沟通形式和渠道。在网络环境中，信息传递不再是只能依靠实体的传递媒介，这就给公共组织结构改革带来了契机。传统的公共组织中等级严格、层级结构繁杂，给信息传递带来很多障碍和不便，网络环境下组织中的层级部门呈现出扁平化的结构特征，彼此联系、关系紧密，通过不同的网络连接在一起进行分工协作。这种超层级的结构使传统公共组织的多层级结构和繁多复杂的功能分工现象被完全打破。

第二，社会层面。在科学技术进步的同时，社会的复杂程度也日益增加，无论是社会事务本身还是其涉及对象、处理方式等，多样化趋势都不断显现出来。以通信和交通技术的发展为例，相比过去，通信和交通技术的改进使公共组织在相同时间内需要面对和处理事件的数量剧增，在每个事件中发挥作用的组织实体数量也在增加，这就对公共组织的专业化水平提出了很高的要求。但与此同时，由于单个组织的能力毕竟是有限的，因此专业化程度的提高必然引起组织间相互依赖程度的提高。

第三，人的层面。信息化使公共组织面临着一个日益复杂、多元、个性的社会。这种趋势既体现在公共组织的外部环境里，也表现在其内部环境中。从外部环境角度来看，社会的复杂多元化要求迫使公共组织的服务内容、方式等从原来的规范化和标准化向人性化、个性化、多元化转变，这也使得组织工作复杂程度增加，对原来的服务内容方式及其改变提出了严峻的挑战。从组织内部来看，公共组织中的成员不断追求自身的个性发展和多元需求，不再是单纯被动地接受和执行上级的命令和指示，而是需要更多地参与到组织活动和事务中去。所以，公共组织中的领导和管理层的设置、管理行为、管理方式等也在发生深刻的变化。

面对组织结构的这一系列变化，科层制的组织结构改革和转变的趋势是：由传统的层级制组织类型向非层级制组织类型转变。非层级制结构类型的特点是：

（1）组织形态趋于扁平化。大量的组织内原有中间层被取消，组织中的部门和人员可以更加直接地面对服务对象，这使得组织行动灵活迅速，对组织及环境中的各种变化反应灵敏。

（2）组织构成趋于柔性化。柔性化表现为组织结构的设立不再是以前那种固定化的、正式化的组织结构，而是增添了很多为了完成创新性、临时性的任务而设立的短期性、任务导向的团队式组织或者项目小组。这样的结构设置使得组织上下级之间的沟通及时、信息渠道也更加顺畅，可以根据环境情况的变化对组织中的权责关系时时调整，保证组织的活动工作与发展目标相互联系、保持一致。

（3）组织结构趋于网络化。信息技术的发展使公共组织可以利用互联网来进行内部的管理，比如组织资源的分配整合、部门之间的协调配合等，实现内部各部门管理的网络化。同时，对于各种组织之间的关系而言，组织结构的网络化把不同组织的联结关系放入一定的组织结构框架中，可以拓宽组织模式的适用范围。

（4）组织沟通趋于虚拟化。网络技术的发展正在使当今社会不断向虚拟化、“超文本化”发展。网络的普及使得传统公共组织的边界、层级等逐渐消失，从有形组织向无形组织方向发展，组织的控制也从直接权力控制转变为间接制度控制，权力权威变为制度权威。这使得组织对人力资源需求降低，人力成本减小，组织的资源利用率提高，也增加了公共组织的透明性和开放性。

（5）组织边界趋于无缝化。技术的发展使公共组织不再将过多的关注点放在组织中人员、地点、任务的界限上，而是重点关注如何与外界环境高效互联，从而把信息、人才、组织行动等落实到需要的地方去。组织与环境之间的无缝对接要求公共组织边界是灵活、可渗透的，以柔性组织结构模式取代刚性模式，以灵活可变的结构代替相对固定的组织结构，把可能涉及的一些外部因素和外部组织也纳为组织结构的一部分，促进组织的改革发展。

知识库

超文本

“超文本”源于计算机网络用语，是“超级文本”（hyper text，HT）的中文缩写。它在1965年被美国学者纳尔逊最先提出，描述一种交叉的、允许读者做出选择、最好在交叉屏幕上阅读的文本。《牛津英语词典》对“超文本”的解释是：一种并不形成单一系列、可按不同顺序来阅读的文本，特别是那些通过让材料的阅读者可以在特定点中断对一个文件的阅读以便参考相关内容的方式相互连接的文本与图像。

超文本使得读者摆脱了文本线性的控制，阅读者可以随意在某个地方停下来进入另一个文本。这种文本和阅读方式更好地适应了读者的主体地位和联想的思维规律，增加了文本阅读的综合性、信息性、可选择性和自主性。

案例

“省管县”改革

《湖南省国土资源厅推进省直管县经济体制改革试点实施方案》（简称《方案》）于2015年9月出台。根据《方案》，浏阳市、茶陵县、湘乡市、平江县、石门县、耒阳市、武冈市、慈利县、安化县、宜章县、蓝山县、溆浦县、新化县将成为湖南国土资源省直管县经济体制改革试点县（市）。

《方案》重点明确了改革试点县（市）国土资源局行使管理权限。赋予的具体管理权限有七个方面：

规划直接管理。试点县（市）的土地利用总体规划、矿产资源规划，由试点县（市）直接向省厅上报审批。

计划直接下达。试点县（市）的建设用地年度计划指标、城乡建设用地增减挂钩指标，由省厅直接下达。

项目直接申报。土地整治与耕地保护、矿产资源勘查开发与地质环境保护、测绘地理信息等专项，由试点县（市）直接向省厅申报。

资金直接下达。试点县（市）的各类国土资源项目资金，省厅会同省财政厅直接下达。

权限直接下放。赋予试点县（市）行使与市州相同的国土资源管理权限，具体赋权范围按照省政府印发实施的《赋予省直管试点县（市）经济社会管理权限目录》执行。

证照直接发放。凡属于省厅发放的证照和批准的事项，由试点县（市）国土资源局直接报省厅审批、核发。

信息直接获取。省厅召开的全省性会议、发放到市州国土资源局的各类文件、指导工作的各类信息，扩大到试点县（市）国土资源局。

《方案》同时指出，凡省委、省政府、国土资源部以及省厅部署在县级的国土资源领域改革试点工作，优先安排在试点县（市）先行先试；在研究制定国土资源“十三五”规划时，将13个试点县（市）的国土资源事业发展纳入全省统筹考虑；支持试点县（市）实行租让结合、弹性出让的工业用地供应制度；在国土资源项目和转移支付专项资金安排等方面将对试点县（市）给予倾斜。

“省管县”改革从2002年开始在全国试点推行，至今已走过十多个年头。“省管县”体制是把省市县之间的行政管理关系从之前的“省—市—县”三级体制转变成“省—市、县”两级体制，即不再通过中间的市一级，由省直接对县进行管理。“省管县”改革无疑是我国政府减少行政管理层级、优化政府组织结构的一次重大尝试。目前，全国已经有江苏、山东、河南、安徽、福建、湖南、湖北等多个省进行了“省管县”试点。

（资料来源：湖南国土资源推进省直管县试点：浏阳等13个县（市）成为试点县（市）.（2015-09-18）. http://www.hunan.gov.cn/hnyw/zwdt/201509/t20150918_4757147.html.）

案例思考题

1. “省管县”改革体现了我国公共组织在优化自身结构过程中怎样的趋势？

2. “省管县”这一改革探索有哪些优点和不足之处？我们可以从中吸取哪些经验以更好地推进我国的行政体制改革？

本章小结

公共组织结构是指公共组织的构成要素及其组合方式，即包含构成要素和组合方式两方面的内容，这也体现了公共组织内部各部分和要素之间的一种相互关系。

公共组织结构由人、目标和特定的人际关系构成，具有层次性、复杂性和体系性、规范性、稳定性、开放性等特点。一般层面上，公共组织结构具有整合功能、沟通功能、效率功能、激励功能，具体功能可以从横纵两方面来认识。

公共组织结构有很多类型。一般类型有直线式结构、职能式结构、直线职能式结构、直线参谋式结构、事业部式结构、矩阵式结构。随着公共组织的发展和对组织理论研究的深入，很多新型的公共组织结构诞生，比如委员会制组织结构（包括原始委员会制组织结构、董事会式组织结构、理事会式组织结构、基金会制组织结构）、团队式组织结构、虚拟式组织结构、网络型组织结构。

公共组织结构按照方向可以分为横向结构和纵向结构，两种结构各具特色，并根据不同的划分形成了公共组织的管理幅度和管理层次。管理层次和管理幅度之间成反比。管理层次越多，每一级的管理幅度就越窄，反之则越宽。

公共组织设计是指公共组织根据一定的理论和原则对组织结构和功能进行确定、规划和协调的过程。具体内容包括组织的职能设计、部门设计、管理层次和管理幅度设计、职权设计以及管理规范设计。公共组织结构设计要遵循效率、法制、精简、职权责相一致、人本主义的原则。公共组织的环境、战略、规模、技术等都可能会成为公共组织结构设计中的重要影响因素。

公共组织和私人组织在结构方面既有相同点也有不同点。相同之处在于对二者来说，决定组织结构的因素基本相同，结构都是组织的基本组织形式，组织结构的发展趋势都是对传统官僚结构的背离。不同之处在于二者的权责体系特征以及结构的变动和灵活程度均不同。

当前公共组织结构在技术层面、社会层面、人的层面上都发生了很大的变化，面对上述变化，科层制组织结构逐渐由传统的层级制组织结构类型向非层级制组织结构类型转变，并且呈现出组织形态趋于扁平化等特点。

关键术语

公共组织结构　　管理层次　　管理幅度　　公共组织设计

复习思考题

1. 简述组织结构、公共组织结构的概念。
2. 公共组织结构有什么特点？
3. 公共组织结构的一般功能和具体功能有哪些？
4. 简述公共组织结构的一般类型及其特点。
5. 公共组织结构有哪些新类型？
6. 公共组织的管理层次和管理幅度之间是怎样的关系？
7. 公共组织设计的内容有哪些？遵照怎样的原则？受到哪些因素的影响？
8. 公共组织和私人组织的结构有哪些异同？
9. 我国科层制政府的结构表现为哪些方面？
10. 公共组织结构的未来发展趋势是怎样的？

案例分析

大部制改革

大部制即大部门体制，也就是为推进政府事务综合管理与协调，按政府综合管理职能合并政府部门，组成超级大部的政府组织体制。特点是扩大一个部所管理的业务范围，把多种内容有联系的事务交由一个部管辖，从而最大限度地避免政府职能交叉、政出多门、多头管理，提高行政效率，降低行政成本。

2018 年 3 月 13 日，党的十九届三中全会通过了《中共中央关于深化党和国家机构改革的决定》和《深化党和国家机构改革方案》。《深化党和国家机构改革方案》就统筹推进党政军群机构改革做出了全面安排部署，深化国务院机构改革是其中的一项重要任务。改革后，国务院正部级机构减少 8 个，副部级机构减少 7 个，除国务院办公厅外，国务院设置组成部门 26 个。通过改革，国务院机构设置更加符合实际、科学合理、更有效率，必将为全民贯彻落实党的十九大部署的各项任务提供有力的组织保障。中国特色社会主义进入新时代，中国国家和社会发展已经并将继续发生深刻变化，治国理政的任务更加艰巨，这都对国家机构设置及职能配置提出了新的要求。深化国家机构改革，将加快形成系统完备、科学规范、运行高效的国家机构职能体系，实现国家有效治理、长治久安。

为什么要进行大部制改革

改革前，我国政府部门职能的错位和交叉现象严重，部门之间互相扯皮，行政效能低下，过多经济资源被行政机构自身消耗掉。据不完全统计，1999—2005 年我国行政成本对经济增长的作用为−1.73%，行政支出占用大量财政资金和资源，严重阻碍了经济发展。更重要的是，职能混乱的状况之下政府不能有效地履行宏观经济管理、市场监管、社会管理等职能，无法向民众提供合格的公共服务和社会保障等。

此外，当前我国正由计划经济转向社会主义市场经济，这在客观上要求政府不能过多干预微观经济，反映在政府体制上就必须走“大部制”管理的道路。

因此，必须对现有政府机构进行有效整合，改变政府机构繁多、职能交叉的现象，通过减少机构数量，降低各部门协调难度，使政府运作更有效率，更符合市场经济的宏观管理和公共服务的角色定位，而不是像过去一样，简单地推进“政企分开、政资分开、政事分开、政府与中介组织分开”。

改革开放以来的大部制改革

自改革开放以来，国务院已经进行了八次机构改革，分别是：

第一次：1982 年 3 月至 1988 年 4 月，改革目标是“提高政府工作效率，实行干部年轻化”，此次改革使国务院部门从 100 个减为 61 个。

第二次：1988 年 4 月至 1993 年 3 月，此次改革认为“转变政府职能是机构改革的关键”，改革方案实施后，国务院部、委由原有的 45 个减为 41 个，直属机构从 22 个减为 19 个，非常设机构从 75 个减到 44 个。

第三次：1993 年 3 月至 1998 年 3 月，改革目标是“使组织机构适应建设社会主义市场经济的需要”。国务院组成部门、直属机构从原有的 86 个减少到 59 个，人员减少 20%。

第四次：1998 年 3 月至 2003 年 3 月，目标是“消除政企不分的组织基础”，根据改革方案，国务院不再保留的有 15 个部、委，新组建的有 4 个部、委。

第五次：2003 年 3 月至 2008 年 3 月，目标是行为规范、运转协调、公正透明、廉洁高效。此次机构改革设立了国资委、银监会，组建/重组商务部、国家食品药品监督管理局、安监总局，将国家发展计划委员会改组为国家发展和改革委员会，国务院组成部门变为 28 个。

第六次：2008 年 3 月至 2013 年 3 月。组建工业和信息化部、交通运输部、人力资源和社会保障部、环境保护部、住房和城乡建设部。改革后，除国务院办公厅外，国务院设置组成部门 27 个。

第七次：2013 年 3 月至 2018 年 3 月。实行铁路政企分开，整合加强卫生和计划生育、食品药品、新闻出版和广播电影电视、海洋、能源管理机构。这次改革，国务院正部级机构减少 4 个，其中组成部门减少 2 个，副部级机构增减相抵数量不变。改革后，除国务院办公厅外，国务院设置组成部门 25 个。

第八次，2018 年 3 月至今，国务院开启新一轮机构改革，政府机构改革的力度再一次加大，在此前 10 年的基础之上，大部制改革进一步推进。组建或重新组建自然资源部、生态环境部、农业农村部、文化和旅游部、国家卫生健康委员会、退役军人事务部、应急管理部、科学技术部、司法部；不再保留监察部、国土资源部、环境保护部、农业部、文化部、国家卫生和计划生育委员会；改革后，国务院正部级机构减少 8 个，副部级机构减少 7 个，除国务院办公厅外，国务院设置组成部门 26 个。

实行大部制改革，有效减少了政府各部门的职能交叉，可以进一步完善行政运行机制，有利于行政体制改革的深化，也有利于落实政府责任，建设责任型政府和真正的服务型政府。一个整合了多部门利益的“大部委”是市场经济发展和公共行政管理的趋势和必然要求，同时“大部制”也应当是社会大转型中政府保障服务性功能突出、行政色彩淡化的必然选择。

案例思考题

1. “大部制”改革反映了我国公共组织结构发展的什么特点？
2. 如何进一步推进“大部制”改革，完善我国公共组织的结构？

本章参考书目

[1] 叶先宝. 公共组织行为学. 北京：清华大学出版社，2014.

[2] 陈振明，孟华. 公共组织理论. 上海：上海人民出版社，2006.

[3] 李传军. 公共组织学. 3 版. 北京：中国人民大学出版社，2015.

[4] 张建东，路江兵. 公共组织学. 2 版. 北京：高等教育出版社，2010.

[5] 尹钢，梁丽芝. 行政组织学. 北京：北京大学出版社，2005.

[6] 倪星，曾莉. 行政组织学. 北京：北京师范大学出版社，2011.

[7] 唐兴霖. 公共行政组织原理：体系与范围. 广州：中山大学出版社，2002.

[8] 金太军，赵晖. 中央与地方政府关系建构与调谐. 广州：广东人民出版社，2005.

第5章

公共组织的决策

决策贯穿于组织管理活动的始终，是管理的中心环节和各项管理活动的基础。公共组织决策是普遍决策活动的一种类型，是以公共利益为目标的决策。公共组织决策的正确、民主、科学与否会对社会生活的方方面面产生重大影响，因此不论从实践层面还是理论层面出发，探究公共组织的决策都具有重要的意义。

重点问题

- 公共组织决策的含义
- 公共组织决策的特征与类型
- 公共组织决策的原则和过程
- 公共组织的决策模型和决策方法

引导案例

古巴猪湾事件，又称吉隆滩事件，是指1961年4月17日，在美国中央情报局的协助下逃亡美国的古巴人，在古巴西南海岸猪湾，向菲德尔·卡斯特罗领导的古巴革命政府发动的一次入侵。该事件标志着美国反古巴行动的第一个高峰。

当时美国政府训练了1 000多名古巴流亡分子，将其全副武装。这1 000多人乘船在古巴哈瓦那附近的猪湾上岸，想要制造内乱推翻卡斯特罗的政权。由于整个行动的决策规划草率，这项计划仅仅坚持3天便以失败收场。这一失败被称为美国在军事、政治上的双重失败，导致美国在国内外受到猛烈批评，同时，古巴由于担心美国再次进攻而开始向苏联靠近，并最终导致了1962年的古巴导弹危机。

5.1 公共组织决策的概述

5.1.1 公共组织决策的含义

1. 决策与公共组织决策

决策是现实生活中的一种普遍现象，它普遍存在于社会生活的各个领域，个人发展、社会协调、经济建设、科技进步以及国家公共事务管理等领域都充满了决策活动。尽管决策活动古已有之，但直到20世纪初才开始形成决策的科学化研究。直至第二次世界大战以后，决策研究在吸收了行为科学、系统理论、运筹学等多学科成果的基础上，在20世纪60年代形成了一门专门研究和探索人们做出正确决策规律的科学——决策学。

决策，从其字面意义上来说，是指做出决定或者进行选择。由于决策活动是管理活动的核心，贯穿于管理活动的始终，并且任何一项管理问题的解决都离不开决策活动，因此，决策活动的广泛性和重要性使得人们对于决策概念的界定也各有侧重，并未形成统一的看法。但归纳起来，从其普遍意义上来说，对于决策的理解可以分为广义和狭义两个方面。从广义来看，所谓决策，是指一系列包含提出问题、确立目标、探究原因、设计方案、选择方案的过程。而狭义的决策只关注决策活动的一个时点，即从备选方案中选定最终方案的活动，也就是决策者的拍板定案。不论是广义理解还是狭义理解，都强调决策是一项做出选择的活动。一般而言，对于决策的广义理解更受大家的青睐。

随着社会物质财富的增长、经济发展水平的提高、科学技术的进步、社会心理的变化以及社会环境的复杂化，越来越多的问题涌入社会公共事务领域，对公共组织的决策专门化和独立性提出了更高的要求。公共组织决策是普遍决策活动的一种类型，它既有决策活动的共性，又具有其独有的特征。作为一种宏观层次的决策，公共组织决策的正确、民主、科学与否会对社会生活的方方面面产生重大影响。公共组织决策是发生在公共组织领域的决策活动，是指公共组织为解决某一社会问题或达成某种理想状态，基于实际情况，依据科学的决策理论，运用科学的决策手段，合理制定和选择备选方案的活动过程。从这一定义中可以看出，公共组织决策涉及一系列的活动，包括问题认定、确定目标、拟订方案、选择方案和实施方案，因而是一种动态的过程。

在理解公共组织决策时，我们常常将公共组织决策与公共政策相联系。但值得注意的是，公共组织决策并不完全等同于公共政策。尽管两者在本质上都包含于公共组织的决策活动中，但两者存在明显的差别。公共组织决策与公共政策最主要的区别在于：公共组织决策是一项动态的活动过程，它包括多个活动环节；而公共政策是一种静态的事物，是指由具有政策制定权的权力实体所制订出的行为计划，包括行动方案和行动准则。可以明确的是，通过公共组织的决策活动，可以制定出相应的公共政策。因此，对两者进行必要的区分，有助于我们更深入地理解公共组织的决策活动。

2. 公共组织的决策系统

公共组织决策作为贯穿组织管理活动始终的行为，其本身就是一个完整的系统。构成公共组织决策系统的主要要素包括决策主体、决策客体和决策环境。

（1）决策主体。公共组织的决策主体是指参与公共组织决策过程的个人、组织或者团体。对于公共组织决策主体类型的划分存在不同的标准，包括直接参与和间接参与、国家权威与社会权威、体制内主体与体制外主体等。在这里，我们采用较为常用的一种划分类型，即认为公共组织的决策者分为官方决策者和非官方决策者。按照安德森的定义，所谓官方决策者是指那些具有合法权威去制定公共政策的人，这些人包括国会议员、政府首脑、行政人员和法官。而非官方决策者无论在何种政策场合多么重要或处于何种主导地位，他们自身通常并不拥有合法的权威去做出具有强制力的政策决定，主要包括政治党派、利益集团、智库、普通公民等。

（2）决策客体。公共组织决策的首要目的就是要制定出合理的公共政策，以处理社会问题和影响决策的目标群体，因此公共组织的决策客体就是指决策所作用的对象和影响的范围。社会问题是公共组织决策重要的作用对象，是指现实社会中涉及大多数人的问题，这种问题往往会导致社会的紧张状态，破坏现有的社会秩序和规则，牵涉到较为广泛的社会关系。因此，有必要对其进行关注、分析和解决。公共组织决策的目标群体是指受公共组织决策影响的个人、团体和组织。因此，公共组织的决策活动通常表现出对一部分人的利益进行调节，以及对一部分的行为进行规范，而这些受到决策影响的目标群体反过来又会影响公共组织的决策活动。

（3）决策环境。公共组织的决策系统还包括公共组织的决策环境。公共组织的决策环境是指影响公共组织决策的外部条件的总和。任何一项决策活动都是在一定的决策环境中开展的，公共政策是决策环境的产物。同时，公共组织的决策活动对决策环境具有一定的能动作用，因此两者存在辩证统一的关系，彼此相互联系、相互作用、相互影响。构成公共组织决策环境的主要因素有地理环境、经济环境、社会制度和社会变迁、政治传统和文化以及国际环境。任何一种因素的发展变化都会引起决策整体环境的变化，进而导致公共组织决策的变化。

5.1.2　公共组织决策的特征与类型

1. 公共组织决策的特征

理解公共组织决策的特征有助于我们更好地认识公共组织决策的本质，从而有利于组织决策活动的开展和决策目标的达成。

公共组织的决策活动具有一般管理决策活动的共同特点，主要表现为以下四点：

（1）目标导向性。组织的决策是针对特定问题所开展的一项管理活动，因此为了有效解决特定问题，决策活动需要制定出清晰的目标，明确组织在未来所要达到的某种状态。任何一项决策活动都离不开目标，没有目标的决策是盲目的。

（2）选择性。选择贯穿于组织决策活动的始终，不论是决策目标的制定环节、决策方案的设计环节，还是决策方案的选择环节，都强调选择的重要作用，因此决策本身属于一种选择活动，选择性是决策的典型特征。

（3）预测性。所谓决策的预测性，是指任何一项决策都是为未来而做的，是一项面向未来的活动。因此有效的决策行为离不开对组织发展状况和发展环境的预测，通过预测，发现组织所面临的机遇和挑战，从而做出具有较强预测性的决策。

（4）可实践性。组织决策的最终目标在于制订出合理的决策方案，并对其加以实施。通过决策方案的实施，以解决问题，达成组织的管理目标，这就要求组织的决策具有可实践性。若决策不加以实施，也就失去了其存在的意义。

公共组织决策除了具有一般管理决策活动的特点之外，还有其特殊性。在这里我们可以对私人组织决策和公共组织决策进行比较（见表5-1），从而更直观地了解公共组织决策的特性。

表5-1　私人组织决策和公共组织决策的比较

	私人组织决策	公共组织决策
决策主体	组织中的中高层管理者	具有决策权的个人、组织或者团体
决策目标	追求利润	追求公共利益
决策价值	谋求个人利益最大化	决策价值的公共性
决策依据	决策权威来自经济性的市场力量	决策权威来自国家制度和法律
决策内容	经济利润的获取	决策内容广泛

从上面的表格可以看出，公共组织决策具有以下五方面的特性：

（1）决策主体的特定性。公共组织决策主体是指参与公共组织决策过程的个人、组织或者团体，这些主体依法享有公共权威，行使公共权力。在我国，公共组织的决策主体主要是中央和地方各级政府机关及其行政人员，经合法授权或行使委托的其他组织或个人依法行使决策权力的也可视为行政组织的决策主体。而私人组织的决策主体主要是指组织中的中高层管理者。

（2）决策目标的特殊性。公共组织的性质决定了公共组织的决策活动要以维护公共利益为其根本目标。公共组织的决策活动是一项复杂的政治活动，在决策过程中涉及多元利益的考量和多重价值的平衡，因此公共组织的目标并非是单一的，而是一个具有层级性、系统性和交叉性的目标系统。这就要求公共组织决策者在制定决策目标时，充分考虑各种因素，合理协调多元价值，从而制定出具有针对性、可行性和公平性的目标。相比较而言，私人组织决策的目标相对单一，市场经济的本质决定了追求利润是私人组织决策的主要目标。

（3）决策价值的公共性。公共组织决策与私人组织决策最重要的不同之处在于公共组织决策价值的公共性。公共组织决策在本质上是运用公共权威对社会资源和公共利益进行权威性分配，其主要价值导向体现为追求社会公平与公正，为公众谋求最大化的公共福利。而对于私人组织决策来说，谋求个人利益最大化是其典型的价值取向。

（4）决策依据的权威性。公共组织的活动本质上属于国家活动，其决策代表国家意志和公共利益，因此公共组织的决策权威来自国家制度和法律的授予，从而具有公权力性。这种以国家强制力为依托的决策，既受到法律法规的严格约束，又具有合法的强制性。对于私人组织来说，其决策权威来自经济性的市场力量，因此决策的实施对社会中的个人和团体不具有强制性。

（5）决策内容的广泛性。公共组织决策和私人组织决策在决策内容上同样存在着诸多差异。相较于私人组织决策，公共组织决策的内容更为广泛。公共组织决策涉及国家和社会生活的方方面面，因而其决策内容不仅包括公共组织本身的事务，还包括对社会各种公共事务的考虑和多元利益的调节。而对于私人组织来说，其决策内容较为单一，即更多地关注经济利润的获取。

2. 公共组织决策的类型

公共组织的决策活动十分复杂，存在多种多样的决策形式。因此对不同类型的决策形式进行比较和分析，有助于决策者在不同的情境下选择合适的决策行为，做出正确的决策安排。

（1）按照决策的性质，可以分为结构性决策、非结构性决策和半结构性决策。结构性决策是指行政组织的决策活动可以遵循一系列固定的方法和流程，并且可以用明确的语言和模型对其加以描述。这类决策大多借助于计算机语言来编制相应的程序，因而可以解决较为简单的决策问题。非结构性决策与结构性决策相反，是指决策活动没有可供遵循的固定程序和方法，由于决策过程复杂，难以用明确的语言和模型加以描述。决策者的个人经验和能力是影响非结构性决策的关键因素。而半结构性决策是介于两者之间的决策，这类决策虽然可以遵循一定的固定程序和方法，但是由于决策过程所涉及的数据和信息不确定，因此会受到决策者的较多影响。

（2）按照决策的作用，可以分为战略决策和战术决策。战略决策是指直接关系到公共组织生存和发展的决策，是一种宏观层面的决策。战略决策所需要处理的问题重大且复杂，通常由公共组织高层领导人员做出，是对行政组织方针、政策和路线等的规划与决策，因此带有全局性和整体性。相对于战略决策，战术决策关注公共组织微观层面的问题，是为保证行政组织战略决策的有效实现而解决局部问题的重要决策。战术决策主要由公共组织的中层领导者做出，其主要功能在于执行战略决策所制定的目标，从而保证组织更高效地实现其最终目标。

（3）按照决策问题的性质，可以分为确定型决策、风险型决策和非确定型决策。确定型决策是指决策者对各种可供选择的备选方案有完全的了解，并且每种备选方案只有唯一的一种结果，在决策者明确的价值偏好下，通过比较各种方案的结果就可以做出决策。风险型决策是指在决策过程中，存在诸多不确定性因素，抉择者无法通过简单的比较就做出最终的决策。因此决策者需要承担一定的风险，根据每种方案可能结果的客观概率做出确定的回答。非确定型决策与风险型决策较为相似，但两者最大的不同在于非确定型决策中各种决策方案结果的概率无法预测，因而很难断定哪种选择是最好的决策。

（4）按照决策主体的规模，可以分为个人决策和群体决策。所谓个人决策，是指由掌握决策权力的公共组织的领导人所独立做出的决策。在这种情况下，决策者对决策活动享有单独的最终决定权，而其他组织成员只享有对决策提出建议、意见和批评等的权力。因此，这种个人决策的成败与决策者个人的经验和能力息息相关，带有明显的官僚主义色彩。群体决策指的是由群体所做出的决策，相较于个人决策，群体决策具有较大的规模，同时决策权被整个群体所占有。群体决策包括两种形式，即领导群体决策和群体参与决策。所谓领导群体决策，是指一个领导集体共同进行决策，也就是最高管理层的决策集团在一起拍板。此时，决策代表了领导集体的共同意志。而群体参与决策是指较低层次的群体成员参与较高层次决策的情况。集中表现在群体成员参与领导决策的过程，并对决策的形式、内容和执行施加影响。

(5) 按照决策行为进行的阶段不同，可以将决策分为初始决策和追踪决策。所谓初始决策，是指在开展某项工作之前所进行的决策。通常这类决策明确规定了达成目标的手段、方式和路径等。追踪决策是指发生在决策执行过程中的决策，是在初始决策的基础上，对其在执行过程中显现出的缺陷和不足加以修正和补充的决策方式。

此外，按照决策领域进行划分，可以分为政治性决策、经济性决策、文化性决策、生态性决策、民生性决策等；根据决策内容进行划分，可以分为常规性决策和危机性决策；根据决策方法进行划分，还可以分为经验决策和科学决策；等等。

案例

诺曼底登陆的“D”日

1944年6月4日，盟军集中45个师，1万多架飞机，各型舰船几千艘，即将开始规模宏大的诺曼底登陆作战。就在这关键时刻，在大西洋上的气象船和气象飞机却发来令人困扰的消息：今后三天，英吉利海峡将在低压槽控制之下，舰船出航十分危险。盟军最高统帅艾森豪威尔对此一筹莫展。盟军司令部的司令官们都知道，登陆战役发起的“D”日，对气象、天文、潮汐这三种自然因素条件也有要求。就在大家几乎束手无策时，盟军联合气象组的负责人、气象学家斯塔戈提出一份预报，有一股冷风正向英吉利海峡移动，在冷风过后和低压槽到来之前，可能会出现一段转好的天气。当时，联合气象组对6日的天气又做了一次较为详细的预报：上午晴，夜间转阴。这种天气虽不理想，但能满足登岸的起码条件。艾森豪威尔沉思片刻，果断做出最后决定：“好，我们行动吧！”后来虽因天气不好，使盟军空降兵损失了60%的装备，汹涌的海浪使一些登陆战船沉没，轰炸投弹效果差，但诺曼底登陆作战一举成功，却是不可否认的事实。

案例思考题

艾森豪威尔的决策属于正文中叙述的哪几类决策？

5.2 公共组织决策的原则和过程

5.2.1 公共组织决策的原则

公共组织决策的原则是指对公共组织决策过程中客观规律的整合与概括，是指导公共组织进行决策活动的一般准则。公共组织要做出正确、合理、科学的决策就必须遵循这些原则。概括起来，公共组织决策的原则有以下几个方面：

1. 信息原则

信息是决策的前提，没有有效的信息就很难做出正确的决策。从信息的意义上讲，公共组织决策的过程就是信息的收集、整理、分析、加工、解读和利用的过程，因而决策的有效性很大程度上依赖于信息的完整、真实、具体和准确。在公共组织内部，信息的质量是科学决策的基础，但由于公共组织内部信息的交流与传递大多沿着垂直的层级方向进行，因而信息发生失真的概率很大，这种依靠不真实信息所做出的决策必定导致公共组织工作的失误，因此，避免公共组织内部的信息失真对于公共组织的决策有着重要的意义。同时，公共组织甄别信息的能力也影响着决策的有效性。在信息时代背景下，公共组织所面临的信息是复杂、海量和不确定的，因此在公共组织决策过程中，能否有效甄别各类信息，去伪存真，去粗取精，寻找真正为决策所用的关键材料，同样影响着公共组织决策的有效性。总之，信息原则是公共组织决策的首要原则，只有拥有全面、具体、准确、及时的信息，才能做出科学有效的决策。

2. 客观原则

公共组织在决策过程中往往会受到决策主体主观因素的影响，使得决策结果有失客观性，从而造成决策的失误，这就要求公共组织在决策过程中遵循客观原则。所谓客观原则，就是要求公共组织决策必须尊重事物发展的客观规律，实事求是，一切从实际出发，遵循科学的指导原则，避免主观随意性，同时要深入实践，了解社会问题的本质和特点，具体问题具体分析，做到有针对性地思考，使决策尽可能符合现实的客观情况和运作规律。客观原则是公共组织决策的基础原则，偏离客观性的决策往往不能反映真实的社会问题和社会现状，同时会造成决策者决策的主观盲目性，从而导致不切实际甚至严重失误的决策行为。

3. 系统原则

行政组织作为社会大系统的组成部分，与其他组织相互依存、相互联系，因而行政组织的决策也带有明显的系统性特征，主要表现在社会问题的系统性和决策影响的关联性。系统性是社会问题的主要特征，任何决策问题都不是孤立存在的，不同领域、不同范围和不同层级的问题常常相互联系、相互制约，因此在分析和解决社会问题时，就要用系统的眼光去观察问题的表象，分析不同问题间的联系与制约，从而明晰所要解决问题的层次和地位。同时，决策的影响范围具有系统关联性。公共组织的决策不仅直接影响公共组织决策的执行和监督环节，同时会对组织系统内部不同层级和部门的工作产生影响。这就要求公共组织决策者在决策过程中，树立系统性的思维，把握事物的整体特征，客观分析整体与部分的关系，正确处理集体利益与个人利益、长远利益与短期利益、内部环境与外部环境、主要目标与次要目标以及战略与战术等的关系。

4. 时效原则

公共组织所做出的任何一项决策都是有时空限制的，超过了一定时间和空间的政策行为，尽管曾经是科学合理的也有可能变得不科学、不合理。因此，遵循一定的时效原则是公共组织有效决策的重要保障。决策的时效原则首先要求决策者充分把握时机。机会常常稍纵即逝，一旦错过了合适的机会，决策就会变得困难重重。因此，决策者应该做好充分的准备，在机会来临时，做到不犹豫不害怕，勇于承担风险，把握决策时机。公共组织决策的时效原则还包括追求效率。追求效率是公共组织时效原则的进一步延伸，所谓效率就是指在既定时间范围内，最大限度地使用社会资源以满足组织目标的需要。为了实现公共组织决策的效率原则，组织决策者对于决策的每一个环节、组织内外环境的现状和变化以及组织决策所面临的机遇和挑战都要有清晰的认识和把握。只有建立在时效原则基础上的决策，才能最大限度地实现组织决策的有效性。

5. 权变原则

公共组织的决策是一项动态的活动，在决策过程中，影响决策的任何一种因素都不是固定不变的，而是不断变化和发展的，这就要求公共组织决策者在决策过程中遵循权变原则。所谓权变原则，就是要求组织决策者随组织决策环境的变化，灵活地处理所要解决的决策问题，切不可机械地落实与处置。正确处理原则性和灵活性之间的关系，是决策者遵循权变原则的基础与前提。一方面，要保持组织决策的原则性，这些原则性是由组织决策本身的性质所决定的，规定了组织决策所要达到的最终目标，因此偏离了决策的原则性，会造成决策的严重失误。另一方面，在把握组织原则性的基础之上，更强调组织决策的灵活性，也就是要因时因地因势地考虑客观实际情况，使决策行为更加符合实际、切合实情，增强决策的针对性和可行性。

6. 预测原则

公共组织的决策是一项面向未来的活动，是对未来事物所做的行为设计和方案抉择，要求决策者不仅要考虑到组织当前的决策环境，更要有效预测组织未来环境的变化与趋势，在制定组织决策目标时，要留有必要且可调节的弹性空间，以便后续决策的进一步完善和补充。科学预测原则要求行政组织在做出决策时，可以借助于 SWOT 分析，充分识别组织外部环境中存在的机会和威胁，以及组织自身的优势和劣势。同时，要对组织所制订的决策方案所可能产生的结果进行科学预测，主要通过收集资料、确定方法、计算和分析，以及评估结果这四个步骤，分析其可能带来的收益和成本，从而便于方案的优选和执行。总之，只有建立在科学预测基础上的决策活动，才能制订出具有可行性的决策方案。

5.2.2 公共组织决策的过程

公共组织决策是一个动态循环的过程，遵循一系列的步骤和程序。所谓公共组织决策过程，是指公共组织决策过程中各项工作、各个环节展开的逻辑顺序与具体步骤。认识公共组织决策过程的一般规律，有助于增强对公共组织决策的认识和理解，明确公共组织决策的本质与特点，从而进一步提高公共组织决策的质量和水平。一般而言，公共组织决策涉及四个环节，即公共组织决策目标的确定、决策方案的拟订、决策方案的评估以及决策方案的优选。

1. 决策目标的确定

决策目标的确定是行政组织决策活动的起点。公共组织的决策目标不仅是决策方案设计和优选的前提，同时也是决策方案执行的指导依据，并且为决策方案的评估提供了基本标准。而决策目标的确定，又依赖于对决策问题的有效识别。因此，决策目标的确定环节，主要包括问题识别和确定目标两项内容。

（1）问题识别。

任何一个社会在其发展和运行过程中，都会引发各种各样的社会问题，从而影响社会的正常秩序和有序发展。社会学家乔恩·谢泼德和哈文·沃斯在其代表作《美国社会问题》中把社会问题定义为：一个社会的大部分成员和一部分有影响力的人物认为某种社会状况不理想或者不可取，应该引起全社会关注并设法加以改变。因此，社会问题是涉及大多数人的问题，它超越了个人的范畴，表现为应有状态与实际状态之间的一种偏差现象，这种偏差现象影响到了人们的正常生活，引起了人们的普遍关注。公共组织的决策大多是为了解决一定的社会问题而进行的，然而并非所有的社会问题都属于公共组织决策的范围。只要那些纳入政府议程的社会问题，才能有效转化为政策问题，被公共组织加以关注和解决。因此政策议程的建立就是社会问题转化为政策问题的关键环节。一般而言，一项社会问题转化为政策问题需要依次经历公众议程和政府议程两个阶段，也就是要依次发挥公众诉求和政府诉求两种因素的作用，但对于那些紧急的，或者由决策者主动发现的问题，可以越过公众议程，直接进入政府议程当中。

（2）确定目标。

当社会问题经过一系列的议程设置进入政府议程中，社会问题便转化为政策问题，即公共组织确定了需要通过决策来解决的问题。此时，就需要对决策问题进行科学的分析、界定和描述，从而确定公共组织决策的基本目标。公共组织的基本目标规定了公共组织在近期和未来一段时间内所要达到的最终结果，它为组织行为提供了基本的方向和路径，因此是组织决策活动有效开展的前提。一般而言，公共组织的目标具有下列特征：

1）针对性。公共组织决策目标的提出与构建并非凭空产生的，而是根据具体的现实问题所设定的。决策问题的性质、客观程度、严重程度以及影响范围等都与决策目标的设置紧密相关，一旦脱离了具体的现实问题，就难以制定出正确的决策目标。同时，在确定决策目标的过程中，应该全方位地关注所要解决的问题，找准突破口，切中要害。

2）多样性。公共组织决策活动的复杂性和广泛性决定了决策目标的多样性，体现在不同的方面。从问题的领域来看，公共组织的决策目标包括政治目标、经济目标、社会目标、生态目标以及环境目标等各个领域；从目标制定的主体来看，可以分为中央层次的目标、地方层次的目标以及基层目标；从目标的范围来看，可以分为宏观目标、中观目标和微观目标；从目标的时间维度来看，可以分为长期目标、中期目标和短期目标；从目标的大小来看，可以分为战略性目标和战术性目标；从目标的数量来看，又可以分为多元目标、双重目标和单目标。总之，从不同的维度进行分析，可以划分出不同类型的目标，可见公共组织的决策目标具有多样性。

3）系统性。公共组织所要解决的问题常常是复杂多样的，因此决策目标也并非是单一的、独立的，而是多元的、相互联系的。这些多元化、多样化的目标组成了公共组织决策的目标体系，各目标相互联系、相互制约，形成了合理的结构，发挥着系统的功能。较低层次、局部的目标组成了较高层次、整体的目标，两种类型的目标相互影响、相互制约。因此，决策目标的这种系统性特征要求公共组织决策者在制定目标时，要树立全局的观念，从整体出发，关注局部目标的变化与发展，正确处理好长期目标和短期目标、主要目标和次要目标、整体目标和局部目标之间的关系，从而使整个目标体系得以优化。

4）可行性。公共组织的决策目标必须具有一定的可行性，即在现有条件下通过一定程度的努力可以将其达成。首先，目标要具有经济可行性。任何决策的实施，都离不开经济资源的支持。这里的经济资源不仅包括国家的财政支持，还包括人力资源、物质资源和信息资源等的支持。其次，目标要有政治可行性，也就是政策目标应该符合国家的基本方针、政策，以获取合法性地位。再次，目标要具有行政可行性。所谓行政可行性，是指目标具有被执行的可能性，受行政组织执行能力和工作效率的影响。最后，目标要具有法律可行性。政策目标的制定不能违反国家的法律法规，要在合法的范围内发挥其最大效用。

5）可评估性。公共组织决策目标不仅为决策方案的执行提供了指导原则，更为决策方案的评估提供了基本标准和参照依据，这就要求决策目标具有可评估性。所谓公共组织决策目标的可评估性，就是通过一定的科学标准，能够对公共组织目标的优劣做出判断。因此，为了更好地开展公共组织目标的评估工作，要求组织在确定目标时，首先要保证目标的要求明确且具体，即目标本身的概念要清晰，切勿模棱两可，表述含糊。其次要尽可能地对目标进行量化，从而易于组织评估工作的开展。

为了防止公共组织在决策过程中出现“制订了正确的方案，解决了错误的问题”的情况，要求公共组织决策者对组织目标的相关特征进行全面的认识，遵循一定的原则和方法，制定出正确且合理的决策目标。

案例

“沙格型”汽车在马来西亚的失败

1985年，由马来西亚国营重工业公司和日本三菱汽车公司合资2.8亿美元生产的新款汽车“沙格型”隆重推出市场。马来西亚政府将之视为马来西亚工业的“光荣产品”。但产品在推出后，销售量很快跌至谷底。经济学家们经过研究，认为“沙格型”汽车的一切配件都从日本运来，由于日元升值，它的生产成本急涨，再加上马来西亚本身的经济不景气，所以汽车的销售量很少。此外，最重要的因素是政府在决定引进这种车型时，主要考虑到满足国内的需要。因此，技术上未达到先进国家的标准，无法出口。由于在目标市场决策中出现失误，“沙格型”汽车为马来西亚工业带来的好梦，只是昙花一现。

案例思考题

马来西亚政府引进“沙格型”汽车决策失败的主要原因是什么？

2. 决策方案的拟订

公共组织决策活动的第二步是拟订决策方案。公共组织决策方案的拟订，是指公共组织决策者针对决策问题，依据决策目标的基本要求，通过调查研究，运用适当的技术与方法，设计或规划各种实现目标的可能性方案的行为过程，其实质是创造出一套处理公共决策问题的行动方针，使应该解决并且能够解决的问题以最有效的方法解决。而决策方案就是一个或者一组行动准则和内容，这些准则和内容规定了解决问题和达成目标的具体途径、方法和手段。

设计与拟订决策方案是为了解决现实问题，因此方案的内容既要有指导性，又要有可行性。一般而言，决策方案的拟订涉及轮廓设想和细节设计两个具体步骤。

（1）轮廓设想。为了尽可能全面地提出多种多样的方案设想，保证备选方案的多样性和互质性，就要从不同角度、多种途径出发，进行大胆设想和全面规划，因此决策方案设计的首要内容就是要进行方案的轮廓设想。对方案进行轮廓设想主要包括两方面的内容，一是要明确在此阶段大致可以提出多少个备选方案，二是对每一个备选方案的轮廓进行勾勒，即大致明确各方案的行动原则、初步目标和发展阶段等。轮廓设想活动的本质是决策方案设计者的思维活动，因此能够灵活运用各种思维方式是实现决策方案多元化的关键。经验思维、逻辑思维和直觉思维是决策者常用的思维方式，这些思维方式能够保证决策者做出较为稳定和安全的决策方案，但是轮廓设想更需要决策者的创新思维，敢于突破思维定式，打破经验束缚，另辟蹊径，提供具有创造性的思维成果。

（2）细节设计。通过轮廓设想的环节，可以初步得出几种相关的备选方案，但是这些方案大都是粗略且模糊的，这就要求对方案进行下一步的细节设计和完善。所谓细节设计，就是对轮廓设想环节所产生的方案进行初步筛选，淘汰那些不具有可行性的方案，保留那些较为可行的方案，并对其进行加工和精细化。细节设计阶段能够产生更加具体的备选方案，这些方案对实现决策目标的机构设置、资源配置、人员安排等都做出了详细的说明与规定。在这个阶段，决策者能否对方案的各项内容进行严格的论证、精密的推理是影响决策方案有效性的关键。

决策方案的拟订受到其决策对象和决策环境的影响，因此针对不同情境下决策方案的设计，其思路也有所不同。具体而言，决策备选方案的设计思路主要有四种：1）借鉴现行的决策方案，即复制或者参照一项现行的已经较为成熟的决策方案。2）常规的解决方案，即在备选方案的设计中仿照曾经解决同类问题的思路、方法和途径，以解决现行的决策问题。3）调整的解决方案，也称渐进的解决方案，是方案设计者在原有决策的基础之上，依据现在的客观情境以及现有的特殊问题，对原有方案进行局部的、渐进的和持续的调整，从而形成一项新的决策备选方案。4）创新的解决方法，即运用创新思维，设计出一个与原有政策方案具有本质区别的新方案，从而创造性地解决现有问题，实现决策目标。

3. 决策方案的评估

决策方案的评估是公共组织决策过程的第三步，通过决策方案的设计环节，会产生几种较为合理的决策备选方案，然而为了进一步选择出最为满意的决策方案，就必须进行决策方案的评估活动，对每一项备选方案进行客观而全面的测评和估量。所谓决策方案的评估，就是指依据一定的标准，通过一定的程序和步骤，对决策方案所具有的各种价值进行分析，目的在于利用这些相关的信息，对决策方案的可能结果进行预测和评判。具体而言，决策方案的评估就是要利用决策者所掌握的各种信息，对每种方案实施的可能性、可行性和可靠性进行分析，并对每种方案的利弊进行详细说明。

由于决策活动本身涉及多种因素的影响，因此决策方案的评估依赖多元的评估因素。具体而言，决策方案的评估标准主要包括：方案的可能性、方案的可行性以及方案的可靠性。

（1）方案的可能性。任何一项方案的实施都离不开相关资源的支持，因此在方案评估的环节，有必要对各种方案的资源拥有程度以及配合程度进行评估，以判断方案是否具有实施的可能性。在这里，影响方案的主要资源因素有两种，一种是人、财、物等实体性资源，另一种是信息、价值、权威等的抽象性资源。由于实体性资源比抽象性资源更直观和具体，因此在方案评估的过程中，我们常常会更多地关注实体性资源，而忽视抽象性资源的分析和评估，然而这样会导致对方案评估的不充分，从而影响进一步的方案优选环节。决策方案可能性的评估，除了涉及方案的资源拥有程度，还包括资源配合程度。可以明确的是，只有在各种资源相互配合、相互联系，形成合理的资源配置格局的情况下，才能最大限度地发挥各种资源的效用，使方案的实施成为可能。

（2）方案的可行性。决策方案的可行性分析是方案评估环节的核心内容。一项方案是否可行，不仅取决于其是否拥有充足的资源，更取决于其是否具备实施的相关条件。因此，方案的可行性评估涉及的就是方案在主客观条件和政策预期效果方面的可行性问题。一般而言，可行性分析包括以下五个方面的内容：1）政治可行性，也就是方案获得合法性地位的程度、得以有效执行的程度以及对政治环境的影响程度。2）行政可行性，即在方案执行中，行政部门和人员的支持程度和能力大小。3）法律可行性，即方案是否符合国家宪法和法律法规的相关规定。4）社会可行性，即方案在多大程度上能够获得社会的支持和认同。5）技术可行性，即方案是否具有相关技术和设备的支持，从而使方案得以顺利实施。

（3）方案的可靠性。决策方案的拟订是一项面向未来的活动，因此在评估方案时，要充分考虑备选方案的可靠程度，也即方案在未来环境中的稳定性、牢固性和灵活性。1）方案的稳定性，即方案在面对风险和挑战的情况下，是否具有维持其既定目标和原则的能力。2）方案的牢固性，是指若方案在执行过程中受到了损害或者失效，该方案得以持续的可能性大小。3）方案的灵活性，是指方案适应环境的能力，是否能够随着具体条件的变化和发展，对实现目标的手段和方式进行调节和改变。评估方案的可靠性，能够帮助决策者更好地预测方案在未来实施过程中的状态和结果，以便做出方案的优选。

4. 决策方案的优选

决策方案的优选是公共组织决策过程的最后一个环节，也是最为关键的一个环节，抉择的好坏直接关系到组织决策活动的成败。所谓决策方案的优选，就是指在多个备选方案中选出一个最为满意的方案，而优选不仅指最优的决策方案，还指最优的选择过程。因此，在决策方案的优选环节就要充分关注这两个方面。

（1）最优的决策方案。由于决策方案的优选是基于充分的评估论证的，因此，在对各项备选方案进行选择时，就要以方案评估的结果为依据。通过方案的评估，决策者会对各项方案的目标、内容、实施手段、资源拥有程度、收益和成本、可能性和可行性、物质性和象征性影响等多项指标形成清晰的认识，通过对这些内容的综合性比较与分析，可以选择出决策者自认为最好的方案。值得注意的是，这里的最优并非指完全理性意义上的“最优”，现实的状态并不具备达到“最优”的条件，而是指一种相对程度的最优，也即令决策者感到最为满意的一种程度，从而使决策者认为通过实施该项方案能够最大限度地平衡各方利益，实现决策目标。

（2）最优的选择过程。为了选择出最优的决策方案，需要经过最优的选择过程。选择过程的优化一定程度上能够保障选择结果的合理和有效。一般而言，决策者在进行选择时，要遵循以下两个步骤：首先是确定标准，即确定一系列对方案进行优选的价值标准。这里需要充分依赖评估环节的结果，由于决策方案往往很难满足所有的评估指标，因此有必要对各项评估指标的重要程度进行排序，从而便于决策者做出选择。在这里，决策者的价值偏好会成为重要的影响因素，因此应正确处理好决策者的价值偏好和客观现实的事实前提。其次是进行对比分析，就是在对备选方案的各项指标进行比较的基础上做出最终的选择。而比较离不开原则的支持，这里主要包括可行性和有效性两个原则。可行性指方案落实的可能性大小，而有效性是指方案在多大程度上能够解决决策问题、实现决策目标。因此决策者在选择过程中，就要在“可行性”和“有效性”原则的指导下，充分分析和比较备选方案的各项指标，以实现方案的优选。

案例

贸易禁令下的古巴农业转型

1993 年 9 月，古巴政府为了应对粮食危机，取消了大部分的国营农场，并将其转变成为合作生产基层组织。80%的国有田地承包给农业工人，同时农业工人的自有企业也重新建立起来。虽然农民没有自己的土地，但是国家允许他们无限期租赁土地，同时只要主要农作物产量达标，农民可以无偿享有土地使用权。凡是粮食产量超标的部分可以自由地在农贸市场出售，从而激励农民有效地使用生物肥料、蚯蚓、堆肥等新型的有机技术并开展牲畜的综合管理。为了提高产量，农民们还恢复了传统的技术，如间作和施肥等。除此之外，政府还通过 1994 年确立的“全国城市农业规划”来支持城市的有机农业发展。这项规划旨在鼓励城市农民生产多样化的、健康的、新鲜的产品。哈瓦那人将闲置土地和后院建成小型农场和牧区。这不但增加了 35 万个工资优厚的工作岗位（超过 500 万劳动力），还让哈瓦那每年的水果和蔬菜产量高达 400 万吨（10 年中增长了 10 倍），城市中 220 万居民自给自足。在贸易禁令的情况下，古巴的有机农业改革不但保证了国家的粮食安全，还保障了绝大部分人口收入的稳定增长，为人民生活带来了积极的影响。此外，由于农药往往会对健康带来许多不利影响（如某些癌症），因此农药使用量的减少还为古巴人民的福祉带来了长期的积极的裨益。

案例思考题

面对粮食危机，古巴政府的决策在过程上具有哪些特点？

5.3　公共组织的决策模型和决策方法

5.3.1　公共组织决策模型

公共组织在决策过程中，要想有效解决现实难题，制订出切实可行的公共政策方案，离不开政策模型的运用。所谓模型就是现实世界的简单化、序列化和抽象化，使错综复杂、变化无常的现实情况更易于人们理解。公共组织决策的过程中，运用模型分析的方法，有助于我们认识和解释决策行为产生的原因，理解和分析决策行为带来的社会效果，以及思考和预测决策的未来行动。因此，本节将对几种典型的公共组织决策模型进行介绍和分析。

1. **传统理性模型**

传统理性模型，又称全面理性模型或者纯粹理性模型，是一种强调决策追求最优解的模型。这种模型起源于传统经济学理论，以“经济人”为假设前提。因此，该模型认为，任何决策都是一种理性主义的决策，决策者能够在清晰目标的指引下，依据完整而正确的信息做出最优的选择，也即做出最大价值的选择。依据林德布洛姆的论述，传统理性模型的前提假设在于：（1）决策者面对一个既定的问题；（2）理性人首先应该清楚自己的目标、价值或要点，然后予以排列优先顺序；（3）他能够列出所有达成其目标的备选方案；（4）调查每个备选方案所有可能的结果；（5）比较每个备选方案的可能结果；（6）选择最能达成目标的备选方案。

传统理性模型主张为了一个理性的决策，政府的决策者必须知道所有的社会价值偏好及其相对权重、所有可能的备选方案、每一个备选方案可能产生的后果，必须能够估计每一个政策方案可能得到或者失去的社会价值比例，能够选择最经济有效的政策方案。这种理论模型使决策者们感到乐观，因为决策活动的任何一个环节都是清晰可行且无障碍的。然而，这种理想式的决策模型也许只存在于理论层面上。现实情况并不等同于理论假设，传统理性模型的诸多限制条件使其在应用过程中遭遇到种种障碍。而究其原因，在于其理论假设前提存在局限性：（1）决策者所面对的问题常常是复杂的，是多种利益诉求交织的结果，而非既定和明晰的。（2）决策目标是多元、模糊和相对的，而非单一、清晰和绝对的；（3）决策者不是完全意义上的理性人，存在理性缺陷，其行为模式受个人性格、心理和习惯等的影响；（4）决策者搜集和接收信息的能力是有限的，不能穷尽所有的备选方案；（5）决策所面临的情况往往是价值冲突而非价值一致；（6）决策本身受到时间、空间、人力、物力和财力等资源条件的限制。可见，传统理性模型只能被认为是一种理想的追求，而缺少实践的基础。

尽管传统理性模型遭到了来自各个方面的批评，但是并不可以完全否定其价值。传统理性模型确实为公共组织的决策活动提供了一些具有借鉴意义的启示，并且作为决策模型研究的起点，其成为之后几乎所有决策模型的出发点，即此后的各种决策模型都是在批评其不足之处，并且吸收借鉴其有效成分的基础之上发展而来的。

2. **有限理性模型**

有限理性模型是由西蒙和马奇在批判传统理性模型的基础上提出来的，西蒙并不认同理性模型“经济人”的假定，他认为在现实生活中，决策者是基于完全理性与非理性之间的有限理性。基于此，他提出了有限理性的决策模型，也即满意模型、次优决策模型。这种模型认为，由于公共组织决策中的决策者是行政人，因而其所面对的目标是多元的，其价值取向是多向度的，而且他们常常处于变动状态之中。同时，行政人的知识水平和能力水平有限，搜集到决策所需要的全部信息和资料是困难且不可行的，因此在制定决策时很难找到最优方案，而是发现和选择到最满意方案。

与传统理性模型的前提假设不同，西蒙的有限理性模型强调影响个人决策的组织因素：（1）决策目标往往是模糊的和相互矛盾的，缺乏决策者之间的共识；（2）并非总是运用理性程序，即使运用，也仅局限于对问题的简单认识，不能抓住组织事件的复杂性；（3）由于人力、物力以及资源等方面的局限，决策者对备选方案的搜索是有限的；（4）大多数决策者满足于满意而非最优的解决方案。从这些基本的假设前提来看，有限理性模型更加符合实际，更适用于公共组织的决策行为。

在此基础上，西蒙和马奇提出了有限理性的决策步骤：（1）确定需要解决的问题或所要订立的目标；（2）决定最低标准或水准，使所有被接受的方案都能符合这一标准；（3）选择一个可行的方案；（4）评估这一方案；（5）决定这一方案是否已符合所确定的最低标准；（6）如果此方案无法接受，再检查其他的方案，并要逐一通过评估过程；（7）如果这一方案是可行的，即可开始行动；（8）执行之后，评定此方案及难易程度，并将资料作为提高或降低标准之参考。

西蒙和马奇有限理性模型的提出具有重要的意义。有限理性模型从实践的角度出发，主张用“令人满意的准则”代替传统的“最优化原则”，因此能够对现实决策者的实际行为做较为真实的解释，同时也为决策理论及其实践的发展开辟新的方向。

3. 渐进主义模型

美国著名经济学家、政策分析家林德布洛姆在批判传统理性模型的基础上提出了渐进主义模型。渐进主义模型的核心观点是决策过程实际上就是对以往政策的补充和修正，而并不完全是一个理性的过程。因而，这种模型认为，分析和制定政策的要旨不在于专家做出全面分析，而在于广泛参与主体相互了解彼此的价值偏好，通过妥协调适、良性互动进而实现政策的动态均衡。

这一模型的基本内容是：（1）目的或目标的选择，对为实现目标所采取的行动进行经验分析，两者是相互交织、密不可分的；（2）决策者只考虑众多解决问题的备选方案的一部分，这些方案同现行政策只有量或程度上的差异；（3）对每一可供选择的方案来说，决策者只能对其可能产生的某些“重要”后果进行评价；（4）决策者所面临的问题经常被重新鉴定，渐进主义允许对目的-手段和手段-目的进行无限的调适，从而使解决问题的“正确方法”并不是唯一的，考察一个决策的优劣，并不要求各种各样的分析者一致认为这一决策是否为达成既定目标的最有效手段，而是看他们是否直截了当地一致同意这一决策；（5）渐进决策的形式，从本质上来说是补救性的，它更多的是为了改革当今的具体的社会弊病，而不是为了未来的社会目标。由此可见，渐进主义模型存在一些明显的特点：要求决策者保留对以往政策的承诺、注重研究现行政策的缺陷以及强调目标与方案之间的相互调适。

作为一种决策思想和方法，渐进主义模型具有相当大的影响力，并且在一定程度上具有很强的应用性。对于决策者来说，渐进的过程实际上就是不断学习、试验、反馈和调节的过程，正如林德布洛姆所言，通过一系列渐进调整的方式进行的决策为行政人员（从而为整个社会）提供了防止发生重大错误的保险措施。同时，对于决策层内部来说，由于渐进模型具有按部就班、稳定保守的特征，因此可以有效避免其内部成员之间产生激烈的冲突和矛盾，减少政治上的风险。渐进主义模型的产生有其理论依据和实践基础，因而当前各国的政治现状大都呈现出一种渐进的趋势。然而，渐进主义模式也具有很大的局限性。首先，渐进主义模型的使用范围有限，它多适用于稳定发展的社会形势，而在社会改革和变革时期则不具有可适性。其次，这种模型更多地注重短期目标，而忽视了长远目标，因此不利于决策者做出战略性的决策。

4. 混合扫描模型

传统理性模型和渐进主义模型是两种经典的决策模型，但是在实践过程中，两者的弊端与局限性也日益暴露。哥伦比亚大学社会学教授阿米泰·埃茨伊奥尼（Amitai Etzioni）在批判二者的基础上，提出他的第三种模型——混合扫描模型。他认为渐进主义决策大多反映了社会上最有权势的组织集团的利益，而忽视了政治上处于无组织状态的弱势群体的利益，而且像那些重大的或基础性的决策，比如说对外宣战，就不适用渐进主义模型。尽管这样的决策为数不多，但它们不仅仅非常重要而且常常要为渐进主义决策提供背景。同时，他也十分赞同林德布洛姆对于传统理性模型的批评。

埃茨伊奥尼虽然对两种模型的不足之处做了批评，但他试图将两种模型的优点结合起来，进而发展为混合扫描的决策模型。所谓混合扫描模型，就是同时使用理性主义的决策方法和渐进主义的决策方法，即通过传统理性主义的决策方法设定决策的基本方向，形成一项基础性决策，而采用渐进性的决策为基础性决策做准备，并在基础性决策达成之后将其付诸实施。为了更好地解释这一决策模型，埃茨伊奥尼做了如下描述：

> 假设我们要利用气象卫星来建立一个全球气象观察系统的话，若采用理性的方法，我们会利用一个先进的卫星探测头尽可能对所有的空间进行考察，这是一项耗费巨大的气象调查，将会导致大量的信息，分析代价高，并且很可能会超出行动者的能力限度。而渐进主义则集中关注那些最近发生相似情况的地区或者周围其他区域。但这种做法会使我们忽略那些未曾想到的地区，从而许多值得关注的信息就会被遗漏掉。
>
> 混合扫描理论综合上述二者的优点，运用两个卫星探测头：一个广角镜头全方位观察全部空间，但不要求细节；另一个镜头关注那些需要细致观察的地区。尽管混合扫描可能会漏掉某些只有运用细致观察才能发现问题的地区，但是相比渐进主义理论，它不会忽视在不熟悉地区存在的明显问题。

混合扫描模型相较于传统理性模型和渐进主义模型更具有灵活性，它有助于决策者在不同的场合综合使用传统理性模型和渐进主义模型。在一些场合下，传统理性模型是合适的，而在另外一些场合下，渐进主义模型更为合适。同时，混合扫描模型对决策者的能力差别也做了充分考虑，认为决策者做出决策的能力越大，其所进行扫描活动的范围就越广，因而所做的决策就越合理越有效。

混合扫描模型无疑为决策者们提供了一种行之有效的决策方法，它将理性主义与渐进主义相结合，使得决策者的决策行为能够根据决策的重要性和决策范围的不同而灵活变化。同时，这种决策模型在当今公共组织的决策过程中也广为使用。

5. 团体理论模型

团体理论模型是从政治学的角度来探究公共组织的决策行为，认为所有的政治现象都可以归结为团体现象。所谓团体，在这里指的就是政治生活中存在着的利益集团，而根据美国政治学家大卫·杜鲁门的说法，利益集团就是社会中具有共同态度、向其他团体提出特定要求的团体。因此，团体理论的核心观点就是，认为决策所制定的公共政策实际上是团体斗争中相互妥协的结果，是团体间利益平衡的产物。正如厄尔·莱瑟姆指出的那样：所谓公共政策，是指某一特定时间里，团体间的斗争所达到的平衡，它体现了那些一直试图获取优势的并相互竞争的党派或集团之间出现的均势。

团体理论模型试图以团体斗争的视角去解释所有的政治活动，其基本假设是：现代政治实际上是各个利益集团为影响公共政策而展开的一系列活动。政府的作用就在于制定各个利益集团竞争的规则，平衡各种利益集团之间相互冲突的利益，公共政策是各利益集团之间斗争和力量对比的结果。因此，决定这种平衡力量的因素就取决于不同利益集团影响力的大小。而团体的影响力又取决于团体成员的数量、财力的情况、组织的力量、团体的综合实力、团体的凝聚力、领导者的能力以及与决策者的关系等因素。

团体理论模型认为，政治体系本身实质上是所有社会团体的互动体系，这种体系的平衡依赖于以下几种重要社会力量的支撑：（1）社会上存在一个非常庞大的、极为普遍的、潜在的社会团体，它拥护和支持国家的宪法体系和维护社会稳定的运行机制。（2）团体间成员的相互重叠会使任何孤立的团体难以偏离社会的基础价值观，从而对平衡的维系发挥至关重要的作用。（3）团体之间的竞争能够使任何单个团体的势力得到有效的控制，并使所有团体能够在相对基础上做到势均力敌，形成相互制约的局面，以维护社会的稳定和体系的平衡。

团体理论模型的提出为决策者分析决策行为提供了新的视角，具有重要的启示意义。但是其缺陷在于过分地强调了团体在决策中的作用，却忽视了决策者在决策制定中独立且富有创造性的作用。事实上，在实际的决策过程中，政府并非总是处于被动的地位，其主要职责也并非仅是对各利益集团之间的需求做出平衡。同时，团体理论也没有充分认识到政治生活中除团体之外的其他因素对于决策的重要影响。

知识库

“游说”（lobby）的由来

——团体理论模型在西方国家的典型行为

Lobby用于名词的意思是门廊、议会休息室，用作动词就是游说的意思，但是，为什么译为门廊和休息室的lobby能被译为游说呢？这和美国特有的政治现象有关。美国游说现象由来已久，由于美国最早出现的针对美国国会议员的游说活动集中在首都华盛顿的威拉德饭店的大厅（当初许多美国国会议员居住于此），众多说客在美国国会议员从国会山返回住处的间隙，在威拉德饭店的大厅对美国国会议员进行各种方式的游说，游说英文lobby一词因而得名。

6. 精英决策模型

精英决策模型是从决策主体的角度来探究决策行为的，其核心内容是将公共政策视为政治精英们价值偏好的反映。这一理论模型是由托马斯·戴伊和哈蒙·齐格勒于1975年在《民主政治的讽刺》一文中提出来的，认为在公共政策的制定过程中，公众没有主动权，并不能通过他们的需求和行动对公共政策起决定性的作用，而占统治地位的政治精英们掌握了做出决策的主动权，公共政策完全由他们制定，然后由政府机构和官员对其加以执行。

托马斯·戴伊作为精英理论的代表人，其在《理解公共政策》一书中，对精英理论的观点做了以下解释：（1）社会总是划分为掌权的少数人和无权的多数人，前者拥有社会价值的分配权，而后者无法参与公共政策的制定。（2）掌权的少数人作为统治阶级，并不能完全代表作为被统计阶级多数人的利益，且精英们主要是从经济地位较高的社会阶层中挑选出来的。（3）从被统治的非精英阶级进入统治者的精英阶级，这个过程是十分缓慢且持久的，因此才可以保证社会的稳定和避免革命的发生。（4）精英们在社会制度的基本价值观以及维护这种社会制度的发展方面有较为一致的看法。（5）通过决策所制定出的公共政策一定是反映精英们的主要价值观，而非社会公众的要求。政策的变化是渐进的，而非革命性的。（6）精英们比社会公众更为活跃，二者之间的信息严重不对称，因此精英们对于社会公众的影响要远大于公众对精英们的影响。从以上的阐述中，不难看出，精英理论所极力表达的是在制定决策时，公众对于精英们的决策行为只会有间接的、微乎其微的影响。

精英理论类似于传统意义上的“英雄史观”，它把关注的焦点放在了政治领导人物的作用上。精英理论的这一特性使得其在分析某些发展中国家，特别是一些带有专制主义色彩的国家时，颇具解释力。托马斯·戴伊认为，20 世纪 60 年代美国一些人权政策的形成过程，能够十分恰当地说明精英理论的实际应用。这些人权政策是这个国家的政治精英们对少数民族环境的问题所做出的一种反应，而非是决策集团对大多数美国公众的情感所做出的反应。精英理论的许多主张也受到了诸多批判，批评者们认为这个理论最大的缺陷就在于忽视了现代民主国家公众政治参与的诉求和能力。现实中，任何一个社会政治系统的稳定和发展都离不开广泛公民参与，公共组织基本的使命和目标就是维护公众利益，实现公民福祉，因此，精英理论并不能很好地解释这一现状。

7. 政治系统决策模型

政治系统决策模型是由美国著名政治学家戴维·伊斯顿于 1979 在《政治生活的系统分析》一文中提出来的。这种分析模型采用分析政治系统的方法，认为公共政策是政治系统对外界环境压力所做出的反应，是政治系统与外界环境诸多因素相互作用的一种结果。因此，这种模型重在分析外部环境、政治系统以及公共政策三者之间的互动关系。

政治系统决策模型认为政治系统的外部环境会对决策行为产生决定性的影响。当外部环境中的个人和团队试图影响公共政策的制定时，就会对政治系统产生某种需求或者支持行为，这些需求和支持就形成了对政治系统的压力。政治系统作为社会大系统的重要组成部分，为了维护其生存和稳定发展，必然会对外部环境的压力做出反应。因此在政治系统内部，为了应对公众多样的需求和支持，需要在制度上做出相应安排，并通过相关组织和活动来强化这种安排，这就形成了回应压力的政策输出，也即该政治系统根据社会的需求和支持做出的价值再分配的决策行为。政治系统与其外部环境的互动是一个循环往复的过程，政策的输出必然会引起公众需求和支持的变化，因此也就导致了新需求和支持的出现，开启新一轮的循环。通过与外界环境的不断互动，政治系统得以稳定生存和发展。而政治系统可以通过以下途径来保护自身利益，维持系统发展：（1）政策输出满足环境需求、符合公众利益。(2) 加强系统自身建设，完善内部机制。(3) 武力震慑或直接使用武力。

政治系统决策的模型从较为宏观的角度对决策过程进行了研究，较为客观和充分地解释了政治现象的复杂性和动态性。对于公共组织的决策来讲，这个模型促使决策者对政治系统的外部环境、政治系统本身以及公共政策三个方面做出周全的考虑，分析在怎样的条件和状态下，三者之间能够实现最优的互动。同时，对于那些具有动态性的复杂公共政策问题，政治系统决策模型能够提供强有力的解释与说明。但是，这个模型只重点关注了政治系统外部环境的因素，对于政治系统内部的操作程序和流程并没有做过多的探究，因此无法解释决策行为产生的具体过程，这在一定程度上阻碍了该模型的应用与发展。

8. 垃圾桶模型

决策的垃圾桶模型是由米歇尔·科恩、詹姆斯·马奇以及约翰·奥尔森创立的。在此之前对于公共组织决策行为的理论研究大多集中在理性主义的范畴，而垃圾桶模型所面临的政策环境具有模糊性，很难再用理性主义的方法去应对。这种模糊的政策环境主要体现在政策问题偏好模糊、技术手段不明确以及人员流动的无序状态。对此，科恩等人做出了解释：(1) 问题偏好模糊。目标、问题和解决方案很难明确化，决策过程的每一步都具有模糊的特点。(2) 技术手段不明确。组织中的因果关系很难鉴别，无法使用应用决策的复杂数据库。(3) 人员流动的无序状态。组织中的职位是可变动的，此外，员工们十分繁忙，他们只有有限的时间被分派到一个问题或者决策，参与任一特定决策是流动的、有限的。因此，当政策环境满足这样一种状态时，便可以采用垃圾桶模型进行决策。

垃圾桶模型的核心观点在于，认为组织是由问题、解决方案、参与者和由参与者联合问题与解决方案的选择机会结合而成。这些要素在垃圾桶里随机地混合在一起，这就意味着解决方案可能在问题中产生，也可能是解决方案和问题在等待一个选择机会，或者当一系列特别参与者集合在一起时，解决方案和问题才结合在一起。也就是说，当组织处于一种无序状态下，问题、解决方案、参与者和选择机会这四大源流会分别流入组织之中。而组织又会受到净能量承载量、进入结构、决策结构、能量分布四种要素的影响。四大源流经过组织时，经由四种要素的筛选，会产生不同形式的组合方式，也就形成了最终的决策结果。

垃圾桶模型最大的特点便在于“模糊性”概念的提出，区别于理性主义主张的“行动倾向”，该模型通过大量引入结构性变量，从而能够解决组织模糊状态下的各种问题，成为组织处理复杂决策的主要模式，而这些模糊的状态和复杂的决策模型更接近于现实世界的决策现象。因此，垃圾桶模型具有更强的实践性，成为20世纪70年代最具有代表性的决策模型，同时也对后续公共政策的决策研究发挥了典范意义的作用。但是，垃圾桶模型在实际运用的过程中，也暴露出了诸多缺陷。本多、莫和肖特指出了垃圾桶模型与经验现象不相符合的四种情况：(1) 在经验现象中，问题、解决方案和参与者三大源流并不是相互独立的，前两者是由参与者所携带的。(2) 在真实世界中，解决方案并不是独立存在的，而是解决问题的行动或过程。(3) 在三大源流中，参与者是可以改变组织结构的。因此组织的领导者可以根据要解决的问题和目标来选择组织进入、决策结构和能量分布的方式。(4) 在组织结构变量中，忽略了权威人士、委托代理及控制对组织结构的影响。

公共组织的决策模型不限于上述几种，此外还有博弈理论模型、团体迷思模型、制度理论模型、批判理论模型等。模型的作用在于帮助公共组织决策者做出正确且可行的决策，但任何一个模型都无法穷尽组织决策所涉及的所有因素和情况，因此，在实际决策过程中，不能照搬任何一个模型，要做到具体情况具体分析。

5.3.2 公共组织决策的技术和方法

从本质上来讲，公共组织的决策活动是一种高难度的思维活动，决策者的思维水平和能力将会影响到其具体的决策行为。因此，公共组织在决策过程中，要避免由于主客观等因素所造成的失误，做出正确且切实可行的决策，不仅有赖于模型方法的使用，还依赖于某些关键的决策技术和方法。因此，本节分别从定性和定量两个方面来介绍典型的决策技术和方法。

1. 定性分析方法

公共组织决策的定性分析方法，是一种传统的、普遍使用的方法。所谓定性分析，是指运用直觉和判断进行决策分析的方法。在这里主要介绍头脑风暴法、专家会议法以及德尔菲法等典型的定性分析方法。

(1) 头脑风暴法。

头脑风暴法，又称智力激励法、BS 法、自由思考法，是一种激励性思维方法，由美国学者 A. F. 奥斯本于 1939 年首次提出、1953 年正式发表。头脑风暴起初作为一种精神病理学用语，是指精神病患者的神经错乱状态，而现在逐步发展为一种强调自由联想和讨论，从而产生思维共振的创新方法。因此所谓的头脑风暴，就是指在短时间内产生大量想法、办法和观点的方法。头脑风暴法随着实践的不断积累和完善，被广泛运用于社会各个领域，成为 20 世纪 50 年代最为经典的思维方法。

公共组织在采用头脑风暴法进行决策时，应当将参与者控制在 6～12 人，团体规模太小，不易形成新的观点和意见。同时，在讨论过程中，尽可能地做到特定时间段关注某一领域的特定问题，并随时做好观点意见的笔录，即使是那些看似毫无关联的观点。另外，在整个讨论过程中，所有参与者都要遵循判断滞后的原则，对于讨论过程中产生的各种观点，应该待讨论结束后再对其进行评价，以防止观点意见的提出者将其视为批评。

头脑风暴法的核心在于能够通过与会者的思维共振，产生新的观念和看法。因此，在进行头脑风暴时，需要遵循一定的原则，对此奥斯本做出了相应的概述：1) 排除批评 (Criticism is ruled out)。避免对新观点批评的产生，一切评价和判断都要待会后进行。2) 欢迎畅所欲言 (“Free-wheeling” is welcomed)。参与讨论的人员没有地位和身份上的区别，在一种无拘无束的氛围中大家自由思考，任意发言，即使是某些奇怪的想法也值得鼓励。3) 尽可能多的观点 (Quantity is wanted)。质量源于数量，鼓励与会者多多提出想法，意见越多，产生的创新观点就越多。4）整合与改进（Combination and improvement are sought）。通过不断地寻求整合与改进，从而产生更好的决策选择。

实践经验表明，头脑风暴法在决策中能够对所讨论的问题进行全面、连续的分析，进而产生切实可行的决策方案，尤其是当组织决策缺少足够的统计数据和没有类似经验可以借鉴时，能够起到非常好的效果。但是头脑风暴法的实施成本较大，并且对参与者的素质也有较高的要求。同时，头脑风暴法强调的判断滞后的原则并不一定在所有情况下都能产生好的效果，有些时候推迟的判断反而会造成更大程度的决策失误。

（2）专家会议法。

专家会议法，顾名思义，是指以专家为索取信息的对象，通过会议的形式，对决策对象未来的发展趋势和状况进行分析和判断的一种定性的预测方法。通过组织某个领域的专家参与会议，对某一问题进行深入的讨论和交流，以达到思维共振的效果，从而寻求到解决问题的最佳方法。

专家会议法常常被用于解决宏观性和复杂性的问题的决策中，因此会议中专家们的素质和主持人的素质往往影响着会议的质量，这就要求组织专家会议时应当遵循一定的原则。首先，选择参会专家。参加会议的专家应该与某一问题或者领域相关，他们往往有着丰富的专业知识和解决问题的超强能力。同时，要考虑专家们的能力组合，挑选专家时，最好从不同职位或层次中进行选择，避免专家们受到权威者的影响，从而使他们感到被平等地对待。若专家们彼此熟悉，则最好从同一职位层次中选择相应的与会者。其次，关于会议主持者的选择。为了更好地启发专家们的思维，会议主持者应在会议开始的时候组织较高水平和具有诱发性的发言，同时在会议进行的过程中，应注意多方面地对专家们的发言进行启发。除此之外，专家会议的规模和时间也是影响会议质量的关键因素。专家会议的规模保持在10～12人最佳，会议时间一般以20～60分钟为宜。

专家会议法通过发挥专家们“智库”的作用，能够在较短的时间内得到富有成效的成果，为决策提供重要的依据。专家会议法的优势在于能够集思广益、优势互补、相互启发、思维共振，但是其也存在一些局限：1）创造无拘无束、不受限制的会议氛围是十分困难的；2）专家们总会受制于自己心理因素的影响，对讨论的问题会受到其某些价值因素的影响；3）容易忽视少数人的意见，出现从众效应；4）专家们的语言组织能力和表达能力影响彼此间的信息交流；等等。

（3）德尔菲法。

德尔菲法作为一种直觉预测技术，是由美国兰德公司命名并首先使用的。这种预测方法是对专家会议法的一种改进与发展，因而是一种有效的决策技术。与专家会议法所不同的是，这种方法并不要求专家们出席，而是采用匿名通信和反复征求意见的方式，在专家互不知晓、互相隔离的前提下，提请专家们对同一问题发表观点意见，而后将这些意见进行综合、汇总与归类，并将汇总后的意见反馈给各位专家，再次征求意见，如此反复循环，待进行几个轮回后，最后得到一个较为一致的意见并将其作为最终的结果。

德尔菲法适用于缺乏足够客观信息支持的决策情况，因此其良好运作有赖于有序且具体的运作程序。其完整意义上的运作程序包括以下几个步骤：1）设计意见征询表。意见征询表的设计是德尔菲法运作的首要环节，一个好的意见征询表应该满足三个条件，即问题的含义要明确、问题要具有独立性、回答问题的方法要统一。只有满足这三个条件，才便于专家们对问题发表看法，以及便于后续对专家意见进行整理。2）确定专家名单，组成专家小组。参与意见征询的人员应该是精通某一领域的专家，确保他们的专业能力与所讨论的议题相匹配。3）将意见征询表寄给专家小组的成员，请他们就相关问题进行第一轮次的意见填写。之后由专门的工作成员收回意见表，对这些意见进行汇总和整理，发现那些相对比较集中的意见。4）将上一步汇总的具有共识性的意见再次寄给专家小组的成员，要求他们以此为参考，重新填写意见。若在这个过程中，有专家的意见与多数人不相符，便要求他对此做出解释。同样，由专门的工作成员将意见征询表收回，做第二轮次的汇总和整理。5）将第二轮次的汇总意见再次寄给专家小组的成员，要求其进行第三轮次的意见填写。6）如此反复进行四五次之后，专家的意见将会比较集中，此时就可以把最后一轮次的意见作为最终的预测结果。

与一般的决策方法相比，德尔菲法操作简单、运作成本低，而且能够产生较为满意的决策方案，因此被广泛运用于组织的各项决策中。

知识库

德尔菲是什么？

德尔菲，也可译为德尔斐，即 Delphi，该词来源于希腊，是古希腊城邦共同的圣地，是希腊神话中太阳神阿波罗所在地，现已列入联合国教科文组织的世界遗产名录。传说供奉在德尔菲的阿波罗有预测未来的能力，能够为遇到困难的人提供正确的指引和帮助。20 世纪 40 年代，美国兰德公司将进行决策设计的专家调查法喻名于此，意在指出专家的知识及其预测对于决策的重要作用。

2. 定量分析方法

公共组织决策中的定量分析，是指依据一定的统计数据，建立数学模型并利用数学模型分析相关变量之间以及变量与目标之间的关系，以此计算出各项指标的数值，并得出最终结论的一种方法。公共组织决策有许多定量分析方法，这里仅对以下两种定量决策方法做出简介。

（1）回归分析方法。

回归分析方法是进行确定性决策时所采用的一种常规方法。现实生活中诸多变量之间存在一定的因果关系，其中一个变量的变化会引起其他变量的变化。因此对变量之间的这种因果关系进行探究有助于我们把握变量之间的关系，从而更好地解释和预测变量的未来发展趋势，以做出合理且正确的决策。因此，所谓回归分析就是利用相关因素的大量实际数据来近似地确定出变量间的函数关系的一种分析方法。回归分析根据所涉及变量的数量以及变量间的难易程度可以将其分为线性回归和非线性回归，而线性回归又可以分为一元线性回归和多元线性回归，其表达式分别为：

$y=a+bx$（一元线性回归）

$y=a+b_1x_1+b_2x_2+b_3x_3+\cdots+b_nx_n$（多元线性回归）

（2）非确定型决策的分析方法。

公共组织的决策并非总是处于确定状态下，现实情况是，大量的决策属于非确定型的决策。所谓非确定型决策，是指决策者从不同角度考虑，可以做出不同的选择，而很难断定哪种选择是最好的决策。因此，在这种情况下，既不能通过概率估算未来的可能性大小，又无法运用统计进行分析，决策只能取决于决策者的经验、知识和承担风险的勇气。在这里，我们主要介绍几种非确定型决策所依赖的原则。

1）乐观原则。

乐观原则又称“最大收益值原则”或“大中取大原则”。乐观原则是指决策者对未来持乐观的态度，认为未来会出现最好的自然状态，所以不论采取怎样的决策方案，该方案都能取得最好的效果。因而在决策时，首先要确定各个方案在自然状态下的最大收益值，然后对其进行比较，选出能够在最佳自然状态下实现最大收益的方案作为最终的决策方案。

2）悲观原则。

悲观原则又称“最小最大收益原则”或“小中取大原则”。与乐观原则相反，决策者对未来持悲观的态度，认为未来会出现最差的自然状态，所以决策者无论选择哪种决策方案，均只能取得该方案的最小收益值。因此在决策时，决策者首先要计算出各种方案在最差自然状态下的相应收益值，然后对其进行比较，选择在最差自然状态下能够带来最大收益的方案。

3）折中原则。

折中原则又称“乐观系数原则”，是由数学家赫威茨提出的，故又称“赫威茨原则”。这种原则是一种在乐观原则和悲观原则中求得平衡的方法。在任何一项决策中，最好和最差的自然状态都有可能出现，因此决策者既不能盲目乐观，也不能过度悲观，而是应该保持一种折中的状态。在这里，可以根据决策者的分析和判断，赋予最好自然状态一个乐观系数值，同时相应赋予最差自然状态一个悲观系数值，两者的和为1，这样就可以通过计算得出各方案的期望收益值，具体计算公式为：期望收益值＝乐观系数×最佳自然状态下的收益值＋悲观系数×最差自然状态下的收益值。这样在比较其收益值的基础之上，就可以做出最终的选择。

案例

“布莱克特马戏团”与运筹学

1935年，英国科学家R. 沃森-沃特（R. Watson-Wart）发明了雷达。丘吉尔命令在英国东海岸的鲍德西（Bawdsey）建立了一个秘密雷达站。当时，德国已经拥有一支强大的空军，起飞17分钟即可达到英国本土。在如此短的时间内，如何预警和拦截成为一大难题。1939年，以曼彻斯特大学物理学家、英国战斗机司令部顾问、战后获得诺贝尔奖的P. M. S. 布莱克特（P. M. S. Blackett）为首，组织了一个小组，代号“布莱克特马戏团”。这个小组包括三名心理学家、两名数学家、两名应用数学家、一名天文物理学家、一个普通物理学家、一名海军军官、一名陆军军官和一名测量员。他们研究的问题是：设计将雷达信息传送到指挥系统和武器系统的最佳方式及雷达与武器的最佳配置。

他们对探测、信息传递、作战指挥、战斗机与武器的协调做了系统的研究并获得成功。“布莱克特马戏团”在秘密报告中使用了运筹学（Operational Research）概念。

案例思考题

“布莱克特马戏团”帮助英国政府进行预警和拦截德国空军的研究体现了公共组织决策中的哪些决策模式和方法？

本章小结

公共组织决策是普遍决策活动的一种，是指公共组织为解决某一社会问题或达成某种理想状态，基于实际情况，依据科学的决策理论，运用科学的决策手段，合理制定和选择备选方案的活动过程。公共组织本身就是一个完整的决策系统，主要要素包括决策主体、决策客体和决策环境。决策主体是指参与公共组织决策过程的个人、组织或者团体；决策客体是指决策所作用的对象和影响的范围；决策环境是指影响公共组织决策的外部条件的总和。

公共组织决策不仅具有目标导向性、选择性、预测性、可实践性等一般管理决策活动的共性，同时还具有决策主体的特定性、决策目标的特殊性、决策价值的公共性、决策依据的权威性和决策内容的广泛性等特点。公共组织决策按照不同标准可以划分为不同的类型，例如：（1）按照决策的性质，可以分为结构性决策、非结构性决策和半结构性决策；（2）按照决策的作用，可以分为战略决策和战术决策；（3）按照决策问题的性质，可以分为确定型决策、风险型决策和非确定型决策；（4）按照决策主体的规模，可以分为个人决策和群体决策；（5）按照决策行为进行的阶段不同，可以将决策分为初始决策和追踪决策。

公共组织决策的原则是指对公共组织决策过程中客观规律的整合与概括，是指导公共组织进行决策活动的一般准则，主要包括信息原则、客观原则、系统原则、时效原则、权变原则和预测原则。对不同类型的决策进行比较和分析，有助于决策者在不同的情境下选择合适的决策行为，做出正确的决策安排。公共组织的决策涉及四个环节，即决策目标的确定、决策方案的拟订、决策方案的评估以及决策方案的优选。

公共组织在决策过程中，要想有效解决现实难题，制订出切实可行的公共政策方案，离不开政策模型的运用。本章介绍了几种典型的公共组织决策模型，包括传统理性模型、有限理性模型、渐进主义模型、混合扫描模型、团体理论模型、精英决策模型、政治系统决策模型、垃圾桶模型等。同时，运用合适的决策技术和方法同样有助于决策的科学化和合理化。本章从定性和定量两个方面介绍了六种典型的决策技术和方法。所谓定性分析，是指运用直觉和判断进行决策分析的方法，主要包括头脑风暴法、专家会议法以及德尔菲法；定量分析，是指依据一定的统计数据，建立数学模型并利用数学模型分析相关变量之间以及变量与目标之间的关系，以此计算出各项指标的数值，并得出最终结论的一种方法，例如回归分析方法、非确定型决策的分析方法等。

关键术语

决策　决策系统　战略决策　战术决策　问题识别　决策目标　方案评估　方案优选　轮廓设想　可行性　传统理性模型　有限理性模型　渐进主义模型　混合扫描模型　团体理论模型　精英决策模型　政治系统决策模型　垃圾桶模型　头脑风暴法　专家会议法　德尔菲法

复习思考题

1. 简述公共组织决策的含义。
2. 简述公共组织的决策体系。
3. 简述公共组织决策的特征和类型。
4. 简述公共组织决策的原则。
5. 简述公共组织决策的过程。
6. 简述公共组织的决策模型和决策方法。

案例分析

智库与决策

智库即智囊机构、智囊团，也称“思想库”，或称咨询公司、顾问公司等，主要是指由各方面专家、研究人员组成的专门研究咨询机构，这样的机构主要是为决策者在处理社会、政治、经济、军事、文化、科技、外交等各方面问题时出谋划策，以提供最佳理论、策略和方案。

国外的智库发展较早，可追溯至1831年在英国成立的“皇家联合服务研究所”(Royal United Services Institute)，最初的研究方向为海战和军事理论。

欧洲智库的发展起步虽然较早，但美国后来居上，欧美的咨询业成果斐然，声名显赫，值得认真深入地进行研究。英国是老牌的工业强国，英国的智库几乎是与工业革命同时起步的。英国被认为是欧洲智库的创始国，经过近两个世纪的发展，英国的智库已经形成了一个规模比较大、行业发展比较成熟的体系。目前，英国智库在影响上排名比较靠前的四家智库是：查塔姆大厦、伦敦国际战略研究所、海外发展研究所、亚当·斯密研究所。其中，伦敦国际战略研究所在英国的许许多多智库中，是最负盛名的，它于1958年由战略问题方面的专家阿拉斯泰尔·巴肯创办，该所有比较明显的“国际”特色，几任所长都是国际知名人士。该所经常聘请来自美国、澳大利亚、印度、中国、日本等国的研究人员，该所的理事会成员来自欧洲、北美、中东、东亚以及太平洋地区的16个国家和地区，会员来自80多个国家和地区，国际色彩很浓厚，该所的研究期刊，如《军事力量对比》《战略研究》《年会报告》等被视为国际战略研究的权威著作。

德国的智库则是后来居上。冷战结束后，德国智库呈现稳定、快速的发展势头，年增长率远远高于德国国民经济的年增长率。在现代德国，已经形成了一系列著名的大型综合性咨询公司，产业高度集中，并实现了跨国经营。最能代表德国智库特点且最有影响的咨询公司是“德国系统工程与技术革新研究所”（ISI）。这个研究所是德国半官方咨询机构，其咨询课题始终坚持科技与经济、与社会发展的密切联系，尽可能适应德国工业企业快速发展的需要，因而深受工业企业界的欢迎。习近平主席2014年访德时，在讲话中也提到了德国智库的意义。

与欧洲的智库相比，美国的智库起步比较晚，但在二战后，美国智库的发展跃居世界首位。美国的大型咨询公司实力雄厚，机构很大，经费充足，人才集中，经常从事全局性、战略性、综合性的研究课题，著名的智库有布鲁金斯学会、外交关系委员会、卡内基国际和平基金会、兰德公司等。美国历届政府都十分重视智库的作用。如尼克松政府和福特政府，依托美国企业公共政策研究所进行重大问题的咨询，遇到重大的决策，很重视听取该研究所的意见；卡特政府依靠布鲁金斯学会为其出谋划策，常请该学会就重大问题提供解决方案；里根政府把斯坦福大学的胡佛研究所作为自己的智囊团，让该智囊团频频为政府出招。

相比之下，中国智库建设起步虽晚，但已经受到各界广泛关注。党的十八大以来，以习近平同志为核心的党中央高度重视中国特色新型智库建设，提出了一系列新论断，做出了一系列决策部署。习近平总书记2013年4月对智库建设做出重要批示，建设中国特色新型智库踏上了快速发展的新征程。2013年11月党的十八届三中全会通过的《中共中央关于全面深化改革若干重大问题的决定》提出“加强中国特色新型智库建设”，建设中国特色新型智库成为全党意志和行动。2014年3月习近平主席访问德国时将政府、政党、议会交往与智库交往并列，进一步把智库建设提升到国家外交层面。2014年10月中央全面深化改革领导小组审议通过了《关于加强中国特色新型智库建设的意见》，中国特色新型智库建设走上全面系统设计、整体协同推进、高端试点先行的新阶段。习近平总书记在讲话中指出，要从推动科学决策、民主决策，推进国家治理体系和治理能力现代化、增强国家软实力的战略高度，把中国特色新型智库建设作为一项重大而紧迫的任务切实抓好。2015年1月，中共中央办公厅、国务院办公厅印发了《关于加强中国特色新型智库建设的意见》，要求各地区各部门结合实际认真贯彻执行。2015年11月，中央全面深化改革领导小组审议通过了《国家高端智库建设试点工作方案》，明确提出建设一批国家急需、特色鲜明、制度创新、引领发展的高端智库，明确了25家首批试点单位，其中党中央、国务院、中央军委直属的有10家。这些试点单位正在按照方案要求稳步推进高端智库建设。

（资料来源：许共城. 欧美智库比较及对中国智库发展的启示. 经济社会体制比较（双月刊），2010（2）.）

案例思考题

智库建设为什么能引起世界各国政府的广泛关注和大力支持？

本章参考书目

[1] ANDERSON J E. Public policymaking. Houghton：Mifflin Company，2003.

［2］谢明．公共政策概论．北京：中国人民大学出版社，2015.

［3］尹钢，梁丽芝．行政组织学．北京：北京大学出版社，2005.

［4］LINDBLOM C E. The policy-making process. Englewood Cliff，NJ：Prentice-Hall Inc，1968.

［5］DYE T R. Understanding public policy. Englewood Cliff，NJ：Prentice Hall Inc，1978.

［6］达夫特，马西克．管理学原理．高增安，马永红，等译．北京：机械工业出版社，2010.

［7］陈振明，孟华．公共组织理论．上海：上海人民出版社，2006.

［8］登哈特．公共组织理论．扶松茂，等译．北京：中国人民大学出版社，2003.

［9］登哈特 R B，登哈特 J V，阿里斯蒂格塔．公共组织行为学．赵丽江，译．北京：中国人民大学出版社，2007.

第6章

公共组织的战略管理

詹姆斯·布赖恩·奎因曾经说过：战略就是将一个组织的主要目标、政策和行动过程整合为一个整体的方式或计划。一个明确的战略有助于组织根据自己的相对优势和劣势、预期的环境变动以及明智的竞争对手的意外举措来规划和配置资源。在当今世界日益复杂的社会环境中，任何组织想要生存发展都必须树立战略思维和战略意识，实行战略管理。作为社会事务的管理主体之一，公共组织中的战略管理可以在充分分析公共组织内外部环境的基础上，充分调动和利用各种资源，帮助组织更好地实现公共利益和目标，因此具有更加重要的意义。

重点问题

- 战略与公共组织战略
- 公共组织的战略管理
- 公共组织战略管理的基本流程

引导案例

1995年，华南美国商会在广州成立，随着中国大力引进外资政策的深化与市场经济的日益发展，其在华南地区发展迅速，覆盖范围进一步扩大。

然而，全球对外贸易与投资增长放缓、华南地区部分外资制造业的撤离，再加上商会本身筹资渠道的单一性，产生了围绕组织的一系列问题，如资金不足导致的服务质量下降、现有服务难以充分满足会员需求、其他商会的竞争导致的会员流失等。这些问题使内部管理人员开始反思有关战略方面存在的问题，于是首先进行PEST分析，认识到商会在政治、经济、社会、技术等外部环境中的机会和面临的威胁；继而对资源与能力进行VRIO分析，深刻体会商会的竞争力优势项和劣势项；在此基础上，运用SWOT分析法，做出更深层次的分析，并选用了SO战略作为商会的主要发展战略，如基于SMART原则的3M组织战略：更多的会员、更多的会员需求满足、更多的赞助数目与筹资渠道。

在综合了现状的多方面分析后，组织管理人员决定从可持续的角度，规划并指导组织的运行与发展，使华南美国商会作为一个公共组织得以充分发挥其对整个社会的价值。

6.1　战略与公共组织战略

6.1.1　战略与组织战略

1. “战略”的起源

战略最早产生于人类的军事实践，本意指将军的艺术。在中国古代，战略常被称作谋、猷、韬略、方略、兵略等，兵书、史书等历史文献中记载有军事家的大实践经验与战略思想。春秋战国时期，错综复杂的利害关系为战略家们的纵横捭阖提供了机会，以“合纵”之术游说诸侯的苏秦曾有如此见解：“是故明主外料其之强弱，内度其士卒贤不肖，不待两军相当而胜败存亡之机固已形于胸中矣”。（《史记·苏秦列传》）素有“兵学圣典”之誉的《孙子兵法》以精密的战略著称，其中“上兵伐谋，其次伐兵，其下攻城”强调了战略对于指导战争的重要意义。汉高帝刘邦曾言“夫运筹帷幄之中，决胜千里之外”（《汉书·高帝纪下》），此处的“运筹帷幄”即指战略谋划。再比如，元末天下大乱，群雄并起，朱元璋采纳朱升的建议，实行“高筑墙，广积粮，缓称王”的战略，从而在群雄逐鹿中成为胜者。在战略思想的发展过程中，“战略”的概念也相应成形。西晋史学家司马彪曾撰写《战略》一书，以“战略”作为书名，此外，韬略、方略、权谋等词语也曾与今天的“战略”词义相近。

在欧美的文化体系中，“战略”起源于希腊文 strategos，原意为“将兵术”或“将道”。地中海地区发达的政治、经济、文化条件更是滋生了早先的战略观念。《伯罗奔尼撒战争史》中就对雅典和斯巴达之间的城邦战略进行了特别的叙写，其中包括大国渴望的霸权战略、小国的结盟战略、陆军的战略、海军的战略等。中世纪的“黑暗时代”过后，文艺复兴的浪潮为欧美的战略思想注入了生机。马基雅弗利在其著作《战争艺术》（*Dell'arte della guerra*）、《君主论》（*III Principe*）中立足于战略的高度，详尽地论述了君主的治国战略，为现代战略思想的产生奠定了思想基础。

古典战略思想经过历史的筛选、实践的检验，大部分精华归并于现代战略思想体系中，在世界各国先后发展为军事科学的重要研究领域。第二次世界大战后，战略逐步进入管理学科中的研究领域，并经历长期计划、战略规划和战略管理三个发展阶段。随后，战略管理涉及的范围日益扩大，渗透至多学科、多领域，在实践应用方面得到广泛应用。如在经济管理中，战略是指引导组织持续生存和战胜竞争对手的艺术。

2. 组织对战略的认识过程

组织管理者对于战略的认识经历了一个逐渐完善系统的历史过程。自20世纪60年代以来，组织对战略的认识从组织内部扩展到外部环境，后又回归到内部的视角上，大体经历了三个发展阶段，分别是：以组织结构为基础的组织战略理论、以产业结构分析为基础的竞争战略理论、以能力理论为主导的组织战略理论。

20 世纪 60 年代初，美国管理学权威专家小钱德勒（Alfred D. Chandler，Jr.）出版《战略与结构》一书，对企业组织的战略、环境和组织结构之间的关系做了详尽的分析，表明企业首先应确定其发展战略，然后根据战略规划相应的结构，以达到预期目标。随后，在对于战略构造的问题上，不同学术群体持有不同的观点，形成了“设计学派”（Design School）和“计划学派”（Planning School）两大代表性学派。设计学派以哈佛大学商学院的安德鲁斯（Andrews）教授为代表，提出了著名的 SWOT（strength、weakness、opportunity、threat）战略模型。计划学派的伊戈尔·安索夫（Igor Ansoff）则发表了《公司战略》（1965）、《战略管理概念》（1972）、《战略管理》（1979）等文献，他的观点是：结构决定战略，战略追随结构，战略管理过程是一个开放系统。总体来看，这一时期学者们的思想主张不尽相同，研究方法也复杂多样，但主要的着眼点是战略与结构二者的关系问题。在实践中，战略和结构常常处于混合的无序状态，不总是相协调的，因此以组织结构为基础的组织战略理论则无法对其进行解释。

80 年代起，迈克尔·E. 波特（Michael E. Porter）陆续发表《竞争战略》（1980）、《竞争优势》（1985）、《国家竞争优势》（1990）三部著作，提出企业组织发展的竞争战略和优势获得方法，对竞争战略理论的发展做出了极其重要的贡献，被誉为“竞争战略之父”。波特致力于将产业经济学运用到企业的战略研究之中，再加上当时以梅森（Mason）和贝恩（Bain）为代表的产业组织学派的影响，将产业组织理论中的 SCP 分析范式引入研究，提出以产业结构分析为基础的竞争战略理论。但是，这一理论将企业的成功归因于外在的行业因素，过于注重行业领域的选择，研究如何改变现有的产业结构来制定对自身有利的企业战略等问题，而忽略了企业内部资源、核心能力的重要作用。

知识库

SCP 分析范式

“结构-行为-绩效”分析范式（structure-conduct-performance），简称 SCP 分析范式，是传统产业组织理论分析企业竞争行为和市场效率的主要工具。这一范式认为产业结构决定了产业内的竞争状态，并决定了企业的行为及其战略，从而最终决定企业的绩效。

随后，战略管理的研究再次转向企业内部的资源、能力方面上来，即以能力理论为基础的组织战略理论，可将其分为资源观和能力观两类。

资源观认为“企业的业绩依靠获得具有产生租金潜在价值的资源”，可追溯到彭罗斯（Penrose）的《企业成长论》（1959）、沃纳菲尔特（Wernerfelt）的《企业资源学说》（1984）等文献，是经典战略管理理论与产业经济学、组织经济学等多学科结合与创新的产物。随后，在 1995 年《哈佛商业评论》发表的《资源竞争：90 年代的战略》一文中，柯林斯（David J. Collins）认为企业盈利的根源是其依赖于企业的异质性的、稀缺的、不可复制的有价值的专有资源。

能力观由普拉哈拉德（C. K. Prahalad）和哈默尔（Gary Hamel）正式提出，强调企业内部条件对超额利润以及竞争优势地位的决定性意义，这要求企业在战略管理实践上，选择符合自身能力和资源的优势产业，避免在诱导下盲目进行多元化经营。后经斯多克、伊万斯、舒尔曼等人的发展，核心能力理论发展成较完整的理论体系。但当企业核心能力发展到极致，往往会形成一种惯性，影响企业的变革，束缚核心能力的更新。在此基础上对能力观进行继承和发展，逐步形成了动态能力理论。目前对该理论的研究还处于争论和发展之中。

知识库

企业管理的“三驾马车”

战略、组织、流程通畅被称为企业管理的“三驾马车”。战略决定企业做正确的事，组织决定企业正确地做事，而流程则可以帮助企业高效、低成本、低风险地做事，三者缺一不可。组织是战略实现和流程实施的平台，明确内部成员的岗位职责、角色和任务，构成企业的内部垂直管理线路；流程管理从调研市场需求到产品研发、生产销售，最终实现价值创造，横向地针对企业的价值产出过程；战略是组织和流程运作的根本，它决定了企业的价值目标，直接影响和决定了组织、流程的最终实现目的。

3. 组织战略的含义及特点

在管理学中，组织战略是组织为适应未来环境的变化而做出的具有战略意义的谋划和决策，使得组织的资源和能力与组织环境中的机会相契合，并促进组织内部构成因素与外部环境因素的相互动态作用，通常关系到全局性、长远性、纲领性的生产经营目标。

组织战略超脱于某些特定规划的具体细节而存在，为详细计划的设定起着建设性的指导作用，它表明了组织达到目标、完成使命的整体谋划，同时也反映了管理者对于行动、环境和业绩之间关键联系的理解，用以确保已确定的使命、愿景、价值观的实现。

组织战略有以下特点：

（1）全局性。

组织战略以组织整体为决策选择的基础，是对组织整体发展的总规划，广义上指以组织全局为研究对象来确定组织的战略目标、制约组织的经营管理的一切活动。

（2）长远性。

组织战略立足于组织未来的长远发展，通过对当前形势的分析及未来走向的预测，经过审慎的权衡与选择，从而做出对组织长远利益更有利的正确决策。组织战略管理是一个未来导向与现实状况结合的过程，其决策、规划的制定不特别针对短期的盈亏现象，而是追求组织的持续稳定发展。

（3）指导性。

组织战略是组织发展的蓝图，思索“组织为什么存在”“组织要做什么”“组织将走多远”等最根本的问题，规定了组织在一定时期内基本的纲领性发展目标，指导着具体计划的设定，为实现战略目标规定了路线和途径，引导组织内各部分的有序运作，并激励员工的工作积极性。

（4）竞争性。

组织战略制定的目的是使组织在行业领域内获得战略领先地位，通过合适的、正确的战略管理，进行有效竞争，运用竞争优势，获得核心竞争力，进而赢得市场，提高经营业绩，不断为企业增加价值。

（5）风险性。

组织通过组织战略的制定、对当前形势的分析，做出预测性的规划与决策。然而复杂多变的社会环境以及组织自身条件的不确定性，使得组织战略具有一定的风险性。

总之，组织通过以战略的思维方式绘制蓝图，立足当前，放眼未来，不仅可以提升组织的思维高度、拓宽视野，也可提高组织总揽全局、把握未来的能力，为经营绩效的可持续发展提供有力的保证。

4. 组织战略的分类

在现代社会的多元化土壤中，战略思想蓬勃发展，各级各类、各种性质的组织纷纷制定自身的战略规划，在不断的实践中，战略理论得以丰富。在促进各领域发展的同时，也形成了丰富多样的组织类型。现代组织战略，通常可以从以下角度进行系统的分类：

（1）根据组织所期望达到的绩效水平不同，总体上可以分为发展型战略、稳定型战略、紧缩型战略三类。

1）发展型战略（增长型战略）。

发展型战略以持续发展为主要目标，推动组织在现有的基础上扩大组织规模，培养核心竞争力，从而达成更高的目标。从企业发展的角度来看，大多数成功的企业都经历过不同时长的发展型战略实施期，由于发展速度快，它们更容易获得较好的规模经济效益，从而获得超额利润率。具体又衍生出多种增长方案，如稳步增长、横向一体化扩张、纵向一体化扩张、多样化扩张等。同时，发展型战略鼓励组织拥有较强的创新意识和探索精神，它驱动企业组织探索旧产品的改进空间、开发新型产品、发掘市场的潜在需求、开拓更广阔的市场甚至启用新的生产方式和管理策略，以谋求长效的高速发展，谋求更大的风险回报。

2）稳定型战略（维持型战略、保守型战略）。

稳定型战略以安全经营为宗旨，期望达到与战略起点相匹配的经营范围和绩效目标，使组织保持一贯的增长速度。实施稳定型战略的组织大多满足于过去的方法和绩效，几乎无须冒险探索新产品、新市场，这极大地降低了组织战略的风险性。稳定型战略具体又可分为无增长战略和微增长战略。与发展型战略不同，此处的增长是一种常规意义上的增长或维持，而非迅猛的发展。例如，在保持市场占有率不变的情况下，随着市场容量的扩大，企业需适度增长销售额以适应市场的变动，这种情况便不能归为典型的发展型战略。

3）紧缩型战略（收缩型战略、撤退型战略）。

紧缩型战略使组织从当前的战略经营领域和基础上收缩和撤退，以保住企业生存，如缩小企业规模、压缩生产线甚至撤销某些经营业务或产品等。这会带来利润率、市场占有率等指标的明显下降，并且可能伴有大量裁员。紧缩型战略偏离战略起点较大，是一种相对消极的发展战略，但一般持续时间短，可抵御竞争者的强势进攻、避开不利环境的威胁，有利于企业为自身的资源优化配置留出时间和空间，有时可算作企业以退为进的过渡战略。

（2）根据层次高低，分为总体战略、业务战略、职能战略三层。

1）总体战略是组织整体发展的蓝图，由组织最高决策层制定并组织实施，是组织战略的最高层次，从全局的角度对各部门的运作、发展起一定的指导作用。

2）业务战略是组织在业务范围内的规划，服从并服务于总体战略，由二级公司的决策层依据总体战略制定并组织实施，各业务单位的主管及辅助人员往往根据业务战略指导活动。

3）职能战略用于指导某部门的微观运作与发展，由各职能部门制定并组织实施，同时服从并服务于组织的总体战略和业务战略。

除上述分类之外，组织战略的分类还可根据多种标准划分。根据性能的差异，组织战略可分为多种复杂的类型，有竞争战略、经营战略、技术战略、人才战略等，由于其复杂多样，这里就不一一罗列。在当今信息化时代，现代企业组织关注的主要是知识管理战略、信息技术战略、经营战略、竞争战略等。根据时间跨度的长短，分为近期战略、中期战略、长期战略三类，时间跨度依次为一年之内、一至五年、五年以上。

当然，组织战略的类型丰富多样，因不同的划分标准而有所差异，此处不再一一列举。

6.1.2　公共组织战略

1. 公共组织认识战略的过程

第二次世界大战之后，战略逐步进入管理领域的研究范围，并得到广泛应用。1978年，管理学大师德鲁克在《非营利组织的管理》一书中提出："非营利组织的管理之道，靠的不是企业的经营手法，而是使命与领导之道。"非营利组织是一类典型的公共组织，它承载着公众更高的期望，需要以使命为目标的战略管理。

20世纪80年代是企业组织普遍重视战略管理的时代，在私人组织战略规划和战略管理模式的示范影响下，公共组织战略规划和战略管理途径也应运而生。此后，公共组织越来越关注战略管理问题，直至90年代，部分西方国家的政府机构、教育系统以及卫生部门开始逐渐涉足战略管理的研究。斯蒂芬·P. 罗宾斯（Stephen P. Robbins）在《管理学》（1994）一书中揭示："战略计划已经超出了工商企业的领域，包括政府机构、医院、教育组织在内，都制订战略计划。"登哈特夫妇提出了新公共服务理论，将公民的利益和社会的发展融入公共组织的战略发展之中。

战略的思维方法有助于将组织管理的计划功能与整体的管理功能整合在一起，并系统地考虑组织的未来远景、长期目标和近期目标，将关注的焦点由内部转向外部，能够最大限度地动员组织资源以保证其目标、宗旨始终如一地实现。可以说，公共组织战略管理途径的兴起是全球化、信息化和知识经济时代发展的产物。在我国，基于传统的计划型政府行政管理模式，公共组织往往因缺乏对环境的应变能力，面临内外部环境的急剧变化，公共组织容易陷入被动，这推动了政府等公共组织对战略管理的重视，战略管理的方法开始被更多地引入公共组织的决策、领导等活动中。

2. 公共组织战略的内涵

公共组织战略是指公共组织为实现公共利益和目标，在分析外部环境的机会与威胁、内部条件的优势与劣势的基础上，制定的涉及组织职能范围、成长方向、竞争优势等内容的整体性规划。公共组织通过组织战略的设计、实施、评估，调整职能范围及发展方向，选择资源目标及对策，以便更高效地进行资源的权威性分配并为社会公众提供公共服务。公共组织一般指以管理社会公共事务、协调社会公共利益关系为目的的组织，如政府机构、其他非营利组织等。

战略的本质在于利用和动用各种资源以最终实现组织的目标。战略管理与组织的外部环境、使命和目标相关。对于企业等私人组织而言，成本和利润是其运作过程中必须考虑的方面，效率更是不可忽视的指标，因此对内部以及外部的资源进行合理规划和分配十分重要，可通过战略管理来实现资源的最大化利用，以便更好地实现组织目标。

对于公共机构和非营利组织而言，公共组织的运作涉及许多企业组织所无法涉足的公共领域，担负着促进社会良好发展的责任与使命。而公共组织通常不以营利为导向，为公众提供利益以及服务是首要目标，这在很大程度上对公共组织的战略提出了更高的要求。

战略管理的先驱者伊戈尔·安索夫特别强调“组织-战略-环境”三者之间的相互适应与协调一致。他认为战略性行动的过程改变了组织内部的资源配置和行动方式，同时，也是一个与内部及外部环境相互联系、相互作用的动态过程。私人组织面向一个相对自由的经济市场，随着市场环境的变化，需要根据情况能动地做出决策、配置资源。相对而言，公共组织缺乏对资源的高度能动性与控制力，复杂多变的社会环境要求公共组织在战略的制高点上，合理利用资源，为公众提供可持续的服务。

总的来说，战略管理是一个决定组织命运的关键决策的制定与实施过程，这一过程以组织整体和全局为对象，考虑组织的总体发展，相对于一般的管理活动来说，是组织最重要和最高层次的管理。

3. 公共组织战略的重要意义

组织战略管理作为一种卓有成效的管理工具，首先应用于工商企业领域，随后应用于公共组织，打破了传统行政视野的局限，以系统全面的思想为出发点，对组织发展的长期状况加以分析，是公共组织应对外部不确定环境、迎接挑战、解决生存与发展问题的有效手段。公共组织以公共利益作为首要目标，这决定了公共组织职能范围的广泛、复杂、动态以及具体性，任何一项公共组织战略的制定和调整都可能对国家、民众产生深远的影响，因此推动公共组织战略管理水平不断提高显得格外重要。

第一，公共组织战略是公共组织应对复杂多变的社会环境的必然选择。经济全球化、信息化进程加快，公共服务和公共产品在国与国之间的流动愈加频繁；在新公共管理运动的背景下，公共组织的职能、地位、角色、结构和社会关系也发生了巨大变化，随着公共组织职能覆盖范围的扩大，政府等公共组织的发展显得日趋重要。然而在现代社会，各种动态、不确定因素对政府、非营利组织等公共组织产生了持久的影响，面临诸多挑战，公共组织需要建立起一个更有适应性的反应系统，为未来组织定位，以应对动荡的、多元的、复杂的环境。只有从战略的制高点上，对组织管理、绩效、责任进行规划设计，公共组织才能把握各种有利于发展的机会，在复杂多变的社会环境里谋求生存与发展。

第二，公共组织战略有利于公共组织进行内部管理，提高服务绩效。通过战略管理，组织能够明确发展的基本目标以及宗旨，使之成为成员的普遍共识；通过战略管理，组织能增强对发展进程的把握和控制能力，规划设计组织的整体任务；通过战略管理，组织能唤起成员的奉献精神，充分调动其为组织服务的积极性和创造力；通过战略管理，组织能够依照战略明确组织发展的目标优先级，有条不紊地开展工作，使有限的资源得到高效的利用。

第三，公共组织战略是公共组织改革的重要方法，公共组织实施战略管理，可以有效地克服传统行政管理模式的内部取向与政治-行政二分法的弊端。传统行政管理以内部取向，更多关注内部日常问题的管理，而非组织外部环境、长远目标以及如何优化资源配置的问题。传统模式不仅缺乏战略思维，缺乏对环境的关注而片面地做出决策；而且缺乏远见，过多关注具体的组织管理过程，在实践中受到严峻的挑战。20 世纪 80 年代至 90 年代，世界范围内的非营利组织出现了资金总量减少的现象，面对严峻的形势，组织选择采用战略管理的机制去发现解决问题。

目前，由于环境条件变革以及自身非营利属性等原因，公共组织经常面临重组、合并和民营化的威胁，甚至需要与私人组织竞争提供公共物品及服务。官僚机构或政府部门无法再垄断公共物品及服务，各种私人公司、独立机构和社会团体参与其中，不同的公共组织也为提供相同公共物品或服务而展开竞争。只有立足于长远的发展，从全面的角度审视固有的弊端，才可能在竞争中处于优势地位，实现持续的良好发展。

第四，公共组织战略有利于公共利益的实现。公共组织是公共利益的主要保障部门，公共利益是组织实施管理的基本理论假设。美国学者马克·穆尔（Moore）曾用一句话对非营利组织战略规划的作用概括为“帮助公共和非营利组织创造公共价值”。战略管理兼顾长期利益与当前利益，兼顾整体利益与局部利益，指导资源配置的优先顺序，使组织将有限的资源用于战略性、关键性的领域，有利于公共组织明确其核心服务功能，针对战略性目标，有的放矢，改进决策效率以及运作水平，最终从多个领域、多个层次全面地保障社会公共利益的实现。

4. 公共组织战略的特点

公共组织与私人组织在环境、使命、目标、约束条件和运作程序等方面存在一定的差异，故不可直接沿用一般组织战略管理的具体方法，需根据组织实际加以调整，在此过程中，公共组织战略表现出除全局性、长远性、指导性、风险性以外不同的特征，归纳如下：

（1）使命性。

与其他一般性组织不同，公共组织高度强调自身的使命感，以一种利他的服务精神凝聚员工及志愿者，而企业大多通过工资、福利待遇等利益相关条件来吸引员工。公共组织不只关注组织各部门的运作效率，更多考虑人的因素，强调职业使命感对员工的激励、凝聚作用，将组织的战略发展融入国家的发展之中。

（2）公共性。

公共组织管理的核心目的是为整个社会创造公共价值。政府等公共组织的存在并非为营利，而是出于公共性的分配及服务目的，这是与企业等私人组织的重要差别。私人组织的战略制定需要考虑的是它所处的市场、自身的财务、员工素质等情况，通常在保密程度高的环境下制定出来；而公共组织凭借公共权力对社会事务进行管理，对较大范围群体的社会利益产生影响，同时，相关责任监督机制要求公共组织必须接受公共审查，故公共组织战略的规划及实施要受到各类利益集团主体政治、经济方面的影响和制约。

（3）复杂性。

公共组织战略与一般组织战略是在不同环境状况、组织结构的条件下产生并运行的，因此从不同的角度来看，二者均具有各自的复杂性。首先，公共组织在社会上的影响范围极其广泛，其组织战略需要指导组织承担部分私人组织无法承担的责任，而公共组织战略的回应范围几乎是没有限制的。其次，公平和效率的关系问题处理起来较为复杂。公共组织的所有权属于全体公民，在战略管理过程中，公共组织需要尽可能为每个公民提供其所期望的服务，并且关注公平。

（4）模糊性。

公共组织通常同时拥有多个目标，这些目标大多比较模糊，同时，利益主体的期望、使命的变迁、第三方的操纵等因素也会引发一系列冲突的目标期望。

（5）相对稳定性。

公共组织战略拥有一个较长的稳定阶段，战略管理过程中，组织能够连续监控内部和外部动态及趋势，且具有较强的自我保障能力，其内部人员流动性相对较低。但是，公共组织的发展并不是一成不变的，也需要在战略决策的指导下进行必要的革新，同样带有一定的风险性，但总体上，各国的公共组织相较于私人组织而言，其发展仍然相对稳定。

案例

可汗学院

可汗学院是全球知名的教育类非营利组织，从一个个人组织发展至全球性的运作规模，并在全国教育领域产生巨大的影响，这与其优良的组织战略管理息息相关。

可汗学院充分运用网络传播的便捷性和信息边际成本低廉的特点，开创了独具特色的教学模式，为“翻转课堂”的实施提供了物质上的可行性。不同于一般的远程教育，可汗学院的网络授课与传统课堂相结合，学生可以先看视频，做在线练习，掌握基本的知识点，老师在课堂上可以专门答疑、组织讨论、进行探索活动。此外，可汗学院拥有以柔性管理为主导的志愿者战略管理方法，使其得到精神上的极大满足。

目前，可汗学院处在战略选择上的增长期，在继续保持免费的基础前提下，选择扩张的战略发展方式。加快课程的录制和发布，扩大课程科目涉及领域，注重与发展中国家的教育团体和民间翻译组织进行合作，推动可汗学院在发展中国家的全面上线。

在战略执行上，除了按照上述的扩张型战略发展执行外，可汗学院注重现实中与战略规划不符合的部分，并及时进行计划和预算的调整；定期收集对课程的反馈，随时对战略活动进行监管和评估。可汗学院的在线联系系统，便是根据学习者反馈开发出来的，有利于学习者的知识掌握以及组织的长远发展。

案例思考题

可汗学院是哪一类组织？在其发展中，战略扮演了怎样的角色？

6.2 公共组织的战略管理

6.2.1 为什么公共组织战略需要管理

管理是指在一定环境下，为实现特定目标，通过计划、组织、领导、控制等行为对组织所拥有的资源进行有效配置，使各方人员在组织活动中高效地完成既定目标的活动。管理的主要职能包括计划、组织、领导和控制，通过这些职能管理者可以保障生产活动的效率（efficiency）与效果（effect），有效地完成各项组织活动，使组织良好发展。

20世纪50年代，“战略”逐渐进入管理领域，至80年代，战略管理模式开始在国外企业管理中盛行，90年代，公共组织中很多非营利组织逐渐引入并接受战略管理以更好地生存和发展。公共组织的战略管理与企业的战略管理有所不同，体现在利益群体、产品和服务的模式、价值观念等方面，但仍然对公共组织的发展有不可或缺的作用。

结合6.1节我们可以看出，战略管理需要融合多学科的知识，它涉及的问题涵盖市场营销、财务、生产、开发、信息系统等各个方面，这些问题无疑是公共组织管理中必然涉及的问题。对公共组织而言，良好的战略管理能够提供更具全局性的思考方式，不仅能为公共组织的长远发展制定目标，还能为公共组织的现实工作与决策提供参考，推动公共组织的良性发展。

战略管理作为一种重要的管理工具，受到很多公共组织的重视并得到广泛应用。那么，在公共组织中推行战略管理对公共组织有哪些积极作用？在这里给出了战略管理对公共组织在规划、管理、团队建设、公开透明等方面的一些影响。

(1) 确定长期规划。长期规划需要确定组织的目标，制订与实现目标相适应的计划，并按照计划，通过资金预算来分配资源。公共组织战略管理的成果之一是形成一个长期规划。这个规划为组织提供了一个目标，这个目标不是一成不变的，而是动态的，在现实发展中不断得到修正与变革。

(2) 充分考虑组织的长远利益。公共组织面临较多且琐碎的日常事务，但公共组织管理者不应忘记和偏离公共组织的宗旨和发展方向。战略管理为管理者提供了构建组织愿景的机会，避免管理者为及时处理事务或危机只考虑眼前利益，反而“欲速则不达”。

(3) 有助于公共组织管理活动的规范化。一方面，战略管理注重组织长期、稳定和持续的发展。战略管理周期的跨度一般为5～10年。公共组织常面对较多的现实困难，采用战略管理的优势在于能够巧妙地处理组织的长期目标和近期目标的关系，将两者结合起来，建立规范化、制度化、程序化的管理。另一方面，对战略管理实施结果的评价和控制是下一周期战略管理的参考，也是新一周期战略管理的开始。这种系统化的管理使公共组织形成理性管理，摆脱了管理上的随意性等缺点。

（4）更有效地解决问题。战略管理以积极的姿态、协调的机制和综合的管理理念解决问题，运用战略管理的观念，组织可以集中解决发展中遇到的一系列问题。

（5）加强团队建设与组织学习。强有力的团队合作是组织战略得到有效实施的保证。为提高管理能力，公共组织必须持续学习，组织的人员在参加战略规划制定时相互讨论，相互学习和启发，并在工作中更好地相互合作，同时，这一相互合作的过程还能够调动成员的创造性和积极性。

（6）有助于建立透明机制。战略作为事关整个组织的重大决策部署，从酝酿到制定，一般都会经历一个科学、民主的过程，对于公共组织而言，其战略不仅对组织本身，对整个国家都会产生深远的影响。因此，大多数公共组织在战略管理中，都非常强调战略的公开，由公众参与管理监督，并且在管理上为战略的透明化提供相对完善的执行及保障机制。

综上我们可以看出，推行战略管理能够为公共组织带来多方面的潜在利益。除此之外，随着社会环境复杂化和公共组织变革的需要，战略管理开始发挥着越来越重要的作用，成为公共组织必要的管理模式。为此，公共组织管理者必须提高思维和行动的系统性、预见性、灵活性与创造性，在复杂的环境中具备战略思维。正如美国学者乔尔·罗斯（Joel Ross）和迈克尔·卡米（Michael Kami）所说：一个机构没有战略就好像一条船没有桅杆，只能在原地打转。它像一条航期不定的船，不知在往何处航行。战略管理是关系到组织发展和生死存亡的关键问题，在公共组织管理中不可或缺。

6.2.2 公共组织战略管理的定义和特点

1. 公共组织战略管理的定义

公共组织战略管理是战略管理在公共组织中的具体应用，是为确保公共组织战略的有效实施而采取的一系列管理手段。关于公共组织战略管理的定义，不同学者有不同的观点，这些观点侧重点有所不同。

小汤普森（Arthur A. Thompson，Jr.）等人认为：战略管理是一个过程，在这个过程中，高层管理者确定组织的长期方向，设定特别绩效目标，根据与组织相关的内外环境，制定出能达成这些目标的战略，并且卓有成效地实施这些被选定的决策方案。

波兹曼（Barry Bozeman）和斯特劳斯曼（Jeffrey D. Straussman）在《公共管理战略》中认为，公共部门战略管理有如下四个基本特征：关注长期；将长期目标与近期目标整合成一个连贯的层级；认识到战略管理和计划并不是自行贯彻的；采取一种外部观点，强调不是去适应环境，而是期待和塑造组织的变迁（这一点是最重要的）。战略管理必须充分认识到政治权威的影响。

纳特（Paull C. Nutt）和巴可夫（Robert W. Backoff）在《公共和第三部门组织的战略管理：领导手册》一书中这样描述战略管理：战略管理处理这样一个关键问题，即为面临着日益增加的不确定性未来的组织定位。战略管理通过产生用以指导战略行动的计划、计谋、模式、立场和观点而为一个组织创造焦点、一致性和目的。

伊萨克-亨利（Kester Isaac-Henry）在《公共服务中的战略管理》中认为，虽然人们对“战略”的概念界定和解释不同，但是，“战略”中的共同因素是管理者和组织通过思考、计划和做出战略性决策的意图。所谓的战略性决策是这样的一种决策：它考虑影响组织未来的内部和外部环境；考虑那些涉及整个组织并对组织产生重要影响的问题；考虑组织目标和前进方向；促进政策和战略的实施。而战略管理涉及计划、实施和监控组织战略的过程。实际上战略管理的目的在于，通过组织与环境协调，驾驭组织变化，取得更大的绩效。战略管理包含着战略分析、战略选择和战略实施三个核心领域，并围绕这三者来进行。

综合一些学者观点，我们可以这样定义公共组织战略管理：公共组织战略管理是指公共组织根据内外环境变化，确立和调整组织的长期战略目标，制定能实现这些目标的战略，通过优化决策和公共资源的有效配置来确保战略的管理和实施，以提供更优质的公共服务的过程。

2. 公共组织战略管理的特点

公共组织战略管理包括为制定公共组织战略和确保公共组织战略实施而采取的一系列管理行为，这一系列行为不仅与公共组织战略的特点密切相关，还因其性质而具备管理上的特点。

（1）战略特性：未来导向与现实状况相结合。

战略管理是组织最重要且最高层次的管理。相比一般的管理活动，战略管理更具有长远性，它关注组织的长远利益，着重于较长远的、总体的谋略。战略管理是未来导向的，战略管理为未来提供总体的规划，对未来做出可能的预测并以积极的姿态对未来提前做准备。这也是公共组织战略管理与传统公共行政学的不同之处，公共组织将关注的焦点由内部转向外部，更加注重战略目标的实现。正如奥斯本和盖布勒所认为的：有预见的政府做两件根本性的事情。它们使用少量钱预防，而不是花大量钱治疗；它们在做出决定时，尽一切可能考虑到未来。

但这并不意味着组织不关注现实。战略管理具有很强的现实性，它需要“从过去和现在到未来，再从未来回到现在”。公共组织需要结合自身的历史发展、现实状况和宗旨目标制定战略，将未来导向与现实状况有机地结合。

（2）公共特性：与企业战略管理的不同（见表6-1）。

表6-1　公共组织战略管理与企业战略管理的区别

		公共组织战略管理	企业战略管理
战略目的	根本目的	公共利益的实现	利益的最大化
	关注焦点	公平与效率	最关注效率
战略内容	影响范围	涉及社会各领域，影响范围大	一般只是本企业与相关行业领域，影响较窄
	对竞争的强调	不以竞争为目的，更强调协作关系	具有明显的竞争性
战略实施过程	政治因素	处于复杂的政治力量之间	政治因素的影响是间接的
	法律因素	受法律法规制约较多	更为自主和灵活
	透明度	需要公众监督，公开透明	有一定的保密性

公共组织战略管理具有公共价值取向性。公共组织战略本身的产生和存在就是为了实现公共目标与为社会提供更优质的公共服务。而公共组织战略管理的目标是公共利益而非市场利润，在对战略的规划与选择上要体现公共价值，对战略实施的管理过程即确保公共价值真正实现的过程。这种公共特性还体现在以下几个方面：

1）影响范围广。公共组织战略管理对社会影响的深度和广度一般比企业战略管理要大。这是因为，企业的战略管理往往只对组织本身或相关行业领域产生影响，而公共组织的战略管理却可能涉及公共事务与公共资源的分配，从而对社会各个领域都产生一定程度的影响。

2）制约因素多。公共组织由于其所处环境的特殊性，常面临多方力量的制约，复杂的政治环境和私人组织的诉求都对公共组织施加影响。相比企业，公共组织战略的确立与实施还要依循更为严密的法律体系，并对公众公开透明。

3）目标复杂性。公共利益本身比较抽象模糊，涉及国家发展中的方方面面，小到个人发展，大到国际关系，均在公共组织战略管理的目标范畴里，因此，公共组织战略管理的目标不像企业以利润为目标那样易于考量。另外，公共组织战略管理的目标受各种制约因素影响，会出现较为复杂多元的结构。这要求公共组织战略管理者拥有清醒的头脑和强烈的公共责任意识，在公平与效率中良好权衡。

（3）管理特性：追求效率、系统、稳定的管理循环。

公共组织战略管理以提高公共组织行为效率为目标。虽然由于公共利益本身的复杂以及外部影响因素的干扰等原因，公共组织战略管理需要平衡多方面利益。但公共组织作为整个国家的主要治理主体，其行为的效率仍然是衡量其水平的重要标志。因此，公共组织战略管理同样需要运用现代化技术、科学管理方法在战略的制定、执行、控制等各个环节上提高效率。

公共组织战略管理具有系统性。它不仅包括对战略的制定和实施，还包括战略控制、战略评估与战略变革。这五个环节形成了一个动态的且不断调整的循环，每个环节都是总体的有机组成部分。这些环节在实际中融为一体，互相影响，它们之间的良好协调与整合使整体利益最大化。

公共组织战略管理具有相对稳定性。公共组织一旦确立战略，就不应随意更改，要有一个稳定的阶段。战略涉及组织多方面的工作，朝令夕改会使组织混乱。公共组织战略管理还具有艺术性，是直觉和理性分析的结合。良好的管理需要艺术性，战略管理更对管理者的人际关系协调能力、合作能力等提出了要求。

科学技术的进步还使公共组织战略管理的科学性愈发突出。在管理中采用先进的科学技术可以帮助组织提高工作效率。组织的决策依赖准确的信息。依靠科学的统计方法，组织可以全面了解自身的客观现状，科学地判断战略实施的效果与不足。

6.2.3 公共组织战略管理的基本原则与基本内容

1. 公共组织战略管理的基本原则

公共组织战略管理在开展过程中必须遵循一些基本原则。波兹曼和斯特劳斯曼曾提出战略管理的以下四个原则：

(1) 关注长期管理。

关注长期管理与长期趋势是战略管理战略性的重要体现。战略管理追求组织的长期生存、发展和战略竞争力的提高，重视组织的长远利益和发展潜力。战略管理以组织当前内部与外部的环境为出发点进行决策，战略活动会受到组织当前情况的影响与限制，但这些也是为了谋求组织更长远的利益。

(2) 将目的与目标整合成一贯的层级体系。

组织在制定目标时要注意：任何层次的长、短期目标必须从属于上一级的长、短期目标，各部门目标制定应以组织的长、短期目标为依据并且与之相协调。组织内不同领域的目标可以相互制约，但它们应协调一致，这样才能保证所有目标体系的一致性。

(3) 认识到战略管理和战略计划不会自行贯彻。

对于实行战略管理的组织来说，认识到这一点很重要。战略管理与战略计划不是自我执行，它们的执行必然会带来组织内的变化。必须使组织成员相信随着战略实施所带来的变化将为组织带来益处。

(4) 强调外部观点，要适应环境，并预期与影响环境的变迁。

组织面对它的环境不是被动的，组织与环境是相互影响的关系。组织应主动选择它的环境，并采取一定的措施尽可能形成有利于组织目标实现的环境。管理者要积极采取措施，可以通过内部环境的改造，影响或改变外部环境。

此外，公共组织战略管理要依据的一个重要原则就是要以公共利益为出发点。公共组织应始终清楚自己的宗旨。公共组织战略管理的目标是公共利益而非市场利润，对战略的规划与选择要体现公共价值。

在很多学者关于公共组织战略管理的研究中，也体现出一些值得依据的原则。例如，在战略管理中，领导者要把战略管理作为自己的首要职责，还要懂得发挥集体的智慧；在战略管理过程中，要做好思考与行动的统一，注重战略实施的过程，并在实施中不断做出调整；要在坚持可控战略计划的同时，做好应急战略，随机应变。随着对公共组织战略管理更多的研究，这方面的问题还将继续完善和发展。

2. 公共组织战略管理的基本内容

公共组织战略管理是对组织的未来发展制定规划以及实施这些规划的过程。关于公共组织战略管理的内容，很多学者做过研究并提出了不同的模式。

战略管理被认为是一个动态的、全面的管理过程，它既包括战略设计，又包括战略实施、战略控制和战略结果评价。在 20 世纪 80 年代初期至 80 年代后期的战略计划阶段，研究侧重于战略计划的形成过程。到战略管理阶段，也就是 20 世纪 80 年代后期至今天，研究的内容不仅是战略计划，学者更加注重对战略实施、战略控制、战略结果评价等方面的研究。

斯蒂芬·罗宾斯将战略管理分为九个步骤：确定组织当前的宗旨、目标和战略，分析环境，发现机会和威胁，分析组织的资源，识别优势和劣势，重新评价组织的宗旨和目标，制定战略，实施战略，评价结果。

布莱森（Bryson）将公共部门的战略管理分为八个步骤：开始制订战略计划过程并

取得一致意见、明确组织权限、阐明组织任务和价值、对外界环境进行评价、对企业内部状况进行评价、确定组织面对的战略性问题、制定战略处理问题、制定有效的未来组织蓝图。

纳特和巴可夫提出六点关于战略管理计划的模型：根据环境发展趋势、总体方向及标准概念描述组织的历史关联因素；根据现在的优势与劣势、未来的机遇与威胁分析判断目前的形势；制定出当前要解决的战略问题议程；设计战略选择方案，以解决需要优先考虑的问题；根据利害关系人和所需要的资源评价战略选择方案；通过资源配置和人力资源管理来贯彻需要优先考虑的战略。

这个模型提出了一些具有创新性的观点，如提出组织要运用历史和辩证观点，认真考虑组织的历史渊源、创办理念、重大事件等。另外，对利害关系人的关注也体现了"以人为本"的原则。这一模型在每一个步骤都进行了公私之间的比较，突出了公共组织战略管理的特点。

奥斯本和盖布勒将公共组织战略管理分为如下步骤：内外形势分析、判断鉴定组织面对的要害问题、确定组织的基本任务、整合组织的基本目标、绘制蓝图、制定实现这个蓝图目标的战略、排列战略的时间表、测量评价最终结果。

本书中，我们将公共组织的战略管理分为战略分析、战略设计与决策、战略实施，以及战略控制与激励这四个环节。下面对四个环节做简要介绍，具体内容将在下一节展开。

（1）战略分析。

战略分析是公共组织战略管理的第一步，是战略设计与决策的基础。它的目的是对组织当前的战略地位进行判断。组织战略分析主要包括分析组织的历史背景、确定组织的宗旨使命和环境分析等环节。

环境分析是公共组织战略分析的重要环节。任何组织的生存和发展都要受到其所在环境的影响和制约。在进行战略分析时，组织要分析所处的内部环境与外部环境，只有清醒地认识自身所处的内外环境，组织才能在多变的环境中从容应对，发现新的机会和威胁。环境分析的主要分析模型有 PEST 分析和 SWOT 分析。

知识库

环境分析

环境分析包括环境扫描、制订假定方案和预测。

环境扫描：收集大量的信息（这些信息与事件、趋势以及组织与环境的关系有关），并对信息进行分类和解释，以帮助管理者识别、理解战略性机会与威胁。

制订假定方案：管理者为确定环境对组织的影响，构建未来可能出现的情况，以帮助管理者做出应急措施。

预测：组织期望通过预测准确地描述未来的变化。但是进行预测时，往往没有一种预测方法绝对有效。使用多种预测方法，考虑综合结果对提高预测的精确度有帮助。

（2）战略设计与决策。

战略设计一般是指组织根据战略分析的结果，提出战略实施过程中具体的行动方案。

在这个阶段，组织要从多角度考虑，选择合适的战略。开始组织可能会选择多个备选战略方案，之后就需要管理者对方案进行评估，选择一个方案作为正式的战略方案。在整个过程中，管理者需要利用对组织现状的评价和环境分析的结果，做出很多决策。根据战略活动和主要问题的焦点不同，战略设计的方法也有所不同。

（3）战略实施。

战略实施是战略管理的重要阶段，是公共组织将纸面的战略计划转化为现实并发挥作用的过程。在战略实施阶段，组织主要进行两方面的工作。一方面，组织要进行目标的确定和分解、资源的配置和组织结构的设计，为后续的具体实施做好准备；另一方面，组织在实际实施中要克服阻力，培养组织文化，以促进和贯彻战略实施。

一项战略的实施需要多方面的配合，为此，组织首先要通过组织内培训、媒体宣传等方法取得组织内外广泛的支持，使组织成员认识到战略实施的必要性和迫切性。其次，组织要制定战略总目标，并且将它转化为更为明确的分阶段目标，统筹安排以使各分阶段目标良好衔接与协调。此外，组织还要建立满足战略需要的组织结构，并做好资金与权力方面的准备。组织还可以进行战略试验，对战略实施的效果做初步的了解，还能发现偏差并予以修正。

（4）战略控制与激励。

在战略实施过程中，管理者需要随时做好战略控制与激励，以保证战略的有效实施。组织结构本身并不能起到激励的作用，良好的战略实施需要控制系统的支持。战略控制系统能够对组织绩效做出真实的描述，帮助管理者建立战略实施效果的反馈。战略控制系统还可以激励成员，观察成员的绩效、组织对资源的利用情况等，还可以建立激励机制以提高成员的积极性。

在这一环节中，组织还要对战略进行评价，以确保战略有效执行并有所成效，这也是任何一种战略管理过程的最后阶段。战略评价活动主要包括三个方面：重新分析环境并进行比较，对战略绩效进行衡量，对战略做调整或纠正。

这一部分只是对公共组织战略管理的内容做了简单的阐述，但我们应该认识到，战略管理是一项具有丰富内容的复杂工作，是一个行动与学习的过程，需要团队的高度协作和与环境变化的适应与配合，而不是少数专家和高层决策者的闭门造车。

案例

上饶市2018年发展战略规划

2018年1月7日上午，上饶市第四届人民代表大会第三次会议隆重开幕。会议上提出了2018年上饶将重点抓好的五方面工作，指明了未来一段时间内的工作战略与规划。

1. 提升发展质量，着力做优现代产业体系

抓实体工业，加快打造三个千亿级产业。支持有色金属企业加大改造升级力度，打造“两光一车”升级版，加快形成有色金属、光伏、汽车等三个千亿级产业，持续巩固上饶“全国三大光学产业基地”地位。

抓现代服务业，加快推进大数据、大健康、大旅游产业升级。按照“江西省数字经济示范区”的定位，加快发展大数据、游戏、呼叫等新经济业态，着力打造国家级的数

字经济小镇。

按照“生命健康城”的定位，加快建设上饶国际医疗旅游先行区，积极创建国家中医药健康旅游示范区，继续抓好干细胞、生殖健康、基因检测等项目。

按照“中国东部旅游目的地、中转地、集散地”的定位，推进上饶市《“十三五”旅游规划》《全域旅游规划》《乡村旅游规划》“三规合一”，加快推进“十大旅游综合体”项目。

抓现代农业，加快建设农业强市。继续实施“十百千万”工程，编制和落实特色产业发展规划，大力推进“十大工程”。大力推进农业“接二连三”，进一步打响上饶农产品品牌。

抓创新驱动，加快培育发展新动能。全年新增国家高新技术企业30家、省级高新技术产业园1个，新组建省级工程技术研究中心3个，申请专利5 500件。深入实施“信江英才866”“饶城英才计划”等引才工程，积极引进外国专家和海外工程师，不断壮大科技人才队伍。

2. 优化发展格局，着力提升城乡品质

抓重大项目带动，优化提升区域发展格局。积极配合昌景黄高铁项目建设。大力支持通用机场及直升机起降点布点建设。加快推进鄱阳至余干高速公路、老320国道上饶段全线升级改造、上饶铁路西货站、上饶动车组存车场等项目建设。

抓中心城区首位度提升，充分发挥龙头辐射带动作用。积极推进上饶县撤县设区，推动广丰全面融入中心城区，实现“一城三区”组团式发展。全面开展生态修复、城市修补工作，接续推进近年来谋划的一批城建项目和去年启动实施的10件民生实事落地见效。

抓乡村振兴战略实施，促进城乡融合发展。推动城乡要素融合，加快推进城市资本、技术、人才下乡。继续高标准推进3 700个秀美乡村点建设。将具有徽派建筑元素的赣东北民居改造进行到底。加大农民文化教育和技能培训力度。加强乡风文明建设。健全自治、法治、德治相结合的乡村治理机制。建设农村公路1 000公里，新（改）建桥梁80座。

3. 增强发展动力，着力深化改革开放

抓改革攻坚强动力。深化“放管服”改革，继续取消或下放一批行政权力，全面推开“最多跑一次”改革，扎实推进实体政务大厅及政务服务标准化建设，推进“互联网+政务服务”，逐步实现“一次不跑”。持续深入开展“降成本、优环境”专项行动。

抓开放升级增活力。开展主导产业龙头项目“招大引强”竞赛活动，全市围绕“两光一车”产业，各县（市、区）围绕本地主导产业尤其是首位产业，重点面向世界500强、中国500强和行业20强企业招商。全年引进省外资金、利用外资、外贸出口分别达到700亿元、12.2亿美元、336.8亿元。

抓发展平台提升承载力。坚定支持上饶经开区继续做大做强，推动上饶高新区创建国家级高新区，打造工业“双引擎”。强化集约节约用地，严把供地关、严查履约率，鼓励建设多层厂房，向空中要地，开展闲置土地清理，确保新增工业项目平均投入强度每亩达到300万元以上。

4. 转变发展方式，着力巩固生态优势

抓生态环境治理，坚决打好污染防治攻坚战。实施“净空”行动，切实抓好工业园区污染治理、施工扬尘、油烟、尾气整治等污染防控；实施“净水”行动，大力提升中心城区污水管网贯通率；实施“净土”行动，全面推进生活垃圾处理设施建设。继续深入开展城乡环境综合整治，深入推进“厕所革命”。

抓绿色经济培育，推动绿色低碳循环发展。加快资源利用方式转变，抓好有色金属等传统产业绿色化改造，积极稳妥推进“十三五”期末全市煤炭行业整体退出、烟花爆竹行业基本退出，完成退出煤矿产能90万吨。大力发展生态农业、中药产业、林业经济和林下经济，积极发展生态旅游、健康养老、休闲度假等服务业，着力构建绿色产业体系，推动形成绿色发展方式。

抓生态系统保护，加快完善生态文明体制机制。建立健全空间管控体系，全面推行“多规合一”，严格生态保护红线、永久基本农田、城镇开发边界管控。大力实施长江防护林、退耕还林等生态修复工程，完成植树造林13.3万亩、退化林修复18.6万亩。

5. 共享发展成果，着力增进民生福祉

扎实打好脱贫攻坚战，确保2018年1个贫困县、172个贫困村退出，9.96万贫困人口脱贫。

着力提高社会事业发展水平。把教育事业放在优先位置，继续加大教育投入力度，加快推进义务教育学校标准化建设，新（改、扩）建校舍100万平方米，其中新建公办幼儿园51所。加大医疗卫生人才培养、医疗服务信息化和医院项目建设力度。进一步激活乡镇（街道）综合文化站服务功能，建设村（社区）综合文化服务中心2100个，设立村级宣传文化管理岗位。办好第二届上饶文化创意产业博览会，确保市博物馆建成开放。办好上饶国际半程马拉松赛、全国体育舞蹈国际邀请赛、中式台球世锦赛、全国竞走大奖赛等体育赛事。

加快完善社会保障体系。确保新增城镇就业5万人、转移农村劳动力7.2万人。大力推进社会保险精准扩面、精准征缴，确保我市养老保险、基本医疗保险、失业保险、工伤保险和生育保险参保人数分别达到373.1万、708万、30万、46.5万和26万。全面放开养老服务市场，支持发展社区养老服务。

切实加强和创新社会治理。完成第十届村（居）委会换届选举工作。继续推进社区网格化管理，进一步整合资源、配强力量、发动群众，着力构建“网络全覆盖、工作无缝隙、服务零距离、管理无漏洞”的社会治理新格局。

（资料来源：2018年，大上饶又有什么新动作？城市还会有啥新变化？都在这里了…….上饶晚报，2018-01-07.）

案例思考题

上饶市人代会上提出的2018年发展战略规划体现了公共组织战略的哪些内容与特点？

6.3　公共组织战略管理的基本流程

6.3.1　战略分析

1. 战略分析的含义

战略分析包括组织分析和环境分析两方面的内容，其核心思想是对相关资料进行收集整理，并从整体上分析组织的内外环境。

2. **战略分析的目的**

明确组织的发展目标和任务要求，了解外部环境，并在组织内经由足够的交流和协调而达成目标的一致性，使决策更加科学合理，促进公共组织管理整体发展。

3. **战略分析的方法**

（1）PEST 分析法。

PEST 分析法是对战略外部环境进行分析的基本工具，用于研究组织所处的大环境对战略的影响。公共组织的外部环境是指对组织的生存和发展起着重要的影响和制约作用的物质条件和精神条件的集合。公共组织是一个不断与其环境发生作用的开放系统，而公共组织的外部环境处于不断的变化之中。卡斯特和罗森茨韦克在其《组织与管理：系统方法与权变方法》中指出："由于社会变得越来越复杂，动态性越来越大，组织就需要对环境力量给予更多的注意。"因此，把握外部环境的变化是公共组织战略管理的基础和关键。

PEST 分析法的含义如表 6-2 所示。

表 6-2 PEST 分析法的含义

P（political） 政治和法律因素分析	E（economic） 经济因素分析	S（social and cultural） 社会和文化因素分析	T（technological） 技术创新因素分析
政治和法律因素泛指一个国家的社会制度、执政党的性质、政府的方针政策等，国家不同，社会性质就不同，进而对组织活动也有着不一样的制约。同一执政党在不同的历史时期，其方针政策对组织活动的要求和影响也是不一样的。政治法律环境对公共组织的影响是直接的、决定性的。公共组织状况影响着统治阶级意志的执行，而政治和法律因素对公共组织管理的影响主要体现在以下几方面，包括公共组织的性质和目标、公共组织结构、公共组织权限、公共组织运行机制、公共组织效能。	经济因素是指经济发展速度、消费水平和趋势、经济运行的平稳性和周期性波动等，包括宏观和微观两个方面。经济因素相对其他的要素影响范围更大、更深刻。对于公共组织管理来说，经济结构组成影响并决定着公共组织的构成；经济发展水平对应着公共组织设置；经济体制对应着公共组织设置和运行；经济运行情况对应着不同类别的公共组织。	社会和文化因素是指某一国家或某一地区的社会性质、普遍的价值观以及人口情况、教育、风俗、宗教等。就人口来说，人口增长加剧人类生存环境的恶化，导致自然资源匮乏，制约经济的有效发展；文化水平会影响居民的需求层次；宗教信仰和风俗习惯会禁止或抵制某些活动的进行。公共组织文化是由公共组织成员的价值观念、价值取向以及由此形成的价值导向等所组成的价值体系，它的形成和体现，实际上是社会传统文化和现代文化共同作用的结果；同时也包括了社会公众对公共组织的认知、情感、信任和评价等。社会文化环境很大程度上影响着公共组织的建立、职能的发挥、政策的制定和执行以及公众对其的认同度和参与度。	科学技术是第一生产力，尤其是在面临原料、能源严重短缺的今天，技术往往成为决定人类命运和社会进步的关键所在。技术环境包括国内国外的科技进步、开发和利用，以及相互交流等。分析技术环境变化有利于提升组织的总体水平，改进相应工作的质量，并明确公众需要，同时采取积极措施限制技术发明所带来的副作用。

资料来源：赵涛，齐二石．管理学．北京：清华大学出版社，2013：147-148.

对于公共组织管理来说，影响它的外部因素可能并不止政治和法律、经济、社会和文化、技术创新等因素，但若要一一找出这些因素并加以分析明显是不太容易，或者说是不太可能实现的。因此我们要做的是抓住最重要的矛盾，即要善于筛选出主要的环境因素并加以重点分析和研究，以此为基础进而发现正确的战略对策。

公共组织是典型的开放式部门，它比较容易受到外部环境因素的影响，即环境的变化决定着公共组织的结构调整。然而公共组织也不是被动地去迎合环境，而是在分析环境适应环境的同时也去积极地发现、利用、改善外部环境，从而保持一种动态的平衡。

（2）SWOT分析法。

1）SWOT分析法的含义。

SWOT分析法是一种以准确而客观的视角去分析研究一个企业或组织的实际情况的手段，旨在找出利于发展的与不利于发展的各项指标，找到问题，构建框架，从而设计出不同的战略方案。它比较容易掌握，也便于使用，又叫自我诊断方法。

SWOT是由单词strength（优势）、weakness（劣势）、opportunity（机会）、threat（威胁）的首字母构成，对于公共组织管理来说，是对组织内部优势和劣势以及外部机会和威胁的分析和探讨。其中，优劣势分析侧重于组织本身与其他机构之间的异同，而机会威胁分析侧重于组织外部环境变化对于组织发展的相关影响。在这里，将优劣势分析和机会威胁分析结合起来的重要原因是，不同背景和资源的组织对于同一外部环境变化的处理能力也是不一样的，因此两者必须协同分析才能客观公正地综合情况，以找到满意的方案。

2）SWOT分析法的基本要素（见表6-3）。

表6-3 SWOT分析表

	内部优势（S） ①…… ②…… ③……	内部劣势（W） ①…… ②…… ③……
外部机会（O） ①…… ②…… ③……	SO战略 依靠内部优势，利用外部机会	WO战略 利用外部优势，弥补内部劣势
外部威胁（T） ①…… ②…… ③……	ST战略 依靠内部优势，回避外部威胁	WT战略 减少内部劣势，回避外部威胁

根据上面的SWOT分析表，对于公共组织管理来说，可进行如下的延伸分析：

①优势-机会（SO）战略。SO战略是一种将组织内部的优势与外部环境的机会相结合，发挥组织内部优势、利用外部机会以达到组织目标的战略。这一战略的采用往往需要以其他战略如WO、ST或WT战略为基础。例如，一个体制完善的公共组织发现外部一些领域存在着相关政策普及未解决的问题，此时就应采取SO战略去解决这一问题。

②劣势-机会（WO）战略。WO战略是指利用外部机会来弥补内部的劣势。这是当外部环境中具备有利于组织发展的机会时，就利用这一机会达成组织的发展，以此为目标和契机，来进行组织内部的更新。比如，一个面对着医疗服务需求持续增长的政府组织，内部却十分缺乏管理专家，那么就应该采用WO战略来培养或聘用相关的人才来解决相应的问题。

③优势-威胁（ST）战略。ST战略是利用优势回避或减轻外部威胁影响的战略。比

如，公共组织里一位优秀的法律顾问可能会帮助挽回受到侵害的公共利益。

④劣势-威胁（WT）战略。WT 战略是在减少内部弱点的同时规避外部环境威胁的战略。与上述三种战略相比较，这是一种防御性战略。“工欲善其事，必先利其器”，在内忧外患的情况下，应该强化组织管理，提高组织整体的水平和素质。

3）SWOT 分析法步骤。

第一，对组织外部环境现状及其预期变动进行研究，并列出对于组织来说外部环境中存在的机会和威胁。

第二，对组织内部环境的现状进行分析，列出组织目前存在的优势和劣势。

第三，将列出的优势分为两部分，一部分与外部的机会有关，另一部分与外部的威胁有关；同样地，将组织的劣势按照与机会和威胁有关也分为两部分。

第四，构建如表 6-3 所述的 SWOT 分析表，将外部威胁和机会与组织内部优势和劣势结合起来分析，形成最初的预备方案。

4）SWOT 分析法对于公共组织战略设计的适用性。

第一，结构明晰，便于观察。SWOT 模型呈结构矩阵的形式，在矩阵的不同象限中标注了不同的含义，以系统的标准把这些看似不相关的因素联系起来加以综合分析，科学全面。

第二，使用便捷，分析直观。在组织条件有限的情况下，即使没有很精确的数据和很专业的研究工具，也同样能得出有力的结论。

在过去，SWOT 分析法多用于私人企业的管理运营，但由于公共组织和私人部门一样，都要受到内部条件和外部环境的制约和影响，所以 SWOT 分析对于公共组织也具有比较可靠的使用性，但仍需改进。

SWOT 分析法作用的体现因部门的不同而有所差异。首先，私人部门的市场限制严格，但政治方面的关系较少，而公共组织对于市场的定义却很宽松；其次，私人部门对于机会的选择是主动的，而公共组织在遇到问题的时候才会采取相关的举措。由于 SWOT 分析运用时的方向侧重不同，进而导致战略规划基本情况不同，决定了战略管理过程在公共组织的运用的特例化。因此，要认清上述区别，并不断改进 SWOT 模型在公共管理上的应用。

（3）利益相关者分析。

1）利益相关者分析的含义。

用于分析与利益相关的所有个人（和组织）对于战略规划和选择的影响及其相互关系。

2）利益相关者分析的处理方式。

利益相关者的意见要作为决策时需要考虑的因素。所有利益相关者对所有问题不可能保持统一的意见，一些群体总要比另一些群体的影响力更大更广，如何平衡各方利益，是战略制定要考虑的关键问题（见图 6-1）。

对于 A、D 区，里面是主要参与者和影响者，战略设计的核心目的是要保证最大限度的满意。

第一，D 区内的那些团体是很难处理的，他们是支持或阻碍新战略的核心，但其意

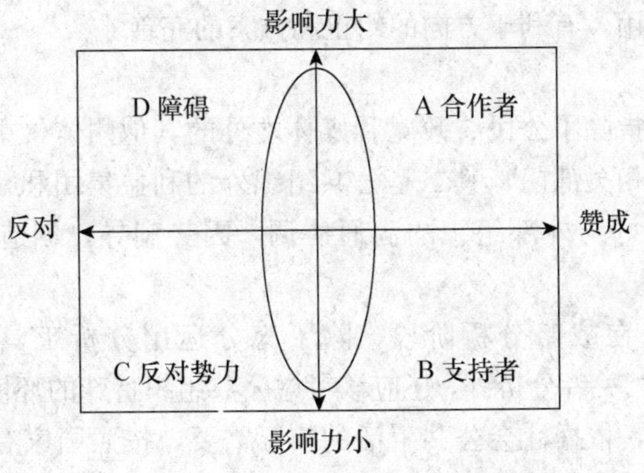

图6－1　利益相关者分析矩阵

见很难揣摩。地位不可变动时，一定要找到某种举措来检测这些利益相关者的态度和想法。

第二，相反，A区内的利益相关者，可能会通过管理层的参与过程来影响战略，这些管理层人员认同他们的观点，从而建立那些符合他们期望的战略。

对于B、C区，处理方式是尽力保持信息通畅。

第一，B区和C区内的利益相关者权力不大，但并不意味着他们不重要。事实上，这些利益相关者积极支持的本身会对上层权力产生一定程度的影响。

第二，对于中立者，保持对其立场的关注并尽力争取，往积极的方向引导。

3）公共组织管理中的利益相关者及其分析。

第一，公民。

公民既是战略协商的主体，同时又是战略实施的受众。换句话说，公民可以从正反两方面制约影响公共战略。

公民对于公共事务的参与是社会进步的重要体现，要把公民的利益放在第一位，密切提升服务层次，才能实现公共战略的价值。只有充分发挥公民力量，让公民自由地发声，使其参与到公共战略的制定过程中，才能制订出科学民主的方案，从而为公民提供更优质的服务。

第二，政党。

政党的角色是特殊阶级利益的代表，在公共战略的制定过程中起主导作用。在国外，政党的特点是利益整合，通过政党自身的影响力来整合人心，并采取各种方式和手段参与到公共战略制定过程中；在中国，共产党是执政党，民主党派是参政党，党在公共组织战略管理中具有关键性的作用，参与各政府机构战略制定与管理的人员主要由党培养和输送，同时，民主党派通过政治协商、民主监督以及参政议政的方式参与到公共战略的制定过程中。

第三，媒体。

媒体的地位随着社会发展显得越来越重要，在事前引导和事后监督方面起到了重要的推动作用。媒体将公共战略方案公之于众，保证公民的知情，跟踪记录政策实施进度，使公民了解进展情况，如果未达到预期目标，或违反法律法规，媒体也会第一时间揭露，起到了良好的监督作用，有利于方向的纠正和方案的完善。

第四，外部集团。

外部集团通常是指除了公民、政党和媒体之外的其他团体，主要包含两部分，其一是公共组织内的其他相关部门，其二是公共组织外的利益集团和社团组织等。对于这些组织，公共组织应做好与外部组织的沟通协调，因势利导，创造战略设计的有利外部环境。

综上，公共组织在战略分析阶段，除了充分运用分析工具，包括 SWOT 分析、PEST 分析以及利益相关者分析外，还应该考虑公共组织特殊的环境因素，比如：公共权力的设立依据和范围，依据社会公共生活的实际需要，按照国家有关法律法规所规定的原则和程序依法进行审批和设置，它的运行方式不能超越国家法律，而应在法律法规所规定的范围内自觉履行对公共事务的管理职责，并接受来自立法和司法部门以及各利益团体的监督，保障公共组织各组成部分有序运行；还比如预算拨款方面，通过公共财政预算人们可以了解到政府活动的范围和方向，也体现政府政策意图和目标，因此要保证公共预算的透明性、全面性和法律权威性，充分并合理运用战略分析的手段来促进公共组织管理的发展和完善。

6.3.2 战略设计与决策

1. 战略设计

（1）战略设计的含义。

战略设计一般是指以 SWOT 等分析法为基础，在较为理想的前提下，提出处理战略问题的具体行动方案。

（2）战略设计的方法。

根据主要活动和问题焦点的不同，战略设计的方法也会有所差异，表 6－4 是这些方法的一个较为全面的总结。

表 6－4 战略设计方法的比较

类型	焦点	方法	程序	关键用途	限制性
分析性	问题	产品组合（Henderson，1979）	根据市场占有率和市场潜力将产品、服务或活动分类决定它们的价值	1. 平衡各种组合以按标准评估活动 2. 采用非经济标准	1. 分析假定有一个战略可用于评估 2. 分析标准依部门不同而不同 3. 对可用的规则有争议
		议题组合（Ring，1998）	根据利益相关者和可控性分类决定优先顺序	1. 平衡各议题以便取得成功 2. 建立可信度以解决更难的问题	1. 议题必须是已经确定的 2. 没有办法发现议题的概念性

续表

类型	焦点	方法	程序	关键用途	限制性
概念性	参与者	行业分析（Porter，1980，1985）	分析形成行业的力量，以确定进入和退出门槛以及来自竞争对手的威胁	1. 评估组织的竞争行为和给定的战略选项 2. 预测战略的可行性	1. 要为不甚明晰和不相关的行业确定一个恰当的参照物 2. 穷于应付非经济因素 3. 协会支配竞争
		利益相关者分析（Freeman，1985；Mason and Mitroff，1981）	确定重要的利益相关者和他们的期望，在战略中设计出与每一利益相关者打交道的方法	1. 提醒组织注意重要的主张及其主张者 2. 与大多数其他方法相容	1. 无法根据重要性及影响对利益相关者排序 2. 利益相关者不局限于制定战略与执行战略
		解释性战略（Petigrew，1977；Keeley，1980）	用文化和符号激励利益相关者	1. 找出社会契约与条约 2. 建构合法性机构	1. 解释是非常难以掌握的技巧 2. 很难创造有用的符号
	机构	哈佛政策模式（Andrews，1980；Child，1982）	分析SWOT，确定管理的价值与职责，以找出与环境和组织能力最相适应的战略	1. 分析SWOT 2. 定义战略计划单位 3. 确定战略计划团队	用SWOT发展战略的途径不清楚
		议题管理（Ansodd，1980，1984）	认清和解决组织要实现目标所必须处理的议题	1. 将议题和SWOT联系起来 2. 用议题来确定战略回应	除了SWOT，没有更好的办法用于确定议题，并将它们表述出来
		适应性战略（Miles and Snow，1978）	将机会与独特的能力匹配	1. 选择领域 2. 选择技术 3. 管理系统	1. 以环境为导向 2. 执行步骤不清楚
		计划系统（Lorange，1980）	在不同的组织层次和功能部门间应用整合观念	1. 整合与协作 2. 给出应遵循的步骤	没有考虑政治和执行的需要

资料来源：张泰峰．公共部门战略管理．郑州：郑州大学出版社，2004：93-94.

侧重分析的方法在于找出问题，侧重概念的方法在于对组织成员行动要求的体悟和理解，无论哪一类，对于公共组织战略管理来说都提供了有益的指导。

同时，设计预备方案通常分为两步。

第一步是对于框架的设想，在决策理论里，这是被称为“有限寻找方案”的办法，符合“节省力气”的原则，具体步骤如下：

1）根据自己以往处理这一问题的经验，并根据实际情况做相应的调整，以形成新的预备方案。

2）简洁的方案优先，再去考虑复杂的方法。

3）如果有方法可以较快解决问题，就采取这种方法，然后再寻找需要较长时间解决的方案。

4）先寻找有更大把握控制实施结果的方式，再寻找风险较高后果不易控制的方案。

第二步是精心设计。将筛出的方案进行措施细节的制定，将粗略的方案具体化，制定出具有可行性的方案。因此，要做好以下工作：

1）战略方案中的日程表和步骤图要组织好。环节之间的区别和联系，步骤间的要求和衔接，这些环节步骤在什么时候完成，都要有明确的规定和安排。

2）人员的组织和安排要精细化、合理化。人员的职能分配要按照人员的特点来进行，各司其职，用人得当方可事半功倍。

3）资源的准备。包括经费和物资。这是保证方案实施的物质条件，这一项不落实，再轻而易举的目标也完不成。

2. 战略决策

（1）战略决策的含义。

战略决策是指根据战略目标在所提出的若干预备方案中，参照一定的评价标准，选择最优的战略方案。

（2）战略决策的流程。

1）决策目标的确定。

发现问题是战略决策的起点，确立决策目标以发现问题为基础，决策目标确定了，决策也就有了方向，目标需明确，有针对性、现实可能性、规范性和层次性，有一定的约束和控制依据。

2）可行方案的设计和拟定，这部分可参照上述战略设计的方法。

3）比较与评价，这部分参照下面战略决策的评价标准。

（3）战略决策的评价标准。

1）适应与应用程度。

战略对于组织状况的适应程度是决策评价的重要标准，主要内容包括该战略是否充分发挥了组织的优势、对于发现的问题解决的程度以及该方案是否与组织的预期目标一致。

2）可接受性。

可接受性是指战略被执行后的效果反馈情况是否良好，是否能适合组织内部的资源，利益相关者能否接受这一结果。

3）可行性。

可行性是指组织是否有能力和资源来执行该方案。前景展望固然重要，但还是要有可行性，这方面可从经济可行性与政治可行性进行研究。

6.3.3 战略实施

1. 战略实施的含义

战略实施是指通过建立和完善行动机制，将战略规划转化为现实绩效的复杂的流程。

2. 战略实施的目标

依法行政、效率优先，运用管理学相关的手段，快而优地将相关战略决策和规划落实。

3. 战略实施的环节

（1）发动战略。

要使战略得到有效的实施，组织领导人就要获得组织内外相关人员或是团体的支持，将设想变成实际的行动，组织领导人首先说明组织内外环境的变化给自身带来的诸多机遇和挑战，来激发战略实施人员的责任感和使命感，同时将战略目标的实现与实践人员的利益合法挂钩，营造一种良好的组织氛围。然后就要进行相应的培训，让组织成员了解所负责部分的内容，学习掌握相关的知识和技能。最后要经由媒体进行相关宣传，获取公众的支持和理解，同时对战略利益相关者的利益需求进行研究，采取一些方法和策略来获得他们的帮助。

（2）制订计划。

第一步，将目标细化。将战略总目标分解成合乎该组织层次的一系列具体的小目标。第二步，评价指标的确立。行动计划的评价指标主要包括资源的耗费情况、实施的进度等等。第三步，统筹规划，协调目标。使组织的各个小目标之间、小目标与总目标之间、长期目标和短期目标之间相互呼应，确保行动计划对重大战略实施的贡献。

（3）准备战略资源。

1）组织准备。

组织内部完善的结构以及优秀的人才是最基本的准备项目，战略的变化往往要求组织结构发生相应的变化。公共组织主要从组织内部成员中来选拔战略实施人员，当然也可以对外聘请。除此之外，管理规章制度的建立和完善也可以起到规范组织和个人的行为的作用，保障战略的实施。

2）物质准备。

公共部门资金的重要来源是财政部，获得财政部门的信任和支持是很重要的，要求组织能够提出具有重大意义的、可行的报告，同时，组织领导要利用自己和组织的政治影响力来影响一些部门以获得相应的资金支持。

3）权力准备。

法律赋予公共组织权力，同时也限制着公共组织的自主性和灵活性以及业务范围。因此，在战略实施时，公共部门应根据法律重新审视自己所要做的事情是否合法，一定要学会充分利用相关法律、法规推动战略实施，争取更有力的政治支持，使战略实施获得高层的重视和信任。

（4）战略试验。

在战略计划的某一个点上展示试验结果，获取具有指导意义的经验并检验战略，纠正偏差予以修正。主要有以下三个阶段：

1）实验对象的挑选。根据战略内容的要求，从组织中选择具有典型性条件的试点单位。

2）实验方案的设计。全面细致地考虑影响因素，保证战略试验在自然状态下顺利进行。

3）实验结果的分析。对战略试验的整个过程和产生结果的所有原因进行系统全面的分析和考察。

(5) 应变与控制。

在环境中的因素或其他要素变化很大时，或者不可能把这些变化考虑在所拟战略和计划之内的情况下，应当拟定应变战略，并不断地指导计划和战略的部署。这样当某种可能的偶然事件发生时，不至于一点准备都没有。运用合理有效的控制手段，可以保障战略按照预期的目标、方向实施，充分发挥组织成员的创造性，及时对战略进行修正、补充和完善。

4. 战略实施模型应用

在战略实施的框架内，麦肯锡咨询公司20世纪70年代末开发的7S模型（见图6-2）应用最为广泛。下面我们将简单介绍这一模型。

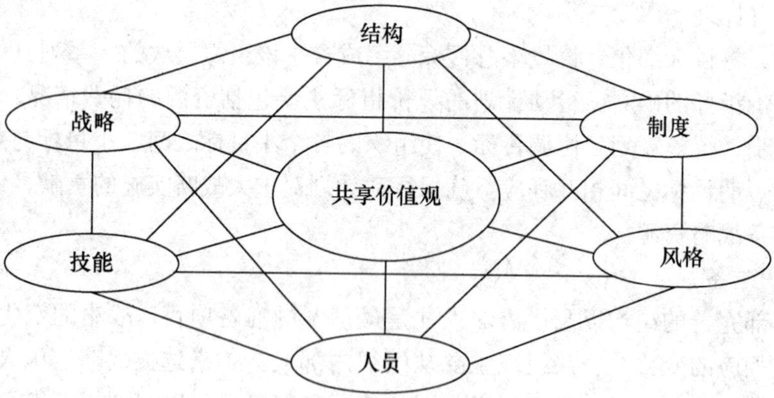

图6-2 7S模型

(1) 战略（strategy）——分配组织资源，达成组织目标的计划或策略。

(2) 结构（structure）——人员和任务相互关联的方式，组织不同实体间联系的方式。

(3) 共享价值观（shared values）——决定组织本质的重要价值和原则。

(4) 制度（systems）——正式的过程和程序，包括控制制度、绩效测评、奖励制度等。

(5) 技能（skills）——组织能力，包括个人能力、组织管理实践能力、技术能力和其他能力。

(6) 风格（style）——管理层的领导风格以及组织的总体运行风格，反映了人员行为依据的准则。

(7) 人员（staff）——组织成员的招聘、选拔、发展和提拔。

该模型指出，战略、结构和制度被认为是组织管理的“硬件”，风格、人员、技能和共享价值观被认为是组织管理的“软件”。单独的每个S都很重要，各个S间的一致性和适应性也很重要。总之，战略实施的成功需要一个与之一致并提供支持的内部系统。

6.3.4　战略控制与激励

1. 战略控制

（1）战略控制的含义。

在公共组织管理活动中，战略控制是指对公共管理的具体进程进行评判、调整和修正，来确保战略目标实现的管理活动，其流程主要包括确定标准、衡量绩效、纠正偏差三个部分。

（2）战略控制的目标。

1）对公共组织管理者。

侧重于监督管理者是否按照相关规定处理问题，是否做到及时扭转工作方向的偏差。相应地，应配有一套完善的管理者科学评估体系，以制度化的形式规范管理者行为。

2）对公共组织资源。

控制手段主要有财务监督、预算和支出的控制等。这一方面的控制主要是在资源转化的进程中，以尽量低的公共管理成本去赢求尽量高的效益，使资源的利用更加有效，减少不必要的支出。

3）对公共组织管理信息。

信息的传达和接收很大程度上影响着公共管理的效率，在管理活动中，不可避免地会发生信息真实性的缺失、内容的不完整、传递的不及时、人为的干扰等诸多情况，这些将直接或间接地导致公共组织相关领导思考和决策的失误，进而导致方案实施的失误。因此，对信息控制的目标是要确保信息的准确、安全与畅通，将一些没有质量的劣质的信息及时去除，以免造成不必要的干扰。

4）对组织绩效。

这一部分应该是公共组织领导应该关注的问题，要实现对组织绩效的有效控制，就要建立完整有效的评价体系，对组织效能、效率进行客观科学的衡量。

2. 战略激励

（1）激励的含义。

激励是指通过影响人们的内在需求或动机，加强、引导和维持行为的活动或过程。其本质是激发人的动机。在公共组织管理中，激励是指领导者或管理人员通过满足个体的需要，以一定的行为规范和惩罚性措施，借助信息沟通来激发、引导、保持和规范组织成员的行为，使其形成实现目标的意愿，促使其付出努力并达到目标的复杂的行为过程。

（2）激励的类型。

1）物质激励和精神激励。

物质激励是对人的物质需求的满足，精神激励是对人的精神世界需要的满足。物质是人类最基本的需求，物质激励能对人的行为产生重要的激励作用，但不能一概而论。在当今以人为本的管理时代，不同层次、分工的员工对薪酬、认同、尊重等有多方面的需求，这些要求在战略激励中不能简单地一刀切，要针对不同员工的具体需求，制定有针对性的激励方案，真正实现将员工的行为整合到组织的战略整体发展中。

2）正激励和负激励。

正激励是指当一个人的行为对组织发展做出了有益的促进时，组织通过奖赏的方式给予肯定。反之，负激励就是指当一个人的行为对组织产生了不好的作用时，组织给予的一些惩罚性的抑制，二者共同的目的是要规范人的行为。

3）内激励和外激励。

内激励是源自工作人员内心的激励，是指理解工作任务和价值之后焕发出的认同感和力量，表现为员工的工作积极性等；外激励是指与工作任务本身无直接关系的激励，是外部的激励，包括外部组织和个人对组织行为的各种评价等。

（3）激励的机制。

1）激励程度。

激励程度是指奖惩力度的大小，其直接影响着激励作用的发挥。过于优厚或过于严苛都不太好。因此，恰如其分地把握激励的程度，才能真正发挥激励对组织战略发展的促进作用。

2）激励频率。

激励频率是指在一定时期内激励的次数。一般来说，激励频率与激励效果是正比的关系，但并不意味着可以简单地理解。工作的性质、任务的明确程度、激励对象的素质情况等因素都影响着激励频率的选择，要具体情况具体分析，不要一概而论。

3）激励方向。

激励方向是说激励的目标和针对性。方向是不断变化的，当某一层次或阶段的目标达成时，应该相应地调整激励方向。

4）激励时机。

激励时机是指激励机制运行的时间。时间选择应当恰到好处，不要超前，也不要滞后。

总之，激励和控制都是达成公共管理目标的管理手段，激励可以充分发挥组织成员的才能，从而使公共组织绩效实现最大化。控制则是监督公共管理活动是否按既定计划进行，如出现了偏差，就要及时地分析原因进行纠正，以确保公共管理目标的实现。目前来看，公共管理活动中采用激励的手段要多于控制，但控制作为公共管理活动中的基本环节仍是必不可少的，总体上，激励和控制应该相互补充，灵活运用，只有这样才能保证公共组织的战略顺利实现。

知识库

锡恩战略实施系统由计划/预算（ready）、关键职责（responsibility）、业绩跟踪（review）和业绩评估（result）四个部分组成。

计划/预算系统的主要内容是制定目标，并将计划的任务层层分解。通过将年度计划落实到部门与具体的行动上，做到“用脑子打仗，而不是凭力气打仗”。

关键职责系统的主要内容是进行角色定位，明确每个部门的责、权、利，通过数量化的财务指标、市场（运营）指标和组织指标，提出一整套衡量部门工作情况的业绩指标，做到“靠业绩用人而不是靠老板的感觉用人”。

业绩跟踪系统的主要内容是对实际运作进行监控。通过制度化的总经理月度、季度、半年、全年质询会议，对计划与实际执行情况的差距和问题进行质询，在事实和数据基础上将各层次的行动过程纳入公司目标管理系统，做到靠科学的管理经营而不是依靠老板的感觉经营。

业绩评估系统的主要内容是通过业绩评估方案，将员工业绩与薪酬挂钩，保证多劳多得，并通过业绩矩阵，将所有的员工按业绩与对企业的归属感强制分为明星员工（10%～15%）、中坚员工（25%～30%）、中等员工（25%～40%）、及格员工（15%～25%）、不及格员工（5%～10%）。提拔明星员工，淘汰不及格员工，从而靠业绩制度和文化凝聚人而不是依靠老板的权威与亲情凝聚人。

该系统的核心是：以解决中小企业运作和管理中的关键问题为出发点，真正实现以客户为中心，以市场为导向，以营销为龙头，从而带动业务部门乃至整个企业的可持续成长。

案例

政府决策的三大要素——以“草原天路”收费风波为例

位于河北省张北县境内的“草原天路”享有中国的“66号公路”的美誉，但2016年5月1日，“草原天路”“免费游”时代结束。据张北县政府信息公开平台发布的《张北县物价局关于草原天路风景名胜区门票价格的批复》，“鉴于政府投入了大量建设资金，而且还在投资加强基础设施建设、改造和维护。本着以社会效益为主，适当补偿成本费用的原则，经召开听证会论证通过，并报请县政府批准，现将草原天路风景名胜区门票价格批复如下：门票价格为50元/人次”。一时间，天路收费引发公众热议，甚至受到“于法无据”的质疑。

随着反对收费呼声的不断高涨，张北县政府被迫于2016年5月20日发文，宣布自2016年5月23日起取消“草原天路”收费，并表示将继续提升旅游品质，为广大游客提供更好的服务。收费事件就此告一段落。从5月1日到5月23日，从公布收费到停止收费，仅有短短的23天，这很可能是目前中国收费公路寿命最短的了。是什么原因导致了收费新政的失效？“草原天路”收费风波能给我们政府决策带来什么样的启示？

制定一项公共政策或实施一项战略计划，必须考虑三个因素：价值（value）、能力（capacity）和支持（support）。这也是哈佛大学肯尼迪政府学院马克·穆尔教授提出的VCS模型的核心观点。这三个因素分别以三个圆圈表示，构成基本的分析框架，这是一种快速检验、评估一项策略或决策是否可行的有效分析工具，即如果公共政策的制定能同时兼顾这三个因素，那么即可放手去实施该政策，三个圈完全不重叠的政策方案或战略计划则毫无意义。决策者的主要使命就是寻求公共价值、提高组织能力、获取利益相关者支持，使这三个圈最大限度地接近和重合，从而达到最佳的政策效果。运用 VCS 模型，能清晰地看到案例中张北县政策制定过程的种种不足。

价值因素：政策公共属性弱化

价值因素强调的是政策方案的目标是否具有或能否创造公共价值，是不是以公共利益作为政策方案的最重要诉求。一项公共政策或计划项目，虽然有人支持，组织机构也有资源条件保证，但如不具有公共价值，它绝对不应成为工作的目标。

"草原天路"是一条由张家口市张北县投资 3.2 亿元建成、全长 132.7 公里的公路，近几年在微博、微信等平台上被网民大力推荐。从 2013 年夏季开始，"草原天路"逐渐成为北京及周边地区大量自驾游游客的目的地。又由于"草原天路"毗邻冬奥会核心赛区，未来运营得当，还可能成为环北京区域内最具价值的旅游胜地之一。因此，在这种情形下，"草原天路"其实兼具了旅游、生态和公共三重属性。而当地政府对"草原天路"进行收费，客观上让公众认为政府这是单纯以旅游的逻辑来对道路进行规划、保护和开发，是放弃了"草原天路"的公共属性而放大其旅游属性的表现。公众天然地认为，"草原天路"本质上是一条公路，是全国公民的路产资源，任何一个人都有权来用，而对其进行收费，不仅是一种短时的行为，更是一种不顾公共利益的行为。

新浪网曾经做的调查也显示，在参与讨论的 32 611 人中，约 92.9%的网民反对公路变景区收门票，认为这是舍本逐末；约 4.7%的网民赞成收门票，认为收费用于公路治理维护，有利于百姓；约 2.4%的网民认为此事"不好说"。因此，我们可以看出，公共价值是公共政策能够有效实施的关键。张北县后来决定取消"草原天路"收费，就可看作是对"社会关切"的"积极回应"，是一种基于公共利益考量的政策调整。

当然，这个案例也提醒我们，政策目标的确立一定要与实现其手段的正当性联系起来，不然，尽管政策目标或出发点是公共利益，但是由于实现手段缺乏正当性，其结果也可能严重走样，出现好心办了坏事的局面。

能力因素：政策工具选择欠妥

政策要能有效实施，必须考虑政策方案的制订与执行中的约束条件，即达到政策目标的人力、财力、技术、设施、权利、空间、知识、信息、政策水平等资源条件是否具备，这就是"能力"。能力不行，即便政策的出发点为公共利益，也难以让政策目标实现，落入"巧妇难为无米之炊"的尴尬境地。

据当地政府和附近居民反映，对"草原天路"进行收费的一个重要考虑是为了避免"公地悲剧"：2013 年以来，随着河北省张北县"草原天路"为越来越多的人所了解和向往，大批量游客纷纷进入，这既给环境维护和治理带来了很大的压力，也使旅游基础设施需求暴增与供应不足的矛盾更加突出。

数据显示，"草原天路"2015 年全年接待游客 33 万人次，最多一天达 12 000 辆次，车流密度大、游客人数多，由于缺乏规范管理，经常是垃圾遍地，草场植被破坏严重，交通严重堵塞，给环境带来了极大的破坏，给安全带来了极大的隐患。作为国家级贫困县的张北县，由此每年需承担 6 000 多万元的费用，用来维护和管理"草原天路"的生态资源。从这个现实角度出发，"草原天路"收费堪称合情合理，既可维护天路沿线的环境，又能给游客带来更好的出行和观景体验。甚至当地政府从中获取一定收益（利润），特别是通过市场化公司运作，也在情理之中，因为总比面对“草原天路”环境日益恶化和游客需求难以满足政府却不作为要好得多。

然而，通过对道路进行收费的政策可能过于简单化了。一方面，从政策干预的角度讲，收费是对游客需求弹性的调节，显然，其需求弹性很大，来“草原天路”观光还不是他们的必需品。据报道，“草原天路”在启动收费之后，每日通行车辆大幅减少，并直接导致前来张北县旅游的人数迅速走低。虽然这种结果在一定程度上缓解了当地的交通和环境压力，但是这种“需求端”（车辆、游客）用脚投票的结果不仅使得当地赖以依靠的旅游业大受拖累，也使得道路及周边景区施行开发式保护的努力成为泡影。另一方面，收费政策也回避了与其他政策目标的协调性。对于正常的通行车辆，如果没有其他替代的路线可供选择，道路变景区的做法，可能对其通行权构成损害。如何保障非旅游观光车辆的免费通行，如何对“风景道”体系的道路进行有效管理都需要更为细致可行的方案。

支持因素：政策沟通效果不明显

政策制定和执行必须考虑政策方案所涉及的利益相关者的态度与意见，即能否获得各个方面的认同与配合。如果政策方案或计划项目在支持圈内，执行起来会顺利一些；如果不在支持圈内，表明执行有困难，需要进行艰苦细致的工作，取得方方面面的支持，而决策者的策略就是有效沟通。

此案例中，当地政府获取支持的方式就是听证会，张北县曾先后两次召开听证会。2015年6月，张家口市物价部门曾召开“草原天路”景区门票价格的听证会，当时审核的门票成本为67.65元/人次（不含税），拟定门票价格为80元/人次。最后，鉴于参会人员认为“草原天路景区正在建设当中，各项服务设施尚未完善”，官方“经研究，暂不制定草原天路景区门票价格”。2016年4月29日，张北县物价局再次组织了门票价格听证。根据前期进行的“草原天路”管理成本核算，共核定成本费用为6 435.98万元，按照去年游客33万人次计算，成本为每人次51.25元，最终定价为50元/人。从事后的结果来看，这两次听证会显然都没有起到很好的沟通协调的效果，而是落入“涨价收费会”的俗套中去了，导致大多数公众对这两次听证会的结果不满意。此外，2016年4月29日才召开价格听证会，5月1日就开始实施，显然也没有进行必要的收费公示和接受社会监督等，沟通效果一般，收费政策最终没能取得公众的支持。

用VCS模型来分析“草原天路”收费政策，可以发现其在满足“价值”“能力”“支持”三个因素的要求方面均存在一定程度的不足。不过“草原天路”收费从有到无，让我们看到，地方政府虽然还存在一些问题，但政府部门在与时俱进，也在不断校正自己的政策。这是一个良好的导向。

（资料来源：政府决策的三大要素：以“草原天路”收费风波为例.（2016-07-11）. https://theory.gmw.cn/2016-07/11/content_20913259.htm.）

案例思考题

“草原天路”收费风波体现了公共组织战略决策和实施的哪些内容与特点？

本章小结

公共组织战略是指公共组织为实现公共利益和目标，在分析外部环境的机会与威胁、内部条件的优势与劣势的基础上，制定的涉及组织职能范围、成长方向、竞争优势等内容的整体性规划。它是公共组织应对复杂多变的社会环境的必然选择，有利于公共组织进行内部管理，提高服务绩效，实现公共利益，同时也是公共组织改革的重要方法。公共组织战略具有使命性、公共性、复杂性、模糊性和相对稳定性等特点。

公共组织战略管理是指公共组织根据内外环境变化，确立和调整组织的长期战略目标，制定能实现这些目标的战略，通过优化决策和公共资源的有效配置来确保战略的管理和实施，以提供更优质的公共服务的过程。公共组织战略管理包括为制定公共组织战略和确保战略实施而采取的一系列管理行为，具有战略特性（未来导向与现实状况相结合）、公共特性（与企业战略管理不同）以及管理特性（追求效率、系统、稳定的管理循环）。

公共组织战略管理的四个原则是：关注长期管理；将目的与目标整合成一贯的层级体系；认识到战略管理和战略计划不会自行贯彻；强调外部观点，要适应环境，并预期与影响环境的变迁。

公共组织的战略管理包括战略分析、战略设计与决策、战略实施、战略控制与激励四个环节。(1) 战略分析包括组织分析和环境分析，目的是明确组织的发展目标和任务要求，了解外部环境，并在组织内经由足够的交流和协调而达成目标的一致性，使决策更加科学合理，促进公共组织管理整体发展。战略分析的常用方法有：PEST 分析、SWOT 分析、利益相关者分析等。(2) 在战略设计与决策中，战略设计是指以 SWOT 等分析法为基础，在较为理想的前提下，提出处理战略问题的具体行动方案；而战略决策是指根据战略目标在所提出的若干预备方案中，参照一定的评价标准，选择最优的战略方案。(3) 战略实施是指通过建立和完善行动机制，将战略规划转化为现实绩效的复杂流程。(4) 在战略控制与激励中，战略控制是指对公共管理的具体进程进行评判、调整和修正，来确保战略目标实现的管理活动，其流程主要包括确定标准、衡量绩效、纠正偏差三个部分；在公共组织管理中，激励是指公共管理领导者或管理人员通过满足个体的需要，以一定的行为规范和惩罚性措施，借助信息沟通来激发、引导、保持和规范组织成员的行为，使其形成实现目标的意愿，促使其付出努力并达到目标的复杂的行为过程。

关键术语

组织战略　　公共组织战略管理　　公共组织战略分析　　公共组织战略实施

复习思考题

1. 公共组织战略管理的定义是什么？有哪些特点？要坚持哪些原则？

2. 公共组织战略管理与企业战略管理有什么不同?

3. 哪些外部环境因素对公共组织影响较大? 为什么? 试着找一些案例证明你的观点。

4. SWOT 分析法在公共组织管理活动中的优点体现在哪里?

5. 谈一谈 7S 模型在战略实施中的作用。

案例分析

中国最早的地方政府经济社会发展规划

改革开放 40 年，厦门经济特区发生了翻天覆地的变化，成为习近平总书记深情点赞的“高素质的创新创业之城”“高颜值的生态花园之城”。回眸历史，我们发现，由时任厦门市委常委、常务副市长习近平在 30 多年前领导制定的《1985—2000 年厦门经济社会发展战略》，指导引领着厦门经济特区不断前行。

1989 年 9 月 1 日，《1985—2000 年厦门经济社会发展战略》（以下简称《发展战略》）出版发行。这是中国地方政府最早编制的一个纵跨 15 年的经济社会发展战略规划，为厦门经济特区的永续发展注入了强大的动力。

复杂性：牵头组织 100 多位专家教授参与

1986 年 8 月，在市委市政府的直接领导下，围绕“加强对台联系，促进祖国统一”和“逐步实施自由港政策，建设自由港型的经济特区”这两个基本战略思想，厦门市开始制定 1985—2000 年厦门经济社会发展战略。

时任厦门市委副书记李秀记回忆：“当时，厦门经济特区经过 5 年建设，进入新阶段，迫切需要一个发展战略作为决策指南，以实现更快更好发展。”

经济社会发展战略研究是一项复杂而庞大的系统工程，从历史和现状的认真分析到未来发展的科学预测，从经济技术到社会领域的协调发展，涉及面很广，需要研究的专题很多。

《发展战略》由习近平同志直接牵头，他迅速组织人马，担起重任，带领十几家单位 100 余位专家教授、实际工作者组成课题组，深入调研，摸清厦门市情家底，写出几十万字的调查材料。不断研究，不断论证，历时一年半，《发展战略》的总报告和 21 个专题报告形成，共 20 余万字。

值得一提的是，《发展战略》制定过程中，高度重视科研院所、高等院校的智力资源，吸收了中国社会科学院经济研究所、中国社会科学院社会学研究所、中国科学院北京地理所、中国科学院南京地理所等一批“中字头”机构专家教授的智慧和建议，这在 20 世纪 80 年代中期是非常少见的。

前瞻性：不少思路和举措具有超前意识

“使厦门成为经济繁荣、科技先进、环境优美、城市功能较为齐全、人民生活比较富裕的海港城市”，这是《发展战略》提出的厦门发展战略总目标。

第一次明确提出在厦门实施自由港某些政策的构想和建立象屿保税区的具体方案；首次提出“在适当的时候逐步开展离岸金融业务”；率先提出“生态位”概念，明确在发展特区经济的同时，一定要防止环境污染，保持生态平衡，为厦门地区人民和子孙后代保护和创造一个美好的生活、生产环境……直到今天，一些国内的学者研读《发展战略》后都感到惊讶，《发展战略》中的不少思路和举措，在全国具有开创性和前瞻性。

“当年北京专家看到战略规划中提出的‘生态位’概念，都感到特别新鲜”，这一细节，时任厦门市计委副主任郑金沐至今记忆犹新，他说：“在21个专题中，有两个专题涉及生态文明，一个是‘鼓浪屿的社会文化价值及其旅游开发利用’，一个是‘厦门城镇体系与生态环境问题’，这在全国是少见的。”

指导性：指导厦门城市中长期建设发展

《发展战略》把厦门经济特区放在国家改革开放全局和世界经济发展大格局中审视，明确厦门的战略地位、战略指导思想、战略目标、战略重点、战略对策，后来成为指导厦门城市中长期建设发展的战略蓝本。

“厦门市社会经济发展的演变和今后发展趋势”“厦门经济特区逐步实行自由港某些政策的构想”“厦门在祖国统一大业中的地位、作用和前景研究”“厦门港的发展与布局”……《发展战略》中的21个专题，不光谋划城市基础设施体系、产业发展、体制改革，探索自由港建设和对台交流合作，同时也对教育科技等社会事业发展、生态环境建设、鼓浪屿文化旅游资源保护、人口规模控制，都进行专章研究做出规划，对加强知识产权保护也做出明确部署，体现出创新的前瞻眼光和统筹协调发展的强烈意识。

著名经济学家马洪当时评价称，这个《发展战略》，对厦门经济特区制定长远规划、近期实施策略，具有指导意义，同时也为其他地区制定区域性发展战略提供了有益的经验。

（资料来源：30年前习近平为厦门制定中国最早的地方政府十五年经济社会发展战略规划.（2018-07-30）. http://news.xmnn.cn/xmnn/2018/07/30/100401899.shtml.）

案例思考题

厦门的经济社会发展规划体现出公共组织战略管理的哪些内容与特点？

本章参考书目

[1] 军事科学院战略研究部. 战略学. 北京：军事科学出版社，2001.

[2] 钱德勒. 战略与结构. 孟昕，译. 昆明：云南人民出版社，2002.

[3] 陈漭. 非营利组织战略管理问题研究. 哈尔滨：黑龙江人民出版社，2003.

[4] 黄浩明. 非营利组织战略管理. 北京：中国人民大学出版社，2003.

[5] 何绍华. 现代组织战略与行为管理. 武汉：武汉大学出版社，2005.

[6] THOMPSON A A，STRICKLAND III A J. Strategic management：concept and cases. Plano，Texas：Business Publications，Inc，1987.

[7] BOZEMAN B，STRAUSSMAN J. Public management strategies. San Francisco：Jossey-Bass Publishers，1990.

[8] NUTT P C，BACKOFF R W. Strategic management of public and the third sector organization：a handbook for leaders. San Francisco：Jossey-Bass Publishers，1992.

[9] ISSAC-HENRY K. Strategic Management in Public Services//HORTON S, FARHAM D. Public management in Britain. London：Macmillan Press，1999.

[10] 奥斯本，盖布勒. 改革政府：企业精神如何改革着公营部门. 上海政协编译组，东方编译所，译. 上海：上海译文出版社，1996.

[11] 王雁红，詹国彬. 公共部门战略研究的兴起与发展. 探索与争鸣，2003 (9).

[12] 罗宾斯. 管理学：第4版. 黄卫伟，译. 北京：中国人民大学出版社，2001.

[13] 赵涛，齐二石. 管理学. 北京：清华大学出版社，2013.

[14] 楚明锟. 公共管理导论. 武汉：华中科技大学出版社，2011.

第7章

公共组织的文化

丘吉尔说："人们塑造组织，而组织成型后就换为组织塑造我们了。"任何组织的管理活动，都体现为一定的文化因素，同时也受到文化的影响，公共组织也不例外。公共组织的管理活动通常是在特定的公共组织文化环境中建立和发展起来的，受到组织文化的影响和制约，而与此同时，公共组织文化又体现在公共管理活动的方方面面，二者相互影响相互渗透，在宏观和微观上共同影响着组织整体和成员的成长与发展。

重点问题

- 组织文化的分类、结构与功能
- 公共组织文化的内涵、重要意义、特点、构成与功能
- 公共组织文化发展的原因、基本趋势和历程

引导案例

中国扶贫基金会（China Foundation for Poverty Alleviation，CFPA）是在民政部注册、由国务院扶贫办主管的全国性扶贫公益组织，成立于1989年。自成立以来，中国扶贫基金会开展各项扶贫济困活动，进行资金筹集，帮助灾区和贫困地区进行建设，为一些困难的人口和家庭提供物质和精神上的帮助，社会影响力和发展规模越来越大。无论是内部管理还是活动承办都表现得极为出色，中国扶贫基金会受到了社会上无数的认可与赞扬，成为优秀公益组织的典范代表。

中国扶贫基金会作为一个公共组织，十分注重文化建设，有一系列丰富的机构文化：

(1) 愿景：构建最值得信任、最值得期待、最值得尊敬的国际公益平台。

(2) 使命：播善减贫，成就他人，让善更有力量。

(3) 价值观：服务、改变、阳光、坚韧。

(4) 行动口号：坚持，就会改变。

(5) 战略：一体两翼，即以社会影响力为先导、以现代慈善和公益创投为两翼的战略，致力于打造国际公益平台。

(6) 四大项目领域：健康与卫生、教育与成长、社区与生计、灾害救援。

(7) 管理特色：全面预算和公开透明的财务管理、市场化的人力资源管理、合约化的内外部关系管理、流程化的项目管理、可持续的创新管理。

(8) 项目管理目标和原则：最好的产品设计、最大限度地瞄准贫困弱势人群、最大限度地提高单位资金的扶贫效益。

(9) 员工从业底线要求：不做违背及削弱公益使命的事；不做超出机构能力的事；不做对受益人无实质性帮助的事；不寻求与机构目标相悖的合作；不发布有损利益相关者的信息；不以非正当手段谋取机构及个人利益；原则不妥协，底线不退让。

这些特色鲜明的文化导向使中国扶贫基金会取得了如今的成就，中国扶贫基金会经历了由“粗放”到“专业”，由“泛扶贫”“多项目”到“精准扶贫”“聚焦品牌项目”的管理变革，2007年、2013年在民政部组织的全国基金会等级评审中，均被评为最高等级5A级基金会。

(资料来源：http://www.cfpa.org.cn.)

7.1　文化与组织文化

随着现代科学技术的迅速发展，多种多样的活动方式和通信手段出现，人们不再局限于和周边的人与事物打交道，而是逐渐置身于全球发展的大背景下，面对越来越多的事物，接触越来越复杂的环境。此时，不仅是政治经济领域出现全球化格局，思想文化领域也出现越来越多的碰撞与融合，形成文化的交流与冲突，人们的思想在这样的环境影响下变得更加自由丰富。

除此之外，我们生活中的社会组织形式开始呈现多元化发展，组织数量增长迅速，组织行为日渐增多，几乎每一处都存在着大大小小的组织活动。在这种情况下，人们需要适应种类繁多的组织，并在不同组织中扮演不同的角色，这也就催生了形形色色的组织和组织文化。

组织文化是文化在组织中的表达和体现，组织文化的建设对于组织的发展具有重要的意义。一个组织内部通常有多个个体，他们的形态与性格迥异，而且通常每个个体都有自己的名字和特色。同样，组织作为一个整体也可以与个体相类比，不同组织相互之间存在着不完全相同的组织文化，这些组织文化能够作为与其他组织相区分的标识，成为组织的象征。

7.1.1　文化与组织文化的内涵

1.“文化”的起源

在中国，“文”和“化”原本独立存在，在古汉语文学中有各自不同的含义。“文”

本义为纹理、错杂，随之才引申出书籍礼乐、美德修养之意；“化”有生成、改变、造化之意。中国的文化词源学多追溯于《周易·贲卦·象传》，“小利有攸往，天文也；文明以止，人文也。观乎天文以察时变，观乎人文以化成天下”，至汉代刘向《说苑·指武》中“文化”二字连用，“圣人之治天下也，先文德而后武力。凡武之兴，为不服也；文化不改，然后加诛”。这句话中的“文化”指以“文”教化，即以诗书礼乐等教化臣民。这时，“文化”的含义已经有了现在的雏形。

在国外，“文化”（culture）一词源自拉丁文 cultus，原意是指神明崇拜、土地的耕作、动植物的栽培养育等，即人类通过对于自然的改造，取得一定成果的过程。因此，“文化”的概念必然是与人类社会活动息息相关、紧密联系的。人类独有的思想造就了人类特有的社会文化，随着人类社会的进步，“文化”一词逐渐引申出培养、教育、发展、信仰等含义，人们也不只注重物质文明，开始更加关注精神文明，文化所包含的概念越来越丰富和广阔。

1871 年，美国著名学者爱德华·伯内特·泰勒（Edward Burnett Taylor）在《原始文化》中首次指出，所谓文化或文明乃是包括知识、信仰、艺术、道德、法律、习俗以及包括作为社会成员的个人而获得的其他任何能力、习惯在内的一种综合体。这界定了文化的意义与范畴，为“文化”概念的发展与后世学者的研究奠定了基础，并被沿用至今。

文化有广义与狭义之分。狭义上来说，文化指的是一种社会意识形态，并与相对应的组织和体制相结合。广义上来说，文化指的是人类作为群体或组织而世代传承的、一切物质上的生产活动和精神上的思维活动与在这些活动中所创造出的成果的总和。文化所涉及的领域是极其宽广的，包括宗教信仰、风俗习惯、产业发展、艺术哲学等方面。简言之，狭义的文化仅指精神层面，广义的文化既包括精神层面也包括物质层面。

现阶段，文化所包含的意义更加广阔，越来越多的学者从事于文化研究。世界在一个交流融合的过程中呈现出欣欣向荣的景象，世界各国也更加重视文化建设和文化保护，加强文化借鉴与交流，增强国家文化实力。

2. 组织对文化的认识过程

在组织早期发展过程中，人们并未意识到文化在组织中所起到的重要作用，组织对文化经历了一个逐渐认识和重视的过程。

组织理论最初发展时，是与企业实践相结合的，因此，组织管理的目标往往是提高工作效率，在有限的时间和资源条件下获取最大成效。追溯早期美国企业的管理思想，往往过于遵循追求生产效率的管理办法，将人作为生产工具进行管理，却忽视了员工的情感因素，利用严格的制度要求和明确的奖惩制度来强制员工拼命工作，以获取更多报酬，没有考虑人的因素。许多管理者倾向于强制性的规章制度，更多的时间和精力用于硬件设备管理，不断强化组织的硬实力，而忽视了组织的软实力——组织文化对于员工的影响，对员工疏于精神疏导和人文关怀，过分强调工作业绩而没有意识到精神因素的作用。

美国企业在初期采用上述管理模式取得了许多成果。二战后，日本许多企业迅速崛起，日本经济发展迅猛，究其原因，企业文化功不可没。在日本企业获得重大成功之际，美国企业家和学者注意到了两国之间的管理文化差异，发现日本更注重于组织文化建设，日本企业所提倡的企业精神和凝聚力对企业发展起到了很大的作用，对美国企业有很大启示。随后，美国学者带动日本和欧洲各国掀起了组织文化理论研究的热情，组织文化迅速兴起，人在管理中起到的作用被越来越多的管理层重视，产生了许多组织文化研究成果，并广泛地应用于企业实践中。

人们对组织的关注点从组织效率本身转移到“人”的意识是大势所趋。众所周知，亚当·斯密有两部重要的专著《国富论》和《道德情操论》，对很多学科的发展都产生了重要的影响。《国富论》建立在“理性人”基础之上，人的最终目的是追求自身利益的最大化，而《道德情操论》则建立在“社会人”的基础上，强调人的自我规范和道德约束，不再是单纯将数量作为考量一切的指标，考虑了伦理学的相关原理。两部作品分别代表了经济学和伦理学领域的重要观点。这两个领域的某些思想是相悖又相通的，应用于组织理论中，即组织的效率与组织文化的结合与应用。人并不是没有情感的工具，也不能被当作机器使用，完全理想状态的“理性人”并不存在，如果过于追求业绩反而会对工作效率产生反作用。社会的发展进一步解放了人们的思想，更多的人开始追求自身的自由和权利。组织文化对人的作用显而易见，组织文化越来越被重视亦是发展的必然趋势。

3. **组织文化的含义**

文化的含义虽然博大精深，但文化的传承必然建立在一个群体或者组织之上。在一定的社会背景下，对于有限范围的组织，逐渐形成的物质上和精神上的、具有长期的独立固定的模式或者规律性的内容的总和，称之为组织文化。

不同组织文化对于不同的组织群体具有各自独特的影响力。组织文化包含生产观念、道德规范、方法体制、价值认知等等，组织内部的组织文化具有统一性，是由组织内的人员共同作用和引导所形成的体系，并以此区别于其他组织。

组织文化也称企业文化或公司文化，许多学者都曾为其下过定义。

霍夫斯泰德认为，组织文化是组织成员所共有的并因此同其他组织相区别的心理程序，也就是说，组织文化是共有的价值观体系。丹尼森认为，组织文化是组织的深层结构，扎根于组织成员所特有的价值观、信仰和假设。斯蒂芬·P. 罗宾斯认为，组织文化是指组织成员的共同价值观体系，它使组织成员独具特色，区别于其他组织。

对组织文化的定义目前认可较多、最具有代表性的是美国学者埃德加·H. 沙因(Edgar H. Schein)。沙因对组织文化有过深入探寻，提出了许多看法。沙因在《组织文化与领导力》一书中对一个群体的文化概念探讨如下：一个群体在解决其外部适应性问题以及内部整合问题时习得的一种共享的基本假设模式，它在解决此类问题时被证明很有效，因此对于新成员来说，在涉及此类问题时，这种假设模式是一种正确的感知、思考和感受的方式。

迄今为止，组织文化的研究仍在发展，仍是管理学领域中的重要课题。在20世纪90年代之后，我国通过对国外组织文化理论进行学习思考，掌握了组织文化模型的构建和运用，并对理论加以拓展和实现，在此基础上有所突破，也涌现了一大批具有优秀组织文化的企业。因此，组织文化在我国将具有越来越广阔的应用前景。

4. 组织文化的特点

(1) 组织文化具有意识性。

组织文化落脚在“文化”二字，而文化并不都是有形可见的，文化的最终源头是人的意识形态和产物。因此，组织文化是组织成员意识的重要体现，它无法被精简地总结概括，而且组织文化会随着人们的意识改变不断发展。

(2) 组织文化具有系统性。

组织文化也是一个完整的系统，系统中的成员和各种因素不断作用以维持系统的正常存在。对于一个系统而言，它通常具有协作运行和自我调整的功能，系统中的每一部分都有各自的作用，但都是服务于系统整体。因此组织文化在作为一个整体系统的前提下，会随着各种因素的作用进行变革与适应。

(3) 组织文化具有导向性。

组织文化对其中的成员具有指示作用，组织文化通常建立在有利于向组织既定目标发展的前提下。组织文化使成员长期置身于某种氛围之中，它对人的影响很多是精神层面的，人们非常容易受到此类影响并产生相应的判断，人们在组织所营造的文化环境中，往往要适应和接受组织文化，这也就形成了导向。

(4) 组织文化具有凝聚性。

组织文化使组织中的成员具有一致的思想价值体系和共同的奋斗目标，它所要求的统一的道德规范与约束能够促进组织成员的合作互助，形成井然有序的运作团队，这种无形的力量能够将组织有效聚合，使组织的各项工作协调进行。

(5) 组织文化具有可塑性。

组织文化是由组织成员共同塑造而形成的，它在很大程度上由组织内大多数人的意志所决定。换言之，组织成员能够创造出组织文化，当组织成员或组织目标发生变动时，组织文化就有很大变化的可能性。如果组织文化已经不适应当前组织的发展，组织文化就会被组织成员塑造出更加适应的形式和内容。

(6) 组织文化具有长期性。

在短期存在后迅速消失的群体文化不能被称之为组织文化，这类短期的文化通常是被组织所淘汰的文化。组织文化应当是稳定的、长期的、逐渐形成的文化，需要经历一个比较漫长的过程，经过时间的检验和反复实践，经过大量的组织成员进行合作、交流，才能够创造出特定的组织文化。

知识库

走近埃德加·H. 沙因

埃德加·H. 沙因，美国麻省理工学院斯隆商学院教授。1947 年毕业于芝加哥大学教育系，1949 年在斯坦福大学取得社会心理学硕士学位，1952 年在哈佛大学取得博士学位，此后一直任职于麻省理工学院斯隆商学院。沙因在麻省理工学院有良师道格拉斯·麦格雷戈（Douglas McGregor）的帮助，再加上他自身的探索求真与领悟能力，最终成为企业文化与组织心理学领域的开创者和奠基人。

沙因的代表作品有：(1)《组织文化与领导力》(*Organizational culture and leadership*)。这是沙因最为有名的一本书，书中对组织文化的概念、层次都有经典的论述，介绍了组织文化的维度、领导力在文化建设中的作用、管理文化变革与领导者等内容，是人们研究组织文化的必读书目。(2)《组织心理学》(*Organizational Psychology*)。全书分五个部分，包括个人与组织、激励和关于人性的假设、领导与参与、组织中的群体、组织结构及其动力学。(3)《互相帮助》(*Helping: How to Offer, Give and Receive Help*)。该书主要讲述了在团队中互相帮助的重要性，作为伸出援手的人和被帮助的人应该做出怎样的行为，怎样搭建良好的互助型人际关系，提高团队效率。

沙因的贡献在于，他首先提出了"组织文化（企业文化）"的概念，并在著作中分享了自己独到的见解，使人们对文化和组织文化进行了重新的认识。他对文化的形成、层次结构等都有深入的探讨，对文化的本质研究得非常透彻，在学界和业界都备受关注。

任何人的成功都并非偶然，沙因也是一样，他曾在自传中写道："在我的一生中，我交了无数好运，有过不少机遇。……我发现，时时注意，处处留心，并学会从中学习，才能抓住所谓的'好运'与'机遇'。"所以，机会固然重要，但也只有在我们努力做好了十足的准备之后，才能在机会来临时牢牢把握它。

7.1.2　组织文化的分类、结构与功能

1. 组织文化的分类

组织文化按照不同的标准有多种分类，对此许多学者进行了研究并提出了自己的观点，我们选择比较常见的几种分类方法进行介绍。

(1) 杰弗里·桑南菲尔德的分类。

杰弗里·桑南菲尔德根据组织文化所注重的方面和对待外界的态度，对组织文化进行分类，确立了四种组织文化类型。

1) 学院型组织文化。

学院型组织文化强调组织对内外部环境的了解与适应。这种组织支持组织成员的不断学习和进步，注重员工的专业技能和学习能力。这种组织比较偏爱雇用年轻专业的人才，为员工提供大量的学习机会和技能培训，为员工提供学习的环境和渠道，注重员工在某个专业领域进行更加深入专一的研究和从事工作，从而使组织与时俱进，不断更新和完善，不断为组织注入新的活力。

2) 俱乐部型组织文化。

俱乐部型组织文化对于成员的资历和经验更为看重。在这类组织中，成员更倾向于锻炼通用技能，而不是专业领域技能。这类文化中的成员通常有较强的适应性和管理技能，许多政府和事业单位就属于俱乐部型。

3) 棒球队型组织文化。

棒球队型又被称为创新型。这种组织文化推崇创新与冒险，在变革中推陈出新，发

掘人才，不断寻求新的突破。在这种组织中的成员需要努力工作，敢于挑战，乐于展现自己的能力。因为创新型组织十分重视有才能的人，能者多劳，多劳多得，对于有才能的人也会给予非常多的鼓励。创新型组织通常不拘泥于某种特定工作形式和固定模式，不断探索和改革。

4）堡垒型组织文化。

堡垒型组织文化是保守型组织的代表。这种组织注重于组织的维持与基本生存，因此往往缺乏对于危险和可能出现的不利情况的应对能力，不能够承担过多风险。这种组织通常是现状不太乐观或者是正在走下坡路的企业或组织，其中的成员更希望维持现状，而不会寻求较大的组织变革，与棒球队型组织文化中的冒险和创新精神恰恰相反。

这四种类型的组织文化都未必是完全适应于某个组织的，在不同的发展时期，组织所选择的文化也存在较大差异。现实情况下的组织文化类型呈现多元化态势，许多组织都属于混合型的组织文化，即兼具以上四种类型中的几种，并随人员和时间的改变而灵活变通，因此，组织文化需要在具体的组织外界环境中具体运用，与组织发展要求相结合。

（2）按照组织权力导向分类。

卡特赖特（Cartwright）和库珀（Cooper）提出将组织文化划分为四种类型，而汉迪（Handy）则直接引用希腊神话将这四种文化分别命名为宙斯（权力型）、阿波罗（角色型）、雅典娜（任务型）和狄奥尼索斯（个性型）。

1）权力型组织文化。

在希腊神话中，宙斯作为众神之王，是权力的代表。权力型组织文化中心明确，仅有一个或几个领导者拥有组织核心权力，以此为中心，权力呈发散式递减。因为组织结构简单，在决策中有极高的效率，适用于小型组织，不具备系统性和适应能力，所以大型组织通常不采用这种组织文化。

2）角色型组织文化。

希腊神话中的阿波罗作为维护秩序的神，代表的就是这样一种文化。角色型组织文化强调固定的制度流程，每个人在各自的岗位上各司其职，组织的全部工作被严谨地交给负责这部分的成员去完成，组织规则明确，大部分事情都被提前规划好，在稳定的、可预见的组织环境中通常采用这种组织文化。

3）任务型组织文化。

在希腊神话中，雅典娜是年轻的女战神，她能够代表任务型文化中的挑战精神。任务型文化的最终目标就是完成任务，一切都是从任务要求出发，因此不再存在固定的工作模式。在这种组织文化中，组织成员往往富有竞争力和创造精神，因此这种文化往往也充满了活力和变数。

4）个性型组织文化。

最后是希腊神话中的狄奥尼索斯，其被称为酒神与歌神，所以能够作为个性型组织文化的象征。这种组织非常尊重个人的意愿和行为，组织中的成员能够保留自己的个性，更加自由不受约束，因此这种文化非常容易产生大量的新鲜事物。前三种组织文化类型都是个人为组织服务，而在个性型组织文化中，个人相较于组织拥有更多权力。

(3) 按照组织文化的影响力分类。

约翰·P. 科特（John P. Kotter）和詹姆斯·L. 赫斯克特（James L. Heskett）根据组织文化的灵活程度将组织文化分为三类。

1）强力型组织文化。

在强力型组织文化中，无论员工还是高层管理者都奉行相同的价值观和行为方式，组织中的成员目标明确，任何人都不会违背组织文化的要求，新成员也能够很快被这种文化影响和改变。这种文化能够防止组织高层领导恣意专断，使员工更加信任组织，也能够确保组织的协调统一，提升组织业绩，但这种组织若要进行组织变革往往阻力较大。

2）策略合理型组织文化。

策略合理型组织文化中不存在确定的、抽象的组织文化，也不明确什么是好的组织文化，什么是不好的组织文化。在这类组织中，确定文化策略的标准是适宜企业发展，适应外界环境的文化就是行之有效的、好的文化，组织要想发展和提高，就要发展恰当的组织文化。

3）灵活适应型组织文化。

灵活适应型组织文化始终与环境变化相一致，成员通常敢于挑战和创新，不畏权威，注重冒险和变革精神，因此这种组织可以很快适应市场变化，成员热情较高，带动组织业绩水平迅速提高。

除了上述分类之外，组织文化还可以有许多种分类。按照对组织的控制和内外部导向两个维度可以把组织文化分为官僚文化、氏族文化、企业家文化和市场文化；按照流程标准，组织文化可分为功能型组织文化、流程型组织文化、基于时间型组织文化、网络型组织文化；按照组织的灵活性和关注重心，组织文化可分为部落式、临时体制式、等级森严式、市场为先式。

知识库

组织中的亚文化

在很多规模较大的组织中，通常存在不止一种组织文化，因此，也就有了组织的文化强度这一概念。组织的文化强度，顾名思义，反映的是在组织中某类文化被人们一致认可的程度，如果某一类组织文化是组织中的主流，被大多数人所遵守，它就属于文化强度较强的那一种，而在主流文化之下所存在的文化强度较弱的组织文化，则通常被称为亚文化（subculture），也叫作次文化。

亚文化的存在是非常普遍的现象，也属于组织文化，所以组织文化也可以被分为主文化与亚文化，亚文化的生存能力一般比较顽强。对于大型企业而言，在奉行某种主流文化的基础上，对其他文化也兼收并包。亚文化不一定与主文化相统一，有可能与主文化互相促进，也有可能背离主文化；既有可能是健康的文化，也有可能是病态的文化；而且亚文化在一定条件下也可以转化为主文化。

2. 组织文化的结构

目前最为常见和流行的关于组织文化的结构分层理论是美国学者埃德加·H. 沙因提

出的三层次理论（见图 7－1）。他在书中指出，任何群体的文化都可以在三个层次上进行研究——人工成分层次、信念和价值观层次、潜在的基本假设层次。

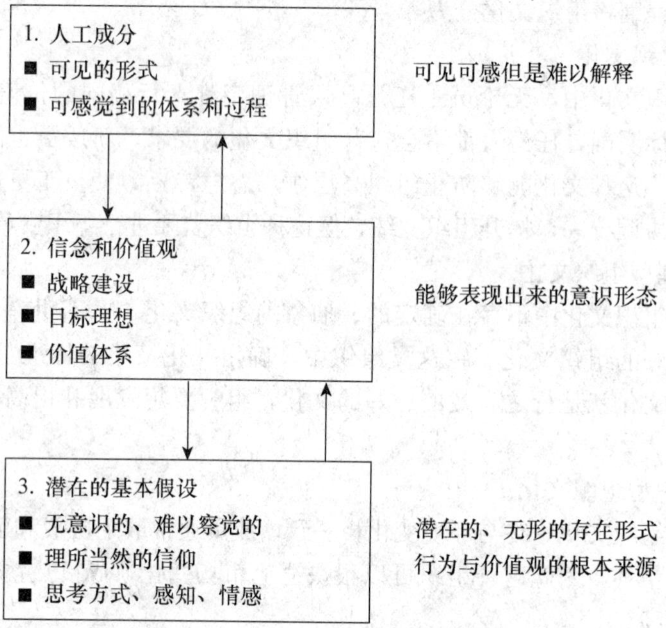

图 7－1　组织文化的三个层次

（1）组织文化的第一层为人工成分。人工成分是指在组织内部环境中组织成员的公开行为表现和组织的表现形式，是人们可见可感的、对于组织文化最直接的认识。比如组织中所产生的文件、报告、作品、工作成果，还有成员的行为习惯、工作方式等，都属于人工成分一层。

（2）组织文化的第二层是信念和价值观。价值观是人们对于事物的内在认知，是对于是非对错的评判标准，价值观看似是隐性的，但能够通过人工成分显性表现。价值观是文化的重要组成部分，组织文化反映的也是组织内部成员相对一致的价值观念，因此，这种一致性的价值观也会在组织中体现出来，某些组织的精神建设、奉行准则、共同目标等都是价值观的体现。

（3）组织文化的第三层是潜在的基本假设。沙因认为基本假设即文化概念的深层本质。基本假设是比价值观更深层的思考方式，能够深远地指导和影响人们对世界对物质的认知，在人们认识自然、创造社会价值的过程中起着潜移默化的作用。对于潜意识中所坚持的基本假设，人们是很难感受和改变它的，它决定了上面两个层次。

3. 组织文化的功能

组织文化作为组织不可分割的部分，在组织形成、发展、变革中扮演了重要的角色。组织文化对组织本身目标，对组织内部成员、组织活动的质量和组织业绩都具有重要的作用。经总结梳理，可归纳为以下五项功能：

（1）增强组织凝聚力。

组织文化为组织内部人员提供了恰当的标准和规范，这些标准和规范都是被组织成员广为接受和执行的，因此，对于组织的和谐发展和组织的稳定具有积极的影响。组织内部的成员将组织的既定目标作为共同的目标，有共同的思想和努力方向，所以更容易形成组织向心力，使组织成员协作，共同进步。组织文化将组织从思想层面连接成一个完全的整体，因而对于组织内部，更容易形成一种积极的氛围和习惯，有助于加强组织内部人员对于组织和自身的认同感和融入感，将组织的进步与自身的发展联结起来，强化组织人员的荣辱感，能够使组织人员更加团结一致，忠于组织。

(2) 引导组织成员发展。

组织文化会产生特定的环境影响和引导作用，组织文化对员工是一种直接的塑造，组织文化直接影响组织成员的价值思想，间接影响了成员的行为表现。例如，冒险式的组织文化容易催生变革创新型员工，稳定型的组织文化中则存在更多趋于保守和谦逊的员工，不同的组织文化中成长起来的组织成员往往具有鲜明的特性。优秀的企业文化能够带动组织成员进步，反之，不良的组织文化容易使组织成员误入歧途。组织文化引导组织成员的发展，组织成员也反过来影响组织文化，这是一个双方相互作用的过程。

(3) 控制组织成员行为。

组织文化中的规范控制着人们的行为，成员遵守规则才能够被组织所接受。因此，组织成员能够依照这些准则采取正确的做法，形成良好的风气。组织文化形成一种无形的约束，使组织成员的思想和行为按照组织目标所要求的方向发展。组织文化也能够避免一些人员为自己谋私利的行为，防止不利于组织发展的行为出现，而使成员自觉形成道德规范，对自己在组织中的行为负责。

(4) 提高组织效率。

组织文化使组织中的成员逐渐适应组织环境，而成员不断作用于组织文化，完善和补充组织文化，因此，好的组织文化和组织成员能够形成良性循环，这种积极的互相促进作用不仅促使成员发展，成员也会促进组织工作的效率。组织文化能够激发成员的工作动力，调动成员的主观能动性，有效地鼓励组织成员，使成员在为组织工作时产生极大的满足感，加强对自己的信心，从而对组织怀有更大的热情。组织文化是组织发展的动力和源泉，是提升组织竞争力的重要保证。组织文化在现代社会也被认为是衡量一个企业综合实力的重要指标，凡是在业界具有较大影响力的组织，都必然有着出色的工作成果和卓越的组织文化。

(5) 区分不同的组织。

不同的组织文化可以成为不同组织的特色，成为组织的符号代表。当提起某个组织或进入某家企业时，人们对其的第一印象通常是组织文化建设特色。组织文化使组织之间的差异更为明显，使组织能够被其他人所辨识，也使不同类型的人能够根据自身的情况选择适合自己的组织。

案例

中国红十字会简介

中国红十字会是中华人民共和国统一的红十字组织，是从事人道主义工作的社会救助团体，是国际红十字运动的成员。中国红十字会以发扬人道、博爱、奉献精神，保护人的生命和健康，促进人类和平进步事业为宗旨。

中国红十字会于1904年成立。建会以后从事救助难民、救护伤兵和赈济灾民活动，为减轻遭受战乱和自然灾害侵袭的民众的痛苦积极工作，并参加国际人道主义救援活动。

新中国成立后，中国红十字会于1950年进行了协商改组，周恩来总理亲自主持并修改了《中国红十字会章程》。1952年，中国红十字会恢复了在国际红十字运动中的合法席位。中国红十字会在协助政府履行《日内瓦公约》、处理战争遗留问题、开展民间外交、宣传卫生防病知识、保护人民生命与健康等方面做了大量卓有成效的工作。

改革开放以来，中国红十字事业取得了长足的发展。1993年10月，第八届全国人民代表大会常务委员会第四次会议通过了《中华人民共和国红十字会法》，使中国红十字事业有了法律保障。

根据2017年新修订的《中华人民共和国红十字会法》，红十字会履行下列职责：

（一）开展救援、救灾的相关工作，建立红十字应急救援体系。在战争、武装冲突和自然灾害、事故灾难、公共卫生事件等突发事件中，对伤病人员和其他受害者提供紧急救援和人道救助；

（二）开展应急救护培训，普及应急救护、防灾避险和卫生健康知识，组织志愿者参与现场救护；

（三）参与、推动无偿献血、遗体和人体器官捐献工作，参与开展造血干细胞捐献的相关工作；

（四）组织开展红十字志愿服务、红十字青少年工作；

（五）参加国际人道主义救援工作；

（六）宣传国际红十字和红新月运动的基本原则和日内瓦公约及其附加议定书；

（七）依照国际红十字和红新月运动的基本原则，完成人民政府委托事宜；

（八）依照日内瓦公约及其附加议定书的有关规定开展工作；

（九）协助人民政府开展与其职责相关的其他人道主义服务活动。

（资料来源：中国红十字会官网。）

案例思考题

1. 中国红十字会所奉行的价值观和组织文化的核心是什么？

2. 结合实际情况，分析中国红十字会的组织文化在其工作中发挥了怎样的功能和作用。

7.2 公共组织文化

公共组织文化是组织文化的重要组成部分，是组织文化深入发展和研究的结果。由于公共组织与私营企业有很大差异，所以，它与一般的组织文化或者企业文化相互联系又有所区别。公共组织理论在历史演进过程中大致经历了三个阶段，公共组织文化在这三个阶段中也随之得到发展和补充。

公共组织文化的发展历史可追溯至19世纪末20世纪初，这一阶段被称为古典主义时期。这时也是公共行政学的研究初期，国外公共行政学创始人威尔逊对行政组织的职能、结构、工作方式等进行了研究。另外，泰勒的科学管理理论从企业组织角度提出了管理的新方式，科学管理理论对当时的组织发展产生了深刻影响。当时的组织理论仍然采用有效的制度规范强制获取员工的最大劳动力输出，工作定额化以激发员工的全部潜力，并未对员工的意识形态有清晰的认识。

20世纪30年代，行为科学理论出现并迅速发展，所以这一时期也被称为行为主义时期。美国社会学家、行为科学的奠基人乔治·埃尔顿·梅奥（George Elton Mayo）进行了著名的"霍桑实验"，提出了"社会人""非正式组织"概念，并意识到激励员工对组织的重要作用。行为科学理论对公共组织理论产生了变革性的作用，管理领域的学者纷纷开始关注人们的心理状态，也越来越重视"人"的作用。

20世纪60年代至今，社会环境飞速发展，各种组织理论与管理方法相继出现，涌现了大量研究成果。系统论、控制论等被引入组织研究，公共组织进入现代系统组织理论时期。美国教授塔尔科特·帕森斯最早提出将组织看作一个有机统一的整体，组织是一个包含着许多子系统的大系统，并提出了决策、管理、技术三个层级相互协作，共同完成系统的任务。随着组织结构与形式变化愈加繁多，人们也开始全方位、多角度地看待公共组织文化的发展，同时结合多种现代科学理论和工具，系统、科学地进行公共组织文化管理。

从理论上来看，组织文化管理的兴起是组织理论演进的必然结果。公共组织理论是组织理论中重要的组成部分，从内容上来看，它是关于公共组织的构成、建立、运行和发展规律的知识体系。

由此可见，组织理论和文化的结合必须通过实践进行验证，只有在真正的组织管理中才能更深刻、更准确地理解公共组织文化问题。理论不能够脱离实践而存在，更需要吸收借鉴来自其他学科的知识体系，不断补充和完善。

7.2.1　公共组织文化的内涵

公共组织在长时间的存在与发展期间所形成的、由公共组织中的成员所共同拥有的意识形态、价值体系和共同奉行的行为表现、制度规范等，以及形成公共组织的活动和社会实践过程中产生的所有物质与精神成果都能够被称为公共组织文化。

在许多教材中，将广义的公共组织文化定义为公共组织意识形态，以及与之相适应的公共组织制度和公共组织机构。狭义的组织文化，则仅指公共组织意识形态。

公共组织是公共组织文化的载体。它能够形成结构和制度，存在管理模式与方法，井然有序地运转，都离不开公共组织文化，公共组织文化是公共组织富有生命活力的基础。公共组织在进行管理或者服务活动时，必然会受到公共组织中的文化因素的影响。公共组织文化由于公共组织主体的差异表现出不同的风格，不同的社会环境存在不同的公共组织体系，从而分别产生相适应的公共组织文化。

公共组织文化同组织文化一样，也存在三个层面：物质层面、制度层面、精神层面（见图7-2）。

物质层面的公共组织文化最为直观，它是人们在生产、生活中的有形财富。公共组

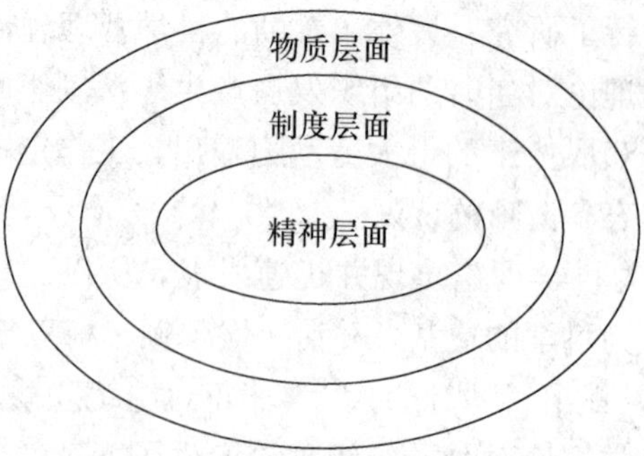

图 7-2 公共组织文化的三个层面

织中的成员行为表现都在物质层面体现。

在制度层面，公共组织文化体现的是公共组织所要求的基本准则和规范，包括法条、规章等，是公共组织主体的利益和意志的体现，能够有效协调公共组织内部关系。

精神层面，即最核心的层面，它直接决定了公共组织文化的形成，以及组织文化的方向。精神状态一致的公共群体能够形成稳固的公共组织文化体系。

7.2.2 公共组织文化的重要意义

公共组织文化将人类社会带入了一个新的研究领域，是对组织文化理论的深入探寻，公共组织文化的建设对于公共组织的管理和人的发展都具有重要的意义，它的影响体现在组织内部和组织外部两个方面。

1. 对组织内部的意义

(1) 公共组织文化是提高管理成效的重要方法。

公共组织文化对目标实现有很大帮助，同组织文化相同，公共组织文化也能够提高组织内部凝聚力，提高公共组织内部的管理效率。

(2) 公共组织文化是约束成员的有效手段。

公共组织文化可以帮助约束公共组织中的成员，在公共组织内部形成良好的风气，避免出现私人组织中的利益争端，防止出现职权滥用的情况。

2. 对组织外部的意义

(1) 公共组织文化能够优化公共组织职能。

公共组织大多是政府性组织、非营利组织、社会团体等，公共组织所追求的利益是公共利益，服务对象也是庞大的社会公众群体。所以形成良好的文化导向能够优化公共组织的职能，确保公共组织的高效廉洁，更好地服务于公共事业。

(2) 优秀的公共组织文化是社会积极稳定发展的基础。

公共组织文化是其所处的社会宏观环境的映射，代表了社会发展的某些规律。优秀的组织文化可以催生优秀的公共组织，优秀的公共组织则能够对社会发展产生积极的作用，带动社会生产力的发展，从而使整个社会向更好的方向发展。譬如，行政文化也是公共组织文化的一种，公务员廉洁奉公的职业态度便是一种优秀的组织文化。

一般来说，公共组织的行为和管理活动都会涉及文化因素，文化对组织拥有无形的支配权力。公共组织文化在一定程度上代表了目前的社会背景和状况，如果缺乏对公共组织文化的正确认识和理解，就无法对社会发展进行判断与把握，也无法提高公共组织绩效。因此，公共组织文化是公共组织理论发展不可或缺的一部分。

7.2.3 公共组织文化的特点

公共组织文化作为组织文化的一部分，符合组织文化的含义和要求，具备意识性、系统性、导向性、凝聚性、可塑性、长期性的特点。但作为其分支，公共组织文化又有特定的适用范围和适用对象。因此，公共组织文化继承了组织文化的基础性特征，还有一些自身独有的特点。

1. 目的公共性

历史是不断变化与发展的，公共组织文化则必将随着时代潮流而更新和改变，但无论如何改变，追求公共利益，始终是公共组织文化的核心目的。相比于私人组织，公共组织的特点之一就是，在实现公共利益的前提下，大量的公众要求使得公共组织文化必须按照社会发展变动，领导者个人和偶然性因素的影响相对较小。因此，随着时代的发展，无论外界环境如何变化，古今中外的公共组织文化都体现出了一定的公共性特点。

2. 社会辐射性

公共组织文化与一般的企业文化有一个很大的不同，那就是公共组织文化具有社会性。企业文化对于企业内部的成员具有较强的导向作用，但是对企业外部人员的影响较小，对与企业无关的人则几乎不产生影响。公共组织有其公共服务的性质，公共服务所涉及的主体比较宽泛，渗透到社会生活的方方面面，体现的是无数民众的意志，因此，公共组织文化比企业文化对社会所造成的直接影响更多。

3. 持续稳定性

公共组织文化比其他组织文化更加稳定和持续。公共组织文化通常是历史大环境演变的结果，主体数量较多，社会影响力强，因此公共组织文化的演变是一个连续、长期的过程。优秀的、适应生产力发展的公共组织文化将会受到传承、发扬；糟糕的或者不再发挥作用的公共组织文化则逐渐被淘汰，这是一个稳定的延续过程。

4. 适应性与整合性

当社会环境发生改变时，公共组织文化的某些部分开始寻求变动以适应环境，其他部分也会随之进行调整，这表现了公共组织文化的适应性与整合性，以及强大的协调力。相比之下，私营企业的文化更容易受到少数决策层的人的影响。这也是公共组织文化的一个显著特点。

7.2.4 公共组织文化的构成

公共组织文化从内容上可以划分为思想性的公共组织文化和规范性的公共组织文化，作为公共组织文化的组成部分，两者存在紧密联系，彼此循环相互作用。随着公共组织行为主体在公共组织活动中反复表现出的公共组织行为逐渐稳定，公共组织的行为模式逐步确立，伴随公共组织行为模式确立产生的规范性的公共组织文化（公共组织传统、习惯和原则）的主观性成分不断传承持续影响公共组织，最后发展成为公共组织主体普遍接受的思想性的公共组织文化。同时思想性的公共组织文化（公共组织价值观、信念和理想等）会影响规范性的公共组织文化，促进新的规范性的公共组织文化产生。如上所述，思想性的公共组织文化和规范性的公共组织文化相互作用，协同发展。

1. 思想性的公共组织文化

思想性的公共组织文化由公共组织价值观、公共组织信念、公共组织道德、公共组织理想和公共组织意识五部分构成。

（1）公共组织价值观是指公共组织主体对公共组织事务和公共组织制度等做出的主观评价。公共组织价值观是公共组织主体在公共组织中经历长期实践形成的多种主观评价的集合，其形成的前提为大量的经验累积，反映了主体对现实的主观认知。公共组织价值影响公共组织主体的行为，进而影响整个公共组织的行为，从而对公共组织的效益产生影响。公共组织应根据自身制度和外界环境等建立适当的公共组织价值观，保证公共组织的生存和发展。

（2）公共组织信念是指公共组织主体对公共组织原则和公共组织理想的崇高信仰。公共组织信念是确定公共组织原则和达成公共组织目标的巨大推动力，是公共组织高效运行的重要保证。公共组织信念作为公共组织主体的精神支柱是公共组织的灵魂，对公共组织的活动效果起到决定性的作用。公共组织在建立之初应明确坚持的信仰，在公共组织文化建设过程中应着力提升信念的坚定性，提升公共组织的核心竞争力。

（3）公共组织道德是指公共组织管理活动中调节公共组织管理主体和客体以及管理主体之间的道德规范和道德准则的总称。公共组织价值观和公共组织信念是公共组织道德形成的基础和前提。公共组织道德是公共组织主体行为标准的重要组成部分，一方面它通过教育和舆论宣传影响公共组织主体的行为，另一方面它通过隐含在公共组织习惯和制度中，规范公共组织主体的行为。公共组织道德相比于公共组织规章制度对公共组织主体的行为更具有规范性。由于所处环境等因素的影响，公共组织道德不尽相同，但是一些基本的公共组织道德却高度一致，如忠诚于国家等。

（4）公共组织理想是指公共组织主体对公共组织发展和活动的设想和期望。公共组织主体在日常实践的过程中对公共组织的环境进行客观的判断进而形成一系列能够实现的目标，这些目标的集合就是公共组织理想。由以上表述可知公共组织理想源于公共组织主体的日常实践，公共组织理想建设并不毫无根据，在公共组织理想建设过程中应注重其现实性。公共组织理想通过公共组织目标的逐步实现而达到。公共组织理想对调动公共组织主体积极性有重要作用，树立正确的公共组织理想对公共组织的发展意义重大。

（5）公共组织意识是指公共组织主体对公共组织客体的主观反映。虽然公共组织意识的表现形式是主观的，但公共组织意识的实质内容是客观的。公共组织主体对公共组织客体的主观反映是各种反映形式的集合，有认知取向、情感取向和价值取向三种表现形式。认知取向是情感取向和价值取向的基础，公共组织管理对管理者的情感取向和价值取向有较高要求，故公共组织管理者需要对公共组织有充分的认知。由于所处公共组织环境和职位等不同，公共组织主体一般具有不同的公共组织意识，但要提高公共组织工作效率就必须提高公共组织主体的意识，从而增强其认知取向、情感取向和价值取向。

知识库

公共组织意识的表现形式

公共组织意识有认知取向、情感取向和价值取向三种表现形式。

认知取向是指公共组织主体对公共组织活动和公共组织关系的认识，具体包括对公共组织结构和功能等方面的认识。

情感取向是指公共组织主体对公共组织活动和公共组织关系的感情倾向，具体包括对公共组织的归属感、喜爱程度和参与程度等。

价值取向是指公共组织主体依据一定的标准对公共组织活动和公共组织关系做出的价值判断，该判断受公共组织主体价值观和社会环境等因素的影响。

2. 规范性的公共组织文化

规范性的公共组织文化由公共组织传统、公共组织习惯和公共组织原则三部分组成。

(1) 公共组织传统是指在公共组织活动中传承沿袭的制度规则和道德准则等公共组织文化。公共组织传统的形成需要长期的沉淀积累过程，它对公共组织主体的规范作用主要体现在思维和行为等方面。不同时代和不同环境下公共组织传统对公共组织有不同的作用效果，这种作用效果一般表现出惯性和自控性。公共组织传统是公共组织的精神支柱，直接影响公共组织的稳定和发展。公共组织应以辩证的眼光看待公共组织传统，继承其有利于提高工作效率的方面，抛弃其有悖于时代特征的方面，如同对待其他传统文化，取其精华，去其糟粕。

(2) 公共组织习惯是指公共组织活动中经常重复并转变成公共组织所需的行为方式。公共组织习惯由公共组织行为方式和公共组织行为作风构成，是公共组织传统在公共组织行为方面的具体体现。公共组织中能满足公共组织需要的行为经常被模仿，得到公共组织主体的认可，最终演变成习惯。作为公共组织传统的具体表现，公共组织习惯同样具有优劣之分，良好的公共组织习惯有利于提高公共组织活动的效率，而不良的公共组织习惯会降低公共组织的竞争力，同时公共组织习惯具有很高的稳定性，因此公共组织应培养和形成良好的习惯，这需要管理者运用科学的方法指导管理工作。

(3) 公共组织原则是指公共组织活动中具有普遍性的准则和方法。公共组织主体通过公共组织活动中的大量实践总结出具有普遍性的规律，上述规律经过升华或归纳形成准则或方法。公共组织原则直接规范公共组织活动，是公共组织活动效果的有力保障。我国形成的公共组织原则有领导干部专业化原则和社会主义法治原则等，国外公共组织原则以目标原则、例外管理原则和责任管理原则著称。

7.2.5 公共组织文化的功能

公共组织活动是公共组织文化发挥作用的环境。公共组织活动和公共组织文化存在紧密联系，一方面公共组织活动受公共组织文化的影响和制约，另一方面公共组织文化在公共组织活动中形成和发展。公共组织文化和公共组织活动相互作用、循环发展，成为公共组织文化功能发挥的有力支撑。根据公共组织文化的作用范围和程度，公共组织文化的功能可划分为宏观功能和微观功能。

1. 公共组织文化的宏观功能

公共组织文化的宏观功能是指宏观层次上公共组织文化对公共组织活动过程的影响。公共组织文化的宏观功能可能产生积极影响和消极影响，产生积极影响的公共组织文化的宏观功能包括导向功能、凝聚功能、激励功能、规范功能、协调功能、控制功能和辐射功能，产生消极影响的公共组织文化的宏观功能包括阻抑功能和障碍功能。

(1) 导向功能是指公共组织文化对公共组织活动和公共组织主体的导向作用。公共组织文化通过影响公共组织行为和价值取向对公共组织起导向作用，促使公共组织实现目标。公共组织文化的导向功能不同于传统管理制度，公共组织文化代表群体共同利益并成为一种群体意识，所以公共组织文化潜移默化地引导公共组织主体的行为。

(2) 凝聚功能是指公共组织文化的价值观被公共组织主体认可后产生使公共组织主体团结的凝聚力。公共组织文化是全部公共组织主体创造的一种群体文化，体现了全体公共组织主体的思想，公共组织主体对其有较高的认同感，从而产生了使公共组织主体团结的凝聚力。凝聚功能使公共组织具有排他性，具体表现为公共组织主体对内相互认同相互依存，共同应对外部竞争等行为。

(3) 激励功能是指公共组织文化使公共组织主体自我激励。公共组织文化的凝聚功能使公共组织主体产生主人翁精神和责任感，同时积极向上的公共组织文化使公共组织主体形成自豪感和使命感，公共组织文化成为公共组织主体进步的持久驱动力，促使公共组织主体不断自我提升。

(4) 规范功能是指公共组织文化形成固定模式后通过非正式的行为准则等对公共组织主体的行为等起约束作用。公共组织文化通过传统习惯等文化方面的内容，利用从众心理对公共组织主体造成压力，从而达到约束的效果。公共组织文化虽不具有正式规章的强制性，但对公共组织主体的影响同样持久深刻。

(5) 协调功能是指以公共组织文化为基础确立的群体意识和行为规范促使公共组织主体对自身行为做出调整以实现公共组织内部的沟通协调。公共组织文化通过将公共组织主体的思维统一到公共组织目标上来减少公共组织主体之间的摩擦和分歧，从而营造和谐的工作环境、提高工作效率。

(6) 控制功能是指公共组织文化以意识为依托监督和约束公共组织主体的行为。控制功能具体体现为在公共组织内部保证公共组织环境和谐以实现公共组织目标，在公共组织外部保证公共组织与社会关系良好以实现公共组织价值，因此这种控制更加积极有效。

(7) 辐射功能是指公共组织文化不仅会对公共组织产生影响，还会对社会造成影响。公共组织形象包括内部形象和外部形象，外部形象带有强烈的社会责任感，普遍得到舆论支持，受到社会各界竞相模仿，产生积极的辐射作用。

(8) 阻抑功能是指公共组织文化中的消极因素被公共组织主体接受进而阻抑公共组织活动的效率。公共组织文化的消极因素如官僚主义等被公共组织主体接受后会在公共组织活动中体现，破坏公共组织活动，从而阻抑公共组织活动效率。

(9) 障碍功能是指公共组织文化的排他性阻碍公共组织。公共组织文化的排他性保证了公共组织内部思想的高度一致，在某种程度上促进了公共组织的发展。然而多样性和异质性是文化的特质，任何文化的发展都始于差异性，公共组织文化强调共同价值的同时降低了文化的活力，成为自身发展的障碍。公共组织应注重吸收其他文化，促进自身文化发展。

2. 公共组织文化的微观功能

公共组织文化的微观功能体现在具体的公共组织活动中，包括公共组织文化对公共组织的影响、公共组织文化对组织领导的影响和公共组织文化对组织行为的影响三个方面。

(1) 公共组织文化对公共组织的影响。首先，公共组织文化影响公共组织的目标。公共组织文化通过价值观和组织道德等影响公共组织的目标，其中价值观对目标结构设计影响较大。其次，公共组织文化影响公共组织结构模式。任何公共组织都会依据内部权力和职责分配建立一种相互关系模式，不同的公共组织文化造就不同的权力和职责分配情况，进而影响公共组织结构模式。

(2) 公共组织文化对组织领导的影响。公共组织文化直接决定公共组织领导者的行为方式和行为作风，公共组织领导者的行为方式和行为作风直接影响被领导者。公共组织领导者在做出决策时不仅受自身因素的影响，还会考虑公共组织文化，如公共组织价值观和公共组织传统等，因此公共组织文化对组织领导发挥着不可替代的作用。反之，组织领导者在领导活动中会将自身的价值观等投射到公共组织中，从而对公共组织文化造成不同程度的影响。

(3) 公共组织文化对组织行为的影响。公共组织文化对组织行为的影响体现在对组织成员的组织行为的影响和对组织机构的行为的影响两个方面。公共组织文化常通过影响组织成员的心理等间接影响组织成员的行为，而对组织机构行为的影响则通过影响组织机构的沟通行为和决策行为两方面实现。

案例

建设廉洁政府

党的十八大报告中“干部清正、政府清廉、政治清明”十二字清晰地指出今后党和政府的努力方向，其中政府做到清廉、建设廉洁政府为今后政府工作的重中之重。党的十八大以来，打造法治政府、创新政府、廉洁政府和服务型政府成效显著。

十二届全国人大一次会议上，习近平主席提名决定李克强为国务院总理。新一届政府成立后，于 2013 年 3 月 26 日召开了国务院第一次廉政工作会议，李克强总理主持会议并发表讲话。会上，李克强总理强调，要全面贯彻党的十八大和中央关于反腐倡廉建设的决策部署，贯彻落实中共中央总书记习近平在中央纪委二次全会上的讲话精神，转变政府职能，依法规范权力运行，着力建设廉洁政府。

李克强指出，新一届政府要完成好持续发展经济、不断改善民生、促进社会公正三大重点任务，必须着力建设创新政府、廉洁政府、法治政府，其中建设廉洁政府十分关键。廉洁是公信力的基石。如果不能有效遏制和解决腐败问题，政府就会失去公信力，人民就不相信我们能够把其他事情办好，我们的一切工作和努力就有可能付诸东流。

近年来我们持之以恒推进政府反腐倡廉建设，注重抓好长期性基础性工作，不断取得新成效。但一些领域腐败现象仍易发多发，社会反映强烈。要坚定不移地把反腐倡廉推向深入，坚持有贪必肃、有腐必反，用制度管权、管钱、管人，给权力涂上防腐剂、戴上"紧箍咒"，真正形成不能贪、不敢贪的反腐机制。随后，李克强又从简政放权、管住权力、管好钱财、政务公开、勤俭从政、依法促廉六个方面对政府反腐倡廉工作提出了具体要求。同时，加强对中共中央、国务院重大部署落实情况的监督检查，把落实情况作为考核地方政府、部门和领导干部的重要内容，确保政令畅通。

李克强最后强调，反腐倡廉工作任务十分艰巨，各级领导干部都要以身作则，国务院要做各级政府、各部门的表率，各部门要做本系统的表率，领导干部要做干部群众的表率。

2018 年 4 月 27 日，国务院又召开了新一届政府选举后的第一次廉政工作会议，中共中央政治局常委、国务院总理李克强出席会议并发表重要讲话。在会上，李克强总理再次提出进一步推进廉洁政府建设的相关要求。李克强总理强调，各级政府和部门要以习近平新时代中国特色社会主义思想为指导，深入贯彻落实党的十九大和习近平总书记在十九届中央纪委二次全会上的重要讲话精神，按照《政府工作报告》要求，加快转变政府职能，加强制度建设，严格正风肃纪，营造风清气正的经济社会发展环境。

过去五年，各级政府认真贯彻全面从严治党要求，着力转职能、转政风、严纪律、强监管、肃贪腐，以深化改革推动源头反腐，以制度建设规范权力运行，以严肃纲纪促进政风转变，以强化激励问责推动勤政有为，政府系统党风廉政建设和反腐败斗争不断取得新进展，为经济社会发展取得历史性成就、发生历史性变革提供了有力保障。但一些重点领域腐败问题时有发生，侵害群众利益的不正之风还比较突出，滋生腐败的土壤尚未根除，对此还需要保持清醒认识。

李克强指出，要以强化对权力运行制约和监督为重点，大力推进廉洁政府建设，并从推进政府自身改革，确保公共资金使用安全高效，推动公共资源阳光交易，看护好经营好公共资产，强化公共工程建设项目决策、审批、实施等全程监管等方面对其进行了详细阐释。各级政府要着力加强政治建设，坚决维护习近平总书记党中央的核心、全党的核心地位，坚决维护党中央权威和集中统一领导，增强"四个意识"，强化以法促廉、依法行政、诚信施政，勤政尽责干事创业，以真抓实干、埋头苦干的实际行动，再创让人民满意的新业绩。

（资料来源：中国新闻网、人民网。）

案例思考题

案例中体现了我国政府组织文化的哪些内容、特点和功能？

7.3　公共组织的文化发展

7.3.1　公共组织文化发展的原因

文化是一定社会历史条件的产物，文化的性质和特点随着时代和社会的变迁而发展。公共组织文化作为一种特殊的文化，其发展具有鲜明的时代和社会特性。公共组织文化的发展应满足时代和社会变迁的需要，时代和社会的变迁是公共组织文化发展外部原因的集中体现。公共组织文化在形成过程中受诸多外界因素的影响，公共组织文化的最终表现形式与其高效服务公共管理的根本出发点存在矛盾，该矛盾严重损害公共组织利益，解决该矛盾成为公共组织文化发展的必然要求，公共组织文化自身缺陷是公共组织文化发展内部原因的集中体现。公共组织文化的发展既有其外部重要性又有其内部必然性，公共组织文化不断创新和发展成为大概率事件。

1. 公共组织文化发展的外部原因

（1）世界各国社会和经济发展迅速。18世纪第一次工业革命后人类跨进了工业社会，社会和经济以前所未有的速度发展，直至正在进行的第三次科技革命，人类经历了数百年的高速发展，社会和经济等方面建设取得了巨大的成就。伴随技术高速发展的数百年，社会制度也经历了数次更迭，原有的社会制度已经完全被取代，人类的物质生活水平也达到了空前的高度，社会制度的更迭和物质水平的提高使传统文化受到了挑战。"一个民族、一个国家，如果没有自己的精神支柱，就等于没有灵魂，就会失去生命力和凝聚力"，一个国家和民族必须有一种社会文化作为精神支柱推动其前进。纵观古今中外，每一个伟大的国家和民族必然拥有一个与时俱进的社会文化。公共组织文化是社会文化的重要组成部分，它指引国家和民族发展的方向。公共组织文化发展成为国家和民族发展壮大的需要，世界各国必须大力发展公共组织文化，努力推进公共组织文化创新，为国家和民族发展安定提供支持。

（2）公共组织面临的发展机遇和挑战。随着社会的发展，公共组织发展势头迅猛，公共组织类型繁多，数量呈爆炸式增长，所涉及的领域和事务也日趋增多，公共组织建设取得了惊人的成就，为社会各方面发展提供了有力的支持。但伴随着公共组织的高速发展，公共组织管理面临着前所未有的挑战，公共组织管理问题日益凸显。如随着公共组织数量的迅速增加，社会中"真空职能"和"重叠职能"的数量也会增加。所谓"真空职能"，就是属于公共组织但无公共组织负责的事务，而"重叠职能"就是属于多个公共组织负责的事务，"真空职能"多由公共组织权责划分不清造成，"重叠职能"多属于多个公共组织共同负责或多个公共组织重复负责，"重叠项目"最后极有可能发展到无人负责的程度。"真空职能"和"重叠职能"的存在极大地降低了公共组织的公信力。再如由于公共组织涉及的事务数量急速增长，公共组织内事务流程冗杂，业务效率极低，造成人力和物力资源浪费严重。要科学解决公共组织粗放发展带来的管理问题必须发展公共组织文化，以科学、充满活力和与时俱进的公共组织文化取代传统组织文化，使公共组织文化更好地服务于公共组织管理。

(3) 全球化的进一步深化。自哥伦布发现新大陆后，全球化的脚步从未放缓，国际态势对各国的影响愈发深刻。公共组织也感受到了来自全球化的压力，公共组织不再只需满足本国单一标准，而要面向国际实现多标准，只有以多标准要求公共组织才能更好地面对国际环境，公共组织才能在国际舞台上拥有较强的竞争力，在国际竞争中处于不败之地。多标准意味着需要淘汰公共组织中某些传统条例并加入许多新兴条例，这需要法律条例的支持，更需要公共组织文化的支持，发展公共组织文化使其更好地适应全球化大趋势成为公共组织在国际立足生存的关键因素。

2. 公共组织文化发展的内部原因

公共组织文化建设以公共管理为核心展开，同时受民族文化、制度文化和外来文化等外界因素的影响制约。公共组织文化作为一种亚文化必须依托民族文化存在，而且公共组织成员作为社会人员存在必定经历了多年民族文化的熏陶，因此民族文化在一定程度上影响制约公共组织文化。制度文化是不同社会制度具有的文化特征，是宏观文化的重要组成部分，公共组织依托社会存在，公共组织文化必然受到制度文化的影响制约。不同国家不同时期的社会制度不尽相同，对公共组织文化造成的影响也各不相同。人口流动带来的文化入侵现象日益凸显，公共组织文化不得不做出调整以适应外来文化。诸多外界因素的影响制约造成了公共组织文化的自身缺陷，集中体现在无实质内涵、过度民主和官僚主义等方面，公共组织文化的自身缺陷使其无法实现对公共组织的高效管理，发展公共组织文化的重要性日益凸显。

过度民主和官僚主义在公共组织文化中较为常见，也对高效管理公共组织造成了巨大阻碍。民主是先进公共组织文化的象征，但过度民主会极大地损害公共组织的利益。过度民主无形中提高了公共组织的决策参与度，造成大量的时间和金钱的浪费；过度民主可能造成阶级和团体斗争，覆盖民主决策的科学性；过度民主降低了决策的水平，公共组织无法获得最佳效益；过度民主易被极端分子利用，打击公共组织；过度民主很难保证决策参与者获得真实和全面的信息，其结果是民主决策成为“金钱游戏”。公共组织文化中民主缺失的结果之一就是形成官僚主义，官僚主义降低了公共组织管理效率，对公共组织利益造成极大损害。官僚主义使公共组织脱离其服务对象，公共组织对社会服务效果明显减弱；官僚主义导致公共组织内腐败贪污现象滋生蔓延，造成公共组织资源的大量浪费；官僚主义造成公共组织不公平现象，严重影响公共组织工作效率，同时致使公共组织成员对公共组织认同感降低。过度民主和官僚主义的普遍性和破坏性已经引起众多学者的关注。

不同公共组织文化在形成过程中所处环境具有特异性，不同的公共组织文化具有不同的自身缺陷，又由于不同公共组织制度形式和处理事务等的不同，故不同公共组织文化的发展不尽相同，每一公共组织文化发展都有其独特路线，这对公共组织文化发展研究提出了巨大的挑战。虽然公共组织文化发展不尽相同，但其发展路线的实质内涵却保持高度一致，即提高公共组织管理效率。提高公共组织管理效率也是公共组织文化发展外部重要性和内部必然性的根本依据。

7.3.2　国外公共组织文化发展的基本趋势

国外公共组织形成较早，公共组织文化体系经过长时间的发展已经较为成熟，民主和高效是国外公共组织文化的主要发展内容。先进的国外公共组织文化为国外公共组织注入持久的活力，国外公共组织为西方社会的发展贡献了重要的力量。近年来，国外公共组织时常出现明显的决策失误，主要原因却是国外公共组织引以为傲的西式民主。西式民主的制度缺陷直接导致了公共组织的决策失误，这种制度缺陷包括民主水平较低、民主成本高和民主科学性差等。而作为发展程度更高的集中民主可以解决西式民主带来的诸多问题，所以以集中民主取代西式民主成为国外公共组织文化发展的基本趋势。

7.3.3　中国公共组织文化发展的历程

1. 古代公共组织文化概述

中国的古代文化在人类文明的“轴心时代”形成，古代公共组织文化作为古代文化的重要组成部分深受古代“农业-宗法”社会环境的影响。在小农经济、宗法制国家政权同构和意识形态化的儒家学说等因素的影响下，中国古代公共组织形成了以大一统观念、集权主义的价值原则、礼治的原则和官僚主义的公共组织方式为主要内容的基本文化体系。

知识库

小农经济

小农经济指个体以农业和家庭手工业为主要方式进行自给自足的生产方式，属于自然经济的一种类型。小农经济有分散性、封闭性和自足性三个特点，分散性指小农经济以家庭为生产单位，封闭性指生产方式以农业和家庭手工业为主，自足性指生产的主要目的是满足家庭生活需要和纳税需要。小农经济经营规模小，生产技术更新缓慢，抵御天灾人祸能力差，虽长期作为我国的主要生产方式存在，但后期严重阻碍了我国社会的发展。

（1）大一统观念。中国古代政治文化高度重视国家统一，古代学者、统治者纷纷提出众多关于国家统一的学说，汉代董仲舒曾提出“春秋大一统者，天地之常经，古今之通谊也”。对国家统一的高度重视确保了中国古代大部分时期国家统一，但同时形成了统一为必然的政治心理。大一统的信念保证了公共组织高度集中和公共组织活动高度一致，却导致了公共组织的大规模官僚制，造成了公共组织文化禁锢，阻碍了公共组织文化的发展。

（2）集权主义的价值原则。中国的集权主义起源于父系社会分工体系下的组织管理方式，在宗法制国家政权同构后完善成形。集权主义的价值原则首先体现为公共组织的高度整合，公共组织与政治、经济等高度整合，发展成为功能齐全的机构。公共集权的价值原则其次体现为权力的集中，公共组织集区域内的政治、经济等权力于一身，行使多项决策权。集权主义的价值原则同大一统的信念有利于公共组织稳定，同时又在一定程度上阻碍公共组织文化的发展。

(3) 礼治的原则。相比于法律法规，宗法、纲常和下级对上级的绝对服从对维持中国古代公共组织秩序起到了更重要的作用，礼治代替了法治，为公共组织集权主义的产生提供了前提。礼治为公共组织主体提供了行为规范，稳定了公共组织结构，从而维持了公共组织的基本秩序。礼治受主观意识影响，常给公共组织带来不必要的损失。

(4) 官僚主义的公共组织形式。自秦朝以来我国公共组织形成了一套完整的官僚体系，公共组织在官僚主义的影响下形成了等级化、形式化和专业化的管理机制，为集权主义的公共组织制度提供了重要保障。官僚主义的公共组织形式严重阻碍了公共组织的发展，阻滞了社会的进步。由于自身特点等因素的作用，官僚主义的公共组织形式成为中国古代公共组织文化中最具影响力的要素。

2. 从新中国成立到改革开放中国公共组织文化存在的问题

从新中国成立到改革开放，中国公共组织文化不断发展完善，形成了新的公共组织文化体系，但由于公共组织文化具有惯性，新的公共组织文化体系仍受传统公共组织文化的影响。传统公共组织文化所存在的问题主要包括注重形式、官本位思想、轻法治和价值观念混乱四个方面。

(1) 注重形式。新中国成立后，生产力得到发展，但是由于多方面条件制约，仍然无法满足人民群众的需求。在这种社会环境下出现了以计划经济体制为代表的经济社会管理模式，公共组织强调以行政命令实现管理社会、经济的功能，机构规模庞大，财政压力加大，文山会海问题严重，影响了政府的工作效率。与之相一致，传统时期公共组织文化注重程序、形式，导致公共组织工作程序复杂、人员冗杂和决策迟缓等，降低公共组织工作效率，进而影响公共组织活动效果。注重形式使公共组织产生严重的惰性，阻碍了公共组织的发展。

(2) 官本位思想。官本位思想的主要体现是公共组织管理者过于依仗职位权力。公共组织管理者偏爱权力，在公共组织活动中论资排辈，对领导唯命是从，不听取其他公共组织主体的意见建议，致使公共组织决策民主难以实现。受官本位思想的影响，公共组织中出现了人格化倾向、封闭排他和法律约束力差等乱象。官本位思想不仅作用于公共组织内部，还会衍射到广泛的社会领域影响大众文化，大众文化反过来影响社会行为进而加强公共组织中的官本位思想。

(3) 轻法治。新中国成立后我国加紧法律体系建设，中国的法律体系不断得到完善，但是中国法律执行力度并未得到提高，可以说，经历了一个从无法可依到执法不严的过程。失去执行力的法律形同虚设，将进一步动摇法律的权威。民众的法律意识淡薄，不注重保护自身权益，没有使用法律捍卫自己的权益的意识。受社会环境的影响，公共组织活动往往凌驾于法律之上，公共组织活动缺乏法律的约束，在公共组织中有法不依和执法不严的现象经常发生。轻法治不仅降低了公共组织的工作效率，而且给公共组织的名誉带来了很大的损害。

（4）价值观念混乱。随着中国的国际化程度逐渐增强，社会的开放程度和自由程度得到了很大提高，社会的价值观念开始多元化，公共组织主体在社会的变化中陷入困惑与矛盾中。社会发展带来的享乐主义和个人主义等不断侵蚀着公共组织主体，公共组织主体的价值观陷入混乱，进而导致了信任危机的出现。由于公共组织掌握并配置社会资源，公共组织主体信念缺失后个人私欲膨胀、服务意识减弱，导致公共组织与社会民众脱离，制约社会民众对公共组织的信任。

3. 改革开放以后中国公共组织文化的发展趋势

改革开放以后，中国社会急剧变革，发展公共组织文化，改变公共组织观念和公共组织模式成为公共组织的必然选择，公共组织的变迁为中国社会主义现代化奠定了基础。改革开放以后，公共组织文化发展趋势主要包括以民主型取代权威型、以分权式取代集权式、逐渐建立法治思维、以理性化取代经验化、以开放性取代封闭性、以服务型取代管制型、以专业型取代一般型七个方面的内容。

（1）以民主型取代权威型。中国公共组织的决策一般缺乏民主性，公共组织主体不参与组织决策，组织决策成为公共组织管理者的专属权力，上下级之间是严格的命令与服从关系，以保证公共组织内部的高度一致性。在公共组织文化不断发展完善的过程中，应以民主型取代权威型，调动公共组织主体的积极性，培养公共组织主体对公共组织的认同感，促进公共组织管理的科学化。

（2）以分权式取代集权式。改革开放之前，中国实行社会主义计划经济体制，公共组织需要对社会资源和人力资源进行控制以维持社会秩序，因此集权成为公共组织文化的主旋律。改革开放以后，中国进入建设社会主义市场经济阶段，公共组织中的各种资源需要被高效利用，这就要求动员全部公共组织主体，公共组织文化中的集权开始向分权转化。分权要求公共组织管理者将权力下放给其他公共组织主体，充分调动公共组织主体的积极性，使公共组织更加灵活，促进公共组织的创新发展。

（3）逐渐建立法治思维。新中国成立后，中国的法律体系不断发展完善，但是几千年的古代公共组织文化根基深厚，而且中国法律体系建立初期执行监管机制尚不完善，有法不依的现象时常发生，公共组织文化急需建立法治思维。随着改革开放的深入发展，法治型社会成为中国发展的必然要求，公共组织应完善自身法律体系，培养公共组织主体法律至上的观念，做到有法可依和有法必依。法治型公共组织文化对规范公共组织活动、提高公共组织工作效率起到了至关重要的作用。

（4）以理性化取代经验化。改革开放之前，中国科技水平较低，公共组织中科技手段严重缺乏，公共组织主体彼此分离，公共组织活动节奏缓慢。公共组织领导者凭借个人阅历等对公共组织进行管理，公共组织决策完全取决于公共组织领导者个人素质，缺乏科学性，与中国生产力低下的状况相适应。改革开放以后，中国生产力迅速发展，公共组织文化必须向理性化过渡，公共组织领导人必须运用科学的管理手段使公共组织活动遵循客观规律，最大限度地提高公共组织的工作效率，使之更好地服务于社会主义现代化建设。

（5）以开放性取代封闭性。中国公共组织文化具有明显的封闭性，公共组织追求自身利益的最大化，较少考虑社会的整体利益。改革开放以后，中国着手建设中国特色社会主义市场经济。社会主义市场经济体制是开放的经济体制，它要求公共组织与社会进行沟通协调，以开放的姿态配合社会主义现代化的建设。同时公共组织应学习国外优秀的文化，促进公共组织文化的转型，推动公共组织的发展。

（6）以服务型取代管制型。受中国古代公共组织文化的影响，公共组织与社会的关系为控制与被控制，公共组织起到领导社会的作用。改革开放以后，中国市场经济体制建立运行，公共组织权力受到限制，公共组织开始增强对社会的服务意识，公共组织由管制型向服务型转变成为必然趋势。

（7）以专业型取代一般型。改革开放之前，中国公共组织的主要职能是推行公共组织政务，公共组织的形式和内容相对简单。随着社会主义市场经济的发展，公共组织逐渐涵盖社会各个领域，职能也愈发复杂。公共组织应根据自身涉足领域具备相应的专业知识和技能，向专业型发展，为公共组织做出科学合理的决策奠定基础。

案例

浙江擦亮“金字招牌”将“最多跑一次”改革进行到底

作为中国革命红船起航地、改革开放先行地、习近平新时代中国特色社会主义思想重要萌发地，浙江坚持从红船精神中体悟初心、从“八八战略”中汲取智慧，在全国率先实施“最多跑一次”改革。经过全省上下合力攻坚，“最多跑一次”改革从理念化为实践、由承诺成为现实，赢得了中央肯定、各方点赞。“最多跑一次”改革，已成为浙江改革的代名词和金字招牌。

在新的起点上，浙江自觉践行改革初心使命，跑好“最先一公里”“最后一公里”，将“最多跑一次”改革进行到底。

不负初心使命　“赶考”改革之路

2016年12月，在浙江省委经济工作会议上，省委、省政府首次提出推进“最多跑一次”改革。浙江省代省长车俊掷地有声地说，只要群众有诉求，难度再大也要向前推进，“最多跑一次”的改革目标，在浙江一定要实现！

2018年1月23日，十九届中央全面深化改革领导小组第二次会议专题审议《浙江省“最多跑一次”改革调研报告》，中央改革办建议向全国复制推广浙江的经验做法。

紧抓庆祝改革开放40周年契机，浙江乘势深化“最多跑一次”改革，一系列创新举措如雨后春笋般涌现：从“一窗受理、集成服务”到“无差别全科受理”，从“标准地”“承诺制”到实现企业投资项目开工前审批“最多100天”……无论是城市还是乡村，都能感受到“最多跑一次”改革带来的深刻变化。

2018年10月，浙江单独设立了省委改革办，加挂“最多跑一次改革办公室”牌子，由两位省委常委分别担任主任和第一副主任，彰显了省委将“最多跑一次”改革进行到底、争当新时代全面深化改革排头兵的决心和意志。

浙江省委把2019年确定为改革落实攻坚年，列出年度9个领域182项必须完成的改革任务，将“最多跑一次”改革的作战图高高挂起，吹响改革落实攻坚的冲锋号角。

加强改革立法 保障行稳致远

随着改革的深入，一些体制机制障碍、堵点难点问题，迫切需要在立法层面做出回应、提供依据、清障开路，确保改革沿着法治的轨道审慎稳妥推进。

2018年11月30日，浙江省十三届人大常委会第七次会议全票审议通过《浙江省保障“最多跑一次”改革规定》，并于2019年1月1日起施行。这是全国“放管服”改革领域首部综合性地方法规，为“最多跑一次”改革提供了坚实的法治保障，让好经验“师出有名”。

浙江大刀阔斧开展法规清理工作，修改和废止一批过时的规定。浙江省政府修订《浙江省公共数据和电子政务管理办法》，明确电子材料的法律效力。杭州废止了《杭州市组织机构代码管理办法》，实行“多证合一”，不再单独发放组织机构代码证。仅2017年集中清理期间，浙江就清理地方性法规57件、政府规章79件、规范性文件5 747件，进一步扫除了阻碍“最多跑一次”改革的“制度藩篱”。

在制定实施《政务办事“最多跑一次”工作规范》等11个省级地方标准的基础上，今年浙江继续加快推进标准建设，牵头起草了国家标准《审批服务便民化工作指南》，力求通过标准化来固化各项改革成果。

拉高改革标杆 加快延伸扩面

顺应“最多跑一次”改革进入“点面融合、系统推进”新阶段，2018年11月，省委书记车俊对“最多跑一次”提出更高目标：让办事企业和群众“跑一次是底线、一次不用跑是常态、跑多次是例外”。

(1) 不断巩固改革成果。

梳理“一件事”，推进办事事项迭代升级。围绕群众和企业全生命周期，浙江梳理出41项“一件事”。目前，已有24项“一件事”开通了网上办理。

建好“一平台”，推进系统对接数据共享。截至6月底，浙江已归集公共数据164亿条，为各级政府部门提供数据共享调用服务3.9亿次，面向社会开放3 700万余条数据。

提升“一中心”，优化行政服务中心功能。各行政服务中心将过去各部门分设的“一窗受理”升级为“一窗通办”，把“最多跑一次”变为“就近跑一次”。目前，全省800多个邮政网点、2 300多个银行网点可以代办车驾管、医保社保、公积金等事项。

(2) 推动改革延伸扩面。

梳理向机关内部延伸。今年以来，浙江要求各机关单位梳理内部办事事项，整合再造办理流程，力争到年底，80%以上部门间办事事项“最多跑一次”，让机关办事变得省时、省力、更高效。

向公共服务领域拓展。持续开展“减证便民”行动，全省地方设定的证明事项从61项减少到1项。在医疗领域，不带钱不带医保卡，市民用手机登录“浙里办”App领取健康医保卡，点开这张卡，即可全流程扫码就医。推进高铁到地铁“免检换乘”、停车“先离场、后缴费”、路地警务融合等改革，不断提升人民群众出行的便利度、舒适度。

向司法行业深化。大力推进杭州互联网法院、浙江移动微法院建设，推动群众和企业打官司“最多跑一次”甚至“零上门”。

向中介服务覆盖。浙江深化行政审批中介服务市场化改革，制定投资项目审批中介事项清单目录，建成“网上中介超市”，吸引全球优秀中介机构落户浙江开展业务。

向国有企业扩面。省电力公司创新“互联网+供电服务”，实现16项简单业务“一次都不跑”、5项复杂业务“最多跑一次”。省能源集团年降低采购成本1.7亿元，平均寻源周期由30天下降到17天，到货及时率由40%提升到96%，累计向社会让利158亿元。

(3) 推动改革加速提质。

打造最优营商环境。各地深入开展“三服务”活动；大力推进“标准地+承诺制”改革；实施企业开办全流程“一件事”一日办结；实行“28证合一”和外贸企业、餐饮服务等20个领域“证照联办”；在全国首推水电气过户和二手房交易登记联动办理，杭州、宁波等地实现60分钟“当场领证”。

推进政府数字化转型。深入实施“8+13”重大项目，加快打造一体化数据平台，推进政府各项职能及运行的数字化转型。围绕打造“掌上办公之省”“掌上办事之省”，浙江大力推进“掌上办、一证办”，探索开展“刷脸办”“远程办”，优化和推广“浙里办”“浙政钉”。

聚焦重点领域　放大撬动裂变

“最多跑一次”改革是撬动全面深化改革系统工程的杠杆和支点。浙江全省上下把“最多跑一次”改革蕴含的先进理念、科学方法和优良作风，充分运用到各领域改革的全过程，统筹推进重要领域和关键环节改革取得重大突破。

(1) 持续深化经济体制改革。

梳理为产业“赋能”，实施数字经济“一号工程”，布局5G产业发展；主抓杭州、宁波-温州两个国家自主创新示范区建设；建立民营经济“1+11+N”政策体系。

为企业“松绑”，出台20条减负降本措施；深化“亩均论英雄”改革，全面启动规上服务业企业、开发区（园区）、特色小镇、小微企业园的亩均效益评价。

为农村“添美”，启动丽水市生态产品价值实现机制试点，进一步探索集体经营性建设用地入市、农民住房抵押贷款等农村改革。

开放之门“越开越大”。以“一带一路”枢纽行动计划为指引，义乌国际贸易综合改革试验区、浙江自贸试验区、跨境电商综合试验区、“16+1”经贸合作示范区建设“一路高歌”。

省域一体“越走越亲”。浙江以省域一体化助推长三角区域一体化，在面上，以“大湾区大花园大通道大都市区”建设统筹全省生产力布局和重大设施建设；在线上，支持杭州、湖州、嘉兴、绍兴、金华参与G60科创走廊建设。

(2) 持续深化社会体制改革。

梳理平安建设安民。完善风险防范化解体制机制，开展40个化解风险重点项目；实施政法机关“一体化办案系统”、扫黑除恶“一案三查”等创新举措；整合政法、信访、调解等力量，打造一站式服务、就地解决矛盾纠纷的县（市、区）级社会治理综合服务中心（信访超市）。

公共服务惠民。在教育领域，开展高考招生制度改革、民办教育制度改革、现代学徒制等国家试点。在医疗卫生领域，70个县（市、区）推开“医共体”改革，208家县级医院、1 063家卫生院组建成161家医共体。在体育领域，推进社会力量办体育改革，扎实推进体育竞赛体制改革。

(3) 持续深化生态文明体制改革。

打好污染防治攻坚战。浙江深入推进生态环境损害赔偿制度改革；深化“湾（滩）长制”试点，试运行浙江省湾（滩）长信息管理平台；完善垃圾分类制度体系。

创新自然资源集约节约利用机制。浙江实施全域土地综合整治，开展水权制度改革试点。

(4) 持续深化文化体制改革。

试点新时代文明实践中心工作。目前，全省有7个全国级试点和11个省级试点，覆盖全省所有设区市。

推进公共文化服务领域改革。浙江统筹推进基本公共文化服务标准化、公益性事业单位法人治理结构、基层综合性文化服务中心建设等国家改革试点，制定6个省级标准、9个市级标准，157家公共文化机构成立理事会。

健全文化产业培育发展机制。浙江启动文化产业发展“八大计划”，组建省文化产业投资集团和省级文化产业投资母基金，全省文化领域上市公司达39家，文化产业综合指数和生产力指数位居全国第四。

（资料来源：往实里走往深里走往心里走　浙江擦亮这块“金字招牌”.（2019-08-20）. https://zj.zjol.com.cn/red_boat.html? id=100147749.）

案例思考题

浙江“最多跑一次”改革体现了哪种公共组织文化的发展趋势？

本章小结

组织文化是指在一定的社会背景下，对于有限范围的组织，逐渐形成的物质上和精神上的、具有长期的独立固定的模式或者规律性的内容的总和。它具有意识性、系统性、导向性、凝聚性、可塑性和长期性。组织文化对增强组织凝聚力、引导组织成员发展、控制组织成员行为、提高组织效率和区分不同的组织都具有推动作用。沙因将组织文化划分为三个层次：人工成分、信念和价值观、潜在的基本假设。

公共组织文化是指公共组织在长时间的存在与发展期间所形成的、由公共组织中的成员所共同拥有的意识形态、价值体系和共同奉行的行为表现、制度规范等，以及形成公共组织的活动和社会实践过程中产生的所有物质与精神成果。同组织文化一样，公共组织文化存在三个层面：物质层面、制度层面、精神层面。

公共组织文化是组织文化的一部分，因此它既具有组织文化的意识性、系统性、导向性、凝聚性、可塑性、长期性，同时也有一些自身独有的特点：目的公共性、社会辐射性、持续稳定性、适应性与整合性等。从内容上来看，公共组织文化可以分为思想性的公共组织文化和规范性的公共组织文化，二者联系紧密。

公共组织是公共组织文化的载体。它能够形成结构和制度，存在管理模式与方法，井然有序地运转，都离不开公共组织文化；而公共组织文化是公共组织富有生命活力的基础，对组织的内外部都具有重要影响。对于内部来说，公共组织文化是提高管理成效的重要方法，是约束成员的有效手段；对外部来说，公共组织文化能够优化公共组织职能，也是社会积极稳定发展的基础。

公共组织中的公共组织文化和公共组织活动是相互作用、循环发展的，共同成为公共组织文化功能发挥的有力支撑。根据公共组织文化的作用范围和程度，公共组织文化的功能可划分为宏观功能和微观功能。宏观功能是指宏观层次上公共组织文化对公共组织活动过程的影响，这种影响既有积极的也有消极的，积极功能包括导向功能、凝聚功能、激励功能、规范功能、协调功能、控制功能和辐射功能，消极功能则体现为阻抑功能和障碍功能。公共组织的微观功能表现在具体的公共组织活动中，包括公共组织文化对公共组织的影响、公共组织文化对组织领导的影响和公共组织文化对组织行为的影响三方面。

公共组织文化的发展是内外部多种因素相互作用的结果。全球化的趋势、世界各国社会和经济的迅速发展以及多种复杂背景下公共组织面临的发展机遇和挑战都从外部促进了公共组织文化的发展。与此同时，这些外界因素也带来了一些负面影响，使得公共组织文化自身的缺陷暴露出来，成为促进公共组织文化发展的内部因素。

我国公共组织文化的发展可以划分为古代、从新中国成立到改革开放和改革开放以后三个阶段。改革开放以后，我国社会发生了变革，公共组织及其文化也随之发生改变，体现为组织文化以民主型取代权威型、以分权式取代集权式、逐渐建立法治思维、以理性化取代经验化、以开放性取代封闭性、以服务型取代管制型、以专业型取代一般型。

关键术语

文化　　组织文化　　公共组织文化　　公共组织文化内涵　　公共组织文化特点　　公共组织文化功能　　公共组织文化发展

复习思考题

1. 列举组织文化的种类。
2. 简述公共组织文化的内涵。
3. 简述公共组织文化的特点。
4. 简述公共组织文化的构成和功能。
5. 分析公共组织文化发展的原因。
6. 简述中国古代公共组织文化。
7. 分析改革开放以后中国公共组织文化发展的趋势。

《案例分析》

“绿色和平”组织的文化起源与发展

1971年9月，12名怀揣着共同梦想的人从加拿大温哥华起航，他们在半旧的渔船上挂了一条横幅，上面写着——“绿色和平”。这艘渔船将驶往阿姆奇特卡岛（Amchitka Island），他们的目的是阻止美国将要在那里进行的核试验。

尽管在中途遭到美国军方阻拦，但“绿色和平”的行动引起了舆论和公众的声援。次年，美国终于放弃阿姆奇特卡岛的核试验。以这一事件为标志，“绿色和平”在此后的几十年里逐渐成长为全球最有影响力的环保组织之一。

“绿色和平”组织能够持续发展壮大，与其从创始人开始就始终坚持“勇敢独立，坚信以行动促成改变”的组织文化是分不开的。美国从1965年起，就在位于阿拉斯加以西近岸的阿姆奇特卡岛进行地下核试验。由于阿姆奇特卡岛位于不稳定的中洋脊地域，而中洋脊是一条环绕地球的断层线，因此在这里进行地下核试验备受争议，周边区域反核试验的情绪空前高涨，尤以核试验场地附近的加拿大不列颠哥伦比亚省为最。1969年，美国计划引爆一枚约100万吨当量的炸弹。核试验的当天，有1万多名示威者阻塞着美加边境的主要通道。他们竖起写着“别再兴风作浪了。如果地壳断层发生变化，那都是你们惹的祸”的抗议标语。虽然这次试验并未引发地震及海啸，但却激起了人们反对核试验的情绪。1970年2月，一位年轻的加拿大社会工作者比尔·达尼尔（Bill Darnell）将“绿色”和“和平”两个词组合在一起，用来称呼前往阿姆奇特卡进行抗议的行动。由“绿色和平”命名的船只由反核试验的人士使用，目标是要驾船进入核试验地点，阻止核爆。经过多次讨论，参与相关活动的人们决定正式统一使用“绿色和平”这个名字，因为这个命名中，将“绿色”与“和平”这两个单词放在一起，结合了对地球的关注和远离核武器的期盼。

“绿色和平”的反核航行是成功的，由于民众强烈反对阿姆奇特卡岛核试验，尼克松总统在第二年不得不宣布取消计划。阿姆奇特卡岛最终回归宁静，成为一个鸟类栖息地。阿姆奇特卡岛抗议行动确立了“绿色和平”以后的行动模式。通过公众舆论的影响力，“绿色和平”成员们就会打赢他们的环保战役。在此后的几十年里，“绿色和平”逐渐发展成为全球最有影响力的环保组织之一。“绿色和平”继承了创始人的精神，“勇敢独立，坚信以行动促成改变”的组织文化被传承。同时，“绿色和平”通过研究、教育和游说工作，推动政府、企业和公众共同寻求环境问题的解决方案。经过数十年的发展，“绿色和平”在最初文化的基础上形成了组织文化体系：

（1）“绿色和平”相信积极行动会带来改变。

（2）“绿色和平”以和平、非暴力的方式，见证环境破坏。

（3）“绿色和平”推动公开的、有充分信息支持的环境议题讨论，以便让全社会对解决方案达成共识。

（4）“绿色和平”将环境问题呈现给公众，以非暴力直接行动的方式提升全社会对问题的认识和理解。

(5)“绿色和平”的工作是为了揭露环境危机及解决问题，“绿色和平”没有永远的盟友或敌人。

(6) 为了保持公正性和独立性，“绿色和平”不接受任何政府、企业或政治团体的资助，只接受市民和独立基金的直接捐款。

(7) 在推动项目时，“绿色和平”会充分尊重民主，并寻求对全球不同地区、阶层都公平的解决方案。

(8) 保护地球的使命无法单靠“绿色和平”来完成，唯有结合公众的力量，才能够让地球变得更绿色、更和平。

(资料来源：https://www.greenpeace.org.cn/)

案例思考题

1. 分析公共组织文化对公共组织发展的作用。
2. 根据案例，浅谈“绿色和平”组织文化的发展。

本章参考书目

［1］张建东，陆江兵．公共组织学．北京：高等教育出版社，2003.

［2］沙因．组织文化与领导力：第 4 版．张凯，罗文豪，朱超威，等译，北京：中国人民大学出版社，2014.

［3］麻宝斌．公共组织理论与管理．北京：科学出版社，2015.

第8章

公共组织的变革

多伊奇说：当今世界唯一最巨大的力量是变革的力量。无论从内部还是外部来说，组织面对的环境都是复杂多变的，为了更好地适应内外部环境变化，公共组织需要及时调整自身的组织结构、管理方式、组织文化以及发展战略等，从而提升组织绩效和管理水平，有效规避组织风险和危机。正所谓，在这个时代唯一不变的，恰恰是变化本身。

重点问题

- 变革与公共组织变革
- 公共组织变革的内容、方式与程序
- 公共组织变革的实践

引导案例

1991—1992年，美国北卡罗来纳州拒绝给夏洛特镇提供任何贷款（共计约940万美元），此次预算危机导致公务员招聘和部分公共服务不得不停止，并成为夏洛特镇政府转型的一个重要因素。引发这场预算危机的原因是夏洛特镇政府抵制新公共管理运动倡导的缩小组织规模的建议。夏洛特镇政府由于部门层级很多，在层层上报的过程中文件堆积如山，问题越积越多，组织变得未老先衰，效率低下，丧失灵活性。为化解这场危机以及改变政府现状，夏洛特镇政府开始了组织改革。首先，镇政府缩小规模，更加侧重以民众为中心。其次，将权力下放，成立九个业务单位，如航空业、陆地运输业、工程及物业管理业等，更加明确了政府的职能。最后，夏洛特镇政府还采用了平衡计分卡的方式来加强政府的战略管理，使组织的所有员工得到整合，同时也使得组织结构更加灵活。

8.1 变革与公共组织变革

8.1.1 变革与公共组织变革的内涵

所谓变革，它不同于变化、改革等词，而是旨在强调事物本质的变化，通常用于指代社会制度方面的改变。“变革”一词最早出现在《礼记·大传》中：“立权度量，考文章，改正朔，易服色，殊徽号，异器械，别衣服，此其所得与民变革者也。”由此可见，变革的形成与发展可追溯至古代，宋代的文人曾巩在《自福州召判太常寺上殿札子》中也曾提道：“变革因循，号令必信，使海内观听，莫不震动。”人们正在逐渐意识到变革可以为事物带来良性发展，是一项不断优化自身的过程。而变革在日后的发展中也引起了越来越多人的重视，并展现出其不可替代的作用。准确来讲，变革是与稳定相对，为了谋求长远发展的一种方式手段。

迈克尔·哈默（Michael Hammer）和詹姆斯·A. 钱皮（James A. Champ）在《再造企业》一书中提道：决定组织市场竞争力的三种主要力量包括顾客（customer）、竞争（competition）、变革（change）。由此可见，变革正在逐渐成为组织生存中的一种常态，并伴随着持续的发展，成为组织中极具重要性的一环。同样，公共组织并非一成不变，它也渴望拥有新鲜的血液，所以当公共组织与变革相互结合，两者之间便产生了一系列复杂的化学反应，尤其是在当今社会经济发展的冲击下，公共组织变革更是成为顺应时代的必然要求。概括来说，公共组织变革是公共组织以内部和外部的变化和自身拥有的资源作为依据，运用科学的管理方法，及时地对组织的管理模式、人员分配、技术应用、核心战略、发展方向、文化内涵等方面进行有目的性、有组织性的调整，为组织注入长久的活力，其目的是提高组织绩效，使组织向着更良性的方向发展，适应当今社会的持续高速发展及面对时代的新挑战，是公共组织管理中不可或缺的一部分。在实践中，公共组织变革可以依托于各种形式。我们还要认识到变革与稳定并不是相对立的，两者都是为了让组织更好地发展，两者相互融合，使组织在动态中谋求稳定，才能构成一个富有活力的组织。若要进行组织变革，最为关键的则是该知晓以何种目的、在什么时机、用何种方式去开始变革，换言之，在未认清当今局势、没有明确方向思路等情况下，无法实现有效变革，而这一延迟可能会为组织带来不可挽回的不利后果，甚至使之无法在社会的激烈竞争中生存下去。

8.1.2 公共组织变革的重要意义

公共组织的变革，是打破组织以往的稳定状态，创立出一个更适合新环境背景下的平稳状态，可以说，它是一个动态平衡的过程，变动性和稳定性同时体现在公共组织的变革之中。变革的重点并非是无目的性、无规划性地打破常规，而在于最终打造出这种有机、有活力的平衡局面，一次成功的公共组织变革拥有多重重大意义。

其一，变革有益于公共组织更好地适应变化后的内外部环境，从内到外地优化自身。内外部环境不是一成不变的，与之相对，作为公共组织不能总是循规蹈矩。具体来说，公共组织受到政治、经济、文化等方面的影响，应持续地变化更新，不断自我完善，同时也要发挥自身职能，维持着组织的相对稳定。当公共组织受到环境变化的冲击时，管理者有组织、有目的性地做出变革计划，能够以具有前瞻性的敏锐目光，根据内外环境及时进行准确调整，避免内外变化与组织自身矛盾冲突的发生。立足当今，组织的这种变革意识能够更好地优化公共组织内存在不足的元素与环节，并赋予新的创意与想法，还可通过制定战略有效降低管理成本，实现高效工作，朝着正确的时代方向前进，这种变革反过来也会让当代的潮流推动公共组织向前迈进，在不断完善中提升自身实力与国际竞争力，并被赋予长久的活力与生命力，是一种顺应时代的发展趋势的正确选择。

其二，变革有益于公共组织提升工作效率。一个公共组织要立足于这个复杂多变的环境中，必须根据自身需求平衡好各项工作业务，以此来达到组织的相对稳定状态。而工作绩效一时的提高并不意味着可以一劳永逸。在瞬息万变的今天，停滞不前就可能意味着落后于人，工作效率作为公共组织中的关键命脉，也时刻成为管理者关注的重中之重。采用变革这一手段可以同时从深度和广度上着手，对组织自身的工作模式与管理机制做出调整，从细节处入手提高整体工作的实行效率与完成质量，可以让公共组织始终以饱满状态完成既定工作。

其三，变革可以消除公共组织内部存在的缺陷。这些缺陷可能来自时代留下的烙印，也可能来源于长期不良发展而积累下的隐患，对于这种固化在组织深处的弊端，通过微小的整改只能做到“表面功夫”，而不能对问题进行彻底清除，随着时间的推移积累，这一漏洞就像一颗定时炸弹，随时可能带来新的威胁，影响组织的正常发展。对于这一问题，单部门单方面进行局部调整可能收效甚微，而公共组织通过变革的方式可以更有深度地对组织整体进行焕新，包括对制度和组织结构进行检查修整，对人员思想态度进行考察再教育，由浅及深，可以说变革是从根基上发掘组织自身存在的弊端，并通过重塑公共组织结构，完善公共组织体制，有效消除“顽症”，抑制了其危害的产生与蔓延。

其四，变革会激励公共组织中的人员完善自我，开发潜能。公共组织与其人员密不可分，相互影响。公共组织内部优秀的文化内涵，良好的工作环境、工作作风都会潜移默化地影响着员工的一言一行，对其道德品行、工作能力、工作积极性等都有着正向的作用，同时使员工之间相互学习影响，最后反作用于组织，让员工以更高的热情投身工作，创造更高的自身价值，如此形成良性循环。为此，一方面，变革可以完善员工绩效评定标准，建立更加公平的机制，激励更多人不断奋进，勇于提出创新的想法；另一方面，变革中对人员分配体制的调整，有利于改善公共组织内部的人际关系，从而营造一种和谐上进的工作氛围，使员工获得一种特有的归属感和工作认同感，这种逐渐扩大的正向情感可能会赋予组织文化新的内涵，使内部员工愿意同组织一起成长，一起进步，一起为了实现公共利益最大化的共同目标而奋斗，从而实现双赢。

因此，变革对于各大领域、各大规模的公共组织都有着不可替代的重要作用，需要引起组织管理者足够的重视。

案例

公共医疗组织中的变革

2005年7月，卫生部部长高强在《发展医疗卫生事业，为构建社会主义和谐社会做贡献》的专题报告中提道："我国有13亿人口，占世界总人口的22%，而卫生总费用仅占世界卫生总费用的2%。卫生资源不足，特别是优质卫生资源严重不足，是长期存在的突出问题。"这一系列亟待解决的问题使得公共医疗组织变革刻不容缓。

解决群众"看病难""看病贵"的问题，最根本的办法是加快发展壮大医疗卫生资源，致力于扩大医疗服务的供给量。首先，政府要加大财政投入；其次，要将目光锁定在对公共医疗组织变革整体方向的把握和政策的制定与完善上。为此，2007年的政府财政报告提出，2007年中央财政安排医疗卫生支出312.76亿元，比2006年增加145.36亿元，增长86.8%。而在2007年的全国人大会议上，委员高润霖指出："对卫生事业投入不足，社会保障系统不健全，居民个人医疗保健支出所占比例过大，是'看病贵'的主要原因。"

新"医改"的政策强化了政府自身责任感，并没有对市场化改革进行完全否定，更没有使市场化发生倒退。在"医改"中，政府在宏观层面上保障了医疗资源的丰富化，运用更为科学化的管理手段，为公众建立公平优先、兼顾效率、可持续发展的公共医疗体系；在微观层面，对于公立医院来说，政府财政投入的增加，保证了其存在和发展所需要的资金来源，使公立医院这种公共组织回归到其应有的特性——为公共利益服务，进而保障公众平等地享受公共医疗服务的权利。

案例思考题

案例中的公共组织变革具有怎样的意义？

8.1.3 公共组织变革的成因及特点

在革新日益普遍的今天，是什么力量推动着公共组织不断进行变革而不是安于现状呢？

1. 来自外部环境的影响

当今社会的急速发展使市场空间与市场形态经历了一系列转型，各类公共组织都深深受到经济全球化等一系列连锁反应的洗礼，经济全球化使整个世界的更新速度一直呈上升态势，这种变化具有很强的不可逆转与不可控性，使公共组织受到了前所未有的压力。公共组织的"对手"已经遍及整个世界，这些国外竞争者在组织的管理成本和产品的技术含量上都有很强的竞争实力，为其他公共组织带来了不小的危机感。但这种日益突出的激烈竞争伴以全球通信技术的发展使各组织之间的联系日益加强，刺激组织之间强强联手形成跨国组织，同时信息的广泛交流也为组织借鉴其他优秀组织的经验与长处提供了必要途径，带动着组织内各类信息、商品、服务等的流动形式发生转变，形成各类公共组织高速发展的整体趋势。为了在大环境下立足，更多的组织管理者也意识到变革正是不二之选，为了提高自身的竞争优势，组织内部必须有所转变，寻求更好的发展，才能在日益更新的世界中站稳脚跟。同样，传统的组织管理模式等已不能适应现在复杂的环境与体制，管理效率也随之下降，于是，众多组织选择了通过变革来建立新的管理体系与理论，在积极实践新型管理模式中不断调整改进，优化各项环节，从而大大提升了管理效率。组织如果不能针对外界种种变化因素及时进行变革，则将随时面临被淘汰的结果。

经济的迅猛发展也带动科学技术迅速进步，对现今社会的各方面带来种种影响。邓小平同志曾指出："科学技术是第一生产力。"可见科学技术带来的驱动力不容小觑，科技与经济二者互相带动互相促进，科学技术的创新与进步也会逐步拓宽生产范围，反之，也使得劳动者生产的效率与生产水平的提升更加依赖于科学技术的发展。当今，尤其是随着信息化时代的到来，人们获取信息和互相通信的方式发生了翻天覆地的变化，各种新兴技术无一不对公共组织产生重大影响，某些事务原先只能通过公共组织这一媒介来完成，而如今许多企业甚至个人也能触手可及。这也导致了公共组织的工作事务发生转变：一方面，科技发展会弱化某些公共事务；另一方面，组织内也会相对出现一些新兴的亟待管理的事务。这种趋势使公共组织的职能日益发生改变，从而要求公共组织进行相应的调整。与此同时，各类信息技术的日益成熟也为组织提供了更多更高效的选择。例如，某经过优化的大数据分析软件系统的引进，要求公共组织人员摒弃惯用的某些管理或技术工具，而去适应一些新兴的技术产品，但它同时也会为组织提供更多技术支持，使组织的工作质量、工作效率得到有效提升。在这一背景下，组织管理者引进大批先进技术，使组织产品的技术水平持续提高，创新速度加快，原有的产品服务随时面临淘汰的危险。

社会的发展必将率先带来社会体制上的变革，新出台各种应对新兴事物的方针政策、法律与制度，且这些决策通常具有强制性，不得擅自违背，公共组织要谋求生存与发展，就必须与所处地区的这种新体制相适应、相磨合，即通过对组织内部及时整改来防止矛盾冲突的发生，借助政策的有力推动来发展自身。

社会中生活方式的改变，生活质量的提高，资源可得性和丰富性的变化，使人们的观念也处于不断更新之中，这些观念体现着人们对更高境界的追求与向往，自然对各类事物的评判标准和要求更加严苛，而层出不穷的替代品和创新型产品，更是督促着公共组织及时进行变革，设计更加贴近符合当今大众需求和思想的产品、服务，占领更大的市场地位。当今，政治民主化的趋势势不可当，在一定程度上加深了政府与公众的联系，对社会整体的文化风气与民众心理产生了影响，使民众表现出了对公共组织更多方面的诉求。例如，民众期望能够亲身参与公共服务这一过程，使整体环节透明化，让民众有理由去相信这一公共组织的服务质量。此外，民众开始抵制组织独裁垄断市场的局面，力求获取更多种选择，满足多样化的需求，这激励着组织做出创新性转变，向着多元化发展。这些现象的发生时刻提醒着组织管理者不能再安常守故，而是要革故鼎新。

除了以上来自外部环境的影响，还有一系列因素同样也会对公共组织变革起到促进作用（见表8-1），这里不再赘述。

表8-1 促进公共组织变革的其他因素

因素	例子
世界政治形势	各种国际规章、规则
	各国政局形势的变化
	恐怖主义者、黑恶势力等
经济发展的冲击	经济危机
	通胀压力
	股票市场、石油价格的变化
竞争形势	全球化竞争
	公司兼并
	互联网的发展
	替代品的出现
技术的发展	计算机价格下降、性能提高
	5G时代的到来
	组织重组设计
社会发展趋势	网络视频、聊天、微博、微信
	电子商务的发展
	物流快速发展
	年轻人的价值观和审美观变化
	家庭小型化、社会老龄化
	文化背景更加多元化
劳动力特征	专业技能人员增加
	劳动保护意识提高
	开始关注职业规划发展

2. 公共组织内部环境的影响

公共组织内所出现的一系列情况均可能使公共组织变革成为必然。

(1) 因循守旧。公共组织内长期固守成规，对创新工作没有给予足够的重视，致使组织内部出现严重的弊端。例如公共组织中的官僚主义问题，惰政、拙政等问题，使组织成员工作积极性日益下降，整体工作效率低下，组织也走向衰落。此外，严重的层级分化也助长了贪污腐败的风气，这种现象也招致了外部公众的批评，不利于公共组织形成良好的口碑。况且，一个组织长时间缺乏变化，容易导致内部人员产生固化思维，并且很难再去做出创新性工作，如此陷入恶性循环。这种情况促使管理者对现状进行反思探究，利用变革进行深入整改，因此组织内部存在的众多的不利因素也促使着变革的发生。

(2) 交流障碍。这一现象将导致不同组织成员间获取的消息不同，在事务实施中造成失误与损失，致使纠纷频发，不利于人际关系的处理，更不利于工作的进行。这促使组织内人员通过变革来寻求更好的沟通方式、沟通媒介与反馈机制，以此提高沟通的效率与准确性，提高工作环境的友好度，满足其极大的诉求。

(3) 结构重组。市场的发展使公共组织内某些职能发生转变或是某些部门发生合并、分裂或重组，业务内容及复杂度的变化，使原先的管理机制不能起到有效的作用，工作处理的效率和决策的合理性大大降低，不利于各类重要事件的决策实施，因此，组织内亟须建立一套新环境下适合各部门的体制，并与内部变化相匹配、相协调，从体制上更好地支撑各项工作的有序进行，避免造成重大损失。

（4）观念更新。公共组织所存在的社会文化观念在发生变化时，公共组织内部成员的思想观念也在随之变化。根据马斯洛的需要层次理论，不同层级的人员将对自己的工作内容、方向目标、潜在机会有新的评判标准与期望，力求达到自我实现。从组织的角度出发，管理者需要不断对内部环境进行变革，使之适应员工的需求，由于公共组织的使命与内部员工利益并不直接联系，因此组织能否优质高效地完成工作，更多地取决于其激励机制所带来的重大作用，如组织大力表彰工作优秀或工作创新型人才，为员工提供更多发挥才能的空间与机会，或制订更公平的衡量绩效的标准，最大限度地提高其工作热情。若组织长期不能为员工提供理想的工作与环境，则会降低员工的工作参与意识，产生内部的矛盾，或使个人产生怀才不遇的想法，而对组织产生积怨。并且，随着外部环境的变化，公共组织的目标也在悄然发生转变，因此组织也应时刻更新明确奋进的目标，更好地鼓舞员工进步；从员工个人角度出发，新观念的不断注入会成为一种源源不断的动力，在此驱使下，员工带动公司不断进行创新变革。

（5）目标变化。公共组织的目标并非从一而终，某些目标可能已经顺利实现，组织管理者要寻求一个更加长远、高层次的目标；而某些目标可能由于各种现实因素的阻碍无法实现，一味地故步自封将无济于事，管理者也应适当转变目标。在组织的目标发生转变后，组织管理者利用变革将原有的结构、工作内容、管理模式进行应变调整，以便与新目标的发展相适应。

由此可见，在世事日益更新的今天，“以不变应万变”的思想已然没有意义了，一味盲目地墨守成规只会让组织走向衰败。抓住机遇，实行变革才是实现进步的绝佳路径，而从内到外环境产生的变化也成为公共组织变革的一个有力推手。

3. 公共组织变革的四大突出特点

（1）公共组织变革是有意识的变革。换言之，组织变革具有它的意义与目的：一方面体现在实施变革前，组织管理者应该明确此次变革的目的与意义所在，不能单纯为了与先前不同而盲目进行整改。美国利特尔咨询公司早期总结出了一个公式：$C=(ABD)>X$，其中 C 为变革，A 为对现状的不满程度，B 为对变革效果的预期判断，D 为变革实施的具体方式，X 为变革所需付出的代价。此式说明当 ABD 乘积大于 X 时变革便具有了意义，组织应及时发现这种征兆。另一方面体现在变革进行中，其目的大体可以概括为四点。其一，变革使公共组织提高了对外部环境的适应性，体现出组织敏捷的应变能力；其二，变革增强公共组织的自身实力，使之提高国际竞争力，稳固市场地位；其三，变革为组织日后发展提供更优的战略指向与制度支持；其四，变革促使组织中人员完善自身能力，发挥自身优势，提升组织绩效。

（2）公共组织变革是一个持续循环与发展的过程。变革追求的是动态平衡的过程，针对问题进行及时整改正是变革的突出意义，公共组织发展不能“三天打鱼两天晒网”，而要作为一项持续性的工作进行；变革也不应该成为组织在生死存亡之际苦苦寻求的最后一根稻草，而应该成为公共组织运行中的一种常态。

（3）公共组织变革是一个有计划的变革过程。此种过程并非一蹴而就，而是一个复杂多变的长期过程，因此需要精心规划一套完整的过程与实施方案，并且预先考虑到过程中可能出现的差错与损失，提升整体的容错性，使变革在可控范围内稳步进行。

（4）公共组织变革是一个克服阻力的过程。“力的作用是相互的”，在众多因素化为动力推动组织变革的同时，这一过程也会持续受到来自外部与内部的阻力。这些阻力大体来自四个方面：

1）利益阻力。帕累托最优一直是众多管理者所追求的理想境界，为了达到这一目的，管理者致力于不断地做出帕累托改进，但反映到公共组织中，变革这一过程无法使每个人的利益都得到满足。究其原因，利益的损害主要来自两方面：一是由于组织分配机制的不完善而导致对某项事务的不公平决策，使得某些相关人员的经济利益受损；二是新建立的各类制度的制约与政治权力的重新划分，可能会使某些人员丧失原有的政治权力并受到更多自身行为上的制约。在这种情况下，利益受到损害的一方势必会产生消极的态度，并采取一系列反抗抵制的措施，使得变革受到阻碍。于此，利益阻力所带来的影响也是持续性最长和最具有破坏性的。

知识库

帕累托最优

帕累托最优（Pareto optimality），也称帕累托效率（Pareto efficiency），是指资源分配的一种理想状态，假定固有的一群人和可分配的资源，在从一种分配状态到另一种状态的变化中，在没有使任何人境况变坏的前提下，使得至少一个人变得更好。帕累托最优状态就是不可能再有更多的帕累托改进（Pareto improvement）的余地；换言之，帕累托改进是达到帕累托最优的路径和方法。帕累托最优是公平与效率的“理想王国”。

2）习惯性阻力。《孟子》中曾记录：“生于忧患，死于安乐。”当组织内长时间处于一种固定的工作模式下，这种习惯性所带来的阻力便会显露。由于员工们已经适应了旧时的方式，在组织管理者毫无察觉的情况下，这已然成为他们的“舒适区域”，各不同群体之中形成了一种约束力，并由此在个人心中生成了一种行为与思维惯性，这种习惯难以被改变，是一种害怕变动追求稳定的负面心理，也可以称之为惰性。根据这一印象，员工内心会形成潜在的职业认同感，若变革提出的行为方式与先前的工作模式严重不符，员工会本能地抗拒这一改变的发生，例如某一组织为提高事务处理效率而引进了一套新型办公系统，这意味着员工要摒弃以往的习惯，踏入陌生的领域，从零开始学习使用，这一突如其来的变化会被员工视为一种威胁，使员工丧失安全感并产生严重的危机感与消极情绪，极大阻碍变革的正常进行。从人际关系角度来看，变革所带来的人员结构变动会使各部门之间的个人群体关系发生重大重组，这意味着许多人将被迫离开原先熟悉的“小群体”，需要利用更长时间去适应新环境。如何实现变革这一过程中的良好过渡，正是消除习惯性阻力的核心问题。

3）认识偏差。由于在组织变革前各层级之间沟通不足，很可能导致认知上的偏差，具体表现为成员对于变革的途径、起因、最终成果的不确定性，这种模糊的认知概念很容易引起个人的主观臆测，使之与实际情况背离，可能导致成员对变革产生偏见从而持反对态度，延缓变革的正常进行。但这一阻力在一定程度上是可以消除的，这需要管理者们事先对变革事宜进行广泛公告，并对其内容、目的进行详细说明，以此来使各部门充分了解此次变革的意义，更有利于组织内部的团结奋进。

4）成本阻力。组织进行变革定会付出相应的成本，但如果管理者不能很好地平衡变革规模与组织自身经济条件，可能会带来经济赤字，使变革难以持续进行，这需要管理者充分明确变革所需花费的人力、物力和时间，并且多方面考虑在变革过程中可能出现的突发状况、意外损失等，提前制订出相应的应对措施与解决方案，防止变革失败所导致的不利后果。

案例

财产公开采用新人新办法、老人老办法机制

中国社会科学院法学研究所研究员常纪文撰文称，基于我国国情，在短期内快速实现全面财产公开颇具困难，若强行实施，很可能出现数据弄虚作假且难以被发现的情况。一方面，对于新人可以实行新办法，对于新提拔上来的干部和刚刚进入体制内的新人逐年实现公开财产，接受社会监督；另一方面，对于未能得到提拔的干部，则通过现行的办法和制度进行反腐打击。

如此，就可以保障新人、新干部的廉洁性，逐年逐步提高体制内廉洁力量所占的比例，遏制和缩小既有腐败力量的比例。对于那些害怕暴露不想被提拔的腐败分子，或者由于能力和资历不足不能被提拔的人，可以遏制他们得到更高的岗位，减少进一步腐败的机会。

这种因人制宜的制度若长期实行下去，可以使廉洁的新人不断充实干部队伍和各级领导岗位，形成廉洁的气候，同时对腐败力量造成极大打压和监督，逐步把未暴露的腐败分子淘汰出权力队伍。

（资料来源：专家：反腐要采用新人新办法、老人老办法机制. 法制晚报，2014-03-24.）

案例思考题

1. “新人新办法、老人老办法”的财产公开机制体现了公共组织变革的哪些特点？
2. 公共组织变革过程中相关的制度应该如何配套保障？

8.2 公共组织变革的内容、方式与程序

8.2.1 公共组织变革的内容

由于受到来自现代社会的挑战，传统公共组织的不足之处逐渐暴露出来，迫切需要变革来应对社会的发展。

在这个时代，技术经济、信息革命都在社会发展的进程中不断改进和完善，组织需

要面对的不再是封闭的、一成不变的社会环境，而是一个日新月异、变幻莫测的动态环境。为了适应环境的变化，组织必须经历一场组织变革，才能得到持续且稳定的生存和发展。组织整体能力和素质的加强，以及组织内部全体成员尽心尽力的配合和不断学习，有助于组织适应能力的提升。

公共组织变革与公共组织系统的各个方面都息息相关，总体来看，这种变革发生在两个相互关联的方面：一是公共组织体制的变革，囊括了公共组织职能、公共组织结构等内容；二是公共组织管理技术的变革等。以下我们主要介绍公共组织职能、公共组织结构、公共组织管理方式和管理技术的变革。

1. 公共组织职能的变革

公共组织职能是指公共组织在一定的社会发展时期，需要担负的公共职责以及在社会公共领域所起到作用的总和。总体来看，公共组织的职能是管理监督国家事务以及社会公共事务，然而，某些特定的公共组织的职能在不同的历史时期和不同的历史环境中会有不同的体现。公共组织的职能是公共组织的机构设置、职位编制、管理方向、管理内容、管理范围、管理方式等的决定性因素。因此，讨论与研究公共组织的变革问题，应从探索与讨论公共组织职能的变革入手。公共组织职能的变革涉及以下三个方面的内容：

（1）公共组织职能重心的变革。最早的公共组织由于没有复杂的职能结构，政府的职能相对单一，重点承担了军事保卫、军事镇压、政治统治等政治性职能。随着生产社会化的程度不断发展和提高，政府组织的职能也超出政治职能涵盖的范围，贯穿与拓展到社会生活的方方面面。无论从种类的多样性，还是从范围的广泛性来看，都超乎人们预先的设想，而这些职能和政治职能有根本上的差异，更强调公共组织的公共性、服务性、管理性等特点。随着职能的增多，政府开始疲于履行这些越来越繁多复杂的公共管理职能，这便迫使各种非政府的公共管理组织飞速建立并发展起来，它们为政府组织分担了很大一部分公共管理职能。于是，在公共组织职能中，占比更大的是管理社会公共事务的职能，而不是传统的政治职能。由此可见，公共组织在早期是以承担国家政治事务为职能重心的，随着社会、经济的发展，为了适应新增的需求，并且增强公共组织的合法性，公共组织担负起经济、社会、科教文化等社会公共事务的管理监督职能，公共组织职能的重心也由政治事务转移到社会公共事务上来。

（2）公共组织职能方式的变革。公共组织的职能方式由以行政手段为主的形式逐渐过渡到以法治方式、经济手段、法律手段、教育手段为主的形式，实现公共组织职能方式上的变革。在传统的政府组织当中，领导与高层主要凭借个人的主观意愿、情感偏好等自由地施政，做法过于随意，缺乏一系列法律对政府管理的范围、权限、方式、行为等做出规定与制约，即便存在某些法律规定，这些法律也并不能对政府组织发挥真正的约束作用。政府组织在行使职能时主要通过行政权力来强制实施。在经济市场化、法治化的需求与推动下，平等意识、法治意识、民主意识、权利意识在生活中的普遍性逐渐增高，变得更加常见，这便要求当代公共组织在行使职能时减少主观随意性，一切公务行为必须以法律为依据，在法律的范围内行事，在约束下行使职权、承担职责，与此同时，还应做到尽量少地使用行政手段，并增加法律手段、经济手段、教育手段的使用，以达到合理、合法管理社会公共事务的效果。

(3) 公共组织职能关系的变革。在相信市场万能的市场经济阶段，政府组织的职能基本上是“守夜人”的职能，即维护社会平衡、抵御外敌侵略、维持社会治安和公平竞争秩序等，这种职能结构比较简单。在计划经济体制中，政府对社会生活的各个方面进行干预和调整，这时便出现了“万能政府”，也就是说，政府变成了职能范围广泛、力度深厚的政府。随着知识经济、信息时代的到来，在生产、生活的现代化和社会化发展的进程中，社会的自我管理、自我约束、自我组织能力获得明显的提升，以追求公益事业为己任的非政府公共组织飞速发展建设起来，政府组织得以把大部分的职能转移出来交由非政府公共组织承担。政府组织只需在自己职能范围之内履行“有限职能”，于是，政府组织和非政府组织之间便形成了在公共组织管理活动中特别的职能关系：由政府负责组织掌舵，非政府组织负责划桨。换句话说，政府只需要做市场机制以及社会组织难以做到或者不愿涉及的事情，非政府的公共组织做专业性较强、政府执行效率相对较低的工作，使分工在政府公共组织以及非政府组织中间明确建立并落实下来。

2. 公共组织结构的变革

公共组织结构是指公共组织内各种要素排列组合的方式，其中包括组织的纵向层级结构和横向部门结构，还有存在于整个公共组织内的纵横结构。公共组织结构的合理性直接决定了公共组织系统正常运作的效率，所以，通过对环境变化的观察与研究，对公共组织结构进行相应的调整是必需的。公共组织结构变革的核心在于对公共组织结构进行调整，实现公共组织系统内部构成的变化，进而提升公共组织的适应性和效能。公共组织结构变革所包括的内容主要为：第一，合理调整控制幅度，具体方式为减少横向职能部门的数量，或者增加横向职能部门的数量；第二，合理调整组织结构形式，这就意味着需要确定公共组织中职权和职责的范围，以及确定直线部门与职能部门的关系等；第三，合理调整权力结构，这里强调对中央与地方的权力进行合理配置。

从社会发展的目前状况和基本趋势来看，国内的公共组织结构的变革一般来讲呈现出以下基本趋势：

(1) 从原来的重视决策、执行部门，轻视监督、咨询、信息等部门，转化为使以上两类部门具有相当的重要性。这种转变的依据为，当代社会是一个知识爆炸的社会，社会分工愈发细致具体，仅仅凭借公共组织中决策层、执行层的知识、智慧和能力是难以满足社会发展需求的，公共组织的决策要理性、执行要高效，毫无疑问需要从旧的组织结构中分化出专门负责信息加工处理、制订决策方案的组织机构，换句话说，公共组织中需要出现提供决策信息支持以及智慧支持的部门。除此之外，在社会上公民民主意识和权利意识快速增强的情况下，人们对公共组织管理公共事务过程的公平性、公正性、透明度等提出更高的要求，也就是说必须分化出一个专门从事检查和监督工作的部门。在现代公共组织中，决策、执行、监督、咨询、信息这五类部门都不可或缺，它们之间相互联系、相互配合、相互协调，从而使公共组织成为一个有效的闭环管理网络，使其对公共事务的管理作用发挥到极致。

(2) 在公共组织中，行政组织在规模和数量方面都呈现下降的趋势，与此同时，非政府的公共组织的队伍却在不断发展壮大。在市场经济中，政府应当大幅度大规模地减少对市场以及市场主体的干涉，不仅应将其管理方式逐渐过渡到宏观调控、间接管理上来，还应将其管理手段从之前的以行政手段为主转移到以经济手段、法律手段为主上来，这便使得政府以往所承担的职能很大一部分被削减和归并，其中的一部分交由市场机制进行分配和管理，剩下的一部分不适合由政府承担的职能则需交由非政府的公共组织承担。由此可见，政府职能范围的缩小导致了政府组织的规模变小和数量减少，使政府成为真正意义上的有调控能力的“小政府”，而在社会生活中有很多公共事务并不适宜由政府承担，则必须由非政府的公共组织承担下来，因此，非政府的公共组织显著增加，并在社会生活当中发挥着特别的作用。

（3）公共组织在纵向结构的变革过程中一般呈现出从高层集权向下逐级分权、由高耸结构向扁平结构转变的趋势。一方面，因为社会化大生产的普遍化所带来的社会分工日益趋向复杂化和精密化，通过把权力集中在高层的管理与组织方法越来越不能满足因地制宜、因时制宜处理问题的需要，因而将权力适时地、适度地逐级下放是必需的。另一方面，随着公共组织中成员的整体素质逐步提高，人们开始不满足于传统的科层制组织结构，甚至对这种结构的呆板、等级森严、压制主动精神和创新精神、缺乏人情味等产生越来越大的反感，再加之现代信息技术的先进和沟通水平的明显提高，使改革高耸组织结构成为一种必然的趋势。因此，随着社会、经济、科技的发展和变革，过去的金字塔式公共组织将不再适用于当今社会，扁平结构将取而代之。

3. 公共组织管理方式和管理技术的变革

这里所说的公共组织管理方式和管理技术的变革是指公共组织运用现代信息技术来建立全面的公共信息系统即平台，辅助并配合公共组织职能及机构的变革，一步步达到公共组织结构的扁平化、网络化，建立决策科学、信息透明、办事高效、运转协调、行为规范的公共管理体系的过程。

随着知识经济时代的到来，公共组织在管理手段的各个方面都面临着机遇，这种机遇促进了公共组织管理手段的现代化变革。管理的方式、技术和工具是公共组织绩效获得提升的物质技术保障。公共管理活动是一项复杂的、具有很强的综合性的社会活动，涉及范围极广，作用因素也较多，必须要凭借一定的技术手段来实现。如今的现代科技，尤其是电子信息技术的飞速发展，使公共组织管理手段的现代化进一步成为可能。以电子计算机技术和信息网络技术作为基础所建立的偌大的信息系统高度集中，整合了信息收集、信息传输、信息分析处理、信息存储等环节，大大提升了公共管理决策、公共政策执行、公共权力的运行质量。当今社会，将管理的科学方法引入公共管理活动中，现代管理信息系统的出现和办公自动化的实行等，正在潜移默化地改变着公共组织结构、运行程序和传统管理方式。

在公共组织运行的程序方面，基于大量信息技术以及办公自动化技术在公共组织中的运用，原来需要由一定的机构、一定的人员来完成的管理工作、信息工作（包括信息收集、信息传递、信息存储等）现在完全可以通过计算机、办公自动化设备及互联网来实现，这使得一些机构和内部人员可以被精简掉。与此同时，一些办事流程也可以被简化掉，公共组织只需尽可能保留并执行最必要的工作，最大限度地减少不必要的工作，以实现使构成程序的各步骤各阶段最经济、最有效的目标。在管理方式方面，信息网络技术的高度发展以及公共组织对这种技术的采用，使得参与式管理有实现的可能。传统的公共管理是一种相对封闭化的、自上而下的权威式管理方式，而加之互联网的作用，这种公共管理扩展了人们参与公共事务管理的机会和途径，公共管理从封闭式走向开放式，从自上而下走向上下互动式、协商式。随着大量信息的传播，这样的公共管理悄悄地改变着人们的思维方式，强化了人们的权利意识、法治意识和民主意识，这又进一步推动了公共组织向法治管理转化。

案例

推动“万能政府”转变为“有限政府”

推动“万能政府”向“有限政府”转变，是广东省委十届九次全会的一大亮点，是《中共广东省委、广东省人民政府关于加强社会建设的决定》的核心内容。

长期以来形成的政府无所不包、无所不管的“万能政府”的格局，严重制约着经济社会的发展。推动“万能政府”向“有限政府”转变，是转移政府职能、改进管理方式、提高行政效率、降低行政成本的重大举措。政府通过购买服务方式把不该包、不该管的职能转为由社会组织或其他机构承担，使政府从大量公共服务中“抽身”出来，让社会组织将大量公共服务“接手”过去，政府不再直接管理经济社会中的具体事务，而是发挥社会组织的作用，实现社会管理、社会自治，这是解决社会管理问题的大手笔、新课题。

“十一五”期间，广东省加快了政府向社会组织职能转移和购买服务的步伐。中央政治局委员、广东省委书记汪洋同志多次强调：“应该由市场做的事情要交给市场，应该由社会组织做的事情要交给社会，该放的权要坚决放掉。”2008年，广东省委办公厅、省政府办公厅出台了《关于发展和规范我省社会组织的意见》，要求政府各部门将社会组织通过自律能够解决的3大类17项职能转移出去。近年来，省政府各部门围绕社会基本公共服务、社会公益服务、社区便民服务、社会管理服务转移了130项职能。省财政厅出台了《关于开展政府购买社会组织服务试点工作的意见》，将政府购买服务资金列入财政预算，明确了政府购买服务的范围和方式方法。目前，全省有15%的社会组织承接了政府职能转移，9%的社会组织获得政府购买社会管理与服务。但从总体来看，广东省政府职能转移和购买服务还处于探索和初步实践阶段，力度不大，进展不快，与省委全会提出的要求还有很大差距。

在职能转移过程中，广东省在妇女工作职能转移方面取得了突出进展。广东省社会组织女性从业人员近16万人，占从业人员总数的45%，是社会组织发展的一支重要力量。2010年5月，广东率先成立了社会组织妇女工作委员会，充分发挥党联系社会组织妇女群众的桥梁纽带作用，为建设幸福广东做出了积极贡献。下一步，妇工委将紧紧围绕省委提出“加强社会建设”的中心任务，努力在以下三个方面切实发挥妇女“半边天”的作用：一是加强基层妇女组织建设，形成妇女组织服务网络。力争各市、县（区）全部成立社会组织妇工委；要积极探索在社会组织中建立妇女工作组织的新模式，全省社会组织符合条件的都要成立妇女工作组织，初步形成社会组织妇女工作体系，实现组织全覆盖、工作全覆盖、服务全覆盖。二是组织和引导社会组织妇女积极参与公共服务。

要在社会组织中掀起巾帼文明岗创建活动热潮，引导社会组织广大妇女“岗位建功，岗位成才”，争当社会服务的文明先锋队和行业排头兵。特别是通过积极开展“妇女民生10件实事”和创先争优活动，充分发挥妇女组织和广大妇女在促进社会组织科学发展，促进我省“加快转型升级、建设幸福广东”中的积极作用。三是鼓励社会组织先进妇女代表参与社会管理。要通过社会组织妇工委的工作，发现和推荐更多的社会组织妇女人才，参与国家和社会事务管理，积极参政议政，切实发挥妇女和妇女组织在创新社会管理和加强社会建设中的“半边天”作用。

（资料来源：社会组织要在加快“万能政府”向“有限政府”转变中发挥重要作用. 南方日报，2011-07-22.）

案例思考题

案例中政府的做法属于教材中提到的哪种公共组织变革内容?

8.2.2 公共组织变革的方式

公共组织变革要想获得成功，选取好的方式方法很重要，结合国内外的经验来看，公共组织的变革有三种方式（见表8-2）。

表8-2 公共组织变革方式的特点

	渐进式变革	突变式变革	计划式变革
优点	便于操控	短时间内解决长期积累下来的问题	有战略眼光，利于组织长期发展；可与人员培训、管理方法改进同步进行；变革思想准备较充分
缺点	实施时间过长，不能适应社会发展对公共组织提出的急迫要求	思想准备不充分	
适用范围	利益矛盾非常突出、非常复杂的情况	因长期变革解决不了而积累下来的情况	适用范围较广，一般性、常规性变革都可适用

（1）渐进式变革。这种变革源于一种理念：变革问题关乎每一个组织成员的切身利益，因此必须引起重视，严谨地执行。基于这种理念，这种变革从简单的问题和部分开始着手，秉持按部就班、稳中求变、积量变为质变的原则来实现。其优点在于方便对变革的整个过程的操作控制，有效避免了组织内部的混乱和动荡，而其弊端在于所需时间周期较长，在面对一些紧急事件时，难以应对社会发展对公共组织提出的迫切要求。

（2）突变式变革。这种变革能够满足在较短时间内完成公共组织从职能到结构的巨大改革的要求。其优点在于可以有效应对长时间积攒下来的问题，在短期内使问题得以解决，达成变革目标，这种雷厉风行的变革能够展现组织的魄力与决心。这种方式的缺点在于，由于缺乏对变革的铺垫，容易导致变革各利益主体的思想准备不充分，导致变革中的阻碍加大，抑或造成组织内部的冲突和混乱，最终导致变革的彻底失败，且迅速的决策容易产生一些疏漏导致决策后果出现偏差。

（3）计划式变革。这种变革是渐进式变革和突变式变革之间的一种过渡形式，而它区别于其他两者的点为在改革之前，首先对公共组织从职能配置情况到结构情况、从权力关系到组织成员的思想情况都进行系统的调查和深入的了解，进而基于这些状况制定出适合的改革方案，之后结合各个时期的工作重点，有条不紊地开展实施。这种方式的基本特点为：有长远的战略眼光，符合组织长期发展的需求；组织变革的同时，人员培训、管理方法的改进等措施也可同步进行；实行改革之前，组织成员已有一定的心理准备，有效降低了成员的抵触情绪。

可以说，上面提到的三种方式，各有各的适用范围、使用背景，也各有利弊。渐进式变革方式主要针对利益矛盾十分激烈、十分复杂的情形；突变式变革方式主要针对长期变革无法解决、长期积累下来的情况；计划式变革方式相较于前两者，其优势在于适用范围更广，一般性、常规性的变革都可以采用。

8.2.3 公共组织变革的程序

公共组织的变革不仅需要一种适宜的方式，更要遵循一个规范化的科学程序。

公共组织变革是一个完整的过程。任何过程若想高效地进行，都要事先具备一定的步骤，公共组织的变革亦如此。为了科学地、有条理地进行变革，就要遵循一系列合理的程序和步骤。一些公共组织，不将公共组织的变革过程加以重视，察觉些许表面上的征兆，却在没有深入调查研究的情况下，就急于果断采取改革措施，这导致不仅没有达到改革的预期目的，还进一步造成组织管理上的混乱和工作上的损失。

一个科学合理的公共组织变革流程应该具备图8-1所示的程序。

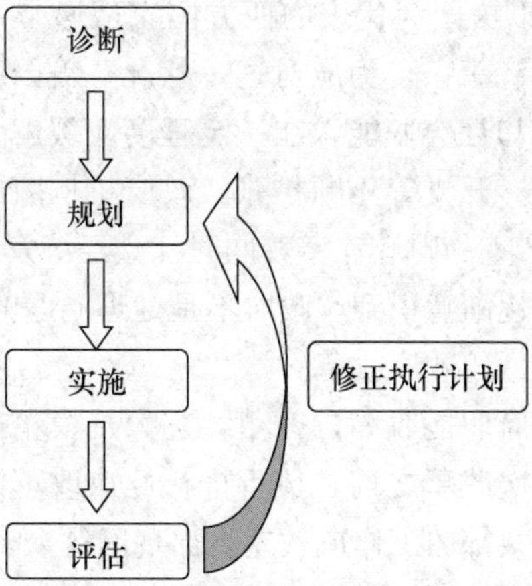

图8-1 公共组织变革程序

第一，进行公共组织的诊断。发现公共组织问题的一些征兆后，形成组织变革的目标并总结出待解决的问题。以实际考察和问卷调查相结合的方式，收集并整合公共组织相关问题的各类信息，并进行全面的分析和研究。

第二，公共组织变革的规划。针对第一步中收集的信息及分析研究的成果，具体安排有关改革的细致化原则、方式、计划、流程等。最好列举出多个可行的实施方案以供衡量比较，由领导者确定最终方案。

第三，公共组织变革的实施。改革的准备工作很关键，其中包括对组织改革的内涵、目的、重要性以及改革方式进行思想上的动员和在组织内的宣传普及，确定并建立组织改革的领导团队和实施机构，还要做好人、财、物的充分准备工作。之后，贯彻落实改革计划，做好实施过程中的指挥、协调、监督等工作，使得组织改革能够从始至终遵循着原定计划稳定有序地进行。

第四，组织变革的评估。这里的评估是指对于公共组织改革的进展进行检查、分析和评估。一定要确定适当的评估手段和方式，将计划作为评估标准，将改革的实际效果和原计划中希望达成的目标进行比较，计算差距。评估得出结论后，返回第二阶段，对执行计划进行有可操作性的、合理的调整，进而更好地开展组织改革，直至达到组织设计标准为止。

8.3 公共组织变革的实践

8.3.1 主要发达国家的政府变革实践

国外的公共组织理论的产生和发展，经历了长期的经验累积和理论演化，与其政府的发展实践紧密联系在一起。

1. 美国

（1）政府收缩计划。

20 世纪 20—30 年代，以美国为代表的西方国家遭遇了严重的经济危机，这场危机导致了很长一段时间内的经济萧条。为应对这一状况，美国政府采用了凯恩斯的政府干预政策，承担起大量的经济和社会职能，在一定程度上缓解了危机。但随着凯恩斯主义的推行，政府的职能、规模、开支等不断扩张，政府机构臃肿，财政负担日益加重，到了 70 年代左右已经造成了严重的财政赤字，同时社会经济发展也陷入了滞胀状态，引发了大量社会问题。人们开始逐渐意识到“政府不是处理问题的办法，而是问题本身”，由此里根政府开始了美国的新一轮政府改革。

里根政府改革是一次政府职能收缩的改革，它大规模精简了政府机构，缩小了政府提供公共服务的范围。在这次改革之前，负责推行此次改革的格鲁斯委员会通过相关调查研究，总结出几个美国公共部门工作成效差且出现问题众多的原因：1）国会对联邦政府的日常事务干预过多；2）政府的人事制度在连续性方面存在问题；3）针对会计和管理信息等内容的系统不健全；4）中央财政和会计管理法力度不够；5）工作中激励不足，缺乏追求经济和效率的动力和积极性。

里根政府改革的主要内容体现在对政府社会职能和经济职能的改革上。20 世纪 30 年代以来，美国的社会福利开支愈发增大，至 80 年代时几乎占到财政总开支的 40%，给政府带来了巨大的财政压力。由此，改革社会福利制度、缩小政府的社会职能就成为改革的首要任务。里根政府进行的公共福利改革主要有七方面内容：1）提高接受福利者的资格，以此减少福利覆盖范围和支出。2）在社会福利领域引入私人部门的运作方式，将部分福利项目市场化，以避免公共部门的过度预算和浪费。3）逐步采取联邦政府、州政府和地方政府三级管理体制，将一部分原来由联邦政府管理的福利项目分给州政府和地方政府管理，划分管理权限，实行分权管理。4）将社会福利改为“工作福利”，通过努力工作才能获得福利，以此激发工作积极性。5）在适当范围内增加个人对福利的负担份额。6）将福利项目的直接供给者和接受者分离，从而增加竞争，提高效率。7）实行老人老制度，新人新制度。

政府改革的第二项内容是放松管制，减少政府干预，缩小政府经济职能。政府要对企业的一些经营活动尽可能少管制，在制定针对工商企业的管理规定时要以增加全社会收益为原则，注重管制的结果而非过程。另外在有可能的情况下，对经济活动或项目的评估可采取一定的定量方式，必要时还要通过正式的“风险分析程序”。

（2）公共服务输出的市场化。

里根政府通过对社会福利制度和工商业领域管制的改革，收缩了政府的社会和经济职能。但是作为政府来说，不可能将其职能全部外放，也要进行一些正常的政府功能输出。因此，80年代以来，美国政府进行了公共服务输出的市场化改革，即在公共服务输出领域引入市场竞争机制，打破政府垄断，实现公共服务供给的高效和多样。

此次政府改革的特点在于以市场化的方式来提供公共服务，具体来说，美国公共服务输出的市场化主要包括以下四种方式：

1）合同出租（contracting out）。

政府在确定对某种公共服务标准、质量和数量等方面的要求后，对外向私营机构和非营利机构等招标，中标的承包商与政府签订合同来提供此公共服务。这里政府是用纳税人的钱购买承包商提供的服务，而它的主要职责是制定服务的标准要求、监督合同执行情况等。

2）公私合作（public-private partnership）。

与合同出租不同的是，公私合作不是用纳税人的钱对外购买服务，而是利用政府特许或其他一些形式吸引中标的私人部门提供某项公共服务。通过这种方式，美国政府既可以借助社会上的资源来提高公共服务供给的能力和质量，还能够借助市场的价格机制了解社会对公共服务的真实需求，引导政府改革和发展。

3）用者付费（user fees）。

这是指家庭、企业和其他私人部门等在使用和消费政府提供的公共服务或设施时，向政府部门交纳一定的费用。这类公共物品一般是介于纯公共物品和纯私人物品之间的半公共物品。

4）凭单制度（voucher）。

凭单是指政府给有资格消费某种服务的公民提供的一种消费券，拥有这种券的公众可以从与公共部门存在竞争的私人部门中获得某种公共物品或服务。

（3）重塑政府。

1993年，克林顿总统上台，开始了大规模的政府改革——重塑政府运动。重塑政府，就是要把政府打造成一个“少花钱多办事”的政府。为此，政府需要在精简机构、裁减雇员、放松管制、引入竞争机制、推行绩效管理等方面做出努力。

这一年，副总统戈尔领导的国家绩效评估委员会（National Performance Review,

NPR）发表《从繁文缛节到以结果为本——创造一个工作更好而花费更少的政府》（简称《戈尔报告》），成为这场政府改革的纲领性文件。《戈尔报告》认为："政府应该把自己组织得更像是一个成功的企业，把服务的对象看成是顾客或者委托人，要面对顾客，注重顾客取向。"

《戈尔报告》提出，政府改革的内容主要包括四个方面：1）消除繁文缛节，使政府工作从注重过程改为注重结果。改革前，在科层制的组织形式下，政府雇员在工作中过分关注对规则和程序的服从，轻视结果，导致了严重的官僚主义、效率低下等问题，因此改革首先要简化政府工作中的不必要程序。2）把顾客放在首位，树立顾客第一的理念。为此，要了解顾客需求，倾听其心声，同时在公共服务中引入一定的竞争机制，赋予顾客选择的权力。3）授权给政府雇员，使他们拥有一定的自主权，从而更加明确自身的使命和责任，真正对工作的结果负责。4）一削到底，重新设计政府的机构、职权分配、运作方式等，创造一个少花钱多办事的政府，使其真正有序、高效运行。

在《戈尔报告》发表以后，联邦政府的多个部门也陆续发表了各自的附加报告，共同形成了国家的绩效评估报告体系。各级政府范围内的绩效评估改革也逐渐展开。据统计，到90年代左右美国共有29个州开展了政府部门绩效测评，39个州实行了公共服务质量计划，28个州将公众视为"顾客"，对其征询公共服务的反馈意见，此外还有30多个州在人事制度等方面进行了简化。

（4）《总统管理议程》

21世纪之初，小布什上台，颁布了《总统管理议程》，进一步推进美国的政府改革。这次改革奉行的基本原则是：以公民为中心、以结果为导向、以市场为基础。改革主要从人力资本战略、开发竞争性资源、改进财政绩效、推广电子政府、整合预算和绩效五方面进行。

2. 英国

英国是新公共管理运动的发源地之一。1979年撒切尔夫人上台后，保守党推行了一次十分激进的政府改革计划，将企业运作机制、市场机制和顾客导向引入了政府管理部门之中。

（1）雷纳评审。

20世纪70年代末撒切尔夫人上台以后，任命熟悉企业和政府部门运作的私营企业执行总裁雷纳作为她的效率顾问，并召集一些政府部门的高级公务员、学术界与顾问公司的专家作为成员组建了评审小组，对公共部门运作状况进行调研和评审，即著名的"雷纳评审"。评审最先从公立医院开始进而扩展到众多部门，通过一系列的审查，评审小组发现了英国公共部门存在的诸多问题。雷纳评审可以说是一次政府内部的改革，也是一次寻求改革和解决方案的"试验调查"，它标志着商业管理技术在英国公共管理部门的引入。

（2）部长管理信息系统。

部长管理信息系统是由环境大臣赫素尔廷为了进一步推动英国公共部门改革，在1980年建立的管理机制和技术。这个系统建立的目的，通俗来讲就是让部门的高层管理人员能够清楚了解部门的内部到底在做什么事情、每件事情对谁负责、谁在做、为什么做以及做的成本支出是多少等一系列情况，从而帮助部长更好地了解本部门人员事宜安排和运作情况，也为部门精简提供参照和依据。

该系统的实施主要分三步：首先，各科负责人向部长提供一份工作陈述，包括工作内容、目标、程序、人员配备等；其次，部长对这些工作陈述进行审核，审核时需要对部门总目标和各科分目标进行整合统一，并对具体的目标、资源分配等情况与各科讨论，达成共识；最后，执行达成的协议，各科按照计划和协议向部长汇报工作进展，部长依此对目标、资源等分配情况进行调整，以促进工作的改进和提升。

（3）财务管理新方案。

财务管理新方案是部长管理信息系统的延伸和系统化。虽然这一新方案是由财政部颁布的，但是其内容并不仅局限于财政部门，而是涉及公共管理的许多方面。新方案的目的是使各部门及相关负责人明确自身的工作目标、责任、绩效标准和要求等，同时了解本部门所拥有的资源以及如何运用好这些资源。

（4）下一步行动方案。

1987 年，伊布斯领导的效率小组提交了一篇报告，名为《改善政府管理：下一步行动方案》（也称《伊布斯报告》）。至此下一步行动方案成为英国政府改革的又一项重要内容。报告指出，当前英国政府管理中存在的主要问题有：大部分文官从事的工作是与提供服务相关的，但部门内的管理体制设计却不是针对于此；高级文官往往更多关注对政策的分析和咨询，忽视了部门内部的管理工作，且他们多缺乏实际的管理经验和技能；部门的工作复杂多样，部长作为负责人要承担全部的工作和责任，负担过重；对各部门的管理控制主要在财政和人事方面，而对真正反映实际工作成果的绩效和结果等方面的关注很少；公务员队伍规模庞大且复杂，作为单一的实体管理起来有困难。

对于这些问题，下一步行动方案也提出了改革的具体行动建议。

1）在部门内设立“执行机构”，履行政府执行政策和提供服务的职能。执行机构的设立过程是很严格的，需要多个部门层层把关、严格审查，还要考虑这一服务提供的必要性、出租给私人组织的可行性等情况。

2）人力资源的开发与利用。执行机构设立后，部门的结构设置和职权划分等都发生了改变，对工作人员的水平也提出了更高的要求。为此，报告建议各个部门要采取措施对工作人员进行知识、技能等方面的培训和经验上的积累。尤其要求高级公务员队伍中需要有来自低层的管理者，保证队伍成员既有对管理技能的实践和体会，又有政策经验。

3）保持外部压力以推进持续性改革。执行机构的设立使政府内部很多工作内容、结构设置、运作过程等都发生了变化。例如，在政府内部的责任机制方面，以前是部长就部门的各项工作对议会承担个人责任，而执行机构设立后，机构的负责人也要就机构的各项工作通过部长向议会承担责任；对公务员制度而言，之前的一个部门被分为核心部门和执行部门两部分，公务员也由此被分成两个阶层，其工资待遇等方面同样有所改变，不再是全国统一的标准。

（5）公民宪章运动。

公民宪章的意思是用宪章的形式把政府部门提供公共服务的具体内容、遵循标准和责任追究等情况向公众公开，接受公众的监督，促使公共服务的质量和水平不断提高。

撒切尔夫人在任期间一直致力于推行公共部门的市场化改革，这使得政府公共服务的经济性和效率性得到了很大提升。1991 年梅杰上台，梅杰政府意识到如果延续撒切尔夫人时期的做法，会导致政府部门过分关注公共服务的效率而忽视其质量，难以获得民众支持。于是，梅杰政府发动了公民宪章运动，要求所有的机构和部门都要制定宪章，且宪章要符合这样几个要求：

1）标准清晰明确。要制定合理可行、满足公民需要的服务标准，并将其公之于众，同时还要公布对照标准获得的各方面绩效信息。

2）信息公开透明。政府要让公众了解到公共服务的成本、绩效、运作过程等多方面的情况和信息，同时还要提供公众能理解的使用公共服务的完全信息。

3）顾客协商选择。政府要定期与公众进行交流协商，了解其想法和偏好，并为公众提供满足自身需要的、可供选择的多种服务。

4）服务礼貌平等。公共服务人员要礼貌平等地对待公民，服务和态度不能因公民性别、种族、信仰等条件的不同而存在区别。

5）监督完善独立。当公共部门出现错误时，应该建立一定的纠错和监督机制。比如，接受公众的不满和投诉并妥善处理，通过独立的机构对服务机构的工作进行评估，并公开评估结果等。

6）资金充分有效。在公共服务领域引入私人部门，通过竞争提高公共服务的效率和质量，充分发挥资金的价值。

（6）竞争求质量运动。

梅杰政府在发起公民宪章运动四个月后，又发表了《竞争求质量》白皮书，进一步推动这场旨在提高公共服务质量和水平的改革。运动设定了三个目标：促使政府机构把精力集中在核心事务上，提升服务的标准，在服务领域引入竞争机制。此外，该运动还提出了一个重要概念——市场检验。

所谓市场检验，就是对公共服务的内部和外部承担者进行比较，检验其资金实现价值的过程。目前，公共服务的承担主体正在由政府内部逐渐向市场开放，开放后双方公平竞争，政府也可以通过对二者的比较选择更高效的一方来提供公共服务。无论比较的最终结果是由政府内部继续承担还是对外合同出租，都将是二者比较下的更好选择，可以最大限度地实现公共资金价值。

（7）合作政府。

1997 年，布莱尔政府上台。对于之前的数次改革运动，布莱尔政府在肯定其成果的同时，也指出了存在的缺点，比如忽视了部门之间的协调配合等。1999 年，《现代化政府》白皮书出版，提出了“合作政府”概念。合作政府就是要构建一个注重顾客导向、结果导向以及合作与有效的信息化政府。合作政府促使政府各部门在制定政策时配合更加紧密，提供的公共服务也更高效、更贴近公民生活。

3. 日本

第二次世界大战之后，日本随着国家对宏观调控、产业保护、国民收入再分配等领域干预力度的一再加强，“政策制定”不仅演变成了由行政官僚垄断的一项高度专门化技术，而且在政府的职能结构中逐渐取代“政策执行”而占据主导地位。与此同时，“政策制定与执行一体化”范式与现代社会的不适应性也日益显著地表现出来，并逐渐演化为妨碍行政效率和政府能力的两大弊端：第一，“政策制定与执行一体化”造成行政系统两大职能的特性都不能充分发挥。第二，“政策制定与执行一体化”造成行政责任机制的不明确和不健全。

此外，公共组织规模不断膨胀，社会资源配置结构失衡，政策协调日趋复杂，部门职能交叉过多，行政成本居高不下等诸多问题，也均与“政策制定与执行一体化”这一传统的官僚制运行相关，所以，实现行政运行范式由传统形态到现代形态的转换是当务之急。

战后日本社会实行的是一种政府主导型管理体制，政府不仅拥有一个规模可观、门类齐全的公共服务组织体系，而且这些承担“执行”功能的服务组织与“决策”部门之间的关系也比欧美国家更为紧密。

根据日本行政改革会议的《最终报告》（1997年10月）、内阁会议决定的《关于推进中央省厅等改革的方针》（1999年4月）、国会通过的《独立行政法人通则法》（1999年7月）和《国立大学法人法》（2003年6月）等文件，所谓独立行政法人制度，就是政府对于那些已无必要由行政部门直接管理，但又不能完全交由社会机构实施的公共事务和公益事业，在以立法方式将其目的、任务和业务范围做出明确界定之后授予承担这些事务和事业的公共组织以独立的法人资格。这一制度具体内容由以下几方面构成：

（1）独立行政法人的组织管理和财务制度。

独立行政法人实行首长负责制。虽然行政首长（所长、校长、馆长等）由政府直接任命，但多数法人机构的行政首长将通过公开招聘的方式产生，国立大学校长则根据大学教授会的推荐任命，行政首长作为法定代表人，全面负责机构的事业规划、业务经营和人事管理，重大事项经高层管理人员组成的“运营会议”讨论后由行政首长做出决定。此外，政府还向每个法人机构派遣两名监事，负责对其业务活动，尤其是对财务运行和资产管理进行监管。

（2）独立行政法人的人事制度。

独立行政法人的职员身份，实行国家公务员型和非国家公务员型两种类型并存制，即国立大学的教职员不再享有国家公务员身份，而其余绝大多数法人机构的工作人员则继续保持国家公务员身份。但是，随着经济与社会的发展，今后这些机构的工作人员也将逐步向非国家公务员转换，即便是采用国家公务员型的机构，其新进人员也不再享有国家公务员身份，不论法人机构采用何种职员身份类型，国家都实行统一的组织管理制度和绩效评价制度。

独立行政法人的新进人员，一律面向社会公开招聘。法人机构举行招聘时，应将空缺岗位必须具备的专业学历、专业经历等资格条件和遴选程序提前公布；招聘将根据平等竞争原则，采取考试与考核相结合的方式；法人首长根据招聘委员会的考评结果，择优确定录用人选，并及时向社会公示。

法人机构的内设组织与岗位、人员任用标准与方式、薪酬等级与奖惩措施等，由法人首长根据有关法规和本机构情况自行决定。

（3）独立行政法人的绩效评估制度。

为保证中期目标的实现，政府对独立行政法人的业务活动定期进行评估。评估由总务省的“独立行政法人评价委员会”和各主管省的“独立行政法人运营评价委员会”共同承担。两级评价组织成员均由行政部门之外的有关专家担任，其中各省的“独立行政法人运营评价委员会”中必须有一名熟悉评估技术的注册会计师。总务省“独立行政法人评价委员会”的基本职能是：对独立行政机构法人的设立和主营业务变更进行审查，对各省“独立行政法人运营评价委员会”的评估结果进行核查，以白皮书形式统一公布各法人机构的有关资料。各省“独立行政法人运营评价委员会”的基本职能是：对主管部门提出的中期目标进行审核；对各法人机构提出的中期计划和年度计划进行审查；制定关于法人机构的业务评价基准，并据此对其经营绩效进行评估；向主管部门提出改善法人机构经营管理的建议；向主管部门提出对法人机构行政首长和职员进行奖惩的建议。

4. 总结

20 世纪 80 年代以来，公共组织的变革与整合成为世界的一种潮流。一部分发达国家与一部分发展中国家对当地政府进行变革，它们将政府的职能进行适当分离和缩减，使得公民在社会中对国家的公共事业发挥更加重要的作用。其中，最具有代表性的有英国对其政府进行的“执行机构化”以及日本对其政府进行的“独立行政法人化”公共组织变革与整合运动。这类公共组织变革的核心都是政府功能的适度调整、社会力量的广泛动员和参与，将政府原本的“掌舵”与“划桨”职能分割开。这样一来，政府就加强了其主导作用，而社会的运转由于政府职能的下放变得更加自主化和社会化。在政府职能转变的同时，也将竞争机制、绩效管理等原理引入公共服务领域，这一举措使社会的公共服务水平以及公民福利水平都得到大幅提升。虽然“执行机构”或者是“独立行政法人机构”仍然属于政府这一公共部门，其成员仍保留公务员的身份，但是，这种公共部门管理体制的变革对于整个公共组织变革及实践起到了极大的推动作用，具有非常重要以及深远的理论和实践指导意义，特别是在当今社会，世界各个国家的信息交互等各种联系都日益密切，这种变革的适用性和广泛的借鉴意义就显得尤为重要了。

8.3.2 中国的政府变革实践

1. 中国政府改革进程

在新中国成立之时，由于政治、经济、历史、文化等多方面因素的影响，我国实行了高度集中的政治、经济和行政体制。这种体制在一定时期内的确推动了我国的经济建设，但是随着时间的推移，也逐渐暴露出许多问题：政府的政治统治职能过大，公共管理职能薄弱，职能结构不合理；在履行职能的过程中过多依靠行政力量和行政手段，忽视经济手段和法律手段……种种迹象表明，旧的行政体制已经不能适应时代的发展要求。为了克服旧体制带来的弊端，我国开始探索行政管理体制的改革。

（1）1982 年改革——提高政府工作效率，实行干部年轻化。

1982 年，我国进行了第一次政府机构改革。这次改革主要是针对政府行政权力过大、机构臃肿、干部队伍老化、领导职务终身制等问题进行的。通过改革，政府下放了人事、财政等一部分权力，精减了机构人员，还建立起了正常的领导干部离退休制度，使干部副职过多、年龄老化等问题得到了有效解决。改革后，国务院机构的数量从100个减到了61个，人员编制从5.1万个减少到3万个，国务院各部委正副职设定为一正二副或一正四副，领导班子中部委的平均年龄从64岁降到60岁，局级从58岁降到54岁。

（2）1988年改革——转变政府职能是机构改革的关键。

1988年机构改革的重点在于转变政府部门职能，尤以经济部门为主。政府要在继续下放权力、精简机构和人员的同时不断转变自身职能，理顺三种关系：政府和企事业单位、人民团体的关系，政府各部门之间的关系，以及中央政府和地方政府之间的关系。此次改革后，国务院部委从45个减为41个，直属机构从22个减少至19个，非常设机构从75个减到44个，人员编制缩减了近20%。同时，各地还普遍开始了转换企业经营机制的试点工作。此次改革中提出的目标计划，体现出我国对政府改革的观念已经开始从简单地关注数量、结构的变化转向对职能的重新定位和设置。这更接近了问题的核心和本质，是改革认识的一大进步。

（3）1993年改革——适应建设社会主义市场经济的需要。

1992年，党的十四大正式提出要将建立社会主义市场经济体制作为经济体制改革的目标。为了适应经济领域的转变，我国在行政体制上也需要做出相应的调整，确保政府机构适应经济体制改革和经济发展的需要，由此1993年机构改革展开。这次改革的重点是解决各类妨碍经济体制改革推进和企业经营机制转换的问题，例如机构臃肿、效率低下、政企不分等。

通过改革，国务院的工作部门从86个减少至59个，国务院各组成部门的数量也有所减少，且不再设置部委归口管理的国家局，人员裁减比例约20%。与此同时，地方各级政府的改革也不断推进。据统计，改革后全国中央和地方行政人员削减约200万人。这次改革使得政府行政管理职能被重新定位为：统筹规划、政策引导、组织协调、服务监督等。同时，这一年我国还开始推行国家公务员制度。

（4）1998年改革——消除政企不分的组织基础。

1998年改革是在我国经济体制改革和社会经济发展的关键时期进行的，是新中国成立以来规模最大的一次政府机构改革。此次改革确立的总目标是：建立一个办事高效、运转协调、行为规范的行政管理体制，完善国家公务员制度，组建专业化的、高素质的国家行政管理干部队伍，逐步建立适应社会主义市场经济体制需要的有中国特色的行政管理体制。

为此，改革首先进一步清晰界定了政府职能，认为政府应把工作和职能重心放到宏观调控、社会管理、公共服务等领域中来，要改变计划经济时期形成的传统管理理念和方式，注重运用经济手段、法律手段来履行自身的管理职能。对于政府中职能有交叉或重复的部门，要尽快撤销或合并。同时，政府还开始大力培育社会中介组织，将部分职能转移出去。

这次改革后，除了国务院办公厅以外，国务院组成部门由40个减到29个，各部门的内设机构减少了近1/4，有百余项职能被合并或转移，更有100多项职能下放给了地方的政府、企业或者社会组织；行政人员数量也得到大幅裁减，国务院机关编制人员减至原来的一半，而裁减的人员也通过分流、再培训等方式得到了一定的安排。中央的改革为地方提供了经验和借鉴，1999 年，各级地方政府也陆续开始推进机构改革。

总体来说，1998 年改革使我国基本改变了计划经济时期的传统管理体制和组织结构，形成了适应社会主义市场经济发展需要的行政管理体制架构，将我国公共行政体制的发展推向了一个新阶段。

（5）2003 年改革——目标：行为规范、运转协调、公正透明、廉洁高效。

2003 年改革是在中国加入世界贸易组织的背景下进行的。这次改革的目标是进一步转变政府职能、改进管理方式、推进电子政务、提高行政效率、降低行政成本，从而建立一个行为规范、运转协调、公正透明、廉洁高效的行政管理体制。

2003 年 8 月，我国通过了《中华人民共和国行政许可法》，这标志着我国传统的以行政审批为核心的行政管理模式被打破，朝着建设新型的、现代化的有限政府、法治政府、责任政府和服务型政府不断迈进。2004 年 3 月，国务院印发了《全面推进依法行政实施纲要》，对政府合理合法行政、规范行政行为、提高行政效能等提出了更高的要求，也推动了我国建设法治政府的进程。2005 年 4 月，我国又颁布了《中华人民共和国公务员法》，进一步加强了对我国行政管理主体的规范和公务员队伍的建设。

（6）2008 年改革——探索职能有机统一的大部门体制。

2008 年改革的主要任务是，加强并合理配置宏观调控部门职能，进一步转变政府职能，理顺部门之间的职责关系，探索大部门体制，实现政府各部门间职能的有机统一。其中，以改进和完善工业和信息化、交通运输行业管理体制以及社会管理和公共服务部门为改革重点。

改革后，国务院组成部门（除国务院办公厅）设置为 27 个，共对 15 个机构进行了调整，减少正部级机构 4 个。

（7）2013 年改革——稳步推进大部门制改革。

2013 年，十二届全国人大一次会议第四次全体会议批准并通过了《国务院机构改革和职能转变方案》，开始了我国政府机构第七次改革。改革提出要在转变职能和理顺关系的基础上，稳步推进大部制改革。这次改革推动了铁路部门的政企分开，并对原有的国务院部门进行了整合，组建了国家卫生和计划生育委员会、国家食品药品监督管理总局、国家新闻出版广播电视电影总局、国家海洋局、国家能源局等部门。改革使得国务院正部级机构减少了 4 个，其中组成部门减少了 2 个，副部级机构增减相同数量未变。改革后，国务院组成部门变为 25 个。

（8）2018 年改革——改革机构设置，优化职能配置，深化转职能、转方式、转作风，提高效率效能。

2018 年，国务院开启新一轮机构改革，政府机构改革的力度再一次加大，在此前 10 年的基础之上，大部制改革进一步推进。组建或重新组建自然资源部、生态环境部、农业农村部、文化和旅游部、国家卫生健康委员会、退役军人事务部、应急管理部、科学技术部、司法部；不再保留监察部、国土资源部、环境保护部、农业部、文化部、国家卫生和计划生育委员会；改革后，国务院正部级机构减少 8 个，副部级机构减少 7 个，除国务院办公厅外，国务院设置组成部门 26 个。

2. 小结

改革开放以来，我国进行了多次机构改革，这些改革取得了显著的成就，例如：政府管理理念的转变——由“全能政府”转变为“有限政府”；政府职能重心的转变——由注重管理职能转向注重服务职能；政府透明公开程度的转变——由信息封闭变为公开透明，提倡公民和社会参与等。

一系列的政府改革为我国进一步深化行政管理体制改革创造了有利条件，使我国的社会主义市场经济体制不断完善，经济快速发展，公务员队伍的整体素质得到加强，政府的行政管理水平和效率日益提高，极大地推动了我国现代化政府和民主政治的建设进程。

不过，我国的政府体制也存在一些问题。例如：在机构设置上，政府在内部机构设置、职权划分、分工协作上还存在不完善的地方；制度规范方面，很多的制度还不完善，比如有关政府与企业、市场、社会之间关系的制度还没有完全建立；在执法和行政中，一些有法不依、执法不严、违法不究、执法不公的现象还在一定程度上存在；在人事行政上，客观公平的人事选拔、晋升、奖惩、评估等机制还没有规范地形成；在行政监督方面，监督的机制、沟通反馈渠道等不畅通给有效监督带来了很多阻碍。

由此可见，我国的政府改革需要推进和完善的地方还有很多，我们要在积极学习和借鉴国外经验的基础上，结合现实国情，继续探索和推进我国的政府改革，使我国的政府建设向着民主、法治、科学、专业和高效的方向不断迈进。

案例

北京市检察机关全面启动内设机构改革

2019 年 3 月 15 日，《北京市检察机关改革方案》正式发布，标志着从 2016 年 8 月至今、历时 2 年零 7 个月的北京市检察机关内设机构改革模拟试点正式结束，内设机构改革尘埃落定。北京市检察机关将以全新面貌、全新模式在新起点上履行检察职责。

弘扬改革精神，彰显首都特色

北京市检察机关内设机构改革适应不同改革任务做出不同调整，按照检察工作规律科学部署推进步骤，符合上级改革要求的同时，也突出了北京特色。改革历经“三阶段”，分别为 2016 年 8 月至 2018 年 7 月的模拟运行阶段、2018 年 7 月至 2019 年 3 月的过渡阶段以及 2019 年 3 月起的正式实施阶段。在此过程中，北京市检察机关坚持专业化方向，实行职能适当分离，机构合理分工；坚决配合国家监察体制改革，全市三级院均设立职务犯罪检察部；全面实行“捕诉合一”办案模式的同时，构建强制措施检察工作体系，从源头上防范可能出现的弊端。调编、建组、设部“三步走”，统筹推进内设机构改革和办案组织建设。此次内设机构改革充分体现了优化职能配置、机构设置、人员编制的要求。调编是为了适应北京城市发展需要，即按实际情况对各院各条线编制及检察官员额配置进行必要调整；建组是以检察官办案组为基础配置检察职能，坚持专业化根本方向；设部是确定内设机构数量和各部门设置职能，使前期的改革成果得以固化。改革立足北京作为首都和超大城市的实际，针对包括在推进京津冀协同发展、疏解北京非首都功能过程中出现在金融、知识产权等领域的犯罪，设立经济犯罪检察部等专业化部门予以打击。在检察分院分别设立集中办理特定类型案件的专门机构，防止力量分散，有利于打造专业品牌。

明确主责主业，优化职能配置

改革是一项系统工作，牵一发而动全身，必须科学合理、符合规律。北京市检察机关内设机构改革方案，可以看作北京市检察机关理论和实践探索的结晶。明确主责主业，全面充分履职。在内设机构改革过程中，坚持法律监督这一宪法赋予检察机关的定位，以“监督、审查、追诉”为基本职责，按照这一框架推进内设机构改革，促进正确、全面、充分、协调、有效履职。完善司法办案和法律监督制度机制。在司法办案方面，优化刑事检察工作格局的同时，深化专业化办案机制，确保办案水平提升，有力惩治犯罪；在法律监督方面，将监督划分为一般性诉讼违法监督、严重诉讼违法调查核实、职务犯罪案件侦查三类，对后两类工作由专门从事监督工作的机构负责，让办案检察官更加专心从事批捕起诉工作。持续优化检察职能配置。严格遵循上级要求，坚持职能对应而不是机构的对应，不搞上下一般粗，通过完善职能配置，使机构职责更加明晰、职权运转更高效。

改革驱动发展，做强检察工作

“职能调整影响工作布局，工作布局反过来又影响职能发挥。”北京市检察机关有关负责人表示，设置合理、职责明晰、编制精干的机构布局，为检察机关依法履职提供了坚强的组织保障。充分发挥检察机关在以审判为中心的刑事诉讼制度中的作用。改革通过整合批捕、起诉职能，进一步强化对案件的审查把关和引导侦查，严格把握证据标准，突出了检察机关在审前程序中的主导作用、在庭审中指控和证明犯罪的主体作用。促进法律监督制度化、规范化、程序化、体系化、信息化。“针对法律监督相关规定散见于不同法律法规，呈现分散化、碎片化等问题，北京市检察机关探索法律监督‘五化’试点，扭转以往诉讼与监督‘一手硬’‘一手软’局面。”该负责人表示，改革方案保留了履行立案监督和监督调查职能机构的单独设置，对于严重诉讼违法情形实行案件化办理。构建高效管理、监督、制约体系，充分保障各方权益，有效防范风险。为防止执法不严、司法不公甚至执法犯法、司法腐败，改革坚持兴利除弊、扬弃发展，单独设立负责检察管理监督部门，加强对全流程重要节点的实时动态监督，完善与捕诉一体工作机制相适应的全条线监督模式，实现对全院、全员、全过程监管。同时，推动监察室向检务督察部转型，使内部制约更有力有效。

（资料来源：北京市检察机关全面启动内设机构改革.（2019-03-16）. https://baijiahao.baidu.com/s?id=1628155320704494393&wfr=spider&for=pc.）

案例思考题

1. 上述案例体现出我国公共组织改革的什么特点？
2. 公共组织变革有何意义？

本章小结

无论在何种历史条件下，社会变革的目的都在于不断完善，不断发展，以满足社会自身的需要，20世纪70年代以来全球范围内产生的公共组织变革也是如此。几十年来，信息化、全球化的进程令人目不暇接，使当代人的工作和生活发生了巨大的转变。组织，作为嵌入社会中的细胞，绝不是静态的，而是处于适应性的变化当中的。“变革，而不是稳定，成为当今的准则。”组织是一个开放的系统，只有及时地应对内部和外部的环境变化所带来的挑战并适时适度地做出调整，才可以促进组织长期稳定发展。

公共组织变革有内外两方面的原因，在外部，经济社会发展提出了变革要求，在内部，公共组织运转出现种种低效现象。当公共组织的效率呈现显著下降的趋势，出现成员士气低落、不满情绪增多的现象，就有必要进行组织变革。公共组织变革的重要性也可想而知：这种变革使得公共组织能够适应环境要求，组织的绩效得到有效提升；这种变革有利于公共组织的完善，通过公共组织日常工作运转机制的完备和公共组织系统的变革，来实现公共组织体系的自我完善；公共组织的变革还有助于公共组织体系克服自身流弊，防止一些制度所产生的弊端影响组织的形象和效能；公共组织的变革也有利于提高公共组织人员的能力、素质和觉悟，促进组织的全面发展。

公共组织变革是一项复杂的系统工程，需要遵循一定的程序并采取科学且适用的方式。公共组织变革涉及公共组织系统的方方面面，总体来说，涉及两大方面：一是公共组织体制的变革，其中包括公共组织职能、结构和运行制度等的变革；二是公共组织管理技术的变革。另外，公共组织变革分为四个步骤，依次为诊断、规划、实施和评估，不断循环重复这些步骤，最终将达到组织设计的标准。除了公共组织变革的程序，变革的方式也是变革过程中具有决定性的一部分，主要方式为渐进式变革、突变式变革和计划式变革三种，它们各有各的适用范围和使用情景，计划式变革介于另外两种变革方式之间，适用范围相对较广。

公共管理的共同趋势就是实现公共治理。一场命名为“新公共管理运动”的改革使公共组织体系逐渐适应了经济、社会、政治等方面的发展，并在促进世界各国发展方面发挥了不可小觑的力量。进入20世纪90年代之后，中国走上了市场经济改革道路，逐步与世界范围的公共管理改革汇合，并充分借鉴了国外新公共管理运动中的理论和实践，逐渐形成了一套符合国情的政府变革思路。

关键术语

公共组织变革　　公共组织变革的阻力　　服务型政府　　大部制改革

复习思考题

1. 公共组织变革未来有哪些发展趋势?
2. 公共组织变革存在哪些动力与阻力?
3. 公共组织变革的内容主要涉及哪些方面？分别有什么变革要求?
4. 可以采取哪些公共组织变革的方式？它们的优缺点分别是什么?
5. 国外公共组织改革经历了哪些发展阶段?

6. 公共组织重组有哪些优势?

7. 选择一个你所熟悉的公共组织变革案例，分析变革过程中存在的动力与阻力，浅谈变革所带来的效果与存在的问题，并分析其原因。

《 案例分析 》

打破信息孤岛，打造智慧政务

在互联网时代，如何解决企业、群众办事难的问题，如何让政务服务契合时代需求，是政府、企业、群众共同关心的问题。杭州市在提升行政效能方面探索出新路径。2017年2月27日，杭州公布第一批4 909项“最多跑一次”行政权力及公共服务事项清单，依托互联网，打破了政府部门间的“信息孤岛”，打造“智慧政务”，方便企业群众办事。

联通“四端”，打破“信息孤岛”，网上备案项目“零跑动”

政务服务的核心是“办事”。杭州此次提出了涉企便民审批服务的“网上办、就近办、简约办、我来办”，围绕方便企业、群众办事的宗旨，接通了办事大厅端、电脑PC端、自助服务端、口袋移动端的“四端”政务公共服务端口，联通了政府内部的办事网络。

数据共享打破了部门之间的“信息孤岛”。办事网络通了，政务服务也有了网上办理的基础，政务服务自然变得快捷、方便。浙江《青年时报》记者陆凯彦说，“最多跑一次”的话题在杭州引发热议，经过一周多的观察、走访，当地媒体、市民普遍反映政府更高效了。

据了解，早在2016年，杭州就在全市域推行证照“网上申请、在线办理、快递送达”服务。如今加上网络办事，不仅优化了办事人的办事体验，也降低了行政成本。以萧山区招商局的外商投资项目设立、变更审批事项为例，如今已从原来的4个工作日办理转为网上备案，实现了“零跑动”。

基层窗口“最多跑一次”，基础建设顶层设计一个不能少

用互联网联通部门之间的“信息孤岛”，让办事人少跑腿甚至不跑腿的举措在全国树起了旗帜。然而杭州的成功并非一蹴而就的易举，想实现基层办事窗口“最多跑一次”，需要牢固的基础设施建设和顶层设计的有序推进。

陆凯彦说，早在2016年，杭州就发布了《“十三五”智慧政务发展规划》，明确了以建设“数字杭州”为引领，通过顶层设计和统筹规划，形成全市统一的智慧政务管理体系目标。杭州市公布首批4 909项“最多跑一次”行政权力及公共服务事项清单，是“十三五”智慧政务管理体系的重要一步。

从基础设施建设来看，杭州是国内最早启动电子政务建设的城市之一。其电子商务基础设施、服务平台及部门应用均走在同类城市前列。作为“互联网+政务服务”的基础，杭州建有人口、法人、地理信息、宏观经济等基础数据库，智能监管平台、地理信息公共服务平台、综合交通信息指挥中心等系统服务水平均处于全国前列。

从顶层设计来看，杭州全市党政机关非涉密电子政务系统服务器设备已实现统一托管，有效整合迁移了市级部门的网络数据，形成了上至国家部委，下至各区县政府部门的业务网络。不仅能满足各部门业务的需求，也推动了全市电子政务网络的延伸和统一。

创新供给方式，让优质政务服务下沉

为了让办事窗口更高效，杭州的行政审批在“一站式”的基础上，正向“一窗受理”“一次办结”深化。陆凯彦说，近期的走访发现，为方便群众、企业办事，杭州的便民审批服务正在不断下沉。以滨江区为例，该区企业工商证照代理登记服务已将免费代办点覆盖到了全区11个银行网点。

此外，为确保“最多跑一次”落实到位，杭州加强了“双随机一公开”的落实。在监管过程中，随机抽取检查对象，随机选派执法检查人员，及时向社会公开抽查情况和查处结果，及时发现问题、整改问题。

在互联网时代，“智慧政务”不仅体现在政府管理和服务的智能化上，还将应用于百姓生活的方方面面。依托互联网，社会保障、公共安全、社会信用、市场监管、食品药品安全、医疗卫生、国民教育、劳动就业、养老服务、公共交通等都将变得智能。

杭州的经验告诉我们，现代化技术手段的应用，将不断创新政务服务供给方式，提升政府治理体系和治理能力现代化水平。

（资料来源：打破信息孤岛　打造智慧政务：“最多跑一次”的杭州实践．(2017-03-08)．http://www.yybnet.net/news/china/201703/5924433.html.）

案例思考题

1. “最多跑一次”实践体现出当今公共部门改革怎样的特点和趋势？
2. 杭州的智慧政务改革可以为我国的公共组织变革提供哪些经验和启示？

本章参考书目

[1] 李传军．公共组织学．3版．北京：中国人民大学出版社，2015.
[2] 孙萍，张平．公共组织行为学．北京：中国人民大学出版社，2006.
[3] 张建东，陆江兵．公共组织学．北京：高等教育出版社，2003.
[4] 徐双敏．公共管理学．北京：北京大学出版社，2014.
[5] 麻宝斌．公共组织理论与管理．北京：科学出版社，2015.
[6] 朱光明．日本独立行政法人化改革及其对中国的启示，国家行政学院学报，2005 (2).

人大版公共管理类教材

公共管理类专业教材——学科基础课教材

书名	作者
现代管理学原理（第三版）（“十一五”国家级规划教材）	娄成武　魏淑艳
一般管理学原理（第四版）	张康之　周　军
管理学基础（第三版）	方振邦
政治学原理（第三版）	景跃进　张小劲
现代政治学原理（第四版）	石永义　刘玉萼　张　璋
公共管理学（第二版）	陈振明
公共管理学——一种不同于传统行政学的研究途径（第二版）	陈振明
公共管理学（第三版）（数字教材版）（“十二五”国家级规划教材）	蔡立辉　王乐夫
公共管理学（精编版）	王乐夫　蔡立辉
公共管理学（第二版）	张康之　郑家昊
公共管理概论（第二版）	朱立言　谢　明
公共政策导论（第五版）（数字教材版）（全国优秀教材二等奖）	谢　明
公共政策概论（第二版）	谢　明
公共政策学——政策分析的理论、方法和技术（“十一五”国家级规划教材）	陈振明
公共政策学	杨宏山
政策科学——公共政策分析导论（第二版）	陈振明
公共经济学（第三版）（“十二五”国家级规划教材）	高培勇
公共经济学教程	秦立建
政府经济学（第四版）（“十一五”国家级规划教材）	郭小聪
政府经济学（第四版）	潘明星　韩丽华

公共管理类专业教材——方法课教材

书名	作者
公共管理研究方法	何兰萍　张俊艳
行政学研究方法与应用案例	萧鸣政　等
管理定量分析：方法与技术（第三版）	刘兰剑

公共管理类专业教材——行政管理、公共事业管理专业教材

书名	作者
行政法学导论	姜晓萍
公共部门人力资源管理（第四版）	孙柏瑛　祁凡骅
公共部门人力资源开发与管理（第五版）（“十二五”国家级规划教材）	孙柏瑛　祁凡骅
公共部门人力资源管理（第三版）	滕玉成　于　萍
公共部门人力资源管理概论	方振邦
公共部门人力资源管理案例	周均旭
行政管理学（第五版）（数字教材版）	郭小聪
公共行政学（第五版）	彭和平
公共行政学（第二版）	张康之　张乾友
行政学导论（第三版）	齐明山

书名	作者
行政管理学导引与案例	陈季修
管理心理学（第二版）	范逢春
公共组织行为学（第三版）（“十一五”国家级规划教材）	孙　萍　张　平
公共组织学（第三版）	李传军
行政组织学（第二版）	张　昕　李　泉
公共组织理论	陆明远　冯　楠
公共事业管理概论（第三版）	朱仁显
公共组织财务管理（第三版）（“十一五”国家级规划教材）	王为民
国家公务员制度（第五版）（数字教材版）（“十二五”国家级规划教材）	舒　放　贾自欣
国家公务员制度概论（第二版）	刘碧强　郗永勤
公务员制度概论	李如海
当代国家公务员制度：理论与实践	胡春艳
行政领导学（第三版）	朱立言　李国梁
领导学（第五版）	邱霈恩
领导学	孙　健
现代市政学（第五版）（数字教材版）	王佃利
市政管理学（第五版）（“十一五”国家级规划教材）	杨宏山
社区管理（第四版）	汪大海　魏　娜　郇建立
社区管理原理与案例	魏　娜
电子政务教程（第三版）（“十一五”国家级规划教材）	赵国俊
电子政府与电子政务（第二版）（“十一五”国家级规划教材）	张锐昕
行政伦理学教程（第四版）（“十二五”国家级规划教材）	张康之　李传军
公共危机管理概论（第二版）	王宏伟
公共危机管理	唐　钧
当代中国政府与政治	景跃进　陈明明　肖　滨
当代中国政府与行政（第三版）	魏　娜　吴爱明
地方政府学概论（第二版）	方　雷
地方政府管理（第二版）	陈瑞莲　张紧跟
管理秘书实务（第三版）	赵锁龙
行政秘书学	唐　钧
公文写作与处理	赵国俊
机关管理的原理与方法（第三版）	赵国俊　陈幽泓
公共部门绩效管理	方振邦
政府绩效管理（第二版）	方振邦　唐　健
政府绩效评估	蔡立辉
政府公共关系（第二版）（“十一五”国家级规划教材）	廖为建　张　宁
西方行政学理论概要（第二版）（“十一五”国家级规划教材）	丁　煌
公共行政学史（第二版）	何艳玲
西方公共管理名著导读	汪大海
文化管理学（第三版）（“十二五”国家级规划教材）	孙　萍
文化创意产业导论	魏鹏举
卫生事业管理（第二版）（“十一五”国家级规划教材）	李　鲁
现代公用事业管理	崔运武

公共管理类专业教材——劳动与社会保障专业教材

书名	作者
社会保障概论（第七版）	孙光德　董克用
劳动经济学（“十一五”国家级规划教材）	董克用　刘　昕
劳动法与社会保障法	黎建飞
社会保险学（第三版）	孙树菡　朱丽敏
社会保障基金管理	李春根
社会保障国际比较	仇雨临

公共管理类专业教材——土地资源管理专业教材

书名	作者
土地经济学（第八版）（“十一五”国家级规划教材）	毕宝德
土地法学（中国人民大学“十三五”规划教材）	严金明
土地资源学	张正峰　赵文武
土地资源管理学（第二版）	张正峰
国土空间规划学	张占录　张正峰
不动产估价（第二版）（“十一五”国家级规划教材）	叶剑平　曲卫东
土地信息系统	曲卫东　韩　琼
地籍管理（第五版）（“十一五”国家级规划教材）	谭　峻　林增杰

公共管理类专业教材——城市管理专业教材

书名	作者
城市管理学（第三版）	杨宏山
城市管理学：公共视角	陆　军 等
城市管理法	王丛虎
城市总体规划原理	郐艳丽　田　莉

公共管理硕士（MPA）教材——核心课教材

书名	作者
全国公共管理硕士（MPA）核心课程教学指导纲要	全国公共管理专业学位研究生教育指导委员会
社会主义建设理论与实践（第三版）	李景治　蒲国良
公共管理英语（修订版）	顾建光
学术规范和论文写作	胡宏伟
公共管理学（第三版）（全国优秀教材二等奖）	张成福　党秀云
公共管理学原理（修订版）	陈振明
公共管理导论	竺乾威　朱春奎　李瑞昌
公共政策分析	陈振明
公共政策分析导论	陈振明
公共政策分析概论（修订版）	谢　明

书名	作者
公共部门经济学（第三版）	高培勇　崔　军
公共经济学	唐任伍
行政法学（修订版）	皮纯协　张成福
行政法学概论（第三版）	胡锦光
非营利组织管理概论（修订版）	王　名
非营利组织管理	王　名　王　超
公共管理伦理学（修订版）	张康之
社会研究方法	陈振明
电子政务理论与方法（第五版）	金江军
公文写作概论	高永贵

公共管理硕士（MPA）教材——专业方向必修课、选修课教材

书名	作者
公务员制度教程（第六版）	舒　放　王克良
比较政府与政治（修订版）	卓　越
当代中国政府与政治（第三版）	吴爱明　朱国斌　林　震
公共部门人力资源管理及案例教程（第三版）	陈天祥
公共部门绩效评估（修订版）	卓　越
公共部门危机管理（第三版）	张小明
公共部门战略管理（修订版）	陈振明
MPA 学位论文写作指南	汪大海

图书在版编目（CIP）数据

公共组织理论/陆明远，冯楠著. --北京：中国人民大学出版社，2021.5
新编 21 世纪公共管理系列教材
ISBN 978-7-300-29312-7

Ⅰ.①公… Ⅱ.①陆…②冯… Ⅲ.①管理组织学-高等学校-教材 Ⅳ.①C936

中国版本图书馆 CIP 数据核字（2021）第 068526 号

新编 21 世纪公共管理系列教材
公共组织理论
陆明远　冯楠　著
Gonggong Zuzhi Lilun

出版发行	中国人民大学出版社		
社　　址	北京中关村大街 31 号	邮政编码	100080
电　　话	010－62511242（总编室）		010－62511770（质管部）
	010－82501766（邮购部）		010－62514148（门市部）
	010－62515195（发行公司）		010－62515275（盗版举报）
网　　址	http://www.crup.com.cn		
经　　销	新华书店		
印　　刷	北京密兴印刷有限公司		
开　　本	787 mm×1092 mm　1/16	版　　次	2021 年 5 月第 1 版
印　　张	18.5 插页 1	印　　次	2023 年 8 月第 3 次印刷
字　　数	409 000	定　　价	52.00 元

中国人民大学出版社　管理分社

教师教学服务说明

中国人民大学出版社管理分社以出版工商管理和公共管理类精品图书为宗旨。为更好地服务一线教师，我们着力建设了一批数字化、立体化的网络教学资源。教师可以通过以下方式获得免费下载教学资源的权限：

- 在中国人民大学出版社网站 www.crup.com.cn 进行注册，注册后进入“会员中心”，在左侧点击“我的教师认证”，填写相关信息，提交后等待审核。我们将在一个工作日内为您开通相关资源的下载权限。
- 如您急需教学资源或需要其他帮助，请加入教师 QQ 群或在工作时间与我们联络。

中国人民大学出版社　管理分社

教师 QQ 群：648333426(工商管理)　114970332(财会)　648117133(公共管理)
教师群仅限教师加入，入群请备注（学校+姓名）

联系电话：010-62515735，62515987，62515782，82501048，62514760

电子邮箱：glcbfs@crup.com.cn

通讯地址：北京市海淀区中关村大街甲 59 号文化大厦 1501 室（100872）

管理书社　　人大社财会　　公共管理与政治学悦读坊